कविता की तलाश

कविता की तलाश

चन्द्रकान्त बांदिवडेकर

वाणी प्रकाशन

वाणी प्रकाशन
ज्ञान के विविध आयामों के प्रकाशक

वाणी प्रकाशन का 'लोगो' विख्यात चित्रकार मक़बूल फ़िदा हुसेन की कूची से

वाणी प्रकाशन, 4695, 21-ए, दरियागंज, नयी दिल्ली-110002
वाणी प्रकाशन, अशोक राजपथ (पटना कॉलेज के सामने), पटना (बिहार)

KAVITA KI TALASH

by Chandrakant Bandivadekar

Criticism

ISBN : 978-93-5000-203-2

प्रथम संस्करण

मूल्य : 395/-

वाणी प्रकाशन

फोन : 0091#11#23273167, 23275710
फैक्स : 0091#11#23275710
वेबसाइट : www.vaniprakashan.in
ई-मेल : vaniprakashan@gmail.com
vani_prakashan@yahoo.com

आर.टेक ऑफसेट प्रिंटर्स द्वारा दिल्ली-110095 में मुद्रित

श्रद्धेय अज्ञेय जी
को
सादर समर्पित

समीक्षक की संवेदना

पिछले पन्द्रह वर्षों में हिन्दी कविता पर काफी बहसें हुई हैं। काव्यानुभूति और जीवनानुभूति के परस्पर सम्बन्धों का एवं काव्यानुभूति के स्वरूप का प्रश्न विभिन्न शीर्षकों से चर्चा का केन्द्रीय मुद्दा रहा है। एक ओर काव्यानुभूति को अलौकिकता के ध्रुवान्त की ओर खींचने का प्रयास हुआ तो दूसरी ओर व्यावहारिक जीवन के धरातल पर उपयोगिता की स्थूल दृष्टि से काव्य को लड़ाई का एक औजार मानकर उससे काम लेने का उत्साह सामने आया। इसी युद्ध में 'युद्ध और प्रेम में सब कुछ जायज है' न्याय से अज्ञेय और मुक्तिबोध के काव्य-सिद्धान्तों तथा काव्य को भी प्रतिद्वन्द्वी रूप खड़ा कर वैचारिक अखाड़े में बहुत-सी सही-गलत मान्यताएँ दोनों पर चिपकाई गयीं। जहाँ काव्य-धर्म को सुरक्षित रखते हुए जीवनानुभूति को व्यापकतम बनाने के अज्ञेय के आग्रह को दुर्लक्षित कर दिया गया, वहीं अवचेतन स्तर पर चलने वाली काव्य-प्रक्रिया की वास्तविकता को ध्यान में रखकर कवि-व्यक्तित्व की स्वाधीनता को सामाजिक स्वीकृति देने के मुक्तिबोध के विचार का मर्म उपेक्षित कर दिया गया। आधुनिकता शब्द के व्यामोह के दो परस्पर विरोधी वैचारिक गुटों को भी इतना भरमाया कि शब्द का सही अर्थ और सही सन्दर्भ बहुत बार भुला दिया गया। जीवन की जटिलता का सामना करने के लिए बौद्धिक एवं वैचारिक तत्त्व को काव्य में लाने के आग्रह में यह मुद्दा भुला दिया गया कि काव्यानुभव में विचार के प्रवेश की शर्तें क्या हैं। साहित्यकार की प्रतिबद्धता पर भी घमासान लड़ाइयाँ होती रही हैं, लेकिन इस लड़ाई में काव्य के मूल में निहित कवि की संवेदना के माध्यम से प्रतिबद्धता की जांच बहुत ही कम हुई, जिसकी विशेष जरूरत थी।

काव्य जैसी गत्यात्मक, सुन्दर और शक्तिप्रद घटना की सही पहचान को धूमिल न करते हुए या उसके स्वभाव और स्वरूप के प्रति सजग रहते हुए हिन्दी में काव्य सिद्धान्त की तलाश का प्रयास किसने किया है, यह भी एक जिज्ञासा

का विषय है। पुस्तक के पहले खण्ड में इन्हीं जिज्ञासाओं के बीच छटपटाते मन की प्रतिक्रियात्मक अभिव्यक्ति है। कोरे तार्किक अध्येता के रूप में नहीं, बल्कि काव्यास्वाद की प्रक्रिया के माध्यम से इन प्रश्नों से जूझने का प्रयास है।

कविता की तलाश में कहीं अपार सुख मिला तो कहीं मृगजल के आभास की पीड़ा भी। समीक्षक ने अपने तईं निष्पक्ष और वस्तुनिष्ठ रहने की ही कोशिश की है। इसमें अगर कहीं किसी पर आघात हुआ हो, तो उसमें किसी प्रकार का व्यक्तिगत पूर्वग्रह नहीं है।

यह इतिहास की पुस्तक नहीं है; अतः सबको समेटने का और उन्हें न्याय देने का दावा नहीं है। अनेक कवियों की गौरवशाली रचनाएँ अचर्चित रही हैं, यह उनकी उपेक्षा नहीं है, समीक्षक की सीमा है और लेखों को पुस्तकाकार रूप देने की व्यावहारिक कठिनाई का परिणाम भी। भले ही धूमिल के बाद शक्तिशाली कवि-व्यक्तित्व अभी न उभरा हो, अनेक महत्त्वपूर्ण काव्य-संग्रह अवश्य प्रकाशित हुए हैं। उनका आस्वादन-मूल्यांकन अगली पुस्तक में ही सम्भव है।

प्रस्तुत पुस्तक के अधिकांश लेख 'धर्मयुग' में छपे हैं। कुछ 'अन्विता', 'समीक्षा', 'नया प्रतीक' में छपे हैं। मैं सम्बन्धित सम्पादकों का आभारी हूँ। कुछ लेख प्रस्तुत ग्रन्थ के लिए विशेष रूप से लिखे गए हैं। मैं इस क्षण डॉ. धर्मवीर भारती के प्रति विशेष कृतज्ञता का अनुभव अन्तस्तल से कर रहा हूँ। इस सम्बन्ध में कुछ शब्दों का प्रयोग करना उनके और मेरे बीच के स्नेह-सम्बन्धों की पवित्रता को कलंकित करना होगा। मेरे अग्रजतुल्य, विद्याव्यसनी डॉ. आनन्द प्रकाश दीक्षित जी के साथ हुई तीखी चर्चाओं ने भी मुझे बार-बार प्रेरणा दी है। उनके प्रति यहाँ श्रद्धाभाव ही प्रकट करना समीचीन होगा। मेरे अनुजसदृश मित्र प्रो. कमलकान्त बुधकर ने मेरे लेखन को पुस्तकाकार प्रस्तुत करने में सहयोग दिया है। डॉ. रामजी तिवारी (प्रवक्ता, हिन्दी विभाग, पुणे विद्यापीठ) चार वर्षों से मेरे लेखन के पहले या दूसरे पाठक होने की पीड़ा झेलते रहे हैं। मैं उनके प्रति हृदय से आभारी हूँ।

– चन्द्रकान्त बांदिवडेकर

1983
रीडर, हिन्दी विभाग,
पुणे विद्यापीठ, पुणे-7

विषयानुक्रम

काव्य-तत्त्व चिन्तन

काव्य की चुनौतियों और सिद्धान्तों की तलाश : अज्ञेय के काव्य-सिद्धान्त

अज्ञेय के काव्य विषयक चिन्तन का अनेक दृष्टियों से महत्त्व है। अज्ञेय में एक महत्त्वपूर्ण कृति साहित्यकार और सैद्धान्तिक चिन्तक का मणिकांचन संयोग मिलता है। वैसे हिन्दी कविता का यह सौभाग्य रहा है कि छायावाद काल से ही कवित्व शक्ति और चिन्तन क्षमता से समन्वित व्यक्तित्व वाले मनीषी कवि हिन्दी को उपलब्ध हुए। प्रसाद, पन्त, निराला और महादेवी वर्मा की कविता में जो शक्ति आई, उसमें उनके सचेतन चिन्तनशील स्वभाव का योगदान महत्त्वपूर्ण है और उनके काव्य विषयक चिन्तन में जो स्वानुभूति का बल सन्निहित हुआ, उससे काव्य के कथ्य, शिल्प, माध्यम विषयक कतिपय ऐसी बातें सशक्त रूप में सामने आयीं जो केवल सैद्धान्तिक चिन्तन की पकड़ में आना असम्भव नहीं तो कठिन अवश्य था। 'पल्लव' की भूमिका में शब्द विषयक चेतना एवं शब्द के स्वर सौन्दर्य की अद्‌भुत पहचान, निराला का कविता के शिल्प सम्बन्धी जागरूक चिन्तन, प्रसाद का काव्यानुभव सम्बन्धी सम्बोधि ज्ञान से उपलब्ध ज्ञान तथा महादेवी वर्मा की काव्यानुभव सम्बन्धी प्रखर आत्मनिष्ठा का विवेचन—ये कुछ इने-गिने संकेत हैं जो उपर्युक्त बात को स्पष्ट करने में शायद समर्थ हैं। इसी परम्परा में अज्ञेय का काव्य विषयक चिन्तन महत्त्वपूर्ण माना जा सकता है। वस्तुतः अज्ञेय के लिए काव्य विषयक चिन्तन कुछ अधिक कठिन कर्म भी था। छायावादी कवि चिन्तकों का अत्यधिक बल सम्बोधि ज्ञान या सहज ज्ञान पर था, उसमें अध्ययन और विश्लेषण का भी स्थान नगण्य नहीं था, परन्तु कुल रुख संश्लेषण की ओर अधिक था और उसमें आत्मानुभूति या आत्मानुचिन्तन का सहज बल था। अज्ञेय को बौद्धिक प्रक्रिया के हथियार अधिक तेज रखने पड़े। काव्येतर ज्ञान शाखाओं के काव्य-क्षेत्र पर अतिक्रमण के कारण वैज्ञानिक विश्लेषण प्रणाली को अपनाकर अपने सहज आयत्त सूत्रों को अथवा

चेष्टित निष्कर्षों को तर्क और युक्ति की तेज धार से प्रभावकारी बनाना पड़ा। कुछ सरलीकरण का दोष स्वीकार करके यह कहना पड़ेगा कि छायावादी कविता की प्रमुख प्रेरणा आत्माभिव्यक्ति थी और उनके चिन्तन में भी उसकी अधिकता सहज थी। अन्य सहवर्ती विरोधी विचार-धाराओं को अपनी स्वानुभूति के बल पर अनदेखा भी किया जा सकता था। अज्ञेय की कविता में आत्माभिव्यक्ति अनेक प्रेरणास्रोतों में से एक थी और शायद 'आत्म' में सहजता भी नहीं रह गयी थी, अतः उनके चिन्तन में भी केवल उसी के बल पर काम नहीं निभने वाला था।

इस जटिलता का थोड़ा अधिक विवेचन आवश्यक है जिससे उन कठिनाइयों के या चिन्तन परिवेश के कुछ धुंधले चित्र उभरकर सामने आयें।

वैसे कविता बनाम विज्ञान का द्वन्द्व पश्चिम में तीन सौ से अधिक वर्ष पुराना है। भारत में इसका तीखा दंश छायावादी कवियों ने प्रथम अनुभूति के धरातल पर महसूस किया, परन्तु सहज विश्वास एवं भारतीय आध्यात्मिक परम्परा के प्रति सुदृढ़ सम्बद्धता के कारण यह दंश उतना प्रभावकारी सिद्ध नहीं हो सका। अज्ञेय के साथ यह स्थिति उतनी सहज नहीं रही। नागर जीवन का अबाध अतिक्रमण (छायावादी कवियों का समस्त सौन्दर्य-बोध कृषि संस्कृति में पुष्ट है। अज्ञेय को अपनी सांस्कृतिक जड़ों को नागर सभ्यता के साथ टकराकर जीवित रखना पड़ा। यह तथ्य उनकी कविताओं से प्रमाणित होता है।) स्वप्न में खो जाने, आदर्शों के भव्य उत्तुंग शिखर देखने तथा बिना वैचारिक अन्तर्विरोधों के तीखे एहसास के पुराचीन संस्कृति में जाज्वल्य आस्था रखने की सुविधा अज्ञेय को नहीं थी। राष्ट्रीयता की प्रबल अनुभूति को बाह्य यथार्थ की असलियत को अनदेखा कर व्यक्त करने की स्थिति भी नहीं मिली। भारतीय एवं पश्चिम के विवादी विचारों को केवल 'पश्चिमी' कहकर दूर हटा सकने की अवस्था नहीं रही थी, क्योंकि वास्तविकता विवादी स्वरों के साथ सामंजस्य खोजने की ओर बलात् ठेल रही थी। परिणामतः अज्ञेय के अनुभव संचयन में तनाव ही तनाव था। यह स्वाभाविक था कि अनुभव को ग्रहण करने से लेकर शब्दों के माध्यम से उसे व्यक्त करने तक की प्रक्रिया में अज्ञेय ने एक तनाव को अनुभव किया—यह पश्चिमी विचारकों का प्रभाव नहीं था, जीवन की वास्तविकता थी और उस वास्तविकता के लिए कुछ पश्चिमी चिन्तन उपयोगी साबित हुए। लेकिन यह विवेचन अधूरा रहेगा, अगर काव्यानुभव को 'तनाव' की भाषा में ही व्यक्त किया जाये, क्योंकि तनाव में दो विरोधी खूंटियों में खिंचकर, ऐंठकर एकाग्र बने तार का बोध होता है। अज्ञेय की चिन्तना एवं कविता का समग्र वर्णन करने के लिए और आगे बढ़ना जरूरी है—इस तनाव के सहारे ही सामंजस्यपूर्ण संगीत की स्वरावली व्यक्त होती है, जिसका कुछ-कुछ साम्य विरोधी-अविरोधी संचारियों से एकमेक होकर परिपुष्ट हुए सामंजस्यपूर्ण भाव से समझा जा सकता है। परन्तु इसका अधिक विवेचन काव्य-स्वरूप की ओर ले जायेगा।

अज्ञेय ने साहित्य निर्माण करने वाले बौद्धिक मध्यम वर्ग की मानसिकता का जो चित्र खींचा है, उसमें 'आधुनिक युग का साधारण व्यक्ति यौन-वर्जनाओं का पुंज' माना गया है। इस अवस्था के लिए जिम्मेदार न केवल वासना है, बल्कि भारतीय सामाजिक परम्पराएँ, आर्थिक सुविधाओं का स्तर, स्त्री-पुरुष सम्बन्धों की रूढ़ि और नैतिकता की अधूरी कसौटियाँ, सब कुछ हैं। यह शायद कहा जा सकता है कि इस वास्तविकता को अधिक बलपूर्वक विवेचित करने की आवश्यकता 'तार सप्तक' में ही थी, परन्तु वह तब भी नहीं कहा जा सकता था कि इसे विशेषता के रूप में गौरवान्वित किया गया था। बल्कि 'विकृति' के स्तर पर ही रखकर देखा गया था। उसी समय 'प्रेम' का वर्णन भी 'विश्वास की निष्कंप अवस्था से कुछ नीचे'—कुछ ही नीचे रखकर किया गया था। यौन-परिकल्पनाओं के उदात्तीकरण की सम्भवनाएँ भी इनके लिए कम थीं।

स्पष्ट है, अज्ञेय कवि के मानस का, दायित्व का, कर्म का विवेचन उसे एक अलग 'द्वीप' मानकर नहीं करते थे, समस्त परिवेश—सांस्कृतिक, साहित्यिक, राजनीतिक और सामयिकता के उलझे वैचारिक, भावनात्मक तन्तुओं के बीच ही कवि-कर्म की जटिलता का विवेचन करते रहे। परिवेश और कवि-कर्म की जटिलता, बाह्य यथार्थ और कवि का अपना स्वार्थ, तथ्य और सत्य, परम्परा और प्रयोग, ये सारे द्वन्द्व या तनाव अज्ञेय के काव्य-चिन्तन में बार-बार विवेचित होते रहे हैं और इनके बीच सन्तुलन का जो लक्ष्य सिद्ध किया गया है, वह टकराव के बीच से गुजरकर किया गया है।

अज्ञेय के काव्य विषयक चिन्तन पक्ष को देखते समय एक महत्त्वपूर्ण वैशिष्ट्य यह ध्यान में आता है कि कवि प्रतिभा से लेकर काव्य की लय तक के प्रायः समस्त महत्त्वपूर्ण विषय अज्ञेय ने छुए हैं। यह कहा जा सकता है कि उनके विभिन्न सूत्रों को एकत्र कर दिया जाये तो एक सम्यक् काव्य-दर्शन हाथ में आता है।

जीवन और काव्यानुभव

किसी भी कला-चिन्तक को परेशानी में डालने वाली पहली समस्या जीवनानुभव और काव्यानुभव के सम्बन्धों की है। यह समस्या इतनी मूलभूत और जटिल है कि अन्य कतिपय समस्याएँ इसी के अन्तर्गत समाविष्ट होती दीखती हैं। अज्ञेय ने इस समस्या पर प्रारम्भ से लेकर आज तक लगातार चिन्तन किया है। काव्यानुभव और जीवनानुभव की एकरूपता, काव्यानुभव की अलौकिकता और काव्यानुभव और जीवनानुभव की समता या उनके अन्तस्सम्बन्धों को स्वीकार करते हुए भी काव्यानुभव की स्वायत्तता (लौकिक अनुभव की अलौकिकता—लौकिकता में अलौकिकता), ये तीन पक्ष हैं और अज्ञेय निस्सन्देह तीसरे पक्ष के समर्थक दीखते हैं। यह कुछ आलोचकों की तर्क-विकृति का परिणाम है या अधूरी समझ का जो

अज्ञेय को कलावादी (द्वितीय पक्ष) मानते हैं जबकि उस अर्थ में निरे कलावादी होने का जब-तब अज्ञेय ने खण्डन ही किया है।

काव्यानुभव के सम्बन्ध में विचार करते समय अज्ञेय ने परिवेश और काव्यानुभव के सम्बन्धों का पर्याप्त स्पष्ट विवेचन किया है : 'साहित्यिक—कोई भी कलाकार अनिवार्य रूप से अपनी परिस्थितियों का परिणाम होता है। वह अपने आस-पास व्याप रहे संघर्ष का फल है। उसमें आत्यन्तिक सन्तुलन नहीं है, न कभी हो सकता है। साहित्यकार होने के नाते ही वह चंचल है, अस्थिर है, असन्तुष्ट है। उसकी यही अस्थिरता और असन्तोष उसको घेरने वाले बाहरी संघर्ष का भीतरी प्रतिरूप है। साहित्य—या कैसी भी कलात्मक रचना, सृष्टि—इस मौलिक संघर्ष का नतीजा है। इसे हल करने के लिए कलाकार के प्राणों का उत्कट प्रयास है...कला संघर्ष का फल है। अतः कलाकार अनिवार्य रूप से गति मात्र है, उसमें एक बलवती प्रेरणा काम कर रही है जो उसे स्थिर रहने नहीं देती और जिसके दबाव के कारण वह किसी प्रकार के सामंजस्य की ओर बढ़ता है।[1] परिवेश और कलाकार के वास्तविक और इच्छित सम्बन्धों का यह विवेचन अन्त तक मिलता है। 'भवन्ती' में अज्ञेय लिखते हैं, "कविता का वास्तविकता से सम्बन्ध है, घनिष्ठ सम्बन्ध है। कल्पना, प्रातिभ ज्ञान, पर्यवेक्षण, सभी से कविता वास्तविकता को स्वायत्त, आत्मसात् करती है, संवेद्य और बहुजन-सम्प्रेष्य बनाती हुई फिर से रचती है।"[2]

अनुभूति और सभ्यता के बदलते सम्बन्धों का और कवि के दायित्व का विश्लेषण करते हुए अज्ञेय लिखते हैं : "यह मानना होगा कि सभ्यता के विकास के साथ-साथ हमारी अनुभूतियों का क्षेत्र भी विकसित होता गया है और अनुभूतियों को व्यक्त करने के हमारे उपकरण भी विकसित होते गये हैं। यह कहा जा सकता है कि हमारे मूल राग-विराग नहीं बदले, प्रेम अब भी प्रेम है और घृणा अब भी घृणा, यह साधारणतया स्वीकार किया जा सकता है। पर यह भी ध्यान में रखना होगा कि राग वही रहने पर भी रागात्मक सम्बन्धों की प्रणालियाँ बदल गयी हैं और कवि का क्षेत्र रागात्मक सम्बन्धों का क्षेत्र होने के कारण इस परिवर्तन का कवि-कर्म पर बहुत गहरा असर पड़ा है। निरे 'तथ्य' और 'सत्य' में—या कह लीजिए, "वस्तु सत्य और व्यक्ति सत्य में—यह भेद है कि 'सत्य' वह 'तथ्य' है जिसके साथ हमारा रागात्मक सम्बन्ध है, बिना इस सम्बन्ध के वह एक बाह्य वास्तविकता है जो तद्वत् काव्य में स्थान नहीं पा सकती। लेकिन जैसे-जैसे बाह्य वास्तविकता बदलती है, वैसे-वैसे हमारे उससे रागात्मक सम्बन्ध जोड़ने की प्रणालियाँ भी बदलती हैं—और अगर नहीं बदलतीं तो उस बाह्य वास्तविकता से हमारा सम्बन्ध टूट जाता है। कहना होगा कि जो आलोचक इस परिवर्तन को नहीं समझ पा रहे हैं, वे उस वास्तविकता से टूट गये हैं जो आज की वास्तविकता है। उससे रागात्मक सम्बन्ध जोड़ने में असमर्थ वे उसे केवल बाह्य वास्तविकता मानते हैं, जबकि हम उससे

वैसा सम्बन्ध स्थापित करके उसे आन्तरिक सत्य बना लेते हैं और इस विपर्यय से साधारणीकरण की नई समस्याएँ आरम्भ होती हैं।" इस विस्तार में उद्धृत अवतरण को ध्यानपूर्वक पढ़ा जाये तो वास्तविकता और कवि-कर्म, बाह्य यथार्थ (तथ्य) और कवि का यथार्थ (सत्य) के बीच का अन्तर अत्यन्त स्पष्ट हो जाता है और काव्यानुभूति को जीवनानुभूति से उत्पन्न लौकिक वस्तु मानते हुए भी उसके कवि द्वारा उसको संस्कारित किये जाने पर बल देकर उसकी स्वायत्तता को सुरक्षित किया गया दिखाई दे सकता है। छायावादी कवियों के लिए (जब तक वे छायावाद की सीमाओं में रहे) अनुभूति 'गिवन' थी—प्रदत्त थी, उन्हें अनुकूल भाषा में व्यक्त—भर करना था। अज्ञेय के लिए यह अधिक द्वन्द्वात्मक सम्बन्ध को गर्भ में लिये अभिव्यक्ति के लिए अनेक स्तरों पर कवि द्वारा 'आत्मदान' की मांग करती थी। अज्ञेय शास्त्रीय दार्शनिक नहीं हैं, परन्तु वे उन आत्यन्तिक भाववादी विचारकों में नहीं आते जो बाह्य वास्तविकता को अनुभूति से परे अस्वीकृत ही करते हैं। लेकिन उन भौतिकतवादी विचारकों में भी नहीं आते जो सभी मूल्यों का स्रोत केवल ऐहिकता मानते हैं। अज्ञेय उन विचारकों के बीच हैं जो दृष्टि और सृष्टि दोनों की अस्ति स्वीकार करते हुए सभी मूल्यों का स्रोत इनकी टकराहट और सामंजस्य का सतत प्रयास मानते हैं। सृजनशील साहित्यकार के नाते वे व्यक्ति की सृजन प्रक्रिया और उस सृजन को निश्चय ही स्वायत्त मानते हैं। लेकिन यह स्वायत्तता वास्तविकता और सामाजिकता से असंपृक्त नहीं है।[3]

काव्यानुभूति का स्वरूप

अज्ञेय के लिए काव्यानुभूति जीवनानुभूति का पर्याय नहीं है, यद्यपि जीवनानुभूति से उनका घनिष्ठ सम्बन्ध है, अज्ञेय द्वारा वर्णित काव्यानुभूति का स्वरूप अधिक गहराई में जाकर देखना अभीष्ट रहेगा।

काव्यानुभूति को जीवनानुभूति से विशिष्टता देने वाली महत्त्वपूर्ण बात काव्यानुभूति की प्रक्रिया ही है। जीवनानुभूति को काव्यानुभूति का स्वरूप देने वाली पहली वस्तु कवि की आत्माभिव्यक्ति को दूसरों पर अभिव्यक्त करने की आन्तरिक आकांक्षा है—सम्प्रेक्षण और साधारणीकरण की मांग है। अज्ञेय ने प्रारम्भ से इस 'साधारणीकरण' पर बल दिया है। सम्प्रेषण की मांग का एक कारण जीवनानुभूति का कुछ ऐसा काव्योचित होना है जो कलाकार को यह सहज प्रेरणा देता है कि उसकी अनुभूति में कुछ महत्ता है जिसका दूसरों के साथ साझा करना होगा : जो अनुभूति केवल आत्माभिव्यक्ति तक सीमित रहती है, दूसरों पर अभिव्यक्त होने की आन्तरिक आकांक्षा नहीं रखती, वह काव्य-सत्य नहीं है। साधारणीकरण को 'कवि-कर्म की मौलिक समस्या' मानते हुए अज्ञेय ने लिखा है कि "कवि को प्रयोगशीलता की ओर प्रेरित करने वाली सबसे बड़ी शक्ति यही है।"[4] बिना शास्त्रीय

परिभाषा का सहारा लिये यह कहा जा सकता है कि काव्यानुभूति की प्रेरणा सम्प्रेषण की होती है और इस सम्प्रेषण के लिए कवि को जो कलात्मक प्रयास करना पड़ता है, उसे 'साधारणीकरण' कहा जा सकता है।

प्रयोगवादी होने के आरोप का सशक्त विरोध करते हुए अज्ञेय ने दूसरा सप्तक की भूमिका में ही साधारणीकरण को काव्यानुभूति का अनिवार्य तत्त्व मानकर उसका पर्याप्त विस्तार से विवेचन किया था। बाह्य यथार्थ और कवि का यथार्थ या तथ्य और सत्य के भेद को आलोकित करते हुए अज्ञेय ने लिखा है, "कवि नये तथ्यों को उनके साथ नये रागात्मक सम्बन्ध जोड़कर नये सत्यों का रूप दे, उन नये सत्यों को प्रेष्य बनाकर उनका साधारणीकरण करे, यही नयी रचना है।"[5] एक ओर कवि अपनी अनुभूति की विशिष्टता या अप्रतिमता को बनाये रखना चाहता है, दूसरी ओर इस विशेषीकरण के युग में पाठकों और कवियों के बीच के सम्बन्ध भी उलझ गये हैं, साधारणीकरण का क्षेत्र संकुचित होने लगा है। इस स्थिति में काव्यानुभूति के व्यक्तित्व को सुरक्षित रखकर उसे 'साधारण' बनाना–यूनिवर्सल बनाना एक कवि-कर्म की जटिल समस्या है, परन्तु उसको झेले बिना निस्तार भी नहीं है। असल में इसके बावजूद अगर काव्य में दुर्बोधता आती है तो धर्म नहीं, आपद्धर्म है। "जीवन की जटिलता को अभिव्यक्त करने वाले कवि की भाषा का किसी हद तक गूढ़, 'अलौकिक' अथवा दीक्षा द्वारा गम्य (एसोटेरिक) हो जाना अनिवार्य है, किन्तु वह उसकी शक्ति नहीं, विवशता है, धर्म नहीं, आपद्धर्म है।"[6] साधारणीकरण के लिए या अनुभूति को 'साधारण' बनाने के लिए अनुभूति का सरलीकरण, स्पष्टीकरण, विशदीकरण, विवरण, निरूपण, निवेदन आवश्यक नहीं है, क्योंकि यह गद्य का रास्ता है। अभिव्यक्त करना है अनुभूति को–यथावत् रूप में। "जो व्यक्ति का अनुभूत है, उसे समष्टि तक कैसे उसकी सम्पूर्णता में पहुंचाया जाये–यही पहली समस्या है जो प्रयोगशीलता को ललकारती है।"[7]

वस्तुतः प्रयोगवाद नामक एक काव्य प्रवृत्ति की ही कल्पना करना और अज्ञेय को उसका प्रवर्तक मानकर उन पर आरोपित करना एक आलोचना-कर्म की गैर-जिम्मेदाराना प्रवृत्ति है। अगर सही अर्थ में कोई प्रयोगवादी है तो प्रपद्यवादी। कहना न होगा कि अज्ञेय प्रयोग को कवि-सत्य को साधारण करने का अथवा दूसरों तक पहुंचाने का एक साधन मात्र मानते हैं जिसे अतिरिक्त महत्त्व देना आलोचना कर्म का घटिया स्तर है।

साधारणीकरण के सन्दर्भ में ही कुछ और बातों की भी विवेचना करनी चाहिए जिससे काव्यानुभूति के स्वरूप पर कुछ प्रकाश पड़ सकता है। 'साधारणीकरण' में ही वस्तुतः कलात्मक दूरी या तटस्थता और आवश्यक तन्मयता का समावेशन होता है। अज्ञेय पर टी.एस. इलियट का प्रभाव दिखाते समय उनके जिन उद्धरणों का हवाला दिया जाता है, उनके सम्बन्ध में 'त्रिशंकु' की भूमिका

में ही अज्ञेय ने स्पष्ट कहा है, "रूढ़ि और मौलिकता टी.एस. इलियट के एक लेख का लगभग भावानुवाद है।"[8] अतः इस लेख को अनावश्यक महत्त्व देकर पश्चिमी प्रभाव का आरोपण युक्ति-युक्त नहीं है। वस्तुतः टी.एस. इलियट के कुछ सिद्धान्तों का 'साधारणीकरण' की प्रक्रिया में ही समावेश होता है।

टी.एस. इलियट के सिद्धान्त में कलाकार की अनुभव से दूरी या तटस्थता की बात कही गयी है। भोगने वाले और रचने वाले की इस दूरी पर अज्ञेय ने बल दिया है। लेकिन यह भारतीय सिद्धान्त 'साधारणीकरण' में भी संकेतित है। कुछ उससे भी अधिक गहराई में जायें तो पता चलेगा कि भरत के नाट्यशास्त्र में ही 'लोकधर्मी' और 'नाट्यधर्मी' भेद किया गया है। 'साधारणीकरण' में अनुभव को उसके व्यक्तिगत अंश से असम्पृक्त कर उसे सार्वजनिक या 'साधारण' बनाने की बात कही गयी है। वस्तुतः यह भी ध्यातव्य है कि इसी सन्दर्भ में अभिनेता का काव्यगत चरित्र, जिसका वह अभिनय कर रहा है, से सम्बन्ध भी 'अनुभव' से कलात्मक दूरी का सम्बन्ध है। असल में कलाकार, फिर वह साहित्यकार हो या अभिनेता, कुछ अन्तर्मुख होने पर सहज ही में यह अनुभव करता है कि उसके काव्यानुभव या कलानुभव में और जीवनानुभव में कुछ ऐसा अन्तर है कि जिसके कारण 'साधारणीकरण' भी सम्भव बनता है और कलात्मक परितोष के विविध उपादान जीवनानुभव में प्रविष्ट होकर उसे एक भिन्न दर्जा दे देते हैं। "कलाकार जितना ही बड़ा होगा, उतना ही व्यक्ति-जीवन और रचनाशील-मन का यह अलगाव भी आत्यन्तिक होगा"—अज्ञेय के द्वारा प्रस्तुत टी.एस. इलियट के इस वाक्यांश का अर्थ यह नहीं है कि कलाकार अनुभवहीन होता जाता है, ठण्डा पड़ता जाता है, जीवन से दूर होता जाता है या उसका डीह्यूमनाइजेशन होता है। इसका अर्थ इतना ही है कि तालस्ताय या दोस्तोवस्की के पात्रों एवं उपन्यासों में वर्णित घटनाओं से उनके वैयक्तिक जीवन का सीधा सम्बन्ध नहीं है। इसका अर्थ यह जरा भी नहीं कि अज्ञेय कलानुभव के ठण्डेपन पर बल दे रहे हैं। प्रत्युत् कलानुभव का वैशिष्ट्य बताते हुए उत्कटता या तीव्रता पर उन्होंने बार-बार बल दिया है। सामान्यतः भोगे हुए यथार्थ का उद्घोष करने वाले जीवनवादी (?) समीक्षक जीवनानुभव या यथार्थ को रचना का रूप देते समय सच्चे कलाकार को जो कल्पना के संस्कार जाने-अनजाने करने पड़ते हैं, उसके स्वरूप को ध्यान में नहीं लेते। मयूर के अण्डे से मयूर के भावी रंग-सौन्दर्य का जितना सम्बन्ध होता है, कुछ वैसा ही भोगे हुए यथार्थ और सरजे हुए कलानुभव का सम्बन्ध होता है—यह कहने की आवश्यकता नहीं कि इनके बीच जो सर्जन प्रक्रिया होती है, उसमें अवचेतन मन का सक्रिय तत्त्व बहुत ही बड़ा होता है और इस प्रक्रिया में 'संयोग' पर इसीलिए बल देना होता है। जब तक अवचेतन मन के समस्त खेल की, कलानुभव में अन्तर्हित संयोग तत्त्व की, जीवनानुभव के बीज के कलानुभव के भव्य पुष्पित वृक्ष में परिवर्तित होने की समस्त प्रक्रिया को वैज्ञानिक

दृष्टि से बुद्धि की पकड़ में लाया जाकर विश्लेषित नहीं किया जा सकता तब तक इस समस्त प्रक्रिया को प्रतिभा की क्रीड़ा में अगर अभिहित किया जाये तो यह स्वाभाविक है। पश्चिमी चिन्तकों का इस प्रक्रिया को बुद्धि से पकड़ने का जो प्रयास चल रहा है, उसमें अन्ततः अवचेतन की अगम्य लीला का सहारा आज भी लेना पड़ रहा है। सुसान लैंगर ने इस प्रकार के प्रयास को अर्थात् वैज्ञानिक प्रक्रिया से प्रतिभा को विश्लेषित करने की प्रतिज्ञा को पर्याप्त प्रमाणित न होने के कारण 'नादान, कृतक् वैज्ञानिक विश्वास' कहा है। यह दूसरा प्रसंग है; अतः यहां संक्षेप में इतना ही कहना है कि टी.एस. इलियट भी एक परम्परा से चले आये विचार को अधिक स्पष्टता और बलपूर्वक प्रस्तुत कर रहे थे। इस सन्दर्भ में 'रूढ़ि और मौलिकता' के ये वाक्य ध्यातव्य हैं, "वास्तव में कलाकार का मन एक भण्डार है, जिसमें अनेक प्रकार की अनुभूतियाँ, शब्द, विचार, चित्र, इकट्ठे होते रहते हैं, उस क्षण की प्रतीक्षा में जबकि कवि-प्रतिभा के ताप से एक नया रसायन, एक चमत्कारिक योग नहीं उत्पन्न हो जायेगा।" इस सारी शब्दावली के लिए क्या टी.एस. इलियट के ही सन्दर्भ की आत्यन्तिक अनिवार्यता थी।[9]

काव्यानुभव की विशिष्टता का अज्ञेय ने अनेक प्रकार से विवेचन किया है। एक ओर काव्यानुभाव वैयक्तिक होता है और जिस अनुभव पर कवि व्यक्तित्व की छाप नहीं होती, वह अनुभव कलानुभव नहीं हो सकता, तो दूसरी ओर वह साधारण भी होता है। "अनुभव की अद्वितीयता और अर्थ की साधारणता–प्रतिभा के ये दो इष्ट हैं। या कहा जाये कि इन दो ध्येयों का योग ही उसका इष्ट है। जिस प्रक्रिया से यह योग सिद्ध होता है, वही रचना-प्रक्रिया है।"[10]

विषय और वस्तु का अज्ञेय द्वारा किया गया विश्लेषण इस सन्दर्भ में महत्त्वपूर्ण है, "काव्य का विषय और काव्य की वस्तु (कण्टेंट) अलग-अलग चीजें हैं, पर जान पड़ता है कि इस पर बल देने की आवश्यकता प्रतिदिन बढ़ती जाती है। यह बिल्कुल सम्भव है कि हम काव्य के लिए नया विषय चुनें, पर वस्तु उसकी पुरानी ही रहे, जैसे यह भी सम्भव है कि विषय पुराना रहे पर वस्तु नयी हो।...निस्सन्देह देशकाल की संक्रमणशील परिस्थितियों में संवेदनशील व्यक्ति बहुत कुछ देखे-सुने और अनुभव करेगा, और इसलिए विषय के नयेपन के विचार का भी अपना स्थान है ही, पर विषय केवल 'नये' हो सकते हैं, मौलिक नहीं–**मौलिकता वस्तु से ही सम्बन्ध रखती है**। विषय सम्प्रेष्य नहीं है, वस्तु सम्प्रेष्य है। नये (या पुराने भी) विषय की, कवि की संवेदना पर जो प्रतिक्रिया और उससे उत्पन्न सारे प्रभाव जो पाठक-श्रोता-ग्राहक पर पड़ते हैं और उन प्रभावों को सम्प्रेष्य बनाने में कवि का योग (जो सम्पूर्ण चेतन भी हो सकता है, अंशतः चेतन भी और सम्पूर्णतया अवचेतन भी)–मौलिकता की कसौटी का यही क्षेत्र है। यही कवि की शक्ति और प्रतिभा का क्षेत्र है। कहां तक कवि नयी परिस्थिति को स्वायत्त कर सका है (आयत करने

में रागात्मक प्रतिक्रिया थी, और तज्जन्य बुद्धि-व्यापार भी है जिसके द्वारा कवि संवेदना का पुतली-भर न बना रहकर उसे वश करके, उसी के सहारे उससे ऊपर उठकर उसे सम्प्रेष्य बनाता है)। इसी से हम निश्चय करते हैं कि वह कितना बड़ा कवि है (और फिर सम्प्रेष्य के साधनों और तन्त्र (टेकनीक) के उपयोग की पड़ताल करके यह भी देख सकते हैं कि वह कितना सफल कवि है–पर इस पक्ष को अभी छोड़ दिया जाये।)''[11] इस विस्तृत उद्धरण को उद्धृत करने का कारण यह है कि इसमें अज्ञेय के काव्यानुभव के घटकों एवं उनके परस्पर सम्बन्धों के बारे में कतिपय विचार व्यक्त हुए हैं।

विषय और वस्तु के भेद का कारण स्पष्ट है। बहुत बार आधुनिक अथवा प्रगतिशील होने की आकांक्षा से नये विषय को ही काव्य वस्तु समझने की भूल हिन्दी साहित्य में हुई है। विषय को 'वस्तु' के रूप में ग्रहण करने की आवश्यकता एक प्रकार से कवि-व्यक्तित्व से विषय को आत्मसात् करना है जो काव्य-सत्य की प्रथम शर्त है। इस उद्धरण में काव्य के विभिन्न घटकों के परस्पर सम्बन्ध का दिशा-निर्देशन भी है। जीवनानुभव के बीज को काव्य-क्षेत्र में लगाने वाली रासायनिक शक्ति प्रतिभा होती है जिसे कल्पना भी कहा जा सकता है। लेकिन इस अनुभव को जब तक रागात्मक तत्त्व से स्वायत्त नहीं किया जाता, तब तक वह काव्य का अनुभव नहीं होता। उसी तरह बुद्धि तत्त्व का भी पर्याप्त महत्त्व काव्यानुभव में होता है। इससे भाव में शक्ति उत्पन्न अवश्य होती है, अनुशासन भी उत्पन्न होता है, परन्तु यह बुद्धि तत्त्व रागात्मक तत्त्व का सहायक बनकर ही काव्य में समुचित कार्य कर सकता है। काव्य के घटकों के सम्बन्ध के साथ अज्ञेय ने बड़े कवि होने की शर्त को भी प्रस्तुत किया है। यह शर्त है, ''नयी परिस्थिति को स्वायत्त कर सकना।'' नयी परिस्थिति की पहचान भर साहित्यिक कृतित्व के लिए पर्याप्त नहीं है, उसे 'स्वायत्त' करना आवश्यक है। समकालीन साहित्य में यथार्थ के नाम पर जो परिवेश का ब्यौरेवार विवरण प्रस्तुत किया जाता है, ठण्डेपन से परिवेश के चित्रांकन को आधुनिक समझा जाता है, उसके सन्दर्भ में उपर्युक्त विवेचन प्रासंगिक ही नहीं, हर साहित्यकार के लिए मनन करने की दृष्टि से महत्त्वपूर्ण भी है।

काव्यानुभव के कुछ अन्य वैशिष्ट्य भी अज्ञेय ने प्रस्तुत किये हैं। सौन्दर्यशास्त्र की शास्त्रीय परिचर्चा में न उलझकर उन्होंने ये संकेत दिये हैं। लय, वक्रता, सन्तुलन, नव्यता, गाम्भीर्य, सूचकता, सार्वभौमता–सौन्दर्य-बोध के ये कुछ प्रतिमान हैं जिनके कारण काव्यानुभव जीवन से उद्भूत होने पर भी विशिष्टता प्राप्त करता है। इस समस्त लेखन में सौन्दर्यशास्त्री की तार्किक बहस एवं प्रस्तुतीकरण नहीं है, एक सर्जक कलाकार का सुचिन्तित मन्तव्य है। सौन्दर्य वस्तु में है या दृष्टि में, सौन्दर्य सम्बन्धी संवाक्यों का स्वरूप क्या होता है, सौन्दर्य जो प्रभाव डालता है, उसका विशुद्ध आनन्दमय या व्यामिश्र होता है, इत्यादि

समस्याओं की तात्त्विक और अमूर्त चर्चा अज्ञेय नहीं करते। एक स्वचेतन कलाकार की अपनी अनुभूति प्रक्रिया को बौद्धिक स्तर पर समझने, समझाने का प्रयास अज्ञेय करते हैं। चूँकि यह कलाकार का चिन्तन है, शायद कोरे तार्किक से अधिक महत्त्वपूर्ण और प्रामाणिक भी माना जाना चाहिए।

काव्यानुभव और नीति

सौन्दर्य और नीति के सम्बन्धों का प्रश्न इस युग की जटिल समस्या रही है। एक समय सौन्दर्यबोध शिवत्व बोध का समर्पित अनुवर्ती रहा जब साहित्यानुभव का अनुशासन धर्म के हाथ में था। पाठक या सामाजिक भी और लेखक भी इसमें किसी प्रकार की असहजता या स्वाधीनता के संकोच का अनुभव नहीं करते थे। आज के विशेषीकरण और व्यक्तिवादी प्रवृत्तियों के युग में इन दोनों के बीच के पार्थक्य की कल्पना से दोनों का मन प्रश्नांकित है। अज्ञेय की इस सम्बन्ध में मूलभूत धारणा है : "हम जानते हैं कि सब प्रतिमानों का, सब मूल्यों का स्रोत मानव का विवेक है।"[12] इस मूल प्रतिज्ञा से यह बात सहज ही निष्पन्न होती है कि कभी-कभार ऊपरी टकराहट दीख भी जाये, सौन्दर्य-बोध और शिवत्व-बोध में मूलभूत विरोध नहीं है। "वास्तव में उच्च कोटि का नैतिक बोध और उच्च कोटि का सौन्दर्य-बोध, कम-से-कम कृतिकार में साथ-साथ चलते हैं। क्यों? क्योंकि, दोनों बोध मूलतः बुद्धि के व्यापार हैं, मानव का विवेक ही दोनों मूल्यों का स्रोत है और दोनों के प्रतिमानों या मानदण्डों का आधार।"[13] यह दृष्टिकोण अज्ञेय के चिन्तन में 'त्रिशंकु' के लेखन समय में भी विद्यमान था। 'सच्ची कला कभी भी अनैतिक नहीं हो सकती' और यों भी कह सकते हैं कि प्रत्येक 'शुद्ध कला-चेष्टा में अनिवार्य रूप से एक नैतिक उद्देश्य निहित है।' अथवा 'सच्ची कलावस्तु अन्ततः एक नैतिक मान्यता (इथिकल वैल्यू) पर आश्रित है, एक नैतिक मूल्य रखती है। हाँ, यह ध्यान दिला देना आवश्यक होगा कि हम एक श्रेष्ठतर नीति (इथिक) की बात कह रहे हैं, निरी नैतिकता (मारेलिटी) की नहीं।[14]

कलाकार, विशेषतः साहित्य जैसे आशय को महत्त्व देने वाली कला का सर्जक, मानवीय जीवन के अनुभव की गहराई और व्यापकता में जैसे-जैसे संचरण करता जायेगा, वैसे-वैसे नैतिक समस्याओं से उसका गहन सम्बन्ध स्थापित होता जायेगा, क्योंकि मानवीय अनुभव का एक महत्त्वपूर्ण आयाम नैतिक अनुभव है। इस सम्यक् बोध को वही कलाकार अस्वीकार करेगा जो अनुभव की समग्रता को खण्डित सत्य के लिए अनदेखा करना चाहेगा। अज्ञेय ने 'अन्तरा' में स्पष्टतः लिखा है, "नैतिकता बोध का न होना जीवन लक्ष्य का न होना है—और लक्ष्यरहित समाज या संस्कृति का नष्ट हो जाना ही स्वाभाविक है।"[15] 'त्रिशंकु' से 'अन्तरा' तक यह मान्यता अबाधित रही है।

काव्यानुभव और आदर्श

यथार्थ आज की साहित्यिक बहस में एक ऐसा शब्द प्रचलित है जो प्रायः अपने साहित्यान्तर्गत स्थान विशेष को अतिक्रमित कर साहित्य का ही पर्याय बनने लगा है। अज्ञेय ने स्थान-स्थान पर यथार्थ और साहित्य के पारस्परिक सम्बन्धों का विश्लेषण किया है जिसका विवेचन इस लेख में किया गया है। युगीन फैशन के रूप में यथार्थवाद ने साहित्य की रचनाधर्मिता को ही निगलने का प्रयास किया है और पाठक के आँचल में डाल दिया है ब्यौरों का अम्बार, बाह्य जीवन का शुष्क फोटोग्राफिक अंकन। इसका एक और खतरनाक परिणाम स्वस्थ रोमांटिक प्रवृत्ति को भी अस्वीकार करने में हुआ है। दूसरा खतरा मनुष्य की या सर्जक कलाकार की उस सहज प्रवृत्ति को विनष्ट करने में दिखाई दे रहा है—वह सहज प्रवृत्ति है राह के अन्वेषण की, केवल सहज मिली राह पर चलने की नहीं। दूसरे शब्दों में कुछ पुरानी शब्दावली का आश्रय ग्रहण करके कहा जाये तो असामान्य रूप में सम्वेदनशील और प्रतिभाशाली व्यक्ति की स्वस्थ स्वप्न देखने की आदर्शवादी प्रवृत्ति को ही चुनौती दी गयी है। वस्तुतः कलाकार आज के जटिल जीवन में सामाजिक या सामूहिक जीवन के प्रयास को बाह्य वास्तविकता में कुछ दिशा प्रदान कर सकेगा, यह मानना कुछ अतिरिक्त भावुकतापूर्ण अपेक्षा हो सकती है। परन्तु कलाकार अपने विशिष्ट क्षेत्र में उस सूक्ष्म आभ्यन्तरिक मूल्यपरक सांस्कृतिक बोध को निश्चय ही सचेष्ट रख सकता है, उदग्र और उन्नत रख सकता है। दूसरे शब्दों में उच्च जीवन की आभ्यन्तरिक आकांक्षा को सतत जीवन्त रखकर व्यक्ति का उन्नयन कर ही सकता है और एक व्यक्ति के सशक्त रूप में उन्नत होने में सामाजिक जीवन को भी प्रभावान्वित किया जा सकता है। इतना ही कलाकार कर सकता है और यह अत्यन्त महत्त्वपूर्ण कार्य है—आज के मूल्य-भ्रष्टता के युग में। अज्ञेय का इस सम्बन्ध में विवेचन निस्सन्दिग्ध है। साहित्य की मूल्यपरकता पर उनकी आस्था है और मूल्यपरकता का मूल से मानवीय विवेक मानते हैं। अज्ञेय का कथन है : "जिस साहित्य में रास्ते की पहचान का संकेत मिलेगा, वह साहित्य टिकेगा। जो नितान्त प्रतिक्रियात्मक है, जिसमें आज के भय, सन्त्रास, अजनबीपन, मतली आदि का भरपूर वार पाठक अथवा गृहीता पर पड़े, हो सकता है कि वैसा साहित्य आज की स्थिति के आस्वाद का आभास अधिक दे। पर रास्ते की चाह भी स्थिति का एक अन्यतम तत्त्व है, इस तरह की उपेक्षा नहीं की जा सकती और जिस साहित्य में आज के आस्वाद के दूसरे सब रस हैं, लेकिन इस चाह और पहचान का आस्वाद नहीं मिलता, वह उस हद तक स्थिति का अधूरा ही सम्प्रेषण कर रहा है। आस्वाद का जो आभास है, उसमें थोड़ा धोखा भी, आभास भी है, तत्त्व की उतनी कमी है।"[16]

कलानुभव : एक सांस्कृतिक अनुभव

अज्ञेय की दृष्टि से कलानुभव अन्तिम परिणति में एक श्रेष्ठ सांस्कृतिक अनुभव का महत्त्वपूर्ण आयाम है। समाज के बुद्धिजीवी वर्ग में स्वस्थ, सक्रिय, दायित्ववान, ऊर्ध्व संचरण का आकांक्षी एक छोटा या बड़ा, कम या अधिक प्रभावशाली तबका रहता है। उसकी जीवन विषयक समग्र दृष्टि को संस्कृति का पर्याय माना जाता है। साहित्यानुभव उसके लिए इस समग्र जीवन-दृष्टि का ही एक अत्यन्त महत्त्वपूर्ण अंश रहता है। इस अनुभव में सामाजिकता और परम्परागत मूल्यपरक जीवनानुभव का बहुत बड़ा भाग रहता है, परन्तु वैयक्तिक स्तर पर दायित्ववान व्यक्ति के आत्मदान का अंश भी कम महत्त्वपूर्ण नहीं होता (त्रिशंकु, पृ. 28-39)। असल में साहित्यानुभव या कलानुभव का यह व्यापक बोध कतिपय द्वन्द्वों को संक्रमित कर श्रेष्ठतम मानवीय कृतित्व के स्तर पर कला को स्थापित करता है। कला और नीति, वैयक्तिकता और सामाजिकता, परम्परा और नूतनता, शाश्वतता या स्थायित्व और आधुनिकता, चिरन्तनता और प्रासंगिकता, गहराई और व्यापकता, सत्य और सौन्दर्य, सत्य और शिव—इन सब द्वन्द्वों का अन्तिम परिणति में एक श्रेष्ठतम अनुभव की प्रक्रिया में विलय हो जाता है।

साहित्यिक कृतित्व महज आत्माभिव्यक्ति नहीं है। वह एक सांस्कृतिक दायित्वपूर्ण कर्म है—इस मान्यता का परिणाम यह हुआ कि अज्ञेय के काव्य-दर्शन में अवचेतन मन की अति यथार्थवादी मतली को स्थान नहीं है और न प्रकृतवाद के यान्त्रिक अनुकरणवादी छिछले यथार्थ को। यद्यपि सृजन-प्रक्रिया में अवचेतन की रासायनिक प्रक्रिया को अज्ञेय स्वीकार करते हैं और बदलते यथार्थ की व्यक्ति की चेतना पर पड़ने वाली मार को भी कम महत्त्वपूर्ण नहीं समझते, फिर भी इन दोनों का महत्त्व साहित्य कृति के कुल फल के लिए खाद, पानी, हवा, प्रकाश की भाँति सहायक है—फल का यह पर्याय नहीं है। इस बिन्दु पर कला की स्वायत्तता और कला के महत्तम सांस्कृतिक प्रयोजन के बीच कोई द्वन्द्व नहीं रहता। "काव्य-रचना का—किसी भी कला सृष्टि का—अधिकार तभी आरम्भ होता है जब व्यक्तित्व का सम्पूर्ण विलयन हो जाये, ...यह मुझे सर्वथा स्वीकार्य है कि प्राचीन कवियों की महत्ता का असल रहस्य यही है कि वे अहं को विलीन करके ही लिखते थे, उनके लिए कविता स्वास्थ्य-लाभ का साधन नहीं, बल्कि स्वस्थ व्यक्ति की आनन्द-साधना थी।"[17]

यहीं पर अज्ञेय पर क्षणवादी होने के विकृत आरोप का भी खण्डन होता है। वस्तुतः इसका अज्ञेय ने बार-बार स्पष्टीकरण दिया है, परन्तु आलोचकों का एक कठमुल्ला वर्ग है जो अज्ञेय के प्रयोगवादी और क्षणवादी होने की बात को बार-बार प्रचारित करता है। अज्ञेय के समस्त काव्य-दर्शन के सन्दर्भ में ये आरोप या तो बचकाने हैं या षड्यन्त्रपूर्ण प्रचार के परिचायक।

अच्छा साहित्य–महान साहित्य

अज्ञेय ने अच्छे साहित्य और महान साहित्य के सम्बन्ध में भी कुछ संकेत किये हैं जो महत्त्वपूर्ण हैं। 'त्रिशंकु' में ही अज्ञेय लिखते हैं, ''इस प्रकार हम यह स्थापना कर सकते हैं कि यद्यपि अतृप्ति का अनुभव प्रत्येक आधुनिक लेखक में होना चाहिए, तथापि उसकी रचनाओं का महत्त्व आँकने के लिए यह देखना चाहिए कि अन्ततोगत्वा अपनी इस अनुभूति के प्रति उसकी स्थिति क्या है। यदि अपनी अनुभूति के प्रति उसकी आलोचक बुद्धि जाग्रत है, यदि उसके उद्वेग ने उसमें प्रतिरोध और युयुत्सा की भावनाएँ जगायी हैं, उसे वातावरण या सामाजिक गति को तोड़कर नया वातावरण और नया सामाजिक संगठन लाने की प्रेरणा दी है, तभी उसकी रचनाएँ महान साहित्य बन सकेंगी।''[18] यह प्रत्यक्ष प्रतिरोध और युयुत्सा भावना को जगाने की जुझारू आकांक्षा बाद में जीवन के व्यापक आकलन के रूप में बदल गयी। लेकिन समाज-जीवन के व्यापक संस्पर्श की बात बाद में भी रही। ''जिस अनुभव का सम्प्रेषण वह करता है, वह कहाँ तक उसके अपने घटित से बड़ा है। कहाँ तक ऐसा है कि पूरे समाज के या मानव जाति के अनुभव के समक्ष और समकक्ष उसे रखा जा सके। यानी कहाँ तक वह अपने जीवन से बढ़कर समाज के जीवन में पैठ सका है और उन अनुभवों का सम्प्रेषण कर सका है जो समाज के लिए भी महत्त्व रखते हैं। जो लेखक इस दूसरी कसौटी पर भी खरा उतरता है, उसे हम अच्छा लेखक मान सकते हैं। जितना ही व्यापक मूल्यवत्ता का संस्पर्श वह पाठक को देता है–उसके द्वारा पाठक तक पहुँचता है–उतना ही वह अच्छा लेखक होता है।''[19]

यहाँ अज्ञेय अच्छे लेखक की ही बात कर रहे हैं, लेकिन यह अच्छे साहित्य का रास्ता ही महान साहित्य तक पहुँचा देता है। महत्त्व व्यापक सामाजिक जीवन में पैठ का है। महान लेखक की पहचान के बारे में अज्ञेय का मन्तव्य है–''लेखक हमें जिस व्यापकतर सत्य से, सामाजिक अनुभव से सम्पृक्त करता है, अगर उसकी व्याप्ति, गहराई, सच्चाई की पहचान के साथ-साथ हमें पाठक की हैसियत से यह लगे कि यह सच, या कि यह अनुभव है तो हमारा ही, हमारे जीवन का, हमारे बीच का है, पर यदि इस लेखक की प्रतिभा ने उसका सम्प्रेषण हम तक न किया होता, उसकी ऐसी सजीव पहचान हमें न करायी होती, तो वह अलक्षित ही रह जाता, तो वह लेखक महान लेखक है।''[20] सामाजिक जीवन की गहराई व्यापकता, सच्चाई की पहचान के साथ साधारण परन्तु अलक्षित जीवनानुभव की सजीव पहचान की यह शर्त कलाकार की मौलिक प्रतिभा पर बल देती है। आम आदमी के आम जीवन के ब्यौरे देते जाने वाले इधर के साहित्यकारों को इस बिन्दु पर अधिक चिन्तन करना चाहिए। सामाजिक जीवन के व्यापक संस्पर्श तक ही अज्ञेय सीमित नहीं

रहना चाहते—प्रतिभा के चमत्कार, जो साधारण के अलक्षित को सामने लाये, की कसौटी प्रस्तुत करते हैं। इसीलिए एक स्थान पर वे लिखते हैं कि आम आदमी साहित्य में प्रविष्ट होने पर आम नहीं रहता, वह विशिष्ट बनता है। यह विशिष्टता प्रतिभा की छाप है।

कवि-व्यक्तित्व

अज्ञेय के द्वारा विवेचित साहित्यानुभव या काव्यानुभव के विभिन्न आयामों को देखते हुए एक बात निश्चय ही कही जा सकती है कि उनकी राय में साहित्यकार का व्यक्तित्व व्युत्पन्नता और अभ्यास से या अन्य साधनों से अधिक धारदार बनाया जा सकता है, अपनी प्रदत्त क्षमता का वह अधिक कौशल से उपयोग कर सकता है, परन्तु उस प्रदत्त क्षमता, जिसे प्रतिभा कहा जाता है, के अभाव में साहित्य का सृजन असम्भव है। लेकिन यह सृजन प्रक्रिया भी स्वयंचालित यन्त्र नहीं है, बल्कि उसे शिक्षा-दीक्षा, साधना, सचेत सामाजिक निरीक्षण से जाग्रत रखना पड़ता है। सृजन प्रक्रिया एक प्रकार से कलाकार के आत्मदान की सतत आहुति मांगती रहती है। सृजन प्रक्रिया को वैज्ञानिक नियमावली के अन्तर्गत लाने के आधुनिक प्रयास के प्रति वे उदासीन भी नहीं हैं, परन्तु उनका विश्वास है कि उसका एक विलक्षण महत्त्वपूर्ण अंश अभी भी मनुष्य की बौद्धिक और तार्किक पकड़ के बहुत परे है। (देखिए, रचना और प्रक्रिया : आधुनिक साहित्य) अन्ततोगत्वा एक बात माननी पड़ती है कि साहित्य का खरा सोना तो मनुष्य के सचेत प्रयास से बाहर है। वह एक ऐसा दान है जिसे आँचल पसारकर लेने के लिए तैयार रहा जा सकता है। दूसरे शब्दों में भगवान की कृपा निश्चित कब होगी, नहीं कहा जा सकता। परन्तु भक्त को चाहिए कि वह अपने को उस कृपा के सर्वथा योग्य बनाता रहे।

अभिव्यक्ति

यह कहा जा चुका है कि अज्ञेय अभिव्यक्ति को अत्यधिक महत्त्व देते हैं। असल में जो अनुभव कलानुभव के स्तर पर चढ़ना चाहता है, उसमें सम्प्रेषण की मांग एक अनिवार्य होती है। प्रयोग की समस्त प्रेरणा यही सम्प्रेषण की अनिवार्यता है। इस सम्प्रेषण के लिए स्वानुभव को इस प्रकार प्रस्तुत करना कि दूसरे को वह सम्प्रेषण हो सके, साधारणीकरण का कार्य है।

साधारणीकरण और सम्प्रेषण का काव्यानुभव के माध्यम पर विचार करने को बाध्य करते हैं। अज्ञेय ने काव्य के माध्यम का विशेष गहराई में चिन्तन किया है। इस सन्दर्भ में उनकी महत्त्वपूर्ण स्थापना है कि काव्य का माध्यम वाक्य नहीं, शब्द है। काव्य में शब्द पर बल देना नया नहीं है। अज्ञेय का मत है, "काव्य

सबसे पहले शब्द है और सबसे अन्त में भी वही बात बच जाती है कि काव्य शब्द है। सारे कवि-धर्म इसी परिभाषा से निःसृत होते हैं। शब्द का ज्ञान शब्द की अर्थवत्ता की सही पकड़—ही कृतिकार को कृती बनाती है। ध्वनि, लय, छन्द आदि के सभी प्रश्न इसी में से निकलते हैं और इसी में विलय होते हैं। इतना ही नहीं, सामाजिक सन्दर्भ भी यहीं से निकलते हैं। इसी में युग-सम्पृक्ति का और कृतिकार के सामाजिक उत्तरदायित्व का हल मिलता है या मिल सकता है।"[21]

शब्द के प्रति इतनी सजगता, इतनी समर्पित निष्ठा, इतना लगाव क्यों। यह नहीं कि भाषा को ही स्वीकार करने वाले तथाकथित कवियों की हास्यास्पद चुनौती अज्ञेय के मन में कहीं है। वस्तुतः शब्द के प्रति विलक्षण दक्षता आरम्भ में उनमें है। अगर गायक अपने माध्यम स्वर के प्रति या चित्रकार अपने रंगरेखा के प्रति जरा भी लापरवाही बरतता है तो उसकी कुल कला ही लांछित होती है। दुर्भाग्य से कवियों में अपने माध्यम के प्रति उतना विवेक जाग्रत नहीं है तो इसलिए कि भाषा के काव्येतर प्रयोग काव्य को अशुद्ध भी करते हैं तो उतना ध्यान में नहीं आता जब तक पाठक विशेष चौकन्ना न रह जाये। काव्य-भाषा को विचारों का वाहन बनाने वाली काव्य की अपकारक प्रवृत्ति या समस्त कला को ही साधन मानकर चलने वाली विचारधारा भी अज्ञेय को शायद विशेष सतर्क बनाती रही हो। क्योंकि काव्य-भाषा का, कविता के माध्यम शब्द का विवेचन अज्ञेय ने अनेक सन्दर्भों में किया है। वैसे शब्दों का प्रचलन व्यावहारिक जीवन में, वैज्ञानिक चिन्तन में, खबरें और जानकारी देने वाले सूचनात्मक साहित्य या वृत्तपत्र में सदैव होता रहता है और शब्द की शक्ति को, अर्थ को पर्याप्त क्षति पहुँचाता रहता है। भाषा एक सार्वजनिक वस्तु है और एक ओर यह काव्य की शक्ति है, क्योंकि सम्प्रेषण का क्षेत्र बढ़ जाता है, परन्तु दूसरी ओर इस वस्तु के भ्रष्ट होने के खतरे भी संख्यातीत हैं। इस कारण से भी शब्द के प्रति विशेष सावधानी कवि-धर्म बन जाता है। फिर हिन्दी के विशिष्ट स्थान के कारण भाषा पर और भी अनेक प्रकार के आक्रमण जारी रहते हैं। हर सजग कलाकार को माध्यम के बारे में विशेष सतर्कता बरतनी पड़ती है। यह साधन शुद्धि का आग्रह काव्य-भाषा के सम्बन्ध में विशेष ही महत्त्वपूर्ण एवं अनिवार्य है। पन्त और निराला शब्द के प्रति सजग थे, परन्तु शब्द माध्यम का कई दिशाओं में विचार करने का श्रेय अज्ञेय को ही दिया जा सकता है।

शब्द के प्रयोग पर प्रयोगकर्ता की संस्कृति, अनुभव क्षेत्र की व्याप्ति एवं गहराई, उसकी सम्वेदनशीलता की क्षमता, उसकी कवित्व शक्ति, उसका कौशल एवं कला, उसका सौन्दर्यबोध, सब कुछ की पहचान निर्भर है। इधर भाषा-वैज्ञानिक फैशन के रूप में अज्ञेय ने इसे नहीं स्वीकारा, बल्कि एक आभ्यन्तरिक प्रतीति के रूप में इसे स्वीकारा है। इसीलिए कवि की शक्ति की माप भी उसकी भाषा को माना जा सकता है। अज्ञेय का आग्रह है, "जो कवि शब्द के संस्कार के प्रति

सजग नहीं है। (और जैसे जीव का हर कर्म उसके विस्तार को बदलता है, वैसे ही शब्द का प्रत्येक उपयोग उसे नया संस्कार देता है) वह अर्थवान शब्द का साधक नहीं है और मैं कहूँगा कि वह कवि नहीं है, न होगा।''[22] शब्द पर अज्ञेय का इतना अधिक बल है कि वे लिखते हैं, ''जिन्होंने शब्द को नया कुछ नहीं दिया है, वे लीक पीटने वाले से अधिक कुछ नहीं हैं—भले ही जो लीक वह पीट रहे हैं वह अधिक पुरानी न हो।''[23]

भाषा एक सामाजिक और वैयक्तिक धरोहर है। लेकिन कवि व्यक्तित्व का और इस धरोहर का सम्बन्ध निष्क्रिय नहीं है, न केवल दाता और प्राप्तकर्ता का है। यह सम्बन्ध भी तनावपूर्ण है। जितना कवि बड़ा, उतना यह तनाव भी बड़ा। तनाव का अर्थ यह नहीं कि कवि भाषा के संचित से विरोध भाव से जुड़ा हुआ है। ये सम्बन्ध दोनों की ओर से सक्रिय सर्जन क्रिया के हैं, जिसमें दोनों का महत्त्व समान है। धरोहर के रूप में मिली भाषा की सक्रियता उसके अर्थों की विभिन्न अनुगूंजें, परतें, स्तर, राशियाँ अपने-आप में समेट लिये होने में है तो कवि इस भाषा का ही प्रयोग कर अपनी ओर से कुछ नया, कुछ मौलिक जोड़ता जाता है—भाषा को एक नयी समृद्धि दे चलने में है। शब्द में नये अर्थ भर देने में कवि की सक्रियता निहित है। लेकिन भाषा को और भाषा के माध्यम से समस्त समाज को वही कवि कुछ अपनी ओर से दे सकता है जो भाषा की निहित शक्तियों से, उसकी समस्त सुदृढ़ परम्परा से भली-भाँति परिचित है। इस परिचय का अर्थ है कवि न केवल अपनी साहित्यिक परम्परा से गहन परिचय रखता है, उससे व्यापक सांस्कृतिक-सामाजिक जीवन-व्यापार से भी जुड़ा हुआ है। इस जुड़े हुए होने के या लगाव के रूप असंख्य हो सकते हैं। यही कारण है कि शब्द अज्ञेय के लिए समस्त संस्कृति की कथा बताने वाला एक शक्तिमान अणु है। इस समस्त भाषिक संरचना में शब्द के निहित अर्थ से भी आगे जाकर कतिपय दृष्टियों से विचार करना पड़ता है, ''पर वाक्सिद्धि में केवल चीज और नाम का सम्बन्ध ही चिन्त्य नहीं होता, नामों के आपसी सम्बन्ध भी महत्त्व रखते हैं। शब्द से शब्द का सम्बन्ध शिथिल है या कसा हुआ, ध्वनि पर आग्रह करता है या रूप पर। मृदु है या धारदार, रंगीन या फीका—इन प्रश्नों का उत्तर पाकर ही हम कुछ निश्चय कर सकते हैं कि कवि कहाँ तक शब्द का धनी है...इतना ही नहीं। अमुक एक व्यक्ति शब्दों का जैसा प्रयोग करता है, वह भाषा के ध्वनि-समूह की अपेक्षा में कैसा जान पड़ता है। उसकी भाषा 'बोली हुई' भाषा है कि 'लिखी हुई', उसके प्रयोग निजी व्यक्तित्व-विशिष्ट हैं या कि रूढ़। ...और अन्तिम प्रश्न यह है कि शब्दों का स्वयं कवि से कैसा सम्बन्ध है। चीजों के नाम उसकी चेतना से मिलकर चीजों की ओर बहते हैं, या चीजों से निःसृत होकर उस तक पहुँचते हैं।''[24]

छन्द, लय, ताल

नयी कविता में छन्द मुक्ति का निराला का आग्रह रूढ़ हो गया। यहाँ तक कि छन्द के प्रति एक अविवेकपूर्ण प्रतिक्रिया जागी और उसमें छन्दों का स्वर के साथ, स्वर का कविता की रागात्मक तरलता के साथ जो सम्बन्ध है, उसको पूर्णतः भुला दिया गया। छन्द और लय को गीत-काव्य की धरोहर माना गया और उसका संस्कार आधुनिकता के विपरीत (?) माना गया। छन्द के सम्बन्ध में अज्ञेय का चिन्तन भी महत्त्वपूर्ण है। ...छन्द : भाषा की ध्वनियों का संगठन या नियमन। छन्द के द्वारा हम साधारण बोलचाल के गद्य की लय को नियमित करते हैं—यानी स्वर-मात्राओं के परस्पर सम्बन्धों को ये सरलतर बना देते हैं : जो निहित रहता है उसे विहित कर देते हैं—या कर नहीं देते तो पहचाना जाने लायक कर देते हैं...छन्द स्वरों को स्पष्टतर करता है। भाषा की गति को धीमा करता है, क्योंकि स्वरों की मात्रा बढ़ाता है। दीर्घतर स्वर अपनी पूरी अनुगूंज के साथ सामने आते हैं। उनकी सच्ची रंगत पहचानी जाती है। स्वरों की रंगत भावना की रंगत है। अतः छन्द के द्वारा स्वर अर्थ की वृद्धि करते हैं। छन्दमय उक्ति हमें शब्दार्थ-भर नहीं देती। रंजना-विशिष्ट भावार्थ देती है...छन्द शब्दों को मूर्त करता है, मुखर करता है, उनके ध्वन्याकार को आलोकित करता है...छन्द काव्य-भाषा की आँख है। भाषा अपने को केवल सुनकर भी काम चलाती है, काव्य-भाषा अपने को देख भी लेती है।"[25] छन्द के प्रति यह रचनात्मक रुख भी महत्त्वपूर्ण है। आज बढ़ती अनुशासनहीनता के युग में कवियों को चाहिए कि फिर से छन्द पर पुनर्विचार करें। छन्द से भी अधिक महत्त्वपूर्ण तत्त्व काव्य में लय है। इधर छन्द से मुक्त होने की जो प्रक्रिया प्रारम्भ हुई, वह काव्य को लयहीन बनाने में परिणत हुई। आज तो भाषा को लेकर जो भ्रष्ट विचार फैल रहे हैं, उनमें भाषा केवल विचार को उगलने का साधन बनकर रह गयी। काव्य-भाषा और गद्य की भाषा में अन्तर समाप्त होता दीख रहा है। गद्य भाषा और रचनात्मक भाषा का भी फर्क नजरअन्दाज कर दिया गया है। अज्ञेय ने इस बढ़ती अविवेकपूर्ण प्रतिक्रिया को रोकने का प्रयास किया है—लय के सम्बन्ध में पुनर्विचार प्रस्तुत कर। लय के प्रति एक विलक्षण आकर्षण अज्ञेय में प्रकृत्या ही है—"एकाएक सोचता हूँ कितनी सुन्दर है दुनिया—क्योंकि कितनी लययुक्त गतियाँ दीखती हैं इसमें।"[26] लेकिन काव्यों में लय के प्रति आग्रह महज इस जन्मजात आकर्षण का परिणाम नहीं है। यह आग्रह काव्य विषयक चिन्तन से उद्भूत है। अज्ञेय एक प्रश्न के उत्तर में कहते हैं, "मेरे लिए यह मानना कठिन है कि नयी कविता में ताल या लय का महत्त्व नहीं रहा। कई कवि ऐसे अवश्य हैं जो उसका न केवल विचार नहीं करते बल्कि लय-ताल को पहचानते भी नहीं। मेरी समझ में वे उस हद तक घटिया कवि हैं। मैं तो यह

भी कह सकता हूँ कि तुक को भी कविता ने छोड़ा नहीं है, या कि यों कह लीजिए कि तुक से भी उसने मुक्ति नहीं पायी है। अन्त्यानुप्रयास को छोड़ देना ही तुक से मुक्ति पा लेना नहीं है। निस्सन्देह बहुत से नये कवि इस भ्रान्ति का शिकार हैं कि लय-ताल को छोड़ देना ही मुक्त हो जाना है। वास्तव में वैसा करना काव्य से मुक्त हो जाना है, काव्य को मुक्त करना नहीं है। अच्छा गद्य भी लयमुक्त नहीं होता और ताल तो काव्य की पंक्ति का प्रमाण है। इतना ही दावा मैं सही मानता हूँ कि हम लय और ताल की (और तुक की भी) परिभाषा बदल देना चाहते हैं और नयी कविता में जो अच्छी कविता है उसमें इस नये लय-बोध और ताल का उपयोग हम पाते भी हैं। ऐसा नहीं कि 'चारों खूँट बराबर' न रहने से कविता बेताल होती है।"[27]

काव्य की अभिव्यक्ति के पक्ष को लेकर कतिपय दृष्टियों और बिन्दुओं का विवेचन अज्ञेय ने किया है। शिल्प, भाषा का अल्पाक्षरत्व या मितकथन, शब्द का वल्गराइजेशन, शब्द का प्रपद्यवादियों का विवेचन इत्यादि। उन सबका विवेचन विस्तार-भय से यहाँ नहीं हो सकता। अनुभूति और काल के सम्बन्ध का विवेचन भी महत्त्वपूर्ण है। वैसे लय क्या है, लय और ताल में क्या अन्तर है एवं तात्त्विक प्रश्नों की चर्चा में अज्ञेय ने कोई रुचि नहीं दर्शायी है, क्योंकि वे सौन्दर्य शास्त्र के शास्त्रीय विवेचक नहीं हैं।

काव्य के अभिव्यक्ति-पक्ष का यह समस्त विवेचन एक सर्जक-चिन्तक के नाते किया गया है, किसी शास्त्रीय विश्लेषण में पारंगत आलोचक-चिन्तक के रूप में नहीं। परिणामतः इस विवेचन में आत्मानुभूति का बल है। बौद्धिक प्रखर क्षमता की प्रतीति भी है, परन्तु उसका व्यावहारिक समीक्षात्मक पक्ष प्रस्तुत नहीं किया गया है। यह उनसे अपेक्षा भी नहीं है, परन्तु लगता है यह पक्ष भी आता तो शायद हिन्दी को व्यावहारिक समीक्षा की एक बहुत ही बड़ी उपलब्धि वह होती।

काव्य का ग्रहीता : काव्य का प्रयोजन

अज्ञेय के लिए काव्य प्रक्रिया सर्जक कलाकार और उसके सृजनशील ग्रहीता के बीच का पारस्परिक गहन आत्मीय सम्वाद है। अब तक के विवेचन में यह बात पर्याप्त स्पष्ट हो चुकी है। ग्रहीता की उपस्थिति काव्यानुभूति पर, काव्याभिव्यक्ति पर और कवि व्यक्तित्व पर भी दूर तक प्रभाव डालती है। इस सर्जनशील सांस्कृतिक प्रक्रिया में सभी घटकों का अस्तित्व एक-दूसरे को उसी प्रकार प्रभावित करता है, ज़िस प्रकार आस-पास के दो शब्द।

अज्ञेय आत्माभिव्यक्ति के लिए या स्वान्तः सुखाय नहीं लिखते। ग्रहीता की उपस्थिति अनिवार्य मानते हैं। भले ही उनकी संख्या अत्यधिक सीमित हो। लेकिन यहाँ ग्रहीता को प्रभावित करने में कोई मसीहाई मुद्रा नहीं है, सुधारक या प्रचारक

का बाना नहीं है। अज्ञेय ने बार-बार यह स्पष्ट किया है कि उनका श्रोता या पाठक कवि से किसी प्रकार नीचे के स्तर पर नहीं है, जो प्रबोधन के लिए साहित्य की आवश्यक शर्त होती है।

अज्ञेय फिर भी मानते हैं कि कविता एक और प्रकार से ग्रहीता को प्रभावित करती है। ग्रहीता को प्रभावित करने के लिए स्वयं कवि के व्यक्तित्व का भी संगठन अनिवार्य है : मैंने कविता का उपयोग करना नहीं चाहा, क्योंकि मैंने नहीं माना कि मेरे उपयोग करना चाहने से वह उपयोगी होती है। मैं मानता हूँ कि वह तब उपयोगी होती है जब मैं स्वयं उपयोगी हूँ। उसमें जीवन की पूर्णता तब है जब मैंने पूर्ण जीवन के प्रति अपने को समर्पित किया है। दुहाई देने से कविता नहीं निकलती और अपने प्यार के बदले अपनी भूख का दुखड़ा रोने से कोई विशेष अन्तर नहीं पड़ता, केवल श्रोताओं के लिए वह दुखड़ा और भी कम प्रीतिकर हो जाता है।"[28] यह साधन शुचिता का आग्रह है और बहुत कठिन है, क्योंकि एक शब्द के प्रयोग में और आचरण में अभिन्नता की मांग इसमें है। यह बात दूसरी है कि आचरण के मानदण्डों और निकषों पर काफी मतभेद हो सकता है, लेकिन यह एक उच्चकोटि की नैतिकता का आग्रह है। बड़बोलेपन के युग में इसका महत्त्व अपरिसीम है। काव्य के ग्रहीता पर काव्यानुभव के प्रभाव की यह विवेचना समस्त काव्य-सृजन की प्रक्रिया को ही एक नैतिक अधिष्ठान पर स्थापित करती है।

इसी बात को अन्य स्तर पर अज्ञेय ने प्रकट किया है : "जीवन से कौन प्रेम नहीं करता और कवि विशेष रूप से जीवन-प्रेमी माना गया है। उसे न केवल स्वयं जीवन से प्रेम होना चाहिए, वरन् दूसरों में भी जीवन के प्रति प्रेम का भाव जगा सकना और जगाना चाहिए।"[29] कवि, कविता और पाठक पर उसके प्रभाव का अधिक स्पष्ट विवेचन अज्ञेय ने 'भवन्ती' में भी किया है।[30]

अज्ञेय के इस समस्त विवेचन में रस सिद्धान्त के अध्येता को एक बात खटक सकती है और वह यह कि अज्ञेय ने आस्वाद की अन्तिम परिणति में जो ग्रहीता पर प्रभाव पड़ता है, उसके स्वरूप का यत्र-तत्र संकेत अवश्य किया है, परन्तु निर्णायक रूप में यह नहीं कहा कि यह प्रभाव सुख-दुःखमय है या आनन्दमय है। वस्तुतः यह प्रश्न आज इसलिए महत्त्वपूर्ण नहीं रहा कि सुख-दुःखमय प्रभाव और आनन्दमय प्रभाव को एक-दूसरे से अलग करना आज नितान्त असम्भव बन गया है। काव्य के प्रभाव का स्वरूप ही कुछ ऐसा सूक्ष्म और व्यामिश्र हो गया है कि उसके स्वरूप विवेचन में दुख और आनन्द जैसे शब्द नाकाफी सिद्ध हो रहे हैं। फिर भी यह निस्सन्दिग्ध है कि काव्य के सृजन से लेकर आस्वाद तक समस्त प्रक्रिया में कितना ही परिश्रम करना पड़े, वह एक समृद्ध समाज की सांस्कृतिक सम्पन्नता के लिए, जीवन को अर्थमय बनाकर उसे जीने लायक बनाने

के लिए, व्यक्ति और समष्टि के बौद्धिक और भावनात्मक सन्तुलन के लिए नितान्त प्रयोजनीय वस्तु है। फिर उसके तात्कालिक प्रभाव में कुछ हम अस्वस्थ भी हों, दुःखी भी हों, असन्तुष्टि का अनुभव भी करते हों, उसका कुल प्रभाव आनन्दमय न भी हो, अनुकूल अवश्य होता है। यह बात दूसरी है कि इस अनुकूल प्रभाव को कुछ लोग आनन्द या सुख का नाम दें।

सन्दर्भ

1. त्रिशंकु, पृष्ठ 76.
2. भवन्ती, पृष्ठ 64-65.
3. दूसरा सप्तक (द्वि. सं.), पृष्ठ 9.
4. तार सप्तक (तृतीय सं.), पृष्ठ 270.
5. दूसरा सप्तक, पृष्ठ 11.
6. आत्मनेपद, पृष्ठ 38.
7. तार सप्तक (तृ. सं.), पृष्ठ 271.
8. त्रिशंकु (भूमिका)
9. फीलिंग एण्ड फार्म, पृष्ठ 39.
10. हिन्दी साहित्य : एक आधुनिक परिदृश्य, पृष्ठ 136.
11. तीसरा सप्तक, पृष्ठ 18.
12. हिन्दी साहित्य : एक आधुनिक परिदृश्य, पृष्ठ 10.
13. हिन्दी साहित्य : एक आ. परि..., पृष्ठ 16.
14. त्रिशंकु, पृष्ठ 28.
15. अन्तरा, पृष्ठ 23.
16. आलवाल, पृष्ठ 24.
17. आत्मनेपद, पृष्ठ 33-34.
18. त्रिशंकु, पृष्ठ 53.
19. भवन्ती, पृष्ठ 81.
20. भवन्ती, पृष्ठ 83.
21. तार सप्तक (तृ. सं.), पृष्ठ 301.
22. तार सप्तक, पृष्ठ 92.
23. तीसरा सप्तक, पृष्ठ 17.
24. भवन्ती, पृष्ठ 56.
25. भवन्ती, पृष्ठ 23.
26. भवन्ती, पृष्ठ 11.
27. आलवाल, पृष्ठ 59.
28. आत्मनेपद, पृष्ठ 29.
29. आत्मनेपद, पृष्ठ 43.
30. भवन्ती, पृष्ठ 50, 81, 83.

नवलेखन का सौन्दर्यशास्त्र

नवलेखन के सौन्दर्यशास्त्र का विचार करते समय एक महत्त्वपूर्ण तथ्य सामने यह आता है कि सामान्यतः सौन्दर्यशास्त्र के सभी प्रश्नों पर गहराई में उतर कर जितना चिन्तन-मनन सृजनशील रचनाकारों ने किया है, उतना विशुद्ध आलोचकों ने नहीं। अतः यह स्वाभाविक है कि इस चिन्तन-मनन पर कोरे चिन्तन की स्तब्ध जड़ छाप नहीं है, बल्कि सृजन के साक्षात् अनुभव की रासायनिक भट्ठी में तप-निखरकर ये विचारकण आलोकित हो उठे हैं। लगता है, सौन्दर्य-सम्बन्धी विविध वैचारिक पहलुओं को गहराई में जाकर अन्वेषित करने की अथवा जाँच-परखकर नये ढंग से व्यवस्थित रूप देने की नितान्त आवश्यकता ने ही इस कार्य के लिए सृजनशील साहित्यकारों को विवश किया।

हिन्दी के नवलेखन के सौन्दर्यशास्त्र की एक महत्त्वपूर्ण विशेषता यह भी रही कि इस सौन्दर्यशास्त्र ने साहित्येतर कलाओं को समाविष्ट करने की महत्त्वाकांक्षा नहीं रखी। साहित्येतर कलाओं के अन्तस्सम्बन्धों का भान रखकर भी सौन्दर्यशास्त्र की चर्चा में साहित्य को ही केन्द्र में रखा गया। दूसरी विशेषता यह भी रही कि यह सौन्दर्यशास्त्र कोरे वैचारिक व्यूहों की निष्पत्ति न होकर साहित्यानुभव के जीवन्त, नूतन और उन्मेषशाली रूप की पृष्ठभूमि पर खड़ा किया गया है। परिणामतः यह सौन्दर्यशास्त्र कलावादी भटकाव से बच गया। जाने-अनजाने हमारे साहित्यकारों के मन में यह बात दृढ़तापूर्वक जमी रही कि साहित्य अन्य कलाओं से इतना अलग, इतना भिन्न है कि कुछ दूर से प्रतिभासित होनेवाले साम्य स्थलों को अनावश्यक महत्त्व देकर सभी कलाओं को एक वर्ग के अन्तर्गत समाविष्ट नहीं करना चाहिए। यह इस बात का परिणाम है कि हिन्दी साहित्य पूर्णतः यथार्थवादी न रहा हो, यथार्थोन्मुख अवश्य रहा। यथार्थ का यह आकर्षण इतना प्रभावी रहा कि यह शिकायत गलत नहीं होगी कि रोमांटिकता को सही परिप्रेक्ष्य नहीं मिला, रोमांटिकता को यथार्थ के दूसरे विरोधी ध्रुव पर स्थापित कर एक उपेक्षणीय और हेय प्रवृत्ति

माना गया। स्वस्थ रोमांटिक प्रवृत्ति, जो सृजन के मूल में कार्यान्वित रहती है, को ढंग से पहचाना ही नहीं गया।

हिन्दी के सौन्दर्यशास्त्र का एक अन्य वैशिष्ट्य यह रहा कि सौन्दर्य-सम्बन्धी कल्पित अवधारणाओं को सामने रखकर तदनुसार साहित्य के मानदण्डों या निकषों को निश्चित नहीं किया गया। साहित्यिक कृतियों से टकराते हुए अथवा सृजन-प्रेरणाओं से उलझते हुए सौन्दर्यविषयक सिद्धान्तों का अन्वेषण अथवा पुनःर्परीक्षण किया गया। साहित्य के सौन्दर्यशास्त्र को दर्शन की शाखा मानकर दर्शन के सिद्धान्तों के आलोक में साहित्य के सौन्दर्य की मीमांसा न कर साहित्य के स्वायत्त सौन्दर्यशास्त्र के विविध अंगांगों को साहित्य के जीवन्त सरोकार से परिपुष्ट किया।

साहित्य के सौन्दर्यशास्त्र के तीन महत्त्वपूर्ण अंगों के सन्दर्भ में नवलेखन ने जो योगदान किया है, उसका संक्षिप्त रूप देखना यहाँ अभीष्ट है (इस लेख में अज्ञेय और मुक्तिबोध के विचारों के सन्दर्भ में काव्यशास्त्र की बातें की गयी हैं। इसका एक कारण यह कि यहाँ काव्य-सम्वेदना के परिवर्तन की अथवा प्रवृत्तियों की चर्चा अपेक्षित नहीं है। नवलेखन के काव्यशास्त्र की चर्चा है। अर्थात् काव्यशास्त्र के मूलभूत प्रश्नों का जिन्होंने विचार विशेष गहराई से किया, उन्हीं के सहारे बात उठायी जा सकती है। यह यहाँ भी कहना है कि इसके बाद विविध प्रकार से चर्चा हुई, परन्तु शास्त्र के अन्तर्गत समाविष्ट करने लायक मौलिक बात नहीं आई।) वे अंग हैं–साहित्यानुभव का स्वरूप, सौन्दर्यानुभव के शब्दबद्ध होने की प्रक्रिया और सौन्दर्य का आस्वादन। चूँकि साहित्य-सौन्दर्य की यह सूक्ष्म मीमांसा प्रायः काव्य को केन्द्र में रखकर हुई, अतः साहित्य के स्थान पर काव्य शब्द का प्रयोग करना ही अधिक समीचीन होगा।

काव्यानुभूति का स्वरूप

भारतीय सौन्दर्यशास्त्र ने प्रतिभा की स्वयंभू महत्ता को इतना महत्त्व दिया कि उत्तर छायावाद तक हमारे चिन्तन में यह धारणा दृढ़मूल रही कि कवि पैदायशी वाक्सिद्ध या रससिद्ध होता है। परिणामतः व्युत्पत्ति और अभ्यास को काव्य हेतुओं में परिगणित किये जाने के बावजूद कवि व्यक्तित्व के सम्बन्ध में मूलभूत प्रश्न नहीं उठाये गये। नवलेखन के सृजनशील कलाकारों के लिए दुनिया इतनी सरल व सीधी नहीं रही कि अपने सहज, अनायास, अंतःस्फूर्त भाव-विस्फोट को ही सही काव्य का दर्जा दिया जाता। सौभाग्य से हिन्दी साहित्यकारों में किसी में भी यह कलावादी मोह परिलक्षित नहीं होता। साहित्य की जीवन-सापेक्षता को प्रायः सभी साहित्यकारों ने स्वीकार किया है। परिणामतः साहित्य के सौन्दर्यशास्त्र के इस मूलभूत तत्त्व को कि साहित्य का विकास एवं रूप परिवर्तन बाह्य जीवन के बदलावों के साथ घनिष्ठ रूप से जुड़ा हुआ है, चुनौती के योग्य नहीं समझा। नवलेखन में यह बात

सर्व-स्वीकृत रही है कि साहित्य सर्जन बाह्य जीवन और रचनाधर्मी कलाकार की प्रखर, बलवती चेतना की टकराहट का परिणाम है। द्वितीय महायुद्ध के भीषण विश्वात्मक अनुभव के बाद और स्वातन्त्र्योत्तर भारत के समस्यानिबिड़ स्वरूप के सन्दर्भ में किसी साहित्यकार का अपनी प्रतिभा के आधार पर स्वयंभू, स्वायत्त और एकान्त द्वीपवासी समझना या तो अहं की ऐयाशी है अथवा मूर्खतापूर्ण नादानी। नवलेखन के सौन्दर्यशास्त्र में एक महत्त्वपूर्ण चिन्तन-मनन का बिन्दु यह रहा है कि कलाकार की बाह्य वास्तविकता से टकरानेवाली या प्रतिक्रियाएँ करने वाली चेतना का स्वरूप क्या है। चेतना न केवल प्रतिक्रियाएँ करने वाली थी, न बाह्य यथार्थ की छवियों को अपने आईने में प्रतिबिम्बित करने वाली निर्लिप्त व्यक्तित्वहीन चीज थी। जीवन की बाह्य वास्तविकता जैसी जटिल, अनेकांगी और सम्मिश्र थी, वैसी ही कलाकार की चेतना भी कम जटिल और कम व्यक्तित्ववान नहीं थी। फलतः यह स्वीकृत थी कि जटिल यथार्थ और व्यक्तित्ववान कलाकार की चेतना की टकराहट के फलस्वरूप उत्पन्न होने वाली काव्यानुभूति भी अन्यथा हो नहीं सकती थी। भावों की उत्कट, सहज अभिव्यक्ति जैसी कविता की परिभाषा नवकविता के लिए अपर्याप्त ही नहीं, हास्यास्पद भी प्रतीत होने लगी। परिणाम यह हुआ कि गीति-काव्य की प्रतिष्ठा एकबारगी खत्म हुई। रसात्मक काव्य तो छायावाद में भी विशेष नहीं लिखा गया, परन्तु रसात्मक काव्य-लक्षण के प्रति मोह अवश्य था। वह मोह नयी कविता में खत्म हुआ। वाणी का सहज उद्‌गार, अनायास अभिव्यक्ति, भावों का उच्छलन इत्यादि शब्दों का प्रयोग सर्वथा असम्बद्ध तो नहीं हुआ, परन्तु उसका पुनर्विचार करने की जरूरत अवश्य पैदा हुई। क्योंकि नवलेखन में जो काव्यानुभव साहित्य-रूप ले रहा था, वह विलक्षण रूप में जटिल था। इसके मूल में संघर्षमय स्थितियों का तनाव वर्तमान था।

इस जटिल जीवनानुभव का काफी सूक्ष्म विश्लेषण नवलेखन के सौन्दर्य शास्त्र में हुआ। कवि पहली बार अपने अनुभव यन्त्र के प्रति स्वचेतन हुआ, जो आधुनिक युग का अटल परिणाम था। इस स्वचेतनता ने उसे सुख नहीं दिया, बल्कि अतिशय व्याकुल ही किया। अपने ही अनुभव को निर्वैयक्तिक होकर देखते रहने की विवशता ने उसे वेदना दी तो अधिक समझदार भी बनाया। साहित्यानुभव और जीवन के घनिष्ठ सम्बन्ध को स्वीकार करते हुए भी यह ध्यान में रखने की बात है कि नवलेखन के दोनों पुरोधाओं अज्ञेय और मुक्तिबोध ने जीवनानुभव को काव्यानुभव का पर्याय नहीं माना। (किंचित विषयान्तर करते हुए भी यहाँ यह कहना है कि अज्ञेय और मुक्तिबोध के काव्य में विलक्षण अन्तर है, परन्तु काव्य विषयक चिन्तन में विलक्षण समानता है। अज्ञेय चिन्तन की प्रक्रिया के बाद प्राप्त निष्कर्षों को सूत्रों के रूप में प्रस्तुत करते दीखते हैं, जबकि मुक्तिबोध चिन्तन प्रक्रिया को ही मूर्त रूप में प्रस्तुत करते हैं।) भोगे हुए यथार्थ और काव्यानुभूति के बीच मुक्तिबोध

ने जो विशद अन्तर रेखांकित किया है, उसे मुक्तिबोध के प्रति श्रद्धा के गद्गद होने वालों परन्तु काव्य को प्रतिलक्षिप्त क्रिया की भाँति आवेगात्मक प्रतिक्रियामात्र मानने वालों को अवश्य समझ लेना चाहिए। मुक्तिबोध लिखते हैं, "दूसरा क्षण है उस अनुभव का अपने कसकते-दुखते हुए मूलों में पृथक् हो जाना और एक ऐसी फैंटेसी का रूप धारण कर लेना मानो वह फैंटेसी अपनी आँखों के सामने ही खड़ी हो...अनुभव के मूल अपनी दुखती हुई भूमि से पृथक् हो जाते हैं अर्थात् वे निरे वैयक्तिक रहकर अपने से परे हो उठते हैं...वह एक अर्थ में वैयक्तिक होते हुए भी दूसरे अर्थ में नितान्त निर्वैयक्तिक होगी...वह फैंटेसी यथार्थ में भोगे गये वास्तविक अनुभव की प्रतिकृति नहीं हो सकती। वैयक्तिक से निर्वैयक्तिक होने के दौरान ही उस फैंटेसी ने कुछ ऐसा नवीन ग्रहण कर लिया कि जिससे वह स्वयं भी वास्तविक अनुभव से स्वतन्त्र बन बैठी। फैंटेसी अनुभव की कन्या है और उस कन्या का अपना स्वतन्त्र विकासमान व्यक्तित्व है। फिर जब कलाकार की यह मानसगत फैंटेसी शब्दबद्ध होती है तब और भी पृथक्, स्वतन्त्र, विचित्र हो जाती है।" यह महत्त्वपूर्ण बात है कि मुक्तिबोध ने कलानुभव की आटोनॉमी को या स्वायत्तता को दृढ़ स्वीकृति दी थी। इस सन्दर्भ में यह भी ध्यातव्य है कि वास्तविक अनुभव और फैंटेसी के बीच कल्पना के महत्त्वपूर्ण रोल पर मुक्तिबोध ने विशेष बल दिया है।

काव्यानुभव की चर्चा में एक महत्त्वपूर्ण बात स्थापित-सी हो गयी। वह है काव्यानुभव केवल संवेदना या भावानुभव नहीं होता। वह ज्ञानात्मक भी होता है। मुक्तिबोध ने 'संवेदनात्मक ज्ञान' और 'ज्ञानात्मक संवेदन' शब्दावली का बार-बार उपयोग किया है। काव्यानुभव में ज्ञान के दखल ने साहित्यानुभव का रूप बदल दिया। यहाँ भी रस सिद्धान्त पर एक आघात हुआ। काव्यानुभव में ज्ञानात्मकता के प्रवेश ने ही काव्य को वस्तु के प्रति भावुक प्रतिक्रिया ही नहीं रहने दिया, यह ज्ञानात्मक अनुभव यथार्थ में अनेक स्तरों पर पकड़ने में समर्थ हुआ। काव्य का वस्तु-क्षेत्र असीम हुआ। वस्तुतः ज्ञानात्मक संवेदन की बात कबीर के काव्य को आत्मसात् करने वालों के लिए नयी नहीं थी, परन्तु रसवादी परम्परा के मोह और छायावादी काव्य की भावुकता ने उसे धूमिल कर दिया था। वैसे भारतेन्दु युग में पद्यात्मक निबन्ध लिखे गये परन्तु यह ज्ञानात्मकता अनुभूत्यात्मक ज्ञान से अलग किस्म की थी।

नवलेखन के सन्दर्भ में एक महत्त्वपूर्ण प्रश्न सामने आया—बाह्य यथार्थ और कलाकार की आन्तरिकता का परस्पर सम्बन्ध। अज्ञेय और मुक्तिबोध दोनों इस बात पर एकमत थे कि दोनों की घनिष्ठ एकात्मकता के बिना काव्य-सृजन सम्भव नहीं। अज्ञेय तथ्य के साथ रागात्मक सम्बन्ध को 'सत्य' के लिए आवश्यक समझते थे तो मुक्तिबोध बाह्य के आभ्यन्तरीकरण की बात करते थे। यथार्थ और कलाकार

की मानसिकता के सह-अस्तित्व में दोनों विश्वास करते थे। अन्तर यह था कि बाह्य के आभ्यन्तरीकरण करने की कलाकार की क्षमता पर मुक्तिबोध को अतिशय विश्वास था, तो अज्ञेय उतना ही निबाहने की सलाह काव्यत्व की रक्षा के लिए देते थे, जितना कोई व्याप सकता था।

अज्ञेय और मुक्तिबोध दोनों ने एक महत्त्वपूर्ण बात पर विशेष जोर दिया। वह बात थी कलाकार के व्यक्तित्व विकास की। नयी कविता के सौन्दर्यशास्त्र में यह एक महत्त्वपूर्ण बिन्दु था। दोनों इस बात पर एकमत थे कि कलाकार सामयिक जीवन की जटिलता का आकलन करे, इसके लिए ज्ञान-विज्ञान की विकसित परम्पराओं से परिचित होना आवश्यक था। काव्य के प्रथम क्षण के पहले ही अपने कवि-व्यक्तित्व को यथार्थ की सही और सशक्त पकड़ के लिए तैयार रखे। काव्य के क्षणों में अनुभव में महत्ता उत्पन्न होने का वह एक सही उपाय है। इस प्रकार समृद्ध सम्पन्न व्यक्तित्व के परिणामस्वरूप भी काव्य में अनायासता आती है जो वांछनीय है।

काव्यानुभूति की शब्दबद्धता

काव्यानुभूति के स्वरूप का यह विवेचन अधूरा रहेगा, अगर काव्य-भाषा का विचार नहीं किया जायेगा। इस सम्बन्ध में मुक्तिबोध ने बहुत ही मूलगामी विचार किया है। मुक्तिबोध के लिए फैंटेसी काव्यानुभव का वह रूप था जो जीवनानुभूति की कल्पना की प्रक्रिया से गुजरने के बाद परन्तु शब्दबद्ध होने के पहले का होता है। जीवनानुभूति का कायाकल्प तो यहाँ होता ही है, परन्तु यह फैंटेसी शब्दबद्ध रूप धारण करते समय भी परिवर्तित होती रहती है। इस परिवर्तन में शब्दों का रोल महत्त्वपूर्ण होता है। इतना कि जीवनानुभव का फैंटेसी में रूपान्तरण और फैंटेसी का शब्दबद्ध रूप अर्थात् काव्य-रूप एक अखण्ड सौन्दर्यानुभव की ही प्रक्रिया है। अर्थात् शब्द माध्यम नहीं होते, वे सौन्दर्यानुभव के अविभाज्य अंग होते हैं। शब्द और वस्तु की एकात्मकता को इसी सन्दर्भ में समझा जा सकता है। नवलेखन के सौन्दर्यशास्त्र में काव्यानुभव को शब्दों के बाहर नहीं, शब्दों में ही देखने पर सर्वाधिक बल दिया जाता है। अज्ञेय ने लिखा है, "काव्य सबसे पहले शब्द हैं और सबसे अन्त में भी यही बात बन जाती है कि काव्य शब्द है।"...शब्दों को लेकर नाद या ध्वनि सौन्दर्य की नहीं, शब्द मैत्री की नहीं, शब्द संयोजन की नहीं—उससे अधिक महत्त्वपूर्ण कवि-कर्म की कठिनता का गम्भीरतापूर्वक विवेचन किया गया है।

शब्दों की अर्थ-परम्पराओं में जो विलक्षण शक्ति छिपी हुई है, अर्थ-स्पन्दनों के पीछे सार्वजनिक, सामाजिक अनुभवों की जो परम्परा होती है, उसकी ओर मुक्तिबोध ने जम कर ध्यान आकृष्ट किया। "अर्थ परम्पराएँ न केवल मूल फैंटेसी को काट देती हैं, तराशती हैं, रंग उड़ा देती हैं, वरन् उसके साथ ही वे नया रंग

चढ़ा देती हैं, नये भावों और प्रभावों से उसे सम्पन्न करती हैं। उसके अर्थ-क्षेत्र का विस्तार कर देती हैं।" मुक्तिबोध के शब्द-सामर्थ्य के विवेचन को शब्दों के प्रति गुस्सा उगलने वालों को अवश्य ध्यानपूर्वक देखना चाहिए।

काव्यानुभूति की ईमानदारी का प्रश्न नवलेखन में उठाया गया, जो अनुभूति की निश्छल अभिव्यक्ति वाले छायावादी आग्रह का अवशेष था और प्रगतिवादी विचारकों के अतिरेकी आग्रहों के विरोध में कुछ रक्षा-कवच की भाँति इस्तेमाल भी किया गया। मुक्तिबोध ने इस पर विचार करते हुए यह निष्कर्षित किया कि वस्तु तत्त्व के प्रति सही मानसिक प्रतिक्रिया ही ईमानदारी है अन्यथा लेखक ईमानदारी से मूर्ख भी होता है। असल में काव्यानुभूति की मूल्यवत्ता का प्रश्न कवि-व्यक्तित्व के समृद्ध बनने से जुड़ा हुआ है, क्योंकि इस व्यक्तित्व विकास के अन्तर्गत ही आत्म-प्रसार की बात आती है, अन्तर्निषेधों के विवेक-संगत विकास की बात आती है।

सौन्दर्यास्वादन या सौन्दर्याकलन

नव-सौन्दर्यशास्त्र में तीसरा महत्त्वपूर्ण प्रश्न है—सौन्दर्यास्वादन का। नवलेखन को इस सन्दर्भ में बहुत संघर्ष करना पड़ा। वैसे छायावादी कवियों को भी समाज की स्वीकृति मिलने में और कविता को सहृदयों तक सफलतापूर्वक पहुँचाने में कम कठिनाइयाँ नहीं आयीं। परन्तु नवलेखन करने वालों में और सहृदय-वर्ग में जितना बड़ा अन्तराल था, उतना छायावादी कवियों और सहृदयों में नहीं था। छायावादी कवि सामान्यतः आस्तिक थे, हिन्दू-दर्शन में उन सबकी बड़ी आस्था थी। जीवन के मूलभूत प्रश्नों के सम्बन्ध में बहुत अधिक मतभेद भी नहीं थे। नवलेखकों की स्थिति दूसरी थी। स्थापित सभी मान्यताओं के प्रति ये शंकालु थे, आधुनिक जीवन की बौद्धिक चुनौतियों को न वे टालने की स्थिति में थे, न कल्पनालोक या मिथकों में पलायन करने की सुविधा उन्हें थी। मिथक भी मर्म में आधुनिकता की कचोट लेकर ही व्यक्त होते थे। जिन्दगी इतनी सरल नहीं रह गयी थी। सामान्य पाठकों और कवियों के बीच इतना अन्तर था कि अज्ञेय को कहना पड़ा, "परिस्थिति की मांग है कि कविगण स्वयं एक-दूसरे के आलोचक बनकर सामने आएँ।"

असल में, काव्य के सौन्दर्यास्वादन का रूप ही पूरा बदल गया था। वैसे रस-साहित्य भी सहृदय से विशिष्ट स्तर की मांग करता था, परन्तु वहाँ कवि और सहृदय के बीच अनुभव में मौलिक अन्तर नहीं था। नवलेखकों के लिए पाठकों की परम्परा नये सिरे से बनानी पड़ी। काव्य के विविध पक्षों का विस्तार से चिन्तन-मनन करना पड़ा। आकस्मिक नहीं है कि इस सम्बन्ध में सृजनशील कवियों ने ही अधिक मौलिक चिन्तन किया।

नवलेखन में जो जीवनानुभव कल्पना के संस्कारों से गुजर कर व्यक्त होता

था, उसमें सम-सामयिक यथार्थ की दाहक अनुभूति इस प्रकार व्यक्त होती थी कि उसका प्रभाव विश्रान्तिमय तो नहीं ही था, बल्कि तिलमिलाने वाला, मानस को अस्वस्थ करने वाला था। विद्रूप व्यंग्य, विडम्बना, विरोध, हास्य से यह अनुभव परिणति में भी तसल्ली देने वाला नहीं था। पाठक की सक्रिय, सावधान और निर्णयात्मक साझीदारी के बिना इस अनुभूति का सम्प्रेषण असम्भव था। जीवन के कुछ समान तिक्त कटु खुदरे अनुभव, यथार्थ का दाहक रूप और सांस्कृतिक जीवन में प्रयुक्त अपनी-अपनी अर्थ-परम्पराओं को लेकर आने वाले शब्द इनके सम्बल पर पाठक और कवि के बीच साझे जीवन में उत्पन्न सहानुभूति ही एक सहारा था, जिस पर कवि भरोसा कर सकता था। यह अनुभव तत्कालीन या तन्मय करने वाला नहीं था, विभोर करने वाला भी नहीं था। पाठक केवल उसका सहानुभूति के बल पर आकलन कर सकता था। यह सौन्दर्यास्वादन नहीं था, सौन्दर्याकलन था। इसमें अनुभव का बौद्धिक रूप अन्तर्निहित था।

नवलेखन के सामने साहित्य का प्रयोजन रंजन नहीं था। न स्थूल प्रचार था। यह आत्माभिव्यंजना भी नहीं थी। जीवन की गहनता के आकलन की और आत्मान्वेषण की अथक तृष्णा ही लेखकों को लिखने के लिए विवश करती थी। निर्मिति के लिए सक्रिय करती थी। पाठकों को मिलती थी संवेदन की तेज धार, जीवन की गहरी पहचान, कल्पना का दीप्त आलोक, एक गहन समझदारी। बस, यही मनुष्य के सांस्कृतिक प्रयास का अन्तिम फलित था।

कविता और आधुनिक सौन्दर्यबोध

बीसवीं शताब्दी के प्रथम दशक में पश्चिमी उन्नत देशों में जो भौतिक, वैज्ञानिक वैचारिक, परिस्थितियाँ उत्पन्न हुईं, उनका प्रतिफलन 1910-15 के बीच आधुनिकता के नाम से साहित्य में दिखाई पड़ने लगा और विशेषकर अतिशय संवेदनशील साहित्यप्रकार, काव्य में उसका विशेष ठोस प्रतिबिम्ब झलकने लगा। वैसे काव्य से भी अधिक पहले वह चित्रकला में प्रकट होने लगा था। उसकी अस्पष्ट-सी झलक हमारे साहित्य में बीस के बाद और विशेष सघन रूप में उसकी प्रतीति 1942-43 के बाद होने लगी। वैसे आधुनिकता की सजग और उत्साहपूर्ण चर्चा हमारे यहाँ 1947 के बाद होने लगी और 1960 तक इस शब्द के प्रति विशेष मोहाविष्टता दिखाई पड़ती है।

आधुनिक सौन्दर्यबोध बहुत ही चकमा देने वाला शब्द प्रयोग है। इससे पहले कि सौन्दर्यबोध और कविता के परस्पर सम्बन्ध की छानबीन करें, यह उचित होगा कि पहले 'आधुनिक' शब्द पर ही चिन्तनपरक दृष्टिपात करें।

यहाँ आधुनिकता की, न परिभाषा देनी है, न इसे पिटे-पिटाये शब्दच्छल में बन्दी बनाना है कि आधुनिकता दृष्टि है, या प्रक्रिया? हम आधुनिकता को मानवीय चेतना का एक विशिष्ट स्वरूप मानकर उस स्वरूप का विस्तार में सिंहावलोकन करने का प्रयास करेंगे।

इसमें सम्भवतः एक मत हो सकता है कि आधुनिकता संवेदनशील मानस की सृजनशील, वैचारिक एवं अनुभूत्यात्मक प्रतिक्रिया है, जो उन्नीसवीं शताब्दी की विस्फोटक परिस्थितियों के परिणामस्वरूप प्रारम्भ होने लगी और बीसवीं शताब्दी के प्रथमार्ध में क्रमशः परिस्थितियों की जटिल टकराहट में तीव्र और गहन होकर चरम रूप में असहिष्णु बनती गयी। निश्चय ही यहाँ 'आधुनिकता' शब्द की व्याप्ति सीमित हो गयी और उसका कालपरक आयाम घिसकर उसमें विशिष्ट दृष्टिपरकता,

या स्वरूप-विशिष्टता उभर गयी। चेतना की यह व्यामिश्र बुनावट इतनी जटिल है कि उसके रेशे-रेशे को अलग कर देखना मुश्किल है। यहाँ आधुनिकता से संचालित इस चेतना के स्वरूप को समझने का प्रयास करेंगे।

आधुनिक चेतना का स्वरूप

पश्चिमी संवेदनशील मानस में उथल-पुथल और व्याकुलता तब पैदा हुई, जब उसकी धार्मिक संवेदना पर चोट पड़ी। ईश्वर के अस्तित्व के सम्बन्ध में सन्देह भाव केवल वैचारिक स्तर पर चिन्तन का विषय उनके लिए नहीं था। यह जीवन की सार्थकता पर करारा प्रश्नचिह्न था, जिसने पश्चिमी संवेदनशील चिन्तकों, कलाकारों में ऐसी यातनामय प्रतीति पैदा की कि मानो वे अन्तरिक्ष के बीच त्रिशंकु की तरह लटकने के लिए छोड़ दिये गये हों। उनके लिए यह एक सांस्कृतिक उथल-पुथल थी, जिसकी चरम पीड़ा उनके कलात्मक रूपों में जाने-अनजाने अभिव्यक्ति पाती रही।

उधर विज्ञान के विकास ने जो आस्था और आशा पैदा की थी, वह बीसवीं सदी के उसके सामूहिक संहारात्मक रूप का अनुभव कर विज्ञान और टेक्नॉलाजी के दिवालिएपन के प्रति चरम निराशा के भाव में परिणत हो गयी। पदार्थ विज्ञान के मूल तत्त्वों की खोजों ने सृष्टि की गहन गूढ़ता और मनुष्य की बुद्धि के अपेक्षाकृत बौनेपन की सीमाओं को प्रकट किया। तर्क और कार्यकारण शृंखला की तथाकथित विश्वसनीयता पर आघात किया। काल, अवकाश, गोचर पदार्थ, विषय-विषयी विभाजन, चेतना या मानवीय मन का स्वरूप सबकी परम्परागत अवधारणाओं को जड़ से हिलाकर किसी भी प्रकार के निरपेक्ष तत्त्व को सन्दर्भहीन और निरर्थक बना दिया। सत्य के एकान्तिक स्वरूप के प्रति आस्था को हिलाकर इस धारणा पर भी करारी चोट की कि मानवीय मूल्यों का संचयन, व्यक्ति की अपेक्षा समाज अधिक सुरक्षित रूप में करता है। ज्ञान की सार्वभौमिकता एवं उसके शिवत्व के प्रति तीखी चुनौती का भाव पैदा हुआ। एक तरह से हम पाते हैं कि चिन्तनशील एवं संवेदनाप्रवण मनुष्य एक ऐसे आवर्त में घिर कर एवं अकेलेपन की एक कटु अनुभूति से भर कर अपने ही चारों ओर चक्कर काट रहा है। उसके सामने न केवल वैयक्तिक जीवन की सार्थकता और गन्तव्य के प्रति अबोधता का दमघोंटू अहसास है, बल्कि समूची सभ्यता और संस्कृति की गति, शक्ति, सार्थकता, प्रयोजन इत्यादि के प्रति गहन सशंकता के बोध से वह पीड़ित है। बाह्य यथार्थ में आयी अभूतपूर्व गति से मानसिकता में पैदा हुई वेदनामय रिक्तता से और मानवीय सम्बन्धों में उत्पन्न भयावह दरारों से घबराये मनुष्य की आहों-कराहों और तकलीफों से पश्चिमी कला संसार आत्मिक अन्धकार से व्याप्त है।

इस कला-संसार में इतनी अव्यवस्था है, इतना अवरोध और इतनी घुटन है, इतनी वैयक्तिकता की चीख-पुकार है, इतना विद्रोह और चुनौतीभरा स्वर व्याप्त

है, इतना अकेलापन और असहायता है, इतनी यातना और सन्त्रास है कि परम्परागत सौन्दर्यबोध के आभिजात्य मानदण्डों के प्रति न केवल अपर्याप्तता, उपेक्षा और अवहेलना का भाव है, बल्कि एक प्रकार की चुनौती से भरी अवज्ञा और मोड़-तोड़ का विद्वेषमय भाव भी है। अकलात्मक होने का खतरा उठाकर अगर पश्चिमी कलाकार कुछ सर्जन करता है, तो महज इसलिए कि वह विवश है। आत्माभिव्यक्ति के लिए उसकी दृष्टि से तो कलात्मक सृजन की इतिकर्त्तव्यता बस इतनी ही है कि वह आन्तरिक तनाव से तकलीफ और सन्त्रास से कुछ राहत पाये। फिर आपके सौन्दर्यबोध को उसका सर्जन परितोष दे रहा है या नहीं, इसकी चिन्ता या परवाह करने की उसे न फुरसत है, न इस आभिजात्य विलास से उसे कुछ लेना-देना है। संशय, सन्त्रास, अनास्था, अविश्वास, तनाव, यातना, आत्मनिर्वासन, अकेलापन, धुरीहीनता, बिखराव, आतंक, दिशाहीनता, निरर्थकता, असंगति बोध की व्यथा, अनिश्चय, अराजकता, आत्मघृणा, विडम्बना और आत्मघाती हिंस्रता से आधुनिक चेतना इस प्रकार विषाक्त हो गयी है कि आधुनिक सौन्दर्यबोध शब्दयोजना ही वदतोव्याघात बन गयी है।

आधुनिक चेतना ने कला को और प्रकारान्तर से हमारे सौन्दर्यबोध को किस प्रकार प्रभावित किया है, उसका थोड़ा अधिक विवेचन अभीष्ट है।

अगर आधुनिकता केवल फैशन के तौर पर ओढ़ी हुई नहीं हो या केवल विचारों के धरातल पर न रही हो, अगर उसने कलाकार की चेतना को गहरे मथ दिया हो एवं वह अपनी नसों में उसकी तीव्र धड़कन अनुभव करता हो, तो वह एक अभागा प्राणी है, जो प्राण संकट से जूझ रहा है। वह इतिहास के ऐसे क्षण में अपने को सांस लेता हुआ पायेगा, जहाँ समूचे अतीत की पुख्ता जमीन ही उसके पैरों तले से खिसक गयी हो। क्योंकि परम्परा के सुदृढ़ आधार उसके लिए बेमानी हो गये हैं। इसके कारण भाषा की समस्यायें उसके सामने खड़ी हो जाती हैं, क्योंकि तमाम कलात्मक माध्यमों में वह सबसे अशुद्ध, सम्मिश्र और जटिल माध्यम है और सर्वाधिक शक्तिशाली भी। कलाकार अपने ही समय और यथार्थ को पहचान पाने में कुछ असमर्थता का अनुभव करता है। एक ओर वह नितान्त समसामयिक बन रहा है, तो दूसरी ओर यह भी अनुभव कर रहा है कि यथार्थ को न सहन कर पा रहा है, न उसके जटिल और व्यामिश्र रूप का वह सही तरीके से आकलन कर पा रहा है। परिणामतः फ्लाबेअर की तरह वह शून्यता (नथिंगनेस) को लेकर लिखने की इच्छा करता है, जिसका बाह्य से कोई सम्बन्ध नहीं। बाह्य से अलगाव उसकी कला का एक स्वरूप बनता जा रहा है। अगर बाह्य उसकी चेतना में आता है तो अपने आकारों और रूपों को त्याग कर, अपनी वस्तुनिष्ठता को छोड़कर। परिणामतः समस्त आधुनिक कला अमूर्तन से आकारहीन, सन्दर्भरहित और दुर्बोध बन गयी है। कलाकार की गहरी चेतना से निःसृत इस कलाव्यापार में जीवन और

जगत की प्रतिच्छवियों की झांकियाँ पाने के आप इच्छुक हों, तो आपको निराश होना पड़ेगा।

इसमें एक ओर विवश कलाकार की तकलीफ है, जिसे आपको समझना हो, तो कलाकार की शर्तों पर ही समझा जा सकता है। कलाकार को इससे कोई मतलब नहीं है कि आप उसे समझ रहे हैं, अथवा नहीं। उसके लिए तो महज तकलीफ से राहत काफी है और आपकी उपेक्षा या अवहेलना की वह अपनी आत्मकेन्द्रियता और अपने दर्प की दीवार को बीच में रखकर झेल सकता है। उसे अपनी चेतना का स्वप्न या दुःस्वप्न अंकित करना है और उसके लिए परम्परागत संरचना के रूप अपर्याप्त हैं। एक प्रकार से यह कलाओं के अमानवीकरण की प्रक्रिया है।

आधुनिक कला संवेदना अन्तर्बाह्य, आद्योपान्त विद्रोहिणी है। परम्परागत यथार्थ के सामूहिक रूप को वह नकारती है और अपनी चेतना का यथार्थ गढ़ती रहती है। तर्क और कार्य-कारण के, दिक् और काल की अवधारणाओं के परम्परागत रूपों को तोड़-फोड़कर वह अपना नितान्त वैयक्तिक आत्मतत्त्व प्रस्तुत कर रही है। आप उसमें मौलिकता की खोज करें अथवा बेहद सनकीपन की, उसे परवाह नहीं है। क्योंकि वह अपने को आपके सामने जवाब देह नहीं मानता। आप उसमें जीवन की गहनतम पैठ का साक्षात्कार करें, अथवा उसे अनाकलनीय समझ कर किनारे कर दें, उसे कोई मतलब नहीं है। क्योंकि सम्प्रेषण को उसने कभी अनिवार्य समझा ही नहीं। उसकी शैली में आपको नितान्त वैयक्तिकता के साथ-साथ भाषा के नियमों का उल्लंघन मिलेगा, आपकी अपेक्षाओं पर हर क्षण आघात मिलेगा, अव्यवस्था और उखड़ेपन से आपकी अनुशासनप्रिय सौन्दर्य चेतना पल-पल चोट खायेगी।

लेकिन कलाकार को इससे क्या? उसे 'स्मार्ट' कहें या उसकी सांसत के प्रति करुणार्द्र होकर समानुभूति अनुभव करें, उसमें आपकी उपस्थिति के प्रति उदासीनता है। एक तरह से आधुनिक संवेदना से अन्तर्मुख हुई यह कला आस्वादयिता या सहृदय और बाह्य आस्वाद्य वस्तु अर्थात् कलावस्तु दोनों के अस्तित्व की अवमानना करती हुई नितान्त अपनी आन्तरिक निष्ठा में ही जीने-मरने की यातना से घुटती हुई अस्तित्व को झेल रही है।

आधुनिक कला निकाय का जन्म

आधुनिक कला संवेदना ने पश्चिमी देशों में अनेक कला-निकायों को जन्म दिया और कुछ कलाकारों ने कला के क्षेत्र में महत्त्वपूर्ण योगदान भी दिया है। यह आश्चर्य की बात है कि अत्यन्त वैयक्तिक एवं सहृदयों की ओर से बेफिक्री की मुद्रा अपनाने वाले कलाकारों ने अपनी कला की प्रस्तुति के लिए सामूहिक संगठित रूप का आश्रय ग्रहण किया।

आधुनिक संवेदना का प्रखर विस्फोट प्रतीकवाद में हुआ। स्वच्छन्दतावादी या रोमांटिक सौन्दर्यबोध से टकराने वाली इस संवेदना ने मलार्मे की कविताओं में सशक्त अभिव्यक्ति पायी। भाषा की शक्ति एवं सीमा के प्रति अतिशय सजगता और मितकथन से मौन तक विभिन्न भाषा-भंगिमाओं से प्रतीकवाद ने काव्याभिव्यक्ति के नूतन प्रयोग किये। शब्द के ध्वनिमूल्य से लेकर मुद्रांकित शब्दों की गत्यात्मक हलचल में पाठक की आँखों को व्यायाम देने तक सभी प्रयोगों को सतर्कतापूर्वक उपयोजित किया। विरामचिह्न अधिक भाव-मुखर हुए, पृष्ठ का कोरा स्थान तक व्यंजना के लिए ललक उठा।

यह एक नयी भाषा की खोज थी। जो व्यक्त हो रहा था, उससे अधिक व्यंजित किया जा रहा था। कविता में आने वाली वस्तुएँ अपनी विशिष्टता से और जीवन्तता से अभिभूत करने लगीं। हर शब्द अनुभूति, कल्पना और काव्य-युक्ति से स्पन्दित होने लगा। फिर भी प्रतीकवादी कविता शब्दों के प्रति विश्वास से यह कार्य नहीं कर रही थी, अपितु शब्दों की अपर्याप्तता के कारण ऐसा कर रही थी। शब्दों के साथ क्रीड़ा की प्रवृत्ति भी उभरी और 'डिकेडेण्ट' कवियों ने उसके माध्यम से अपनी विषण्णता को वाणी दी। उनकी कविता अति उत्तेजित स्नायु संस्थान की कविता अधिक है। बॉदलेअर, वर्लेन, अल्बर्ट सामेन आदि कवियों ने 'डिकेडेण्ट' कविता को प्रतिष्ठा दी। इस कविता ने शब्दों के अर्थ की अपेक्षा उनकी संवेदक मार से अधिक विद्ध किया। प्रभाववादी (इम्प्रेशनिस्टिक पोएट्री) में भी कविता की भाषा को ऐन्द्रिय संवेदना की क्रिया में तब्दील करने का तकनीक अपनाया गया है। भाषा एक प्रयोगधर्मी क्रिया बन गयी है। क्रिया का वर्णन वह नहीं करती चित्र का माध्यम और कविता का माध्यम विलक्षण निकटता में सम्मिश्रित हो जाते हैं। चेतना-प्रवाह की तकनीक जितनी मनोविज्ञान से प्रेरणा पाकर साहित्य में रूढ़ हो गई है, उसमें उतना ही योगदान प्रभाववादी कविता का भी है। जीवन के स्पन्दनशील, जीवन्त, तात्कालिक अनुभव के क्षण को मूर्त करने की आकांक्षा से प्रेरित प्रभाववादी कविता विशुद्ध रूप में क्षण की अनुभूति का आस्वादन कराने लगी। वस्तुतः प्रभाववादी कविता संवेदनशील कलाकारों की अनुभूति पर पड़ी चोटों से उत्पन्न विस्फोट के रूप में प्रकट होती थी।

आधुनिक संवेदना का एक अन्य प्रभावी स्वर व्होर्टिसिज्म में प्रकट हुआ, तो दूसरा बिम्बवाद में, जिसे 'अभिजातीय आधुनिकतावाद' भी कहा गया है। काव्येतर सामग्री का निर्मम परित्याग प्रतीकवाद का वैशिष्ट्य था। जिसे बिम्बवाद ने स्वीकार किया। अत्यन्त मितकथन के द्वारा ठोस रूप में अनुभव की अभिव्यक्ति बिम्बवाद का उद्देश्य रहा।

एज़रा पाउण्ड ने बिम्बवाद का काफी सुन्दर वर्णन किया है, "ऐसी कविता, जिसमें चित्रकला और शिल्पकला मानो सम्वाद के लिए एकत्र हुए हों।" भाव और

बौद्धिकता के सम्मिश्रण का उत्कट क्षण, जिसमें तीव्रता और उत्स्फूर्तता का आवेग होता है। तार्किकता और वर्णनपरकता का त्याग कर अनुभूति के 'कांसण्ट्रेटेड' रूप को प्रत्यक्षता देने की आकांक्षा से प्रेरित बिम्बवादी लघुकाय कविता में विलक्षण ऊर्जा उत्पन्न होती है। व्होर्टिसिज्म कविता में, क्षण की तीव्रतम आवेगमय सक्रिय, विलक्षण हलचलों और हरकतों से भरी, ऊर्जा-समृद्ध कविता पर बल होता है। इस प्रकार की कविता के पीछे उसके जन्म के क्षण में एवं संरचना की प्रक्रिया में एक प्रकार की क्षिप्र अन्तःस्फूर्ति या सहज ज्ञान होता है। तार्किक बुनावट का वहाँ विशेष स्थान नहीं होता।

आधुनिक कला संवेदना का अन्यतम रूप 'फ्यूचरिज्म' में भी प्रकट हुआ, जिसमें उत्तेजना, गति, उड़ान के प्रति उदग्र उन्मुखता का विशेष महत्त्व था। यह कविता भी सहज-ज्ञान के प्रति ही अपनी संरचना के लिए समर्पित थी। बाहरी यातायात के साधनों और जीवन में अद्भुत गति पैदा हो रही थी और थोड़े से क्षणों में अधिकाधिक उत्कटता के प्रति झुकाव बढ़ रहा था। उसी के समानान्तर कविता की यह स्थिति भी थी।

इन सभी आन्दोलनों को काव्य की परम्परागत रीतियों से सख्त नफरत थी और अपने रचना-संसार को अधिकाधिक स्वायत्त बनाकर अपरिसीम स्वातन्त्र्य भोगने की इच्छा थी। अगर इसमें पाठकों को शामिल होना था तो कवियों की अपनी वैयक्तिक शर्तों पर। इसका एक परिणाम अवश्यम्भावी था—पाठक वर्ग से कविता की सम्वादहीन स्थिति लेकिन कलाकारों का अपनी व्यैक्तिकता के प्रति आग्रह कुछ ऐसा प्रबल था कि पाठकों को ही नहीं, अर्थ को भी अपने पीछे खोजने को कवियों की शब्दावली बाध्य करती थी। क्योंकि शब्द, शब्दों के अर्थ, शब्दों की ध्वनियाँ, शब्दों की वाक्य में संयोजना, क्रम, सब उनकी अनुभूति के अमूर्त रूप को अभिव्यक्ति देने में बाधक थे। एक कवि वर्ग, जो अधिक जिम्मेदार वर्ग था, आन्तरिक गरज से यह सब कर रहा था; सामन्तवादी भाषा, मूल्यों एवं काव्य-परम्पराओं को तोड़ना चाहता था और अपने व्यक्तित्व की गहनतम वास्तविकता एवं स्तरों को प्रकट करने का इच्छुक था। जब कि दूसरा, छुटभैयों का बड़ा व्यापक वर्ग भी था, जो फैशन के तौर पर, या आन्तरिक क्षमता-क्षीणता के फलस्वरूप महज सुविधा के रूप में अपने को स्थापित करने के प्रयास में था। लेकिन ऐसी स्थिति कहाँ नहीं होती?

क्रमशः व्यक्तिकेन्द्रित और अन्तर्मुखी होती जाने वाली आधुनिक संवेदना ने बाह्य गोचर को सतही समझकर अधिक गहरे उतरने के इरादे से चेतन मन का साथ छोड़ा और अचेतन की गहरी पर्तों को खोलने का प्रयास किया। दादावादी कलाकारों का विश्वास ही नहीं था कि जीवन के सही रूप को पकड़ में लाने के लिए बुद्धिवाद और उसके भाषिक और मानसिक साधन कभी पर्याप्त हो सकते

हैं। दादावादियों एवं अति यथार्थवादियों की मानवीय जीवन की सतत विकासमानता में आस्था कभी नहीं थी, क्योंकि विज्ञान की विनाशकारी क्षमताओं और मानव-जीवन की सदाशयता के प्रति सन्देह ने उनके सामने यह स्पष्ट कर दिया था कि वर्तमान क्षण ही उनका अपना है, अगर वे उसको अपनी अनुकूलता में ढाल सकें। इन्हें बुर्जुवा वर्ग एवं उनकी सभ्यता के प्रति जबरदस्त घृणा थी और वे अपने जीवन के क्षणों में चरम स्वतन्त्रता भोगने के प्रत्याशी थे। यह बाह्य जीवन में असम्भव था, तो उसकी परितृप्ति के लिए उन्होंने स्वप्नों, दिवास्वप्नों, फैंटेसी, नशीली चीजों का सेवन इत्यादि के माध्यमों का सहारा लिया। कभी सामाजिकता के प्रति इनकी घृणा, जनता के प्रति सक्रिय आक्रमण का रूप लेकर भी व्यक्त होती थी। अपनी आन्तरिकता इनके लिए इतनी महत्त्वपूर्ण हो गयी थी कि किसी भी प्रकार के अनुशासनविहीन, स्वयंचालित लेखन को वे अपनी अभिव्यक्ति के लिए आवश्यक समझते थे।

कुल मिलाकर उनका लेखन यथास्थिति के प्रति विद्रोह था। इस विद्रोह को कुछ अतियथार्थवादियों ने नैतिकता और राजनीतिक दायित्व से जोड़ा, तो कुछ लोग जीवन की विसंगतियों से ऊबकर आत्महत्या के दरवाजे खटखटाने लगे। मनुष्य के आन्तरिक जीवन एवं उसकी कल्पनाशक्ति की स्वतन्त्रता को बाधित करने वाली हर शक्ति के खिलाफ अतियथार्थवादियों ने अपना स्वर बुलन्द किया। अतियथार्थवादियों की समस्त तकलीफ आत्मिक मुक्ति के लिए थी। एक प्रकार से मनुष्य की नियति पर किसी अपर शक्ति के बदले मनुष्य का अपना नियन्त्रण रहे, यही उनकी धारणा थीं।

आधुनिक चेतना की मार से पश्चिमी कलाकारों की संवेदना ने, जो कलात्मक प्रकटीकरण किया, उसकी स्थूल-सी रूपरेखा देखने पर यह पता चलता है कि अपने अन्तरतम तक व्याप्त अन्धकार से पीड़ित, भयभीत और आतंकित होकर कवियों और अन्य कलाकारों ने अपनी स्थिति को स्वीकार करने के लिए या दुःस्थिति से राहत पाने की इच्छा से अनेक प्रकार के कला-आन्दोलन चलाये। उनकी संवेदना में जो तनाव था, द्वन्द्व था, दरारें थीं उनका सामना करते समय, जो भाषा-विषयक अनेक प्रयोग उन्होंने किये, उनमें विलक्षण ईमानदारी थी। यह न फैशन था, न महज वैचारिक आकलन एवं समझौते का प्रयत्न।

यह सही है कि कतिपय कवियों ने इस आधुनिकता से उत्पन्न संकट से नजात पाने के लिए नानाविध मार्गों का अवलम्बन किया। परन्तु इससे पहले कि वे अन्य मार्गों की तलाश करें, उनकी रचनाओं से यह स्पष्ट प्रतीत हो जाता है कि उनकी अन्तरात्मा उस ढर्रे के चरम छोर पर जाकर ही पीछे हट गयी है। कोई सुबह का भूला धार्मिक संवेदना की ओर लौट आया है (टी.एस. ईलियट), कोई समसामयिक जीवन के साथ बहना छोड़कर पिछली शताब्दियों की ओर लौटा है

(रिल्के, यीट्स), किसी ने लिखना ही बन्द कर दिया है (रिम्बो), किसी ने अपनी अभिव्यक्ति पर भरोसा करना छोड़ दिया है (गद्यकार काफ्का)। भाषा के साथ हर सम्भव क्रीड़ा या तोड़-फोड़ और जोड़-तोड़ करने के उपरान्त कुछ कवियों ने शब्द से इतर माध्यमों का भी प्रयोग किया है, जैसे मादक पदार्थ का सेवन। अन्तिम विनाश का मृत्यु-क्षण और जिजीविषा की तड़फड़ाहट के बीच संकरे रास्ते पर चलते हुए, जो रचा जाता है, या रचा गया है, उसमें अगर विषैली अनुभूति के दंश की एकाध ईमानदार कसक भी है, तो कवि-जीवन सार्थक माना जा सकता है। यह एक ऐसी भी स्थिति है, जब कवि यह अनुभव करने लगता है कि मात्र कवि होना अपने आप में पर्याप्त नहीं है, जीवन में उसे एक नागरिक के रूप में अधिक संकटपूर्ण और जिम्मेदार भूमिका भी निभानी पड़ती है। यह रास्ता व्यापक सामाजिक लगाव और सक्रियता का है। किसी विशिष्ट दर्शन के प्रति समर्पित होकर या न होकर भी इस प्रक्रिया में कविता लिखी जा सकती है।

हिन्दी कविता और आधुनिकता

इस आधुनिकता के सन्दर्भ में जब हम हिन्दी कविता पर विचार करते हैं, तब अनेक प्रश्न सामने उपस्थित हो जाते हैं। जिन दार्शनिक, वैज्ञानिक, तकनीकी और सामाजिक-राजनीतिक परिस्थितियों के बीच पश्चिमी कविता सहज रूप में प्रस्फुटित हुई, पली, बढ़ी और ट्रेजिक बोध लेकर प्रगल्भ हुई, वे स्थितियाँ हमारे यहाँ आंशिक रूप में प्रत्यक्ष हुईं। बहुत कुछ ज्ञान या विचार के स्तर पर ही हमें प्राप्त हुआ।

हम यह देखते हैं कि भारतीय बौद्धिक वर्ग की चोटी पर स्थित छोटा वर्ग और भारतीय शिक्षित, अल्पशिक्षित और अशिक्षित समाज के बीच बहुत बड़ी खाई, जो उन्नीसवीं सदी के मध्य से उत्पन्न होती गयी, वह आज भी बरकरार है। भारतीय बौद्धिक वर्ग को दोहरा अकेलापन मिला। एक ओर जाति-प्रथा से बने समाज में वह सबसे ऊपर अतएव विशिष्ट और अलग था ही; दूसरे जिस पश्चिमी संस्कृति से वह परिचित प्रभावित होता जा रहा था, उसके ज्ञान ने उसे ऐसी ऊँची मीनार पर पहले से ही बैठा दिया, जहाँ वह बिना किसी यात्रा के ही पहुँच गया था। परिणामतः वह जो कुछ समझ और कह रहा था, वह स्थितियों के प्रत्यक्ष बोध से उतना नहीं, जितना आयातित ज्ञान की चकाचौंध में विस्मयचकित होकर। इसकी व्यापक चर्चा में फिलहाल न जाकर हम एक ठोस उदाहरण से बात को स्पष्ट करने का प्रयास करेंगे।

भारतीय परिवेश में आधुनिकता

भारतीय बौद्धिक वर्ग का पहली बार ऐसी संस्कृति और सभ्यता से सम्पर्क स्थापित हुआ, जो उसकी हजारों वर्षों की परम्पराओं से नितान्त अलग थी। वस्तुतः यहाँ

भीषण टकराहट उत्पन्न होनी चाहिए थी, परन्तु हुआ सम्पर्क। सामाजिक जीवन में जहाँ ज्ञान से सीधे सम्बन्ध था, इसके अच्छे परिणाम निकले। परन्तु जहाँ संवेदना से सम्बन्ध था, वहाँ, जहाँ तक हिन्दी का सम्बन्ध है, निराशा ही होती है। सामाजिक क्षेत्र में दयानन्द सरस्वती का महान आन्दोलन सक्रिय रहा। परन्तु संवेदना के क्षेत्र में भारतेन्दु ने गद्य में जहाँ आधुनिक विचारों का स्वागत किया, वहाँ कविता में अधिकतर परम्परा का ही पालन किया और जहाँ आधुनिक विषयों का समावेश हुआ, वहाँ कविता के स्थान पर गद्य ही पद्य की पोशाक में अवतरित हुआ।

यह प्रश्न सतत तकलीफ देता रहता है कि पश्चिमी संस्कृति के धर्मातीत तत्त्वों को स्वीकार करते समय हमारी हजारों वर्षों की धार्मिक संवेदना कहीं भी आह और कराह प्रकट नहीं कर रही है। क्या कारण है कि हमारे कवियों की आत्मा में गहन पीड़ा, प्रश्नात्मकता या सन्देह का स्वर नहीं उभरा? इतना बड़ा सांस्कृतिक परिवर्तन कैसे सहज स्वीकार किया गया? या तो हम सांस्कृतिक परम्पराओं के जीवित बोध से असंपृक्त थे और हमारी धार्मिकता आचार-व्यवहार की ऊपरी भंगिमा तक कैद थी, या हम अविकसित देश के वासी थे, जो किसी भी नये को सहज भाव से स्वीकार करते चलते हैं। शायद भारतीय मानस में वह 'इण्टेण्टिसिटी' ही नहीं है, जिसके फलस्वरूप चरम कोटि के अकटोविकट सवाल उठाये जाते हैं। इसकी विशेष विवेचना मैंने अपनी पुस्तक 'उपन्यास : स्थिति और गति' में 'भारतीय लेखकों की मानसिकता' शीर्षक के अन्तर्गत की है।

मैथिलीशरण गुप्त ने बिना किसी विशेष तकलीफ के धार्मिकता को भी सुरक्षित रखा और विशेष पारिवारिक विघटन को स्वीकार किये बिना नारी को उसी मात्रा में आधुनिक संस्कार दिये, जितनी मात्रा में परम्परागत संस्कारों से मेल खाते थे। नये को आंशिक रूप में स्वीकार करने में उन्हें विशेष कष्ट नहीं हुआ। जयशंकर प्रसाद ने 'प्रत्यभिज्ञा दर्शन' के सन्दर्भ में गुप्त जी से अधिक 'सेक्युलर' रूप स्वीकार किया, परन्तु आधुनिकता से सीधे टकराने में उन्होंने भी रुचि नहीं दर्शायी। भारतीय आदर्शवाद की सहज प्रवृत्ति से प्रेरित होकर उन्होंने समन्वयवाद की ओर संकेत किया। पन्त का कवि जब जीवन के जटिल प्रश्नों के आस-पास आने लगता है, तब उनका कवि समाप्त हो जाता है और विचारक हावी होने लगता है। निराला के काव्य में आधुनिकता के कतिपय लक्षण बिखरे मिलते हैं, परन्तु अन्त में उनका परम्परागत आध्यात्मिक पक्ष प्रबल होकर आराधना और अर्चना करने लगता है।

छायावाद के सभी विकासशील कवि इस प्रकार भारतीय अध्यात्म के रास्ते पर चलने लगते हैं। दिनकर और नरेन्द्र शर्मा इसी प्रकार किंचित आधुनिक संस्कार लेकर पुनः अपने भीतरी भारतीय संस्कारों के प्रति समर्पित होते हैं। यहाँ इस प्रक्रिया को न गलत कहने का उद्देश्य है, न सही। स्थिति का सिर्फ संकेत देना है। 'बच्चन' की कविता में आधुनिक भौतिकवाद का सशक्त स्वर कुछ समय के लिए उभरा,

परन्तु वह चिन्तन से उतना दृढ़ और सघन नहीं बना था, जितना भावुक प्रतिक्रिया के रूप में आवेगमय था।

'अज्ञेय' के साहित्यिक विषयक चिन्तन में पश्चिमी आधुनिक चिन्तन के कतिपय बिन्दु आलोकित होते दिखते हैं और भारतीय सन्दर्भ में उनका विवेचन मौलिकता और विशिष्टता का रूप लेकर प्रकट हुआ है। 'अज्ञेय' के समय तक धार्मिक संवेदन की द्वन्द्वात्मकता भी शायद निःशेष हो गयी थी। सामाजिक-बौद्धिक जीवन में आधुनिकता के कतिपय पहलू रच-पच गये थे। 'अज्ञेय' का वैशिष्ट्य यह रहा कि बदलती परिस्थितियों पर दृष्टि रखकर अपने विवेक के आधार पर भारतीय और पश्चिमी विचारों का स्वस्थ समन्वय करने में उन्हें कठिनाई नहीं महसूस हुई।

आधुनिकता ने साहित्य को भाषा के संकटकाल में जो हथियार दिये—व्यंग्य, शब्दों का क्रीड़ापूर्ण संयोजन, विरामचिह्नों की मुखरता, मितव्ययता, बिम्बों और प्रतीकों का अर्थगहन प्रयोग, शब्दों की समस्त आन्तरिक और बाह्य शक्तियों का काव्यात्मक उपयोजन, भाषा और वस्तु के प्रति एक टेढ़ा रिश्ता रखकर प्रकटीकरण इत्यादि, काव्य और काव्येतर का जो अप्रत्यक्षतः विवेक सिखाया, मानवीयता को नष्ट करने पर तुली हुई तकनीकी और सामाजिक, आर्थिक शक्तियों के प्रति जो चुनौती का स्वर बुलन्द किया, सामयिकता, शाश्वतता, क्षणवाद इत्यादि संकल्पनाओं का जो सशक्त संकेत दिया, मानवीय जीवन की सार्थकता और मानवीय नियति की सम्भावनाओं के सम्बन्ध में जो तीव्र प्रश्न उठाये, उनका हिन्दी में सुचिन्तित विवेचन-विश्लेषण अगर किसी 'मेजर' कवि ने पहली बार किया है, तो 'अज्ञेय' जी ने।

यह नहीं कहा जा सकता कि पश्चिमी देशों के कवियों के काव्यात्मक सभी उपादान और प्रयोग 'अज्ञेय' जी ने किये। परन्तु आधुनिकता का सामान्यतः समग्र बोध और सजग भान 'अज्ञेय' जी में मिलता है। लेकिन एक विशेष अन्तर भी दिखता है। कवि 'अज्ञेय' का समस्त काव्य, चिन्तन और विवेक से जहाँ संयत बना है, वहाँ वजनी भी। दूसरी बात उनकी मानवीय जीवन में मूलभूत आस्था की है। इसके प्रति उनके मन में कहीं संशय या द्वन्द्व नहीं है। इसी से मानवीय सम्बन्धों में प्रेम और करुणा की आवश्यकता उन्होंने सदैव महत्त्वपूर्ण समझी है। परिणामतः उनकी कविता में आदर्श का जो स्वर उभरा है, वह नितान्त आभ्यन्तरिक अनिवार्यता के रूप में—आरोपित मुद्रा के रूप में नहीं। 'अज्ञेय' के इन वैशिष्ट्यों ने उनको आधुनिकता के लक्ष्यहीन अतिवादों से बचा लिया है और परिणामतः भारतीय सेक्युलर आध्यात्मिकता के साथ समन्वित होने में उन्हें कठिनाई महसूस नहीं हुई।

आधुनिकता ने जो भावुकता-विरोधी बौद्धिक वृत्तियाँ निर्मित कीं और भाषा के साथ खिलवाड़ का प्रगल्भ रूप प्रस्तुत किया, उसको प्रभाकर माचवे की कविता

उदाहृत करती है। इस कविता के व्यंग्यात्मक रुख का और बौद्धिक पैनेपन का तथा एण्टी रोमांटिक प्रवृत्ति का विचार अभी जमकर नहीं किया गया है। शमशेर की अधिकांश काव्यानुभूति में रोमांटिक तत्त्व अधिक हैं, परन्तु उनकी शैली में आधुनिकता के कतिपय वैशिष्ट्य सघन रूप में समाविष्ट हैं। बिम्बवाद, प्रतीकवाद, प्रभाववाद के साथ संगीत, ऐन्द्रिय सूक्ष्म सम्वेदन और शब्द का अतार्किक, परन्तु काव्यात्मक प्रयोग है।

संवेदनशील मन पर पड़ा इतिहास का ट्रैजिक बोध, सशक्त रूप में धर्मवीर भारती के 'अन्धायुग', 'कनुप्रिया' को साथ में रखकर देखा जा सकता है। मानवीय नियति की सम्भावनाओं के प्रति चिन्ताकुलता का तीव्र भाव और मनुष्य की रागात्मक और सृजनात्मक शक्तियों को अवरुद्ध करने वाली परिस्थितियों के प्रति उदास विद्रोह का स्वर (जो वैचारिक स्तर पर 'मानव मूल्य और साहित्य' में प्रकट हुआ है, वह) भारती की कविता में कलात्मक स्तर पर व्यक्त हुआ है। 'अन्धा युग' की तुलना में जब हम 'संशय की एक रात' या 'आत्मजयी' जैसी रचनायें रखते हैं, तब यदि कैनवास की व्यापकता के अन्तर को छोड़ दें, तो भी एक-दूसरे प्रकार का अन्तर साफ प्रकट होता है। वह अन्तर यह है कि जहाँ भारती की कविता का आशय तीव्र संवेदना के धरातल पर प्रकट होता है, (और इसलिए अधिक आभ्यन्तरिक है), वहाँ अन्य प्रदीर्घ कविताओं का आशय विचार के स्तर पर प्रकट होता है। कुछ अधिक स्पष्ट शब्दों में 'संशय की एक रात' और 'आत्मजयी' आधुनिक शैल्पिक प्रयोगों के बावजूद एक तरह से मैथिलीशरण और दिनकर की कविता से जुड़ जाती है और 'अन्धा युग' 'राम की शक्तिपूजा' से।

मिथक का काव्यात्मक प्रयोग

इस सन्दर्भ में—आधुनिक हिन्दी कविता के सन्दर्भ में—इधर मिथक की बड़ी चर्चा हो रही है, उसका भी किंचित उल्लेख आवश्यक जान पड़ता है। असल में किसी कविता में पुराचीन कथाओं, प्रसंगों, घटनाओं, चरित्रों का मात्र उपयोग काव्यात्मक मिथक नहीं होता। मिथक का प्रयोग एक ऐसी गहन प्रक्रिया है, जिसके पीछे कलाकार के अचेतन मन की ऊर्जा की अन्तःस्फुरित प्रचण्ड प्रेरणा होती है और वह वैयक्तिकता का नहीं, सामूहिकता का सहज बोध देती है। ये मिथक रचना में किसी विचार के साधन बनकर नहीं आते, उनकी स्थिति स्वायत्त होती है। एक तरह से मिथक रचना में लाये नहीं जाते, वे अपने आप आ जाते हैं। इसी स्थिति में उनकी सही शक्ति देखी जा सकती है। इस दृष्टि से मिथक का काव्यात्मक प्रयोग कितनी कविताओं में देखा जा सकता है। 'कामायनी', 'राम की शक्ति पूजा' और 'अन्धा युग' में यह आन्तरिक लगाव स्पष्ट है। अगर ऐसा कहीं नहीं हुआ है तो इसका एक कारण यह है कि हम अपनी सांस्कृतिक परम्पराओं से भी

आभ्यन्तरिक एवं गहरे अर्थ में जुड़े हुए नहीं हैं, इसलिए उनके टूटने का भी तीव्र अहसास हममें पैदा नहीं होता।

सामयिक जीवन के संकट का तीव्र अहसास रघुवीर सहाय की कविता कराती है। 'सीढ़ियों पर धूप में' बैठे कवि की प्रकृति और मानवीय जीवन के प्रति सहज-कोमल उन्मुखता और स्निग्ध करुणा 'आत्महत्या के विरुद्ध' में राजनीतिक वातावरण में झुलसकर 'हँसो, हँसो, जल्दी हँसो' में कैसे 'विद्रूपता' तक पहुँच जाती है, इसका एक क्रमिक विकास रघुवीर सहाय की कविता में देखा जा सकता है। बाहर की मार को सहते-सहते अपने अन्दर आई तब्दीली को कलात्मक तटस्थता से देखने वाला यह कवि भाषिक उपादानों को भी विलक्षण सतर्कता से परिवर्तित करता रहता है। आधुनिक संवेदना को सर्वेश्वरदयाल सक्सेना ने भी पर्याप्त गम्भीरतापूर्वक अभिव्यक्ति दी है। रघुवीर सहाय बौद्धिक धरातल पर अधिकृत प्रखरता से प्रतिकृत होते हैं, तो सर्वेश्वर की प्रतिक्रियायें अधिक अनुभूत्यात्मक होती हैं।

आधुनिकता की वैयक्तिक संवेदना का विरोध मार्क्सवादी प्रभाव से प्रेरित कवियों ने किया। इनमें सर्वाधिक सशक्त कवि मुक्तिबोध हैं, जिन्होंने आधुनिक संवेदना का गहन अन्धकार देखा और स्वयं फैंटेसी, दिवास्वप्न, दुःस्वप्न, प्रतीकात्मकता इत्यादि के काव्यात्मक प्रयोग से उसकी सशक्त अभिव्यक्ति भी दी। उनका कवि, उनकी विचारधारा से कहीं अधिक सशक्त रहा। इसलिए उनकी कविता में आशावाद, जनवादी चेतना के प्रति भक्तिभावपूर्वक एकान्त समर्पण, राजनीतिक आक्रोश और विद्रोह गद्यात्मक स्तर पर प्रकट नहीं हुआ, न उन्होंने कविता को प्रचार का महज साधन माना। परिणामतः उनकी कविता में आधुनिक काव्यशैलियों का समर्थ प्रयोग भी मिलता है और सशक्त कवि-व्यक्तित्व की प्रतीति भी होती है।

परन्तु यह मार्क्सवादी विचारधारा से प्रभावित अन्य कवियों के बारे में नहीं कहा जा सकता। आधुनिकता के प्रति मोह या उसको एक मूल्य की प्रतिष्ठा देकर आधुनिक बनने का प्रयास इधर क्षीण हो गया है। 'अज्ञेय' तक के कवियों ने आधुनिकता की बढ़ती अमानवीयता का सामना करने के लिए भारतीय अध्यात्मवाद की शरण ली, तो मुक्तिबोध जैसे कवियों ने मार्क्सवाद की और उसके बाद के कवियों ने जनवाद की। जो खतरा कवि को अध्यात्मवाद और मार्क्सवाद में है, वही जनवाद में। वह खतरा है—कवि व्यक्तित्व की पृथगात्मकता का विलोप। इसका अन्तिम परिणाम है काव्यत्वहीन कविता लेखन में। इधर कवियों के सामने एक और संकट आ गया है। इनके कथ्य में और अनुभव में नवीनता कम है। एक बार जब किसी ठोस विचारधारा के प्रति समर्पण हो जाता है तो अनुभूत्यात्मक प्रतिक्रियाओं में भी एकरसता उत्पन्न होती है। परिणामतः भाषा की

वक्रता के आधार पर अपनी वैयक्तिक पृथगात्मकता या वैयक्तिक विशिष्टता को स्थापित करने की और कविता में आत्मप्रदर्शन की प्रवृत्तियाँ बढ़ जाती हैं। संवेदन केन्द्र में जीवन के विविध अनुभव विभिन्न कोणों से पकड़ने की सामर्थ्य चुक जाती है। एक ओर सही अर्थ में जनवादी कवि नागार्जुन की काव्यभाषा और दूसरी ओर तथाकथित जनवादी कवियों की दुरूह काव्य-भाषा का तुलनात्मक विवेचन उपर्युक्त मत को स्पष्ट कर सकता है।

नयी कविता के बाद 'किसिम-किसिम' के कविता आन्दोलनों की बाढ़ आयी थी। इस बाढ़ में जो आन्तरिक उबाल व्यक्त हो रहा था, वह आधुनिक संवेदना के निकट था; परन्तु इसमें से कोई शक्तिशाली कवि नहीं उभरा, क्योंकि आधुनिक काव्य संवेदना का महत्त्वपूर्ण मूल तत्त्व उपेक्षित रह गया था। वह तत्त्व यह था कि आधुनिक काव्य संवेदना संस्कृति की संकटपूर्ण अवस्था की बौद्धिक और भावनात्मक प्रतिक्रिया का परिणाम थी, जिसके अहसास के लिए महज काव्य-लेखन का उत्साह ही पर्याप्त नहीं था। एक आथैण्टिक कवि संवेदना, जो परम्परा पर आघात करने के लिए ही क्यों न हो, परम्परा से गहन स्तर पर परिचित हो, यह आवश्यक था। इन आन्दोलनकारियों में अगर अनुभूति के चिन्तन की कमी थी, तो इधर 'विचार कविता' की पैरवी करने वाले कवियों में संवेदना का ही अवमान करने की प्रवृत्ति प्रबल हो रही है, जो काव्य के लिए घातक है। विचार कविता के पक्षधरों के पास कविता के मूलभूत प्रश्नों के उत्तर नहीं हैं। एक, विचार किस शर्त पर काव्य के स्तर पर प्रतिष्ठित हो सकते हैं, अर्थात् काव्य और विचार प्रधान काव्येतर विधाओं में क्या अन्तर है? दो, समस्त आधुनिक काव्य में विचारों का अनुभूति में घुलाव स्वीकारा गया है और प्रचुर कविता लिखी भी गयी है। उससे आपकी कविता का गुणात्मक अन्तर कहाँ है? परिणामतः बहुत-सी कविता, न कविता रह गयी हैं, न निबन्ध।

आधुनिक सौन्दर्यबोध : वदतोव्याघात

आधुनिक सौन्दर्यबोध के 'वदतोव्याघात' का संकेत किया गया है। अब इस पर थोड़ा अधिक विचार करना आवश्यक लगता है। हमने यह देखा कि आधुनिक संवेदना ने परम्परागत सौन्दर्यशास्त्र पर आघात किया। परम्परागत सौन्दर्यशास्त्र कलावस्तु पर सामान्यतः बल देता है और आस्वादयिता के सौन्दर्यबोध का विशेष सम्मान भी करता है। स्वाभाविक रूप में सम्प्रेषण के साधनों के प्रति अधिक सजग रहता है। जबकि आधुनिक कलाकार आस्वादयिता के प्रति उपेक्षा और तटस्थता का भाव बरतता है और बाह्य कलावस्तु से अधिक अपनी आभ्यन्तरिक ऊर्जा को महत्त्व देता है। परिणामतः कलावस्तु में जिन कलात्मक वैशिष्ट्यों (लय, संगति, सप्रमाणता, विरोध, सन्तुलन, एकान्विति, पूर्णता की प्रतीति, घटकों में अवयव-अवयवी

भाव आदि) की हम अपेक्षा करते हैं, उनसे आधुनिक कलाकार को कोई लगाव नहीं है। उसी तरह परम्परागत सौन्दर्यबोध आस्वाद की आनन्दमय और परितोषपरक परिणति पर बल देता है; जबकि आधुनिक सौन्दर्यबोध पाठक को दण्डित कर उसे विचलित बनाना चाहता है। उसके सौन्दर्यबोध की एक ही कसौटी है—आत्माभिव्यक्ति—इसकी परिणति अराजक कला-रूपों में होने में देर नहीं लगती। परिणामतः अनुशासनविहीन आत्माभिव्यक्ति ही कला के नाम पर प्रदर्शित होती है। वह सौन्दर्य-प्रेमी रसिक को परितोष नहीं प्रदान कर सकती।

सौन्दर्यबोध की सही प्रक्रिया

सही सौन्दर्यबोध एक सहयोगी प्रक्रिया है। कलाकार, कलावस्तु और कलापारखी तीनों इस प्रक्रिया के महत्त्वपूर्ण घटक हैं और इस प्रक्रिया में किसी के प्रति उदासीनता जिस तरह अन्ततोगत्वा कला व्यापार में घातक है, उसी प्रकार किसी एक को अतिरिक्त महत्त्व देना भी। असल में कलाकार की कलाकार के रूप में स्वतन्त्रता का एक आयाम कलावस्तु और कलापारखी के प्रति दायित्व की भावना भी है। इस दृष्टि से 'अज्ञेय' जी ने कलाकार की स्वायत्तता, कलावस्तु के सौन्दर्योत्पादक गुणों या वैशिष्ट्यों की चर्चा के साथ सम्प्रेषण को अनिवार्य मानकर कलापारखी सहृदयों का भी सम्मान किया है।

अन्त में एक बात और—शायद सबसे अधिक महत्त्वपूर्ण। आधुनिकता मानवीय चेतना का एक स्वरूप है। सम्पूर्ण मानवीय चेतना का पर्याय वह नहीं है और ऐतिहासिक विकास में वह शब्द कुछ विशेष प्रवृत्तियों के लिए प्रयुक्त हुआ है। जिस तरह छायावादी कवि होना काव्य के विशिष्ट स्वरूप की पहचान देता है, काव्य के अच्छे-बुरे होने का नहीं, उसी प्रकार आधुनिकता भी मूल्यवाचक शब्द नहीं है, वह स्वरूपवाचक शब्द है, अतः आधुनिक होने से कोई कवि न अच्छा होता है न बुरा। पहले उसे अच्छा कवि होना चाहिए—वह आधुनिक हो अथवा न हो।

सौन्दर्यबोध : सामाजिक रूपान्तरण और विचार

यह मानना गलत होगा कि कविता मनुष्य के मन पर प्रभाव नहीं डालती। वस्तुतः आज के बढ़ते औद्योगिक और तकनीकी विकास में कविता के प्रभाव को, मूल्य एवं महत्त्व को नजरअन्दाज करके बहुत बड़ा खतरा समाज ले रहा है। सौन्दर्यबोध एक महत्त्वपूर्ण मानवीय संस्कार है। भयानक दरिद्रता और सब प्रकार के अभावों में जीने वाला व्यक्ति भी फिल्मों और रेडियो के माध्यम से संगीत के, काल्पनिक सुन्दर जीवन के, सुन्दर स्वप्नों के रूप के संस्कार अपने ढंग से ग्रहण करना चाहता है। रंग और डिजाइन के संस्कारों का प्रभाव हमारे वस्त्रों, मकानों, सामाजिक आचरण पर पड़ता है। अगर इसमें रिफाइनमेण्ट नहीं है तो वह इस बात का परिणाम है कि सौन्दर्यबोध का सही प्रसार हम सामाजिक जीवन में नहीं कर पाये हैं, जनता की रुचियों का परिष्कार करने का सजग प्रयत्न हमने नहीं किया है। रंग, रूप, कल्पना का विलास इत्यादि बातों में मनुष्य की गहन रुचि होती है, आवश्यकता उसे परिष्कृत करने की होती है। कविता की इसमें अत्यन्त महत्त्वपूर्ण भूमिका है।

कविता वैयक्तिक रूप में हमारी संवेदना का संस्कार करती है, रूप सम्बन्धी मनुष्य के आकर्षण को परितृप्त करती हुई उसके सौन्दर्यबोध को बढ़ाती है। वैयक्तिक तथा सामाजिक जीवन में छिपी विसंगतियों और विषमताओं के प्रति हमें भावनात्मक दृष्टि से सजग करती हुई सहानुभूति या संवेदना का दायरा बढ़ाती है। हर्ष और प्रसन्नता से रसासिक्त करती है तो जीवन की जटिलता का बोध देकर तथा जीवन की अनसुलझी समस्याओं का स्वरूप प्रस्तुत कर मनुष्य को बेचैन भी करती है, तिलमिला भी देती है। नये समाधान की यह आरम्भिक शर्त है। मनुष्य को कल्पना के आनन्द का अपरिसीम महत्त्व बताती हुई सांस्कृतिक धरोहर के जीवन्त अंश को मनुष्य में संक्रान्त करती है। इस प्रकार मनुष्य को मनुष्येतर सृष्टि से अलगाने वाली और जीवन को सार्थक करने वाली कल्पना शक्ति और सृजन

के आनन्द का महत्त्वपूर्ण मूल्य मन पर अंकित करती है। सभी प्रकार की प्रगतियों के मूल में अवस्थित सृजनशील प्रवृत्तियों को जगाये और जिलाये रहती है।

इस सबका सामाजिक रूपान्तरण में क्या योगदान है? एक संस्कार-सम्पन्न, संवेदनशील और सृजनशील प्रवृत्तियों के प्रति जागरूक समृद्ध व्यक्तित्व का समाज में प्रत्यक्ष और अप्रत्यक्ष प्रभाव पड़ता है। ऐसे सम्पन्न व्यक्तियों का वर्ग बढ़ाकर कविता समाज के कुल संस्कारों पर प्रभाव डालती है। चूँकि यह प्रक्रिया अप्रत्यक्ष और सूक्ष्म होती है, त्वरित फल नहीं देती दीखती। परन्तु निस्सन्देह कार्यान्वित रहती है। इस प्रक्रिया को अधिक शक्तिशाली बनाने के लिए समाज में शिक्षा का प्रसार और स्तर बढ़ाना चाहिए। सामाजिक प्रयोजन की सिद्धि कवि व्यक्तित्व की सम्पन्नता पर निर्भर है और यह व्यक्तित्व-सम्पन्नता समाज में कविता के स्थान पर भी निर्भर है—दोनों का पारस्परिक सहयोग सम्बन्ध है। समाज में प्रसंगोपात्त उत्पन्न होने वाले फासिस्ट खतरों का सामना भी समाज के इस संवेदनशील दिमाग की शक्ति पर निर्भर है।

सामाजिक रूपान्तरण की कविता की शक्ति पर अतिरेकी या अनुचित भरोसा रखने वाले लोग कविता के रूप में सीधे प्रचार चाहते हैं तब कविता अकविता बनकर भोंथरी संवेदना का भड़कीला प्रदर्शन करने लगती है। कविता से गलत ढंग से काम लिया जाता है और परिणामतः काव्य के स्थान पर ऐसी वस्तु स्थान लेती है जो और कुछ भी हो, कविता नहीं होती। अतः यह आवश्यक है कि हम उस किस्से के नायक की तरह काम न लें, जिसने हर दिन सोने का एक अण्डा देने वाली मुर्गी को सब कुछ एक साथ पाने के लोभ में जान से मार डाला था और कुछ नहीं पाया था।

कविता में जीवन के अनुभव को शब्दबद्ध किया जाता है। इस अनुभव का भावों और विचारों में वर्गीकरण करना सुविधा के लिए ठीक है, परन्तु मनोवैज्ञानिक दृष्टि से शायद समर्थनीय नहीं है। हमारी रस सिद्धान्त की परम्परा ने इसे एक आधार अवश्य दिया है। अपनी समग्र प्रक्रिया में काव्यगत विचार भावनात्मक अंग में घुल-मिलकर अन्ततोगत्वा तरल, रसमय रूप धारण करके प्रभाव डालते हैं। यह रस सिद्धान्त में एक गृहीत तत्त्व है। वैसे रसात्मक काव्य भी विचारों से विहीन नहीं होता। रसात्मक परिणति के लिए विभाजन सामग्री में विश्वसनीय, औचित्यपूर्ण और संगतिपूर्ण कारणों की आवश्यकता बतायी गयी है। 'शाकुन्तल' के शृंगार में दुष्यन्त के विवेक और आसक्ति के बीच सूक्ष्म संघर्ष ने रसोत्कर्ष में योगदान ही किया है। भवभूति के 'करुण रस' में प्रक्रिया के अन्तर्गत राम के चरित्र के माध्यम से जो वैचारिकता का समावेश किया गया है, वह करुण रस की मूल्यवत्ता को बढ़ाता ही है। भास के नाटकों में उदात्त मानवीय विचारों का विभाजन कभी काव्य की महानता के लिए उपकारक नहीं सिद्ध हुआ। केवल विशुद्ध भाव के लिए गीति काव्य में गुंजाइश

है। वहाँ भी वैचारिकता की पृष्ठभूमि पर उठी गीतात्मक गूँज अधिक होती है।

फिर आज कविता में भाव और विचार की पारस्परिक स्थिति को लेकर सहृदयों के मन में सन्देह और प्रश्न-वाचकता क्यों?

विचारों का भावात्मकता में सम्पूर्ण घुलाव सूरदास की कविता में दिखाई देता है, मराठी के ज्ञानेश्वर के 'अमृतानुभव' में भी दार्शनिक चिन्तन काव्यात्मक रूप लेकर प्रकट हुआ है। परन्तु इनके सम्बन्ध में प्रश्न नहीं उठाया जाता कि इसमें विचारों की स्थिति ने कहाँ तक काव्य का उपकार किया है। इसका महत्त्वपूर्ण कारण यह है कि इन कवियों ने अपने कवि-व्यक्तित्व में अपने विचारों एवं चिन्तन को एकमेक कर दिया है। उनका चिन्तन या उनके विचार अनुभव का अभिन्न अंग बनकर प्रकट हुए हैं। यहाँ पर आधुनिक कवि का एक संकट स्पष्ट हो जाता है। वह संकट यह है कि अपने सामयिक विचारों को वह अनेक कारणों से अपने कवि-व्यक्तित्व में घुला नहीं पाया है। मूल्य विषयक द्विधात्मकता, अपने आदर्शों एवं उद्देश्यों के साथ एकाग्र तल्लीनता उपलब्ध करने में असमर्थता, भावों की सम्पन्नता और भावुकता के बीच अन्तर न कर पाने के परिणामस्वरूप भावना से ही बिदककर चलने की ओर आधुनिकता के व्यामोह के परिणामस्वरूप उत्पन्न हुई बचकानी प्रवृत्ति, कलात्मक तटस्थता को रागात्मक संस्पर्श के अभाव का पर्याय समझने की नासमझी—इत्यादि कतिपय कारणों से अधिकांश कवि विचारों या चिन्तन को अनुकूलात्मक घुलाव का अंग नहीं बना पाते। देखा जाये तो कविता को विचार से भाराक्रान्त करने की समस्या उतनी बड़ी नहीं है जितनी उसको अनुभव का अभिन्न अंग बनाने की।

एक भिन्न प्रकार से भी विचारों को अनुभूति का अंग बनाना मुश्किल हो गया है। कविता को किसी विशिष्ट विचार-प्रणाली के प्रचार का साधन जब बनाया जाता है तब भी विचार ठीक उसी प्रकार व्यक्त होने लगते हैं, जिस प्रकार भारतेन्दु युग में प्रकट होते रहे। कितनी ही बड़ी मुद्रा कवि अपनाये वह इस अपच को छिपा नहीं सकता।

इस बात से इनकार नहीं करना है कि हमारी अनुभूति में ही विचार या चिन्तन का अंश अधिक मात्रा में समाविष्ट होता जा रहा है। जीवन जटिल होता जा रहा है और उसका आकलन करने के लिए बौद्धिक शक्तियों को तेज करने की अनिवार्यता-सी हो गयी है। अतः विचारों के अभाव में साहित्य का अनुभव सम्भव नहीं है। लेकिन सच्चे साहित्यकार को अनुभूति के अंग के रूप में विचारों और रागात्मकता के घेरे से बाहर रहने वाले विचारों में जो सीमा रेखा है उसे भूलना नहीं चाहिए। यहाँ अनुभूत्यान्तर्गत विचार भी प्रकट होते समय एक विशिष्ट लय में व्यक्त होते हैं—इस लय को शब्दों में बाँधना मुश्किल हो परन्तु वह वहाँ होती है, इसमें सन्देह नहीं।

विचार अनुभव को शक्ति देते हैं, महत्ता देते हैं, परन्तु प्रकट होते हैं कविता के अपने तर्क के प्रति समर्पित होकर ही। संवेदन, संवेग, भाव और विचार का कल्पना-संस्कारित घुलाव लयबद्ध रूप में व्यक्त होता है, तभी वह कविता का हकदार होता है।

विचार को जीवनानुभव का एक अंग मानने के बाद यह स्पष्ट है कि काव्य रचना-प्रक्रिया को विचार प्रभावित करेगा ही। कवि की अनुभूत्यात्मक प्रतिक्रिया जिसे काव्य का बीज अनुभव कहा जा सकता है, विचारों से अप्रभावित हो ही नहीं सकता, क्योंकि अनुभव ग्रहण करने वाला कवि-व्यक्तित्व ही विचार से संयुक्त होता है। वह बीज अनुभव कवि के अभ्यन्तर में कल्पना के संस्कार ग्रहण करता है तब भी विचारों के प्रभाव से मुक्त नहीं होता, क्योंकि कवि के अभ्यन्तर में नैतिक अवरोध होते हैं, सेंसर्स होते हैं, विवेक बोध होता है। कल्पना के आलोक में से गुजरता हुआ वह, अनुभव-रसायन औचित्य, संगति, अन्विति, सन्तुलन, प्रभाव-क्षमता इत्यादि काव्य-मूल्यों के लिए जो अनुभव घटकों का चुनाव करता है, उसमें भी विचार क्रियाशील रहता है। फिर शब्दबद्ध होने की छटपटाहट और प्रयास में भी विचारों का कार्य महत्त्वपूर्ण होता है। फिर स्वचेतन कवि तटस्थ होकर अपना ही आलोचक बनकर संशोधन करता है, वहाँ भी विचार से पिण्ड नहीं छूटता। सारांश—काव्य के बीज-अनुभव से लेकर उसके काव्य-वृक्ष के रूप में प्रकट होने तक की समस्त प्रक्रिया विचारों से अप्रत्यक्षतः प्रभावित होती है।

साहित्य में प्रतिबद्धता : काव्य के माध्यम से प्रतिबद्धता की परख

साहित्यकार की प्रतिबद्धता को लेकर वर्षों से चर्चा होती रही है। साहित्य और समाज, साहित्य और नीति, साहित्यकार का दायित्व इत्यादि विभिन्न शीर्षकों के सन्दर्भ में सम्भवतः चर्चा का मूल नुक्ता यही था कि साहित्यकार के अपने से इतर के प्रति सम्बन्ध क्या हो सकते हैं, क्या होने चाहिए। समय के अनुसार शब्द बदल गये और बदले हुए शब्दों के साथ अभिप्राय के कुछ कोण भी आंशिक रूप में बदले। लेकिन जरा गहराई से देखा जाये, तो बातें लगभग वही कही जाती रहीं। साहित्यकार अपनी अन्तःस्फूर्त अनुभूति के प्रति प्रतिबद्ध रहे, अपने लेखकीय व्यक्तित्व के प्रति प्रतिबद्ध रहे, किसी विशिष्ट विचारधारा के प्रति प्रतिबद्ध रहे, विशिष्ट जीवन-मूल्यों के प्रति या समाज के प्रति प्रतिबद्ध रहे—ये विभिन्न पक्ष हैं, जिन पर पर्याप्त चर्चा हो चुकी है। इधर इसकी प्रतिक्रिया भी सुनने में आयी है। प्रतिबद्धता शब्द ही साहित्यकार की गत्यात्मकता को, उसके संवेगों के आवेश और आवेग को अवरुद्ध करता है, अतः साहित्यकार को केवल प्रतिक्रिया करनी चाहिए। साहित्यकार को मसीहाई स्तर पर प्रतिष्ठित करने वालों के विचार का यह एक रूप है। अस्तु!

इस लेख में काव्य के धरातल पर तीन कवियों की प्रतिबद्धता का स्वरूप देखने का प्रयत्न करेंगे। क्योंकि बौद्धिक या वैचारिक आग्रह कुछ भी हो, अन्ततः इस विचार का असली विवेचन काव्य के साक्षात् सन्दर्भ में किया जाये तभी सार्थक हो सकता है। कम-से-कम विचार के लिए दिशा बन ही सकती है। इनमें से प्रथम दो हिन्दी के हैं—श्रीकान्त वर्मा और धूमिल तथा तुलना के लिए तीसरे हैं हिन्दीतर मराठी कवि नारायण सुर्वे। इन तीनों कवियों की कविताओं के साक्ष्य पर इनकी प्रतिबद्धता का तुलनात्मक विवेचन बड़े रोचक परिणाम उपस्थित करता है।

परिवेश के प्रति अतिरिक्त सजगता : किन्तु...श्रीकान्त वर्मा

श्रीकान्त वर्मा हिन्दी के सजग, चतुर, 'सॉफिस्टिकेटेड' कवि हैं और राष्ट्रीय विशेषतः अन्तर्राष्ट्रीय स्थितियों पर अपनी कविता तथा अन्य माध्यमों से बार-बार प्रतिक्रियायें व्यक्त कर एक दायित्वपूर्ण बौद्धिक का कर्त्तव्य अदा करने में प्रायः नहीं चूकते। यहाँ उनकी 'जलसाघर' की कविताओं के सन्दर्भ में विशेष बात करनी है। श्रीकान्त वर्मा में परिवेश की भयावहता, अमानवीयता और निरर्थकता के प्रति अतिरिक्त सजगता है, परन्तु आन्तरिक लगाव के अभाव में गहरी मनःस्थितियाँ उत्पन्न करने में उनकी कविता सफल नहीं होती। उनमें एक ठण्डापन है, जो प्रतिबद्धता की विपरीत दिशा में उनकी कविता को ले चलता है–"राहजनी या हो क्रान्ति/जो भी हो मुझको गुजरना ही रहा है शेष।" एक तरह की अपने बाहर की दुनिया से गहन आन्तरिक स्तर पर जुड़ न सकने की यह आत्मकेन्द्रित प्रवृत्ति है, जो कर्मठ व्यक्तित्व की नहीं लगती, बल्कि अपनी निष्क्रियता को परिवेश के माथे पर मढ़कर चरितार्थ होना चाहती है, आत्मसन्तोष करना चाहती है–"फायदा नहीं है कुछ कहने में/फायदा नहीं है ऐसे रहने में/फायदा नहीं अपनी छाया कुचलने में।" यह श्रीकान्त वर्मा की मूल फायदावादी मनोवृत्ति है। (मैंने अपने को बहुत समझाने का प्रयत्न किया कि 'फायदा' शब्द को अधिक व्यापक अर्थ में लेकर कवि के आधुनिक लहजे का, जिसमें 'अण्डरस्टेमेण्ट' एक महत्त्वपूर्ण वैशिष्ट्य है, रूप मान लूँ। परन्तु 'जलसाघर' में खड़ा समस्त कवि व्यक्तित्व इसे मानने नहीं देता।) श्रीकान्त वर्मा के व्यक्तित्व में सबके प्रति अविश्वास है, हेयता की भावना है, जो भारतीय आम बौद्धिक की खासियत है–"बाहर निकलते ही मेरा तिलक किया कपट ने/चाहे पहचान/नहीं हो लेकिन मिलता है जो/वह/वह नहीं/या वह सही नहीं या मैं सही नहीं" कवि जब अपने से बाहर सबमें फालतूपन देखता है, तब उसकी मूल फायदा देखते रहने की प्रवृत्ति ही निष्क्रियता के 'सिनिकल टोन' में व्यक्त होती है–"ऐसा ही उसका कानून है/जिसे तोड़ने के अपराध में, दस हजार साल का अज्ञातवास भोगता है कौन/इस अनन्त को–/पृथ्वी में शायद रह जायेगी हवा जैसे सायकिल के ट्यूब में/जीता रहूँगा मैं ऊब में/जो भी हो इतना तो है कि जितने से मजे में वक्त जो अन्यथा बजता रहता है लगातार" वस्तुतः सूदखोर बनिये के घर में सुधार लाने की इच्छा तो कवि में नहीं है, क्योंकि उसकी आस्था ही नष्ट हो गयी है। असाध्य रोग, जातीयता, जनमन की नासमझी और गरीबी से ग्रस्त इस समाज को यह कवि दूर से ही देखता है और कोसना चाहता है, क्योंकि यह समाज स्वयंभू महान् कवि के रहने लायक नहीं बनाया गया है। वह यहाँ अपनी अनुभूति के सम्प्रेषण की सार्थकता भी नहीं देखता–"किसको दूँ अपना बयान? हलफनामा उठाऊँ/किसके सामने? कोई है? यह केवल बियाबान है?" इस स्थिति में लिखने

के प्रति भी एक ऊपरी निराशा प्रकट करता है—"मुझको लिखना है बस/पर न मैं/उठता हूँ, न भृकुटि—/लिखने का मतलब है नरक से गुजरना/क्यों गुजरूँ?" श्रीकान्त वर्मा की कविता में स्थितियों के जहरीले दंश से जुड़े, निष्क्रिय और संवेदनहीन होते जाने वाले मन की प्रतिक्रियाएँ व्यक्त करने का आभास तो होता है, परन्तु वह छलावा अधिक लगता है, क्योंकि सुन्न पड़ती जाने वाली मानसिकता का बोध जब कोई व्यक्ति चीख कर देता है, तब उसका लक्ष्य आत्मा की अभिव्यक्ति की अनिवार्य विवशता नहीं होता, दुनिया का ध्यान अपनी ओर खींचने का होता है, क्योंकि इसी दुनिया में प्रतिष्ठित हो जाने की हवस उससे कहलवा देती है; "लड़ना पड़ा है मुझको जीवनभर टुटपूँजिये कवियों से/दर्प से जो गुजर गये/मेरे करीब से" अहं का यह तीखापन शायद हार्दिक 'सिनिकल एटिट्यूड' से मेल नहीं खाता। इसी सांस में वह कहता है—"मुझे भुला दिया जाये/अगर न्याय हो सकता है तो बस यही हो—गूंगों के अभिनय को जिसने बदलने की कोशिश की कविता में" इस प्रकार के अन्तर्विरोधों के कारण ही कवि का 'दुख उठाने का ढंग' उसके लिए अपेक्षित प्रभाव पाठक पर नहीं डालता, क्योंकि जब वह अहसास करता है कि 'फायदा नहीं है कुछ कहने में' लेकिन जोश-खरोश के साथ 'रोजनामचा' भी लिखता है, तब कवि का ज्ञान, निरीक्षण, देश-विदेश की सामयिक हलचल का भान काव्यात्मक प्रभाव के सन्दर्भ में सतही लगने लगता है। कुछ अत्यन्त सशक्त पंक्तियों और सफल कविताओं के होते हुए भी 'जलसाघर' कुल लेखकीय व्यक्तित्व का वांछित प्रभाव उत्पन्न नहीं करता। उदाहरण के लिए ये पंक्तियाँ—"केन्द्र में पड़ने के बाद निकलना नामुमकिन है/चाहो तो बचा/जा सकता है/कुएँ पर खड़े होकर चक्कर खा गिरने से बचता है कौन/घमासान से जीवनभर भागता फिरा/रति प्रसंगों के लोक में/अपने ही शोक में शोकाकुल होने के बावजूद" सामान्य स्थिति का बोध तीव्रता से अवश्य कराती हैं, परन्तु इनमें रियायती आत्मकरुणा ही अधिक व्यक्त होती है, क्योंकि इनमें आत्मदान से उत्पन्न 'सफरिंग' नहीं है।

श्रीकान्त वर्मा की चेतना पर प्राचीनकाल से आज तक हुए बर्बर आक्रमणकारियों का आतंक छाया हुआ है जो अनेक कविताओं में प्रतीकों, बिम्बों, संकेतों और सूचनाओं के माध्यम से बार-बार छलकता रहता है, परन्तु जब जुड़े हुए कवि का दर्द नहीं है तब प्रभाव पड़ कैसे सकता है? इस निस्संग कवि की लगावहीन घोषणा है—"हो जिसको हो, मुझको/उम्मीद नहीं" इस मनःस्थिति से आक्रोश व्यक्त हो सकता है, टीस नहीं।

श्रीकान्त वर्मा की अन्तर्राष्ट्रीय कविता भी एक विचित्र मुद्रा को व्यक्त करती है। वह मुद्रा है उस व्यक्ति की, जो अपनी कल्पना में ही अपने को वीर समझकर हार-जीत का फैसला करता है। 'चेकोस्लाविया' को पढ़ते समय प्रारम्भ में यह प्रत्याशा जगती है कि असमर्थता का पीड़ादायी बोध कविता में व्यंजित होगा, "किसी

के मारे जाने पर यदि मैं चिल्ला सकता/चीख नहीं रही–/चुप रहकर शामिल हुआ मैं अलाप में/कौन हूँ?'' परन्तु यह आरम्भिक स्वर बाद में चीख और पुकार में बदल जाता है–''सारी दुनिया की आँखों में बेशर्मी है/छत पर खड़ी होकर/देख रही है दो सौ वर्षों से/बलात्कार'' फिर इसी में से यह निकली साहसिक मुद्रा–''मेरे पास कहने के लिए/केवल दो शब्द हैं/लौट जाओ'' कवि भी उस छत पर खड़ी देखने वाली दुनिया में ही शामिल हो जाने के सिवा क्या करता है? श्रीकान्त वर्मा की बहुत-सी कविताओं में एक अन्तःसूत्र है–'शुक्रिया चंगेज खाँ तुम्हीं को पाया हर मोड़ पर' परन्तु चंगेज खाँ के प्रति प्रत्याख्यानात्मक रुख में सक्रियता और शक्तिमत्ता तभी आ पाती जब कवि अपने कवि व्यक्तित्व को दूसरे ढंग से ढालता। श्रीकान्त वर्मा का स्वर नकार, ऊब, घृणा, अर्थहीनता का है और उनकी बदलते इतिहास के प्रति कलात्मक प्रतिक्रिया ख्याति का चेक भुनाने के उद्देश्य से अनुप्राणित प्रतीत होती है।

युद्ध विरोध भी उस रचनाकार के लिए स्वाभाविक एवं संगत है, जो युद्ध में टूटने वाले कोणार्क में, जलाई जाने वाली पुस्तकों में, सर्जनशील मानवीय मूल्य की पवित्रता में अपार आन्तरिक आस्था से सम्पृक्त हो। 'जलसाघर' में सकारात्मक सौन्दर्य एवं सर्जन के प्रति आसक्त भाव व्यक्त करने वाली कविता नहीं मिली। ''सैकड़ों वर्षों से सुनता आ रहा हूँ/घृणा नहीं, प्रेम करो/किस से करूँ प्रेम?'' यह भी मान लें कि कवि का अपना अनुभव है। परन्तु समझ में नहीं आता कि इस वेदना ने कवि के स्वर को विगलित, अवरुद्ध, कुण्ठित, जड़ित कैसे नहीं किया?

श्रीकान्त वर्मा की शब्द-क्रीडा की प्रवृत्ति, वक्रत्व का अतिरिक्त शौक, अशिष्ट शब्दों का साहसिक प्रदर्शन के लिए लापरवाही से प्रयोग, अन्तर्राष्ट्रीय घटनाओं और ऐतिहासिक व्यक्तियों के उद्धरणों का सायास प्रयोग, आत्ममन्थन की गहन टीस को अनुभव किये बिना दूसरों का धिक्कार करने का ढंग, अनावश्यक 'रेहिटॉरिक' आक्रोश, चीख-पुकार यह सब देखकर लगता है श्रीकान्त वर्मा एक बहिर्मुखी व्यक्तित्व के कवि हैं। परन्तु इसके साथ ही बात को तर्क से परे ले जाकर कहने की पद्धति, मूर्त का अमूर्तन कर बेतरतीबी रो रखने का ढंग, आन्तरिक बाध्यता के अभाव में आत्मालाप या प्रलाप शैली प्रयोग, चतुर समझदारी से विदा हुआ फैंटेसी का उपयोग, बीच-बीच में दिखाई गयी बेचारगी, निरीहता और आत्मदया, अनिश्चय और अनिर्णय की विवशता का प्रदर्शन इत्यादि शैली-विषयक वैशिष्ट्यों को देखने पर लगता है समूचा प्रयत्न अन्तर्मुखी और संवेदनशील होने का आभास उत्पन्न करने के लिए किया जा रहा है। बहिर्मुखी व्यक्तित्व के अन्तर्मुखी होने का यह बलात प्रयास काव्यात्मक परिणति में दयनीय लगता है। मूल में यह कवि अपने से इतर के प्रति अप्रतिबद्ध है।

सम्पूर्ण अस्वीकार का भाव : धूमिल

'जलसाघर' की तुलना में धूमिल की कविता अधिक शक्तिशाली, ठोस, प्रामाणिक और प्रभविष्णु है। अन्तर्विरोध धूमिल में भी है, परन्तु सजग लुकाव-छिपाव कम है, चातुर्य कम है। साठोत्तरी कविता का बहुत बड़ा अंश परिवेश के घातक दबाव से ग्रस्त है। यह परिवेश का हावी होना सर्जनशीलता को ही खाये जा रहा है। न केवल कविता और भाषा के प्रति उनके रवैये से यह बात स्पष्ट होती है, बल्कि कुल अभिव्यक्ति के अन्दाज से भी यह साफ होता है। कविता परिवेश की महज प्रतिक्रिया होना सही काव्यात्मकता का प्रमाण नहीं है।

धूमिल की कविता में आन्तरिक वैयक्तिक जीवन शेष नहीं बचा है। घृणा, ईर्ष्या, गुस्सा, खीझ, अकुलाहट आदि अनुभूतियों का वैयक्तिक सन्दर्भ में अस्तित्व ही शेष नहीं रहा, क्योंकि इनको व्यक्त करने वाले व्यक्तित्व का ही लोप होता जा रहा है। धूमिल की कविता में व्यक्ति सामान्यतः आम आदमी होता है, 'मोचीराम' अभिप्राय व्यक्त करने का एक माध्यम भर हो जाता है। सम्बन्ध व्यक्ति और व्यक्ति के बीच नहीं होते। प्रेयसी सामान्यः 'औरत' बन जाती है। मित्र वैयक्तिक सुख-दुख बाँटने वाले आत्मीय सम्बन्धों के सहयोगी नहीं रहते, बल्कि 'फुर्सत' के समय बोतलों को खाली करते हुए फालतू गप मारने वाले राहत के साथी होते हैं–एक दूसरे के लिए महज साधन। प्रेम दो व्यक्तियों के बीच आनन्द और उल्लास के उन्मुक्त क्षणों के आदान-प्रदान का नाम नहीं रहता, एक सुविधा का सम्बन्ध हो जाता है। संस्कृति, समाज, व्यक्ति सभी भर्त्सना के विषय हो जाते हैं। इन सबके प्रति व्यंग्यात्मक प्रहार करने की आक्रामकता धूमिल की कविता में है या है घृणा-भरी करुणा। सम्पूर्ण अस्वीकार का भाव धूमिल की कविता के केन्द्र में है।

इस प्रकार की कविता हर्ष, उल्लास, मधुरता इत्यादि मानवीय भावना के सहज स्पर्श से पूर्णतः वंचित रह जाती है। यही नहीं उल्लास-पुलक को रोमांटिक मानकर 'रिजेक्ट' करने में ही सार्थकता मानी जाती है। 'घास की एक नोक पर थरथराती ओस की बूंद' जैसे काव्य-बिम्ब बहुत विरल पाये जाते हैं। वैयक्तिक सौन्दर्यबोध, प्रकृति एवं मानव के कोमल रूपों का सम्पूर्ण बहिष्कार रहता है। लगता है, असन्तोष, नफरत और गुस्से का एक फव्वारा मात्र बनकर कवि रह गया है। मानव के विविध रूपों की ओर आकर्षित होना, उसके वैशिष्ट्य को पहचानना, अप्रतिम रूप पर मुग्ध होना धूमिल की कविता का रास्ता नहीं है। प्रतिबद्धता के लिए जमीन ही कितनी बच जाती है? चरम निराशा के बाद आने वाली निष्क्रियता से उत्पन्न सर्वत्र अस्वीकार के मूड की यह कविता है।

धूमिल का एकान्त विवेचनीय है। धूमिल अपनें को अधूरी इच्छाओं में झुलसता हुआ एक संभावित नरक मानते हैं। एकान्त का यह प्रभावी चित्र–''सड़कों

में होता हूँ/बहसों में होता हूँ/रह रहकर चकहता हूँ/लेकिन हर बार वापस घर लौटकर/कमरे के अपने एकान्त में/जूते से निकाले गये पाँव-सा महकता हूँ।'' यह कविता महत्त्वपूर्ण इसलिए है कि सामाजिक जुड़ाव की भरपूर कोशिश के बाद आने वाली निराशा इसमें तनावपूर्ण ढंग से व्यक्त हुई है ('एकान्त कथा'), परन्तु व्यक्तित्व की स्थायी प्रवृत्ति के रूप में एकान्त का यह मूड वांछनीय नहीं है, न समाज के लिए, न कविता के लिए।

धूमिल की कविता में परिवेश की पाषाण सदृश अबध्यता की प्रतीति स्थान-स्थान पर मिलती है। चतुर्दिक् छाये वातावरण और परिवेश के अनेक पक्षों की असलियत खोलने का प्रयास कवि ने किया है। वास्तविकता की पहचान में धूमिल ने प्रचुर ताजे, नये, मौलिक बिम्ब दिये हैं। कहीं अतिरेक और भड़कीलापन भी आया है। केवल बिम्ब की समृद्धि को प्रतिमान माना जाये, तो धूमिल को श्रेष्ठ कवि भी माना जा सकता है, परन्तु अब बिम्ब का यह मोह नहीं रहा। धूमिल के मन पर एक जड़ता की परत छा गयी है, उत्तेजना का अनुभव वह नहीं करता—''बीस साल बाद/मैं अपने आप से सवाल करता हूँ/जानवर बनने के लिए कितने सब्र की जरूरत होती है? और बिना उत्तर के चुपचाप/आगे बढ़ जाता हूँ/क्योंकि आजकल मौसम का मिजाज यूँ है/कि खून में उड़ने वाली पत्तियों का पीछा करना/लगभग बेमानी है'' समस्त कविता में पराजित निराशा और निष्क्रियता का थका स्वर व्याप्त है और विचित्र विरोध यह है कि जिस निष्क्रियता के लिए, आलस्य और भोथरेपन के लिए धूमिल सब पर वार करते जाते हैं, उससे अपने कवि व्यक्तित्व को नहीं बचा पाते।

धूमिल के कवि को कविता के साधन के प्रति, इस साधन की शक्ति एवं उपयोगिता के प्रति भरोसा नहीं रह गया है। ''घेराव में बौखलाये हुए आदमी का संक्षिप्त एकालाप 'अथवा' कविता शब्दों की अदालत में मुजरिम के कठघरे में खड़े बेकसूर आदमी का हलफनामा है''—कविता के प्रति ये रुख काव्यात्मक ढंग से अभिव्यक्त किया गया है और कविता की कुछ स्थितियों का बोध भी इसमें है, परन्तु धूमिल की कविता की ये सीमाएँ भी हैं। ''कविता भाषा में आदमी होने की तमीज है'' यह भी सीमित शक्ति की स्वीकृति है। कविता की शक्ति का कवि के मन में बहुत बड़ा आश्वासन नहीं है—''वक्त बहुत कम है इसलिए कविता पर बहस शुरू करो/क्योंकि कविता सिर्फ उतनी देर तक सुरक्षित है/जितनी देर कीमा होने से पहले/कसाई के ठीहे और तनी हुई गण्डास के बीच बोटी सुरक्षित है'' अभिव्यक्ति की मौलिक चमत्कारपूर्ण क्षमता के प्रभाव से बाहर आकर विचार करने के बाद कविता की असमर्थता का बोध ही यहाँ अधिक जगता है। यह सीमा कविता की है या कवि व्यक्तित्व की?

कवि के अस्वीकार के ईमानदार भाव की तार्किक परिणति अराजकता में होती

दीखती है। उनकी एक सशक्त कविता है–'उस औरत की बगल में लेट कर'। जीवन और काव्य में सुरति क्रीडा का समृद्ध ढंग से वर्णन अनेक बार हुआ है, उस पर तमाचा मारने वाली यह कविता केवल सस्ता विद्रोह नहीं है मानव स्थितियों के ट्रैजिक बोध से उत्पन्न मनोवैज्ञानिक सत्य भी है, लेकिन यहाँ 'नारी' केवल औरत बन जाती है महज राहत का साधन। हो सकता है यह कुछ लोगों के सत्य का प्रकटीकरण हो, लेकिन मानव की सृजन-क्षमता का वह अधूरा मूल्यांकन है, जो अन्ततोगत्वा अराजकता की ओर ले जाता है। इसी सन्दर्भ में 'मकान' का विश्लेषण संगत है। 'मकान' मनुष्य की सर्जनशीलता के लिए, संस्कार के लिए साधन भी बनता है। सामूहिक जीवन के सार्थकतापूर्ण ढंग से जीने के क्रम में तथा जंगल से आज के सांस्कृतिक धरातल तक आने में 'मकान' ने कुछ कम महत्त्वपूर्ण योगदान नहीं किया है। धूमिल इस सन्दर्भ में सही मनुष्य के कोण से मूल्यांकन नहीं करते। धूमिल का 'मकान' विरोध स्पष्ट करता है। धूमिल मनुष्य का आदिम रूप ही चाहते हैं–"बस जरा-सी गफलत होती है और जंगल आदमी की गिरफ्त से छूटकर दीवारों की कवायद में शरीक हो जाता है।" धूमिल की कविताओं के वैचारिक अंशों का इस प्रकार विवेचन इसलिए भी आवश्यक है कि वे विचारों को महत्त्व देने वाले कवि माने जाते हैं–"एक सही कविता–पहले एक सार्थक वक्तव्य होती है।" धूमिल की कविता की संरचना का विश्लेषण करने पर यह भी पता चलता है कि वे विषय को लेकर प्रासंगिक विषय को लेकर काव्यात्मक निबन्ध अधिक लिखते हैं। द्रष्टव्य है, जहाँ धूमिल कुछ आन्तरिक लगाव-जुड़ाव महसूस करते हैं, वहाँ उनकी कविताएँ सन्तुलित एवं सफल बनी हैं, जैसे–'मोचीराम' या 'राजकमल चौधरी के लिए।'

जो अन्तर्विरोध श्रीकान्त वर्मा में है, वही धूमिल में भी है। समाज-व्यवस्था, मानवीय सम्बन्ध सबके प्रति निषेधात्मक रुख अपनाने के कारण उनकी कविता ने केवल अस्वीकार की प्रतिक्रियायें व्यक्त करते रहने में अन्ततोगत्वा अपने को भी क्षत-विक्षत किया है। एकांगी जीवन की यह अभिव्यक्ति संकुचित हो रही है। अपनी आन्तरिक क्षमता के विश्वास में अपनी पहचान के लिए चमत्कृतिपूर्ण बयान का सहारा ले रही है। यह कहीं-न-कहीं सही अर्थ में प्रतिबद्धता को ग्रहण न कर सकने का परिणाम है।

प्रतिबद्धता जीवन-मूल्यों से : नारायण सुर्वे

सही अर्थ में प्रतिबद्ध कविता का उत्कृष्ट उदाहरण मराठी के कवि नारायण सुर्वे की कविता है। मराठी के सफेदपोश काव्य में सुर्वे की कविता का आगमन एक महत्त्वपूर्ण आन्दोलन का शक्तिशाली प्रारम्भ बिन्दु था। नारायण सुर्वे दरिद्र मजदूर वर्ग की समस्त यातनाओं और पीड़ाओं को झेलते हुए ऊपर उठे। जिन्दगी की

विषमता ने इस संवेदनशील कवि को जितने कड़वे घूँट पिलाये जा सकते थे, पिलाये। इसका ज्वलन्त, प्रखर दस्तावेज उनकी लम्बी कविता—'माझे विद्यापीठ' में खुदा हुआ है—फौलादी अक्षरों में। वैसे सभी कविताओं पर यह छाप स्पष्ट दिखती है। अपने अनोखे भाव-जगत से इस कवि ने मराठी काव्य-क्षेत्र का विस्तार ही नहीं किया, उसे भाव-समृद्धि भी प्रदान की। सुर्वे की कविता चाली और झोंपड़पट्टी में रहने वालों, फुटपाथ के विद्यापीठ पर बढ़ने वालों, सुबह से शाम तक पेट के लिए जी तोड़ मेहनत करने वालों और कल के उज्ज्वल भविष्य के स्वप्न पालते हुए सक्रिय कार्यकर्ताओं की कविता है। फटेहाल और उपेक्षित तथा समाज द्वारा पीसे गये लोगों की आशा-निराशा की, सुख-दुःख की, हर्ष-खेद की, परेशानियों की, मान-अपमान की, अभिमान और अस्मिता की, प्रचण्ड संकल्प और उदग्र जिजीविषा की, सक्रिय घृणा और मानवीय प्रेम की, शौर्य और धैर्य की, संघर्ष और व्यापक करुणा की कालजयी मुद्रायें सुर्वे की कविता पर अंकित हैं।

नारायण सुर्वे प्रतिबद्ध कवि हैं और यह प्रतिबद्धता सर्वप्रथम विशाल जीवन के प्रति है और बाद में किसी विशिष्ट विचार-प्रणाली के प्रति। जीवन के प्रति गहन लगाव, यह अटूट आत्मीयता सुर्वे की कविता को निराशा और घुटन से सड़ने नहीं देती। खास मनःस्थितियों की जुगाली करते रहने की विवशता भी उत्पन्न नहीं करती। परिवेश की चट्टान को भेद कर अपनी दुर्दमनीय जीवनशक्ति से ऊपर उठने वाले अंकुरों की भाँति नारायण सुर्वे की कविता जीवन रस से ओतप्रोत है। अपनी वैयक्तिक आशा-आकांक्षाओं की पूर्ति न होते देख परिवेश, समाज, समस्त दुनिया पर थूकने वाले और अपनी ही घृणा एवं ईर्ष्या के जहर में विकृत नशा अनुभव करने वाले कवियों से नारायण सुर्वे हजारों कोस दूर हैं। जीवन के विविध रूपों को प्यार करने वाला यह प्रतिबद्ध कवि जीवन के समस्त विकृत रूप को बदलने की मंशा रखता है और सक्रिय विश्वास भी। कविता की साक्ष्य देखिये, शीर्षक है '22 फरवरी'।

"इस नरक समान जिन्दगी में मैं भी होता हूँ बेचैन जब, तब याद आती है/डेक पर गश्त लगाने वाले तुम्हारे कदमों के पीछे मेरी वेदना पृथ्वी बन जाती है/सवाल एक ही था हमारा आपका; रोटी चाहिए और चाहिए जिन्दगी भी, अब भी सवाल वही है, आपका हमारा; रोटी चाहिए और चाहिए जिन्दगी भी।

नारायण सुर्वे में अपने लोगों के प्रति, देश और परिवार के प्रति गहन लगाव है, क्योंकि इस लगाव को वह अपने को मिली सुविधाओं के अनुपात में नहीं तोलता। समाज के ढांचे के प्रति असन्तोष शायद नारायण सुर्वे में जितना है (और वह होने के लिए जितना उसका व्यक्तिगत जीवन भी हकदार है) उतना शायद ही किसी में होगा। लेकिन विरोधी परिवेश पर आघात करते समय भी जीवन के शाश्वत रागात्मक सम्बन्धों को सहज आन्तरिकता से यह कवि स्वीकार करता है; क्योंकि

इन रागात्मक सम्बन्धों के कारण ही जीवन जीवन है। इस कवि की आ क्रामकता और जुड़ाव का प्रयलकारी काव्य-चित्र देखिये—शीर्षक है—"अगर आप..."

अगर नहीं पाये आप मुझे छावनी में
तो निस्सन्देह समझिये,
अश्वशाला से सात घोड़े उड़ गये होंगे।
सिकलीगरखाने में सात तलवारें कम होंगी।
निस्सन्देह समझिये।
नक्कारखाने में नौबत झड़ रही होगी।
और अंधेरे से अवरुद्ध आधा बिम्ब ऊपर।
सरकता होगा।
निस्सन्देह समझूँगा।
मेरे पीछे अजस्र लहरों की टकराती ध्वनि में
अक्षौहिणी सेनायें धूल उड़ाती होंगी।
उसके भी पीछे—
हमारा सुनहरा देश
फूल-पत्तों से यह पालकी सजाता होगा।
खनखनाती हुई फूटती रहेगी हँसी भीड़ की
अभी-अभी बरसी हुई वर्षा की आत्मीयता-सी
—और नगर के चारों ओर लक्ष-
लक्ष कबूतरों का झुण्ड घूमता होगा।

दमकते धारदार आक्रोश को लेकर चलने वाले इस मजदूर में एक वात्सल्यमय पिता है, दायित्व और निष्ठा से प्रेम करने वाला पति है, अपने दोस्तों के साथ आत्मीयता और हमदर्दी बाँटने वाला सुख-दुख का साथी है, अपने इर्द-गिर्द के बड़े-बूढ़ों का सम्मान करने वाला, जीवन में इनके स्नेहमय स्पर्श की आर्द्र स्मृतियों को संजोये रखने वाला, उनके स्वप्नों, आदर्शों और जिम्मेदारियों का भार अपने मजबूत कन्धों पर सहर्ष उठाने वाला वह कर्मठ युवक है, अपनी व्यापक सहानुभूति और गहन मानवीय करुणा से उपेक्षितों और वेश्याओं में भी महानता के दर्शन करने वाला सिद्धार्थ-पुत्र है। और ये सभी पक्ष उसकी कविता की भाव-समृद्धि के अंग हैं। नारायण सुर्वे केवल मनुष्यों को ही प्यार नहीं बाँटता। वह उस मिट्टी से भी लगाव महसूस करता है जिस पर वह पलता है। यही भाव उसे अपनी मेहनतकश माँ का सुन्दर व्यक्ति-चित्र अंकित करने को प्रेरित करता है, तो दूसरी ओर महाराष्ट्र की भूमि, संस्कृति, बम्बई, कारखाना (जिसमें वह काम करता है) इत्यादि के प्रति आत्मीयता से उद्वेलित करता है। बम्बई की महानगरीय यन्त्रणा को भोगते हुए भी उसके प्रति वह कृतज्ञ है। अपने कारखाने को देखकर

अपनत्व से उमड़ आता है। 'मुम्बई' नामक नितान्त सुन्दर कविता का एक छोटा-सा अंश देखिये—

मेलों-त्योहारों में घुमाता हूँ बच्चों को
कन्धों पर ले कर भीड़ के उत्सव में।
फुलवारियों से खिलता है राजपथ, मेरे भी
कृष्ण कमल के फूल किलकते हैं
उड़ाता हुआ गुब्बारे अनजाने आ कर
घूमने लगता है मेरा भी बचपन
आगे बाप चलता है—माँ पीछे से दौड़ती है
लड़खड़ाती ठेस खाती - भीड़ में
गालों में ही मुस्कुराता हूँ मैं;

और जब उसके बच्चे कारखाने को देखकर कुछ मार्मिक प्रश्न पूछते हैं तब—

''सुनकर सवाल धधकता हूँ मैं, छाती पर
होती हैं चोटें सहस्रों हथौड़ों की।
गला भर आता है, लगता है, अभी फूट
जाएँगे प्राण अणु की भांति
सावधान होकर रखता हूँ कदम, जैसे
आहट पा कर शेर की चलते हैं कहार।
मूक हो जाता हूँ मैं। संभल कर ले आता
हूँ घर में मेरे जीवन की कमाई
उस रात को—पलकें नहीं मुंदतीं, अंधेरे
को कुरेदते हुए प्राण जलते रहते हैं।
चूल्हे में तड़कती जाये लकड़ी उस तरह
छटपटाती रहती है आत्मा
घिस गया चन्दन की तरह बाप; मैं भी
उसी तरह और ये मेरी कलिया ?
ऐसी ही उदास रातें उन्हें भी ? साथ के लिए
अंधेरे का गीला सर्प-वलय ?

इन पंक्तियों में अनुभवों का जो विरोध और तनाव है, मनःस्थिति की जो अति तीव्र, परन्तु संयत व्यंजना है, अपने अर्थ को रस के प्रति समर्पित करते हुए प्रभाव बढ़ाने वाले बिम्ब हैं, अर्थ की व्यापक गूँज है, समाज, परिवार, नयी पुरानी पीढ़ियों के भावनात्मक सम्बन्धों की विलक्षण एकात्मकता है और समर्थ रसवत्ता है, उसका कितना विवरण दिया जाये!

नारायण सुर्वे की गुस्सैल कविता सिर्फ घृणा और ईर्ष्या का जहर बाँटने वाली

निषेध की कविता नहीं है, बल्कि नयी दुनिया को बनाने के लिए कृत संकल्प कर्मवीर की कविता है। यह कविता एक प्रश्नचिह्न उपस्थित करती है– जो जीवन को समग्र रूप में प्यार नहीं करता, वह अपने अन्दर के खोखलेपन से सशक्त कविता लिख ही कैसे सकता है? नारायण सुर्वे की कविता में पति का साथ देने वाली, परिवार के लिए समर्पित भाव से खटने वाली, भटकन और फिसलन के अवसरों पर नानाविध प्रसंगों में पति को अपनी समझदार प्रतिक्रियाओं से बचाने वाली, पारिवारिक और सामाजिक दायित्व को आन्तरिक सामर्थ्य से निभाने वाली, सही अर्थ में जीवन संगिनी के जो विविध प्रसंगों में व्यक्तित्व-चित्र अंकित हुए हैं, वे मराठी कविता में अद्वितीय हैं। गार्हथ्य जीवन के इन चित्रों में कम-से-कम शब्दों में जो सम्बन्धों का गहन लगावपूर्ण स्नेह और जिन्दगी का यथार्थ प्रकट होता है वह मूल्यवान है। नारायण सुर्वे की प्रेम कविता भी वैशिष्ट्यपूर्ण है। एक-दूसरे के व्यक्तित्व के प्रति सम्मान भाव रखते हुए जीवन के छोटे-बड़े संघर्षों में सबके प्रति स्नेहभाव से पेश आने वाले सक्रिय व्यक्तित्वों का यह गहन लगाव है। सुविधाभोगी जीवों की ललित क्रीड़ा नहीं। यह यथार्थ की आँच में तपकर निखरने वाला सुवर्ण है। व्यक्ति, परिवार, समाज के ताने-बाने एक-दूसरे में गुंथे हुए होते हैं और उनकी प्रायः प्रत्येक कविता सहृदय के मर्म को छूकर विदग्ध रूप में प्रभावित करती है। नारायण सुर्वे का वैयक्तिक जीवन अभावग्रस्त श्रमिक का जीवन है, जो अपनी बौद्धिक और भावनात्मक ईमानदारी का सजग विकास करता गया और इस विकास-यात्रा में जो वैविध्यपूर्ण जीवन का अनुभव मिलता गया, वह कविता के अनायास रूप में फूट पड़ा। मराठी कविता का सौभागय रहा कि यह कविता एक ओर व्यापक भी होती गयी, तो दूसरी ओर गहन और सरस भी। यह सब भी है और आधुनिकता को ही सब कुछ मानने वालों के लिए यह एक उदाहरण भी प्रस्तुत है : शीर्षक है 'तब एक कर'

जब मैं इस अस्तित्व के खोखल में नहीं
रहूँगा–
तब एक कर।
निःशंक मन से तू आँखें पोंछ
ठीक है, चार दित हाँफ हाँफ जाएँगे
प्राण, गद्गद होंगे।
उफन वाली सिसकियों को रोक ले।
उबाल थाम ले। नई हरी चूड़ियाँ भर।
नाहक चिर वेदना के पीछे मत पड़।
बेझिझक; शौक से तुझे भाए ऐसा एक
नया घर बसा

मुझे स्मरण कर
चाहे तो; मुझे भूल कर

अपने जीते जी और अपने उपरान्त दूसरे की जिन्दगी का उपयोग ही देखने वाले आधुनिक बौद्धिकों को एक प्रतिबद्ध मजदूर कवि के हृदय की महानता निश्चय ही चकित करेगी। आधुनिकता बोध की गलत धारणाओं ने अगर खून पूरी तरह ठण्डा न किया हो, प्रचलित कविता के फिकरों ने रसिकता को सुखा नहीं दिया हो, जटिलता, दुर्बोधता, रहस्यात्मकता, गूढ़ता को ही उचित काव्य के प्रतिमानों के स्थान पर प्रतिष्ठित करने का बौद्धिक भ्रम न हो, खास प्रासंगिक मूड़ों की जुगाली करने की आदत ने संवेदना को यान्त्रिक न बना दिया हो, तो नारायण सुर्वे की कविता बहुत कुछ दे सकती है—बहुत मूल्यवान सार्थक जीवन का अनुभव, क्योंकि नारायण सुर्वे सही अर्थों में प्रतिबद्ध कवि हैं—सर्वप्रथम जीवन के प्रति, बाद में किसी खास विचार के प्रति।

साठोत्तरी कविता और सृजनशीलता के खतरे

नयी कविता की तुलना में साठोत्तरी कविता का तेवर, मिजाज़, रूप-विन्यास, भाषिक संरचना सब कुछ परिवर्तित होता दीखता है। यद्यपि इस कविता के स्वरूप को बदलने में महत्त्वपूर्ण योगदान नयी कविता के ही कुछ कवियों ने किया है, फिर भी लगता है, साठोत्तरी कविता को अपना एक विशिष्ट चेहरा मिल गया है। यह चेहरा विशिष्ट कवियों के वैशिष्ट्यपूर्ण योगदान से नहीं मिला है, जैसा कि छायावाद या नयी कविता में हुआ था, बल्कि यह सामूहिक कवि-कृतित्व से मिला है। साठोत्तरी कविता ने छायावाद की सीमाओं को विस्तार और वैविध्य प्रदान करने वाले, उसमें पौरुष और व्यंग्य का स्तर तीव्र करने वाले तथा कहीं आक्रामक रूप भी अपनाने वाले निराला से अपना रिश्ता जोड़ना चाहा, तो दूसरी तरफ अनुभूति या संवेदना का चिन्तन या विचार से पुष्ट और शक्तिमान बनाने वाले मुक्तिबोध से अपना सम्बन्ध कायम किया। कहीं भाषिक स्तर पर प्रभाकर माचवे से भी साम्य देखा। प्रभाकर माचवे की एण्टी रोमैंटिक वृत्ति और विद्रूप और विसंगति का बोध कराने वाली भाषा-क्रीड़ा का निबन्ध रूप भी साठोत्तरी कवियों को अपने अनुभव संसार के अधिक निकट जान पड़ा। वैसे साठोत्तरी कवियों के कृतित्व का परम्परा के परिप्रेक्ष्य में जब अध्ययन किया जायेगा, तब कुछ अन्यान्य नये कवियों के योगदान का भी ऋण स्वीकार करना पड़ेगा।

पारम्परिक श्रद्धाओं एवं गहन आन्तरिक मिथकीय आस्थाओं के प्रति प्रश्नाकुल होकर अपने अतीत को वर्तमान के साथ रखकर देखने तथा अपनी जड़ों के पुनः परीक्षण करने का प्रयास नये कवियों में धर्मवीर भारती में सर्वाधिक रूप में देखा जा सकता है। भारती के इन प्रयासों का महत्त्व इसलिए है कि परम्पराओं एवं अतीत के प्रति आन्तरिक रूप में जुड़े हुए होने पर भी बौद्धिक सजगता से उनसे अलग होने का विलक्षण प्रयास कविता के स्तर पर करने में नये कवियों

में भारती ने ही सम्भवतः पहल की है। साठोत्तरी कवियों में 'जनरेशन गैप' इतना अधिक चौड़ा हुआ है और वर्तमान में जीन की अनिवार्यता या विवशता इतनी तीव्र हुई है कि अतीत के प्रति कहीं तीखे प्रश्न हैं भी, तो उस गहरे धरातल पर नहीं, जहाँ धर्मवीर भारती खड़े थे, 'अन्धा युग' के अन्धकारमय जीवन का अन्धकार देने वाला रूप तथा 'कनुप्रिया' की समर्पित प्रेयसी का अपनी अस्मिता का एवं महान के सम्मुख लघु की अपने स्वतन्त्र अस्तित्व के लिए तीखी चुनौती का स्वर नयी कविता से होकर ही साठोत्तरी कविता में इतना घुलमिल गया दीखता है कि उसकी अलग पहचान ही नहीं होती।

जहाँ तक कविता के बिम्ब-प्रचुर, क्रिस्टल रूपाकार के प्रति आकृष्ट तथा अपनी इकाई के प्रति अति सजग कविता के ढांचे को तोड़-फोड़ कर, संवेदना के स्तर पर अधिकाधिक सामयिक या केवल वर्तमानकालिक होते जाने का प्रश्न है, रघुवीर सहाय का योगदान महत्त्वपूर्ण है। हास्य, व्यंग्य, विद्रूप, विरोध और प्रच्छन्न आक्रमण के नानाविध उपादानों को तेज करते हुए भाषा को भी रोजमर्रा के जीवन के ही नहीं अखबार के निकट लाने का कार्य रघुवीर सहाय ने किया है। कविता का यह बाह्यीकरण साठोत्तरी कविता में अधिक आक्रामक, परन्तु सपाट भी बना। लेकिन इन सबमें मुक्तिबोध के प्रति साठोत्तरी कवि अधिक समर्पित-सा लगता है। यद्यपि समर्पित जैसा धार्मिक और नैतिक गन्ध से सम्पृक्त शब्द साठोत्तरी कवि स्वीकार करना नहीं चाहेंगे, लेकिन मुक्तिबोध एक ऐसी नाजुक जगह है, जहाँ यह शब्द महज चल ही नहीं सकता है, अधिक सार्थक भी है।

वस्तुतः साठोत्तरी कविता ने निराला के कृतित्व के प्रति और कृतित्व से भी अधिक व्यक्तित्व के प्रति अपनी आदरांजलि व्यक्त की, परन्तु कविता को लेकर अनुसरण किया कवि मुक्तिबोध का ही। यहाँ एक महत्त्वपूर्ण बात का विश्लेषण आवश्यक है। मेरी यह मान्यता है कि महान कवि का अनुसरण एक सम्प्रदाय का तो निर्माण करता है, परन्तु उसकी 'महत्ता' का अनुसरण कभी नहीं हो सकता। अनुकरण के नाम पर उसकी बाह्य रीति का ही अनुकरण हो सकता है। वैसे महान कवि भी अपने आरम्भिक दिनों में अनुकरण करता है। उसमें कुछ अनुचित भी नहीं है, परन्तु उसकी महानता का सही प्रस्फुटन तभी होता है, जब यह अनुकरण की बैसाखियों को त्याग कर एवं अपने व्यक्तित्व का स्वतन्त्र ढंग से संगठन कर उसके अनुसार काव्याभिव्यक्ति करने लगता है। यहाँ यह प्रश्न उपस्थित होता है कि क्या मुक्तिबोध के अनुकरण में ही साठोत्तरी कविता रास्ता तय कर रही है या उसका अपना स्वतन्त्र व्यक्तित्व भी उभरा है। हाँ, दो-चार कवियों ने अपने व्यक्तित्व को स्वतन्त्र ढंग से कुछ सीमा तक संगठित किया जरूर, परन्तु कुल कविता का चेहरा मुक्तिबोध की कविता का अनुकरण छोड़कर कितना पहचान में आने लायक, अलग वैशिष्ट्यवान, दीप्तिमान हो गया है, इस सवाल का जवाब ढूँढना आवश्यक है।

निराला और मुक्तिबोध : कविता के अभिप्राय

निराला और मुक्तिबोध दोनों कवियों की महानता के बारे में कोई शंका नहीं है और दोनों का पर्याप्त मूल्यांकन इधर हुआ है। लेकिन मुक्तिबोध की कविता की महानता की जितनी चर्चा हुई, उतनी उसकी सीमाओं को ध्यान में नहीं रखा गया। इस लेख में मुक्तिबोध के प्रति नितान्त आदर व्यक्त करते हुए भी, उनकी सीमाओं का संकेत करना है, क्योंकि मेरा मत है कि साठोत्तरी कवियों के लिए मुक्तिबोध से भी अधिक निराला की कविता को आदर्श रूप में रखना शायद अधिक लाभदायक सिद्ध होता। अतः मुक्तिबोध की सीमाओं के संकेत के साथ-साथ निराला और मुक्तिबोध की कुछ तुलना भी अभीष्ट है।

निराला की कविता जीवन की कविता है। जीवन में भरपूर जीते समय और जीने के उपरान्त विश्राम के क्षणों में उत्पन्न हुई निराला की कविता जीवन के विविध रसों, भावों, संवेदनाओं की उत्कट और तीव्र अभिव्यक्ति करती है। रोजमर्रा के जीवन के विविध प्रसंग, विविध व्यक्ति एवं विविध मनःस्थितियों को निराला समान वाणी देते रहे। शृंगार, वीर, करुण, हास्य, रौद्र, भयानक—सभी रसात्मक आवेगों की उच्छल अभिव्यंजना निराला की कविता में भास्वर रेखाओं और मूर्त ठोस चित्रों के साथ होती है। समाज के विभिन्न तबकों का अंकन करते समय निराला ने कभी अभिजात भाषा की गरिमा को प्रतिष्ठित किया है तो कभी सड़क की लफंगी भाषा पर भी वे उतर आये हैं। हर घटना को जीते समय उसमें तल्लीन होने की अद्‍भुत क्षमता निराला में थी, निराला की कविता बिम्बधर्मी अधिक थी, प्रतीकात्मकता के बौद्धिक अमूर्तन में विरल होने की ओर उसकी प्रवृत्ति कम थी।

इसके विपरीत मुक्तिबोध की कविता जीवन को केवल विचारों एवं चिन्तन के धरातल पर जीने वाले कवि की कविता लगती है। निराला ठोस जीवन के वर्तमान क्षण से जुड़े हुए कवि लगते हैं, तो मुक्तिबोध जीवन के मूर्त रूपाकारों के प्रति सजग कम, वैचारिक जीवन के अमूर्त रूप के प्रति प्रतिबद्ध अधिक थे। यह स्वाभाविक है कि मुक्तिबोध ने लिखा था कि मैं छोटी कविताएँ लिख नहीं सकता। इसको एक शक्ति के रूप में स्वीकार किया गया। वस्तुतः यह किसी कवि की सीमा भी तो हो सकती है। मुक्तिबोध की कविता में एक विचार का सूत्र मिलता है, जो प्रायः कविता को प्रदीर्घ कर देता था। मुक्तिबोध ने विचार को कभी प्रतीकात्मक कथा का रूप दिया, कभी अनेक खण्ड-खण्ड कथाओं को फंतासी का रूप देकर एक मायालोक बुना। मुक्तिबोध की प्रमुख शैली आत्मालाप की रही। उनकी दीर्घ कविताओं के खण्ड प्रतीकात्मक रूप लेते हैं। उनके चित्रों में प्रभाव डालने की शक्ति है, परन्तु यह प्रभाव चित्रों की रूपरेखा के ठोस, तीखे, विशिष्ट होने के परिणामस्वरूप कम, अपितु प्रक्षुब्धता के कारण अधिक उत्पन्न हुआ जान

पड़ता है। यह सांख्यिक आधार पर सिद्ध किया जा सकता है कि मुक्तिबोध की अमुक काव्य पंक्तियों में इतने अधिक बिम्बों का समावेश है, परन्तु बिम्बों की संख्या से अधिक महत्त्वपूर्ण तत्त्व उसकी गुणवत्ता है, जो आन्तरिक अनुभव को विस्फोटित करती हुई एक ठोस, रंगरेखाओं से भास्वर जीवन्त संसार प्रत्यक्ष करती है। दूसरे शब्दों में, इनके कलाकार का प्रभाव अधिक वैशिष्ट्यपूर्ण नहीं है, मुक्तिबोध की कविता इसीलिए खून और मांस में जीने का अहसास कम कराती है, रहस्यमय वातावरण में संचार करने की 'थ्रिल' देती है। उनकी संवेदना में ज्ञानात्मकता की अधिकता होती है। यह अनुभूतिप्रवण, परन्तु चिन्तन में जीनेवाले मध्यवर्गीय बौद्धिक की कविता अधिक लगती है। द्रष्टव्य है, मुक्तिबोध में अपने समय का वैचारिक बोध तो प्रगाढ़ है, परन्तु वैयक्तिक जीवन की संवेदना विरल है। ऐसा लगता है, मुक्तिबोध हमेशा एक ही मानसिक मूड में जीते रहे—यह मूड व्यवस्था के प्रति वैचारिक विद्रोह का मूड है, जिसमें गुस्सा है, खीझ है, व्यंग्य है, प्रतिपक्षी के प्रति हमलावर रुख है, परन्तु एक गजब की पक्षधर सार्वजनीनता है। दूसरे शब्दों में मुक्तिबोध की कविता उस लड़ाकू की कविता है, जो अपने को षड्यन्त्र में घिरा देखकर षड्यन्त्रकारियों के रेशे-रेशे उघाड़ना चाहता है। यह निश्चय ही महत्त्वपूर्ण कविता है, परन्तु एकांगी भी है, एकरस भी है, भरपूर जीने से मनुष्य को वंचित कर एक ही दिशा में एकाग्र करने वाली कविता है।

क्या कारण है कि मुक्तिबोध की कविता में सहानुभूति या प्रेम दो व्यक्तियों के बीच ठोस पारस्परिकता का समृद्ध समीकरण नहीं है, बल्कि मानवीयता का अमूर्तिकरण है। एक प्रकार से मुक्तिबोध की कविता आत्मलीन व्यक्तित्व की कविता है—उसकी आत्मलीनता इसलिए संकीर्ण नहीं लगती कि वह कुछ विचारों पर एकाग्र है और ये विचार बहुत ही उदार हैं, मांगलिक हैं। लेकिन इसलिए उसकी एकांगिता से इनकार नहीं किया जा सकता। यह सही कहा गया है कि मुक्तिबोध की कविताएँ एक ही कविता के खण्ड-खण्ड-सी लगती हैं—अब शायद यह बल देकर कहने की आवश्यकता है कि यह कवि-व्यक्तित्व की सीमा भी है। इस सीमा को रेखांकित करने की आवश्यकता इसलिए भी अधिक है कि यह सीमा व्यक्ति को भरपूर जीने नहीं देती—जीवन के छोटे-छोटे सुख-दुखों का, जो एक आम आदमी के जीने का महत्त्वपूर्ण ढंग है, भरपूर अनुभव नहीं करने देती। आमने-सामने बन्दूकें तानकर खड़े व्यक्ति भी अपने संकट को झेलने के लिए, हास्य-विनोद और गपशप का इस्तेमाल कर लेते हैं, ताकि संकट को अधिक दृढ़ता से चुनौती दी जा सके। एक ओर आम आदमी के जीवन के प्रति चिन्ता व्यक्त करना और दूसरी ओर उसे जीवन को छोटे-मोटे सुख-दुखों के साथ जीने से वंचित करना एक अन्तर्विरोध है और सम्भवतः इसकी ओर ध्यान न जाने का कारण यह है कि वैचारिक स्तर पर हम उससे जुड़ने की बात कह लेते हैं। वस्तुतः अगर कोई विचारधारा हमें ठोस जीवन के

सुख-दुखमय क्षणों को भोगने से वंचित करती है, एक व्यक्तित्ववान मनुष्य के रूप में समृद्ध विविधांगी जीवन जीने से परावृत करती है, एक ही एक दिशा में हमारे सौन्दर्यबोध को सीमित करना चाहती है, तो उसका पुनःपरीक्षण आवश्यक है।

सामूहिक कृतित्व होने का खतरा

सामयिक कविता की एकरसता को लेकर साठोत्तरी कविता का सजग विश्लेषण करने वाले एवं कथ्य के लिए साठोत्तरी कवियों की भूरि-भूरि प्रशंसा करने वाले डॉ. विश्वम्भरनाथ उपाध्याय भी यह स्वीकार करते हैं कि अधिकांश कविता में कूड़ा-करकट भी बहुत छपता है। उनकी कुछ मान्यताओं को विशेष ध्यान में रखना आवश्यक है, क्योंकि जहाँ तक युवा कवियों के प्रति सहानुभूति का सम्बन्ध है, डॉ. विश्वम्भरनाथ उपाध्याय के बारे में किसी को सन्देह नहीं होगा। उनका मत है, "सामाजिक लेखन में बहुत अधिक ऊपरीपन, अखबारियत और मसीहाई है, यह निष्कर्ष समग्रतः निष्कर्ष है।" "इसका कारण यह है कि हमारे अभिनव लेखन में आक्रोश का आन्तरिकीकरण नहीं हो पा रहा है।" "समकालीन रचनाओं को पढ़ते समय साफ लगता है कि रसायन अनाप-शनाप उगला जा रहा है। रचना रसायन है, उद्‌भावन नहीं।" "कथ्य तो मात्र कच्चा माल है, उसे जैसा का तैसा पेश कर देना मुखरता तो है, लेकिन कला नहीं, साहित्य नहीं है।" "बुनावट या समीकरण की प्रक्रिया तो कला की प्रथम शर्त है, इस विषय में जबर्दस्ती नहीं चल सकती।" "भावुकता का सर्वाधिक भावुकता के साथ विरोध सप्तम दशक में हुआ है।" "कवि क्रमशः आन्तरिकता, विविधार्थकता, सूक्ष्मता, सघनता खोता जा रहा है। वह बड़बोला, भड़भड़िया, अनाप-शनाप कहने वाला एकरस और लताड़िया होता जाता है, और अन्त में कविता को अपदस्थ कर वक्तव्य रचना के स्थान पर आसन जमा लेता है।" "कृति रचना और अखबारनवीसी में अन्तर लुप्त होने लगता है।" "नयी कविता ने व्यक्ति वैशिष्ट्य की जो धारणा प्रचारित की थी उसमें इन कवि रंगरूटों या रंगरूट कवियों ने प्रत्येक सपाट कविता को कविता का दर्जा दिलाना चाहा है।" विश्वम्भरनाथ उपाध्याय की अन्तिम मान्यता के बारे में इतना ही कहना है कि व्यक्ति की धारणा पर बल देकर नयी कविता ने कविता को सामूहिक कृतित्व होने से बचाना चाहा था, जो खतरा प्रगतिवादी आन्दोलन की दिशा में सन्निहित था।

समकालीन कविता ने सही सृजनशीलता को किस प्रकार और कितनी क्षति पहुँचायी है, इसका अन्दाज उपर्युक्त उद्धरणों से हो सकता है। वस्तुतः कवियों से जब खास कथ्य की मांग की जाती है, प्रकाशन के माध्यमों का विशिष्ट कथ्य के लिए जब उपयोग किया जाता है, तब कला-गुणों से रहित इस प्रकार का प्रचुर काव्य सामने आ जाये तो आश्चर्य नहीं है। साठोत्तरी युवा कवियों की कविता का रेजीमेण्टेशन करने में स्थूल उपयोगितावादियों का बहुत अधिक हाथ है, क्योंकि

प्रहार, मार, चोट ही जब लक्ष्य है, तब क्या तलवार और क्या मूसल? सामयिकता के अत्याग्रह से एक ट्रैजिडी यह पैदा होती है कि जो भी कुछ हमारी वर्तमान अभिवृत्तियों, संवेगों, आवेगों, संवेदनाओं के अनुकूल पड़ता है, उसे बिना किसी आलोचनात्मक दृष्टि से हम अपनाते हैं। और काव्य के रूप में स्वीकार करते हैं। शृंगार, जो हर व्यक्ति की एक प्रबल प्रवृत्ति होती है, की केवल वर्णनात्मक पंक्तियाँ भी जिस तरह एक वर्ग में उत्तेजित प्रतिक्रिया जगाती हैं, उसी तरह आज की मानसिकता के निकट जो भी कुछ आता है, उसे काव्य का दर्जा दिया जाता है। धीरे-धीरे काव्य की सही पहचान का सजग बोध ही भोंथरा होता है और यह बड़ा खतरा सृजनशीलता को कुण्ठित करता है। सृजनशीलता को सर्वाधिक खतरा कवि-व्यक्तित्व की विशिष्टता को नजरअंदाज कर उन्हें एक वैचारिक अनुशासन में कवायद करने वाली विचारधारा से है। कवि व्यक्तित्व के प्रति सजग कवियों को अपने इस उपयोग किए जाने की स्थिति से अपने को सुरक्षित रखना होगा, अगर कवि के नाम से जीवन की अर्थवत्ता उजागर करनी है।

फिर अनाम कला क्यों नहीं?

यहीं पर सृजनशीलता को चुनौती देने वाले दो-तीन अन्य संकेत अवश्यम्भावी लगते हैं। कविता के स्थूल उपयोग से प्रेषित एवं कविनाम से ख्याति प्राप्त करने की आकांक्षा से उत्साहित युवकों में एक विचारधारा पनपने लगी है—कविता सामूहिक घटना है, उसका मूल्यांकन सामूहिक रूप में किया जाना चाहिए। वस्तुतः इस सिद्धान्त के प्रति ईमानदारी की खरी परख तभी होगी, जब कवि अपनी कविताओं से अपना नाम हटाकर अनाम कला के रूप में कविता को छापना पसन्द करेंगे। भारतीय कला का एक वैशिष्ट्य यह बताया जाता है कि कलाकार अपनी सृष्टि से उसी प्रकार गायब रहते थे, जिस तरह ईश्वर अपनी सृष्टि से। लेकिन विचार और आचरण के बीच अन्तराल के लिए दूसरों की, विशेषतः प्रतिष्ठित व्यक्तियों और उखाड़-पछाड़ करने वालों को अपनी इस विसंगति का भी जरा ख्याल करना होगा। यह सर्वमान्य तथ्य है कि कला की सामग्री, कला का सन्दर्भ या कच्चा माल सामूहिक जीवन से ही उपलब्ध होता है, परन्तु सृजनशीलता वह महान तत्त्व है, जिसकी रासायनिक प्रक्रिया व्यक्ति के एकान्त मानस में ही चलती है और उसकी महत्ता भी इसी में है कि वह व्यक्तित्व की छाप लेकर अवतरित हो। अगर यह नहीं होता है तो जो कुछ सपाट और चेहराहीन उपजेगा, वह कविता नहीं होगी।

सृजन को एक अन्य खतरा उस विचारधारा ने पैदा किया है, जो परिवेश की सीधी प्रतिक्रिया में ही साहित्यिक कृतित्व को स्थापित करता है। इस अनुकरणवादी फैलेसी में एक ओर व्यक्ति की कल्पना को वर्जित किया गया है, दूसरी ओर व्यक्तित्व की विशिष्टता को बहिष्कृत किया गया है। तीसरी ओर

समसामयिकता को ही एक मूल्य मानकर कविता की शाश्वतता जैसे विचार के प्रति हिकारत की दृष्टि से देखने का सामूहिक भाव उत्पन्न किया गया है। यहाँ थोड़ा-सा विचार कविता की शाश्वतता के बारे में करना अभीष्ट है, क्योंकि सृजनशीलता का वह एक महत्त्वपूर्ण पक्ष है। क्योंकि कच्चे माल पर सृजनशीलता प्रक्रिया कर उसे अधिक स्थायी रूप प्रदान करती है। शाश्वतता से हमारा अभिप्राय किसी आध्यात्मिक तत्त्व से नहीं है। अगर कोई रचना अपने समय के विदग्ध सहृदय को परितोष देती हुई भी सामयिक रूप को अतिक्रान्त कर कुछ पीढ़ियों तक सौन्दर्यबोध कराती है, तो उसमें शाश्वत का मूल्य सन्निहित है। सौभाग्य से यह प्रमाणित है कि कार्ल मार्क्स अपने समय से बहुत पहले के रचनाकार शेक्सपियर की कृतियों का पुनः-पुनः पारायण करता था। रचनाकार अपने समय को किस प्रकार अतिक्रान्त कर जाता है, इसका उदाहरण स्वयं लेनिन के वक्तव्य में दिया जा सकता है। लेनिन लिखता है, "टॉलस्टाय ने वह ललित साहित्य लिखा है, जिसकी कद्र जनता उस समय करेगी, जब वह जमींदारों और पूंजीपतियों का तख्ता उलटकर अपने लिए मनुष्योचित सामाजिक जीवन की व्यवस्था कर लेगी।" इस उदाहरण के बारे में सन्देह की कोई गुंजाइश नहीं है, क्योंकि यह 'पहल' द्वारा प्रकाशित मार्क्सवादी सौन्दर्यशास्त्र अंक से ही उठाया गया है। स्पष्ट है, टॉलस्टाय का ललित साहित्य स्थूल उपयोगितवादी नहीं था, समसामयिक व्यवस्था पर चोट करने के उद्देश्य से नहीं लिखा गया था, फिर भी उसमें ऐसी शक्ति उत्पन्न हुई थी, जो अपने समय को अतिक्रान्त कर समाजवादी समाज-रचना में भी साहित्य को आस्वाद योग्य बना सकती थी। क्योंकि समाजवादी समाज-रचना में ऐतिहासिक विकास की द्वन्द्वात्मकता निःशेष हो जाती है और यह समाज-रचना चिरकालिक होती है। टॉलस्टाय भी शाश्वत मूल्य से सम्पृक्त कलाकार हैं। अगर लेनिन का या लेनिनवादियों का तर्क में विश्वास है, तो यह तार्किक परिणति यही सिद्ध करती है कि साहित्य समसामयिक भले न हो, शाश्वत हो सकता है, अपने समय और समाज को अतिक्रान्त कर टिकने की क्षमता उसमें होती है। यह भी स्वीकार किया जा सकता है कि टॉलस्टाय की प्रतिभा ही कुछ ऐसी अजस्र थी कि उसके कृतित्व में शाश्वतता का जो मूल्य समाविष्ट हुआ, वह किसी विशिष्ट विचारधारा के अनुशासन में बंधकर नहीं, न विशिष्ट परिवेश की अनिवार्यता उसके लिए आवश्यक थी। अतः सृजनशीलता को अनुशासित करने वाली किसी भी आग्रही विचारधारा से कवि को अपने को सुरक्षित करना चाहिए। (यह तब अधिक अनिवार्य भी है, जब कोई पार्टी हर चार-पाँच वर्षों के बाद अपने पूर्ववर्ती स्टैण्ड को बदलती रहती है।) यह अगर प्रतिबद्ध है, तो विराट और नानाविधि रूपाकारों से युक्त जीवन से है। वह भरपूर जीवन जिये। अनुभव ग्रहण करे और रचते समय अपने एकान्त में सिवा अपने सृजन देवता के अन्य किसी के लिए जवाबदेह न हो।

शाश्वत मूल्यों की व्यंजना के बदलते रूपाकार

यहाँ यह भी कहना चाहिए कि साहित्यकार को, जिसे एक अच्छा व्यक्ति भी होना चाहिए, अपने अन्दर के शाश्वत को देखते रहने का संवेदन जीवित और जागरूक रखना चाहिए। इस बोध को धुंधला देने से भी सृजनशीलता पर आँच आती है। मनुष्य ने अगर अपने मस्तिष्क का कुछ विकास किया है, सभ्यता और संस्कृति के मूल्य-शोधन का काम किया है तो यह सत्य है कि बदलती वास्तविकता, बदलता परिवेश, बदलते विचार और आग्रह के मूल में कुछ शाश्वत मूल्य भी होते हैं—अन्याय, शोषण और बलात्कार का विरोध, अहिंसा का स्वीकार अथवा हिंसा का किसी उच्चतर मूल्य के साथ गठबन्धन, मनुष्य की स्वाधीनता और सृजनशीलता का आदर। मानवीय सहानुभूति या प्रेम वे शाश्वत मूल्य हैं, जिनकी व्यंजना के रूपाकार बदल सकते हैं, स्थितियों के रूप बदल सकते हैं, परन्तु इन मूलादर्शों को नहीं बदला जा सकता। साहित्यकार के विचार, अनुभव, कृतित्व का रूपाकार सब इस शाश्वत की ओर उन्मुख रहता है—घोर से घोर और उग्र से उग्र यथार्थ से जूझते समय भी घोर, उग्र, भयावह इत्यादि विशेषणों की पीठिका में कुछ मूल्यपरक दृष्टि का आधार ही होता है और यह दृष्टि शाश्वत मूल्यों की अवधारणा से ही निःसृत होती है। यही कारण है नितान्त शून्यवादी या न कुछ के प्रस्थान-बिन्दु से निकली रचनाएँ अधिक सार्थक ढंग से भावित नहीं करतीं। हाँ, काफ्का जैसे रचनाकार अगर शून्यवाद से प्रारम्भ करते भी हैं, तो उनकी महानता इसीलिए है कि मानवीय साक्षात्कार की सघन प्रतीतियाँ वे सतत प्रदान करते हैं और सोच को अधिक बौद्धिक स्तर प्रदान करते हुए जीवन पर ही दृष्टि अटकाए रखते हैं। यह सब पुनः जोर देकर कहने की आवश्यकता इसलिए है कि आज अस्वीकार, विद्रोह, निषेध, नकार के रूमानी माहौल में यह भुलाया जा रहा है। सृजनशीलता की शक्ति, उसकी गहनता, उसकी व्यापकता और निरन्तरता के लिए जीवन का समग्र बोध आवश्यक है।

नारा आम आदमी के चित्रांकन का!

समसामयिक कहानी और कविता में एक नारा और उठाया गया है। वह है आम आदमी के जीवन को चित्रांकित करने का। वस्तुतः यह नारा कविता में उठाने के पहले जीवन में उठाया जाता तो अच्छा होता। मैं कवि का प्रत्यक्ष जीवनानुभव और उसकी रचना के अनुभव के बीच सीधा सम्बन्ध देखने वालों में से नहीं हूँ। परन्तु कविता में बिम्बित आम आदमी का रूप देखता हूँ, तो कुछ शंकाएँ उत्पन्न अवश्य होती हैं। इस प्रकार का कोई नारा न उठाते हुए प्रेमचन्द और निराला ने आम आदमी का चित्रण किया और वे रचनाएँ सशक्त हैं, क्योंकि जीवन की प्रत्यक्षता की ठोस प्रतीति ये रचनाएँ कराती हैं, लेकिन आम आदमी को लेकर लिखी

कविताओं में कवियों का आत्मालाप ही इतना प्रबल होता है कि इस आम आदमी की जीवन्त और ठोस तस्वीर ही तिरोहित-सी हो गयी है। इस अमूर्तन ने कवियों की शक्ति को ही कुण्ठित किया है।

मैं जानना चाहता हूँ कि क्या उस मोचीराम की तस्वीर कविता में उभर आयी है, जिसे आपने दूसरे पर जूता फेंकने का माध्यम बनाया है? मोचीराम की घोर दरिद्रता, उसकी तपेदिक से सूखी अधभूखे बच्चों की पलटन, जूतों की गन्ध से सराबोर उसका शरीर, रोटियों को बच्चों के बीच बांटते हुए उसकी बीवी की आँखों में छलकने वाले आँसू, मोचीराम का गुस्सा प्रतिष्ठितों के प्रति नहीं, अपने बीवी-बच्चों के प्रति, उसकी जीने की हजारों विवशताएँ, बड़ी दुकानों के कारण उसकी टूटी और बिखरी गृहस्थी...कहाँ है यह मोचीराम? आपकी वचनवक्रता का मजा तो हमने खूब लूटा और कवि भी हमने माना, लेकिन कहाँ है वह आम आदमी? इन प्रश्नों के उत्तर में केवल 'मोचीराम' से नहीं माँग रहा हूँ। उसको लक्ष्य कर साठोत्तरी कविता से माँग रहा हूँ। मुझे लगता है कि उस मोचीराम की कथा का अमूर्तिकरण आपने एकान्त में और बाद में कविता में भोगा है।

इस सन्दर्भ में बिम्ब की मूर्त विधायिनी शक्ति का भी विचार करना आवश्यक है। इधर कविता में बिम्ब-रचना के विरोध में आवाज उठायी गयी है। बिम्बों की अनुभूति को रूपायित करने की विभावन क्षमता के प्रति शायद ही दो मत हो सकते हों। बिम्बों की अनावश्यक अलंकारिकता निश्चय ही निषिद्ध है, परन्तु बिम्बों की ठोस दुनिया किसी भी कवि के जीवन के सरोकारों की प्रगाढ़ता एवं मजबूती की परिचायक है। बिम्बों से नाता तोड़कर सामयिक कविता ने अधिक आसान रास्ते अपनाये हैं—सपाटबयानी, वक्तव्य, प्रतीक और लक्षणा विधान। साठोत्तरी शीर्षस्थ कवियों की रचनाओं में जो प्रतीकों का या लक्षणा का व्यापार लकदक हो गया है, उसे देखते हुए लगता है हम किसी प्रदर्शनी में खड़े हैं और कांच के भीतर जीवन्त व्यापार नहीं, अमूर्त या छायामय लोक देख रहे हैं।

परिवर्तन के नाम पर प्रदर्शन

साठोत्तरी कविता में सृजनशीलता को अवरुद्ध करने वाले कुछ नारे उठाये गये। अकविता को जो दर्शन का आधार दिया गया, उसमें किसी विशिष्ट मान्यता को स्वीकार न करने की प्रतिज्ञा करते हुए भी अस्तित्ववाद के कुछ सूत्रों को ही उठाया गया है, यह स्पष्ट है। लेकिन एक महत्त्वपूर्ण बात को भुला दिया गया है, वह है जीवन की समस्त असंगतियों के बीच भी संकल्प के माध्यम से वरण करने की, जीवन अगर अर्थहीन और ऊलजलूल है तो मानवीय सृजनात्मकता के बल पर उसे अर्थ देने की बात भी महत्त्वपूर्ण है। लेकिन अन्य सभी बातों को छोड़कर यहाँ केवल उस बात को रेखांकित करना है, जो कवि-धर्म के ही आड़े आती है।

वह है कविता के माध्यम के साथ—शब्द के साथ बलात्कार की। कविता के पाठक के नाते मुझे लगता है, शब्दों के साथ आप जितनी भी क्रीड़ा करें, शब्द को नये अर्थ दें, शब्द संयोजन द्वारा उनके अर्थ बदल दें, लेकिन अभिव्यक्ति अगर अर्थेतर है तो वह कविता के रूप में नहीं हो सकती। पाठक के नाते यह हम स्वीकार करते हैं कि कवि के लिए अपनी अनुभूति के अनुकूल शब्द पाना मुश्किल होता है, लेकिन इसका समाधान अन्ततोगत्वा शब्द के माध्यम से ही ढूँढ़ना होगा।

यहीं पर उस प्रतिज्ञा का भी जरा विचार करना आवश्यक है जो कवि पर अतिरिक्त बोझ डाल रही है। यह प्रतिज्ञा यह है कि कवि केवल प्रभावित ही नहीं करता, परिवर्तित भी करता है, वस्तुतः इसी से अपने आप काव्य में मसीहाई के स्वर बुलन्द होने लगते हैं। क्योंकि यहाँ यह माना गया है कि कवि और पाठक के बीच इतना अन्तर है कि दोनों के बीच सम्बन्ध सम्वाद के नहीं हैं, अर्थात् दोनों का बौद्धिक स्तर समान नहीं है। बल्कि कवि एक महान कार्य से प्रेरित व्यक्ति है जो अपने निम्न दर्जे के प्राणी पाठक का उद्धार करने के हेतु कविता लिखता है। वस्तुतः कवि प्रभावित किसको करता है? किस स्तर पर करता है? उसकी सीमा क्या है? मुझे लगता है, जो कविता कविता के पाठक से आस्वादन में हिस्सेदारी न मांग कर अनुकरण, आदेश पालन या ऐसी ही कोई चीज मांगती है, वह कविता प्रचार है, क्योंकि अच्छी कविता दो विदग्ध व्यक्तियों के बीच सम्वाद के स्तर पर ही सम्पन्न हो सकती है। इससे इतर जो भी कुछ है जनता के या आम आदमी के नाम पर सस्ती चीजों का खपाना भर है। अधिकांश साठोत्तरी कविता परिवर्तित करने के नाम पर प्रदर्शन करती है सो अलग। इसमें छिपा अन्तर्विरोध यह है कि एक ओर जिसको प्रबुद्ध करने की प्रतिज्ञा आपने की है, उस तक आपकी कविता नहीं पहुँचती और जिस तक पहुँचती है और साफ शब्दों में कहना होगा, तो जिस बौद्धिक वर्ग तक कवि रूप में आप पहुँचना चाहते हैं और धाक जमाना चाहते हैं, वह पहले से ही या तो इतना प्रबुद्ध है कि आपकी कविता उसको वक्तव्य या भाषण से अधिक कुछ नहीं लगती या इतनी मोटी खाल ओढ़ कर बैठा हुआ है कि आपका कवित्व उसका मनोविनोद भले करता हो, उसे कविता के स्तर पर न प्रभावित करता है, न परिवर्तित। क्षति पहुंचती है तो केवल कविता को। कविता को निरे विचार तक खींच लाने वालों को इसे अधिक सावधानी से सोचना होगा।

कविता को परिवर्तन का हथियार मानने की नीति ने कविता के क्षेत्र को अनेक प्रकार से संकुचित कर सृजनशीलता को ही अवरुद्ध किया है। कविता का एक महत्त्वपूर्ण रूप अस्तित्वबोध के रूप में भी प्रकट होता है। वस्तुतः साठोत्तरी कवियों में कितने ही कवि ऐहिक जीवन में या आध्यात्मिक जीवन में अपने अस्तित्व के कुछ रूपों, स्तरों और पर्तों का अन्वेषण करने का प्रयास करते हैं, परन्तु इस महत्त्वपूर्ण कविता को चर्चा में बहिष्कृत किया जा रहा है। वस्तुतः कविता का

एक सुन्दर पक्ष गीत के माध्यम से व्यक्त होता है, परन्तु उसको भी उपेक्षा की नजर से देखा जाता है। शब्द की अर्थवत्ता को संगीत के माध्यम से एक अलग ढंग से प्रभावकारी करने में गीत-काव्य का भी अपना महत्त्वपूर्ण स्थान है। गीत को लेकर एक विलक्षण झिझक बौद्धिकता से अतिरिक्त रूप में बोझिल बने विद्वानों में तथा आधुनिकता के शब्दमोह में फंसे हुए बौद्धिकों में उत्पन्न हो गयी है। काव्य को असल में अधिक प्रभावी करना है, उसके पाठक वर्ग को अधिक व्यापक और संस्कारित करना है (एक दूसरे स्तर पर इसका प्रयोजन है) तो गीत को भी कविता में ही महत्त्वपूर्ण स्थान देना चाहिए। इसके लिए अगर पश्चिमी प्रमाण की जरूरत हो तो प्रतीकवादियों को याद किया जा सकता है। वास्तव में एक गलत सोच के शिकार हम बुद्धिजीवी बन गये हैं। हम यह मानकर चलते हैं कि जीवन का उग्र संघर्ष और गीत का माधुर्य साथ नहीं चलता। यहाँ मैं मृत्यु की छाया में पलने वाले समाजों की संगीत प्रियता के उदाहरण नहीं देना चाहता, लेकिन मनुष्य सामाजिक है तो बहुत बार समाज से कुछ अलग रहकर भी अपने एकान्त को भोगना चाहता है। कुछ प्रकृति से तल्लीनता के क्षण, कुछ अपनी बीती यादगारों के मधुर क्षण, कुछ अपने साथियों के साथ की घनिष्ठता के जीवित या स्वप्निल क्षण, कुछ अपनी ही अस्तित्वावस्था में डूबने-तिरने के एकान्त क्षण—क्या इनकी संगीतमय अभिव्यक्ति त्याज्य है? तो फिर शमशेर का निषेध क्यों नहीं करते? यहाँ पर भी समसामयिक तथ्य आप ध्यान में लें कि जिस जनता को आप गले लगाये चले जा रहे हैं, वह जीवन में कल्पना का आनन्द सस्ते फिल्मी गीतों से ही अधिक पा रही है। आप इसी रुचि को अधिक साहित्यिक, अधिक अवदात्त रूप दे सकते हैं। संक्षेप में कविता के चिन्तन की सही दिशा वही होगी जिसमें सृजन के या कल्पना के किसी भी रूप को बहिष्कृत न करते हुए एक समावेशी नजरिया अपनाया जाये।

असल में कविता के रूप में जो भी कुछ शब्दांकित आप करना चाहते हैं, वह आपके कवि-व्यक्तित्व का कितना अनिवार्य रूप बन गया है, यह देखना परम आवश्यक है। इस स्थिति में कवि कर्म पहले भरपूर सक्रिय जीने की शर्त है और उस जीने की पुष्ट छाप अगर कविता पर अंकित नहीं है तो वह उस पाठक से भी अधिक कविता पर अनधिकार चेष्टा है। फिर आपकी कविता उस जीने के ढंग को जब मांसल कल्पना का स्पर्श देती है तभी कविता के स्तर पर पाठक को प्रभावित करने की आकांक्षा उपादेय है। एक कविता-प्रेमी पाठक के नाते मैं आपकी कविता से यह प्रश्न पूछना चाहूँगा कि क्या वह आपके सक्रिय जीने की सशक्त, मूर्त रूपाकार से युक्त अभिव्यक्ति है? क्या आपके जीने के क्षणों में कुछ महत्त्वपूर्ण क्षण हैं, जिनकी हिस्सेदारी के लिए आप मुझे आमन्त्रित करना चाहते हैं? क्या आपका आन्तरिक विश्वास है कि वह जीने की आपकी प्रक्रिया मुझे आस-पास

की भयानक खबर मात्र नहीं देगी, बल्कि आपकी अनुभूति का ताप भी देगी, जो मेरे संवेदन यन्त्र को अधिक क्षमतावान बनाएगी? आप अंधेरे में चीखें, भीड़ में बौखला कर आत्मालाप करते रहें—आपको मैं सहानुभूति दूँगा, हो सका तो आपकी मदद भी करूँगा, लेकिन कविता पढ़ने के लिए मुझे आमन्त्रित करेंगे तो मैं यह अवश्य देखना चाहूँगा कि अपनी बौखलाहट या चीख के पर्याप्त कारणों के मूर्त रूप आपने प्रस्तुत किये हैं, जिनसे आप टक्करें मार रहे हैं उनकी पर्याप्त पुष्ट पहचान आपके शब्दों के द्वारा मेरे सामने हो सकती है? कहीं चीखने, गुर्राने की प्रक्रिया में आप आत्मकेन्द्रित तो नहीं बन गये हैं? संसद से सड़क तक का सब नाटक देखते-देखते और नाटक में शामिल अभिनेताओं पर व्यंग्य की बन्दूक दागते, आप कितनी यातना के बीच से गुजर गये हैं? केवल दूसरों की ओर इशारे ही इशारे कर और अपने को बेदाग समझकर इतिकर्त्तव्यता की सांस तो नहीं ले रहे हैं? लकवामारी टांगों को झुलाते युद्ध में शामिल होने का निर्णय तो ठीक है और प्रासंगिक भी है, लेकिन कविता के पाठक के नाते इस निर्णय को कविता में पढ़कर मुझे सन्तोष नहीं होगा। सन्तोष तभी होगा जब निर्णय की प्रत्यक्ष सक्रियता के लहूलुहान चिह्न आपके व्यक्तित्व से छनकर कविता में दिखाई दें। यह चिह्न मुझे आपके एप्रोच से, शब्दों के चुनाव और संयोजन से, आपकी स्थितियों को मूर्त करने की क्षमता से, कविता के समूचे टोन से प्रतीत होंगे। मैं आपकी कविता की पहेलियों को बुझाने हेतु या किसी मासिक पत्रिका के लिए लेख लिखने हेतु अथवा सामाजिक रुचियों के साथ रहने के दावे के लिए बार-बार नहीं पढ़ना चाहूँगा, बल्कि मेरे एकान्त क्षणों में आपकी कविता को पुनः पुनः पढ़कर अपनी संवेदना को सार्थक करने के हेतु पढ़ना चाहूँगा, आपकी तरह ही अंधेरे में यात्रा करते हुए एक संवेदनशील साथी के सहअस्तित्व की निकट पहचान के लिए पढ़ना पसन्द करूँगा, आपकी कविता में उजागर भाषा का रूप अगर ऐसा है कि वह बार-बार उसका कल्पनात्मक आनन्द लेने के लिए मुझे निमन्त्रित करें, तो मैं आपकी कविता अवश्य पढ़ूँगा, क्योंकि यही रास्ता काव्य-सृजन की ओर जाता है। अन्यथा जीवन की अपनी लड़ाई मैं अपने बल पर लड़ूँगा, आपकी कविता की बैसाखी क्यों लूँ?

काव्यानुभूति एवं सौन्दर्यानुभूति

सौन्दर्यानुभूति की कोई निश्चित परिभाषा देना मुश्किल है, क्योंकि इस प्रकार के प्रयासों से केवल एक बात सिद्ध होती है और वह यह कि परिभाषा विषय के किसी एक पक्ष या आयाम पर बल देती है और अन्य पक्षों की ओर से या तो अन्धी बना देती है या उदासीन। कला के विविध सिद्धान्तों का विवेचन करते समय Morris Weitz ने 'The Role of Theory in Esthetics' में परिभाषा एवं सिद्धान्त में कला जैसी खुली अवधारणाओं को बाँधने के प्रयासों की असमर्थता दिखायी है; अतः सौन्दर्यानुभूति के उन वैशिष्ट्यों को संकेतित कर जो सामान्यतः स्वीकृत हैं, विवेचन करना अधिक समीचीन होगा।

सौन्दर्यानुभूति को लेकर पहला प्रश्न सौन्दर्यशास्त्र में जो उठाया जाता है वह यह है : क्या सौन्दर्य वस्तु का गुण है, अर्थात् वह वस्तुगत है अथवा वह मानसिक प्रभाव मात्र है? हमारी भाषा में कुछ खास किस्म के व्यापारों के कारण बहुत बार वैचारिक भ्रम पैदा होते हैं। हम सौन्दर्यानुभूति को अनुभूति कहते हैं और भ्रम यह पैदा होता है कि सौन्दर्य नामक गुण कहीं बाहर वस्तु में है, जिसकी हम अनुभूति करते हैं। वस्तुतः ऐसा नहीं है। यह माना जा सकता है कि वस्तु में कुछ सौन्दर्यानुभूति उत्पन्न करने वाले गुण होते हैं, अर्थात् सौन्दर्यकारक गुण विशेष होते हैं और उनके और हमारी ज्ञानेन्द्रियों और बुद्धि एवं कल्पना के संयोग से तल्लीन करने वाली जो अनुभूति पैदा होती है, वही सौन्दर्यानुभूति है। दूसरे शब्दों में, सौन्दर्यानुभूति में वस्तु (कलाकृति) और द्रष्टा के मन का ऐसा सन्निकर्ष होता है जो वस्तु के प्रति समर्पित भाव उत्पन्न कर विशिष्ट अनुभव उत्पन्न करता है। इसे Intrinsic Perception कहा गया है। इसे स्वर-सरंजनात्मक अनुभव कहा जात है। निश्चय ही यह प्रक्रिया है, परन्तु यह व्यावहारिक क्रियाओं से भिन्न किस्म की प्रक्रिया होती है। व्यावहारिक क्रियाएँ जैसी आवश्यकताओं या प्रेरणाओं से उत्पन्न

होती हैं। सौन्दर्यानुभूति के व्यापार का हमारी जैवी प्रेरणाओं और आवश्यकताओं से सीधा और तात्कालिक सम्बन्ध नहीं होता।

सौन्दर्यानुभूति के वैशिष्ट्यों की इमैनुएल काण्ट ने विशेष चर्चा की है। असल में सौन्दर्यानुभव के स्वरूप के सम्बन्ध में जो महत्त्वपूर्ण संकेत काण्ट ने दिये हैं, उनसे समस्त पाश्चात्य सौन्दर्यशास्त्र प्रभावित हुआ है। गौरव की बात यह है कि साहित्यशास्त्र का सैद्धान्तिक विवेचन करते समय भारतीय चिन्तकों ने सौन्दर्य के सम्बन्ध में जो विविध मान्यताएँ व्यक्त की हैं। उनसे काण्ट की सौन्दर्य विषयक स्थापनाओं का अद्भुत साम्य दिखाई देता है। काण्ट ने सौन्दर्यानुभूति के आह्लाद या आनन्द पर बहुत बल दिया है और आह्लाद का वैशिष्ट्य यह बताया है कि वह व्यावहारिक जीवन के आनन्द से भिन्न प्रकार का होता है। व्यावहारिक जीवन में किसी मनचाही वस्तु के प्राप्त होने का आनन्द किसी वैयक्तिक प्रेरणा या आकांक्षा की परितृप्ति का आनन्द, शरीर संवेदना सुख का ऐन्द्रिय आनन्द व्यक्ति केन्द्रित और संकुचित होता है, जबकि सौन्दर्यानुभूति का इस प्रकार के लौकिक आनन्द से कोई सम्बन्ध नहीं होता। पण्डितराज जगन्नाथ के शब्द स्मरण होते हैं, ''रमणीयता च लोकोत्तराह्लादजनक-ज्ञान-गोचरता।'' सौन्दर्यानुभूति का आनन्द किसी वस्तु के प्रत्यक्ष अस्तित्व में रुचि रखने वाला आनन्द नहीं होता। मतलब यह है कि सौन्दर्यानुभूति में जो रचना या वस्तु आनन्द उत्पन्न करने का आधार या निमित्त होती है, उसके अस्तित्व के प्रति सहृदय उदासीन रहता है, क्योंकि कलाकृति सुसान लैंगर के शब्दों में 'भासित-वस्तु' होती है। ऑस्बर्न लगभग यही कहता है, "A work of art is not a material thing but an enduring possibility often embodied or recorded in a material medium, of a specific set of sensary impressions which is characterised by what we call beauty." (Theory of beauty) कलावस्तु के प्रति आसक्ति या उस पर अधिकार करने की आकांक्षा पैदा होते ही यह विशुद्ध सौन्दर्यानुभूति कलुषित हो जाती है। काण्ट ने सौन्दर्यानुभूति के आनन्द के सम्बन्ध में कहा है कि यह आनन्द वैयक्तिक नहीं होता, वैज्ञानिक होता है और इस आनन्द में ज्ञानात्मक अवधारणाएँ नहीं होतीं। विज्ञान में सारा व्यापार ज्ञानात्मक अवधारणाओं का होता है और इन अवधारणाओं का प्रयास सार्वजनीन होने की ओर रहता है। सौन्दर्यानुभूति में यह अनुरोध या आग्रह तो अवश्य होता है कि वह सार्वजनीन हो अर्थात् सभी रसिक उसे समान रूप में भोगें और अभिभूत हों। परन्तु इस आग्रह की कोई बौद्धिक या तार्किक नींव नहीं होती।

सौन्दर्यानुभूति व्यक्ति के प्रत्यक्ष अनुभव पर आधारित होती है और उसकी सार्वजनीनता का आधार भोक्ता का यह आग्रह होता है कि यह वस्तु सुन्दर है और वह सबको सुन्दर लगनी चाहिए। सौन्दर्यबोध ज्ञानात्मक अवधारणाओं से रहित संघटना से उत्पन्न होता है और इसीलिए इस संघटन के कोई नियम नहीं

बताये जा सकते। अर्थात् सौन्दर्यानुभूति में घटित संवेदनाओं का संश्लेषण नियमरहित, उत्स्फूर्त और उन्मुक्त होता है। सौन्दर्यानुभूति के सम्बन्ध में अनिर्वचनीयता नियतिकृत नियमरहितता चमत्कारिकता, अपूर्वता इन शब्दों का प्रयोग किया जाता है। आनन्दवर्धन ने काव्यास्वाद का स्वरूप समझाते समय कहा है, "चेतश्चमत्कृतिविधायी।" अभिनवगुप्त ने कहा है, "यद्यपि च रसेनैव सर्वं जीवति काव्यं तथापि तस्य रसस्य एकधनचमत्कारात्मनोपि कुतस्विद् अंशात् प्रयोजकीभूतादधि को चमत्कारोपि भवति।" भारतीय साहित्य चिन्तन में सौन्दर्यानुभूति में घटित चमत्कार पर बल है। अनुभूति के विभिन्न घटकों में घटित संघटना के ऐसे नियम नहीं बताये जा सकते जो बौद्धिक व्याख्या की पकड़ में आते हों, परन्तु इस संघटना में विलक्षण व्यवस्था होती है। दूसरे शब्दों में, जीवनानुभव जब कलानुभव का रूप ग्रहण करता है तब उस कीमिया के या रूप ग्रहण के बारे में विशेष स्पष्टीकरण असम्भव है। हम केवल उस सौन्दर्यबोध के 'झटिति प्रत्यय' के अधिकारी ही हो सकते हैं। पाश्चात्य चिन्तन में जी.ई. मूर के 'शिव' सम्बन्धी विवेचन के उपरान्त इस बात ने बल पकड़ा कि 'शिव' जिस प्रकार अपरिभाषेय है, उसी प्रकार सौन्दर्य भी। क्योंकि वह केवल होता है।

सौन्दर्यानुभव की अलौकिकता का विवेचन काण्ट ने एक अन्य दृष्टिकोण से भी किया है। लौकिक अनुभव को सामान्यतः कार्यकारण की शृंखला में बांधकर देखने के हम अभ्यासी होते हैं, किसी कार्य के 'हेतु' की खोज करने का प्रयास करते हैं और उस 'हेतु' के सन्दर्भ में कार्य एवं घटना का स्पष्टीकरण मिलने पर बौद्धिक समाधान भी प्राप्त करते हैं। कांट की स्थापना यह है कि सौन्दर्यानुभव में किसी प्रकार के हेतु जैसी ज्ञानात्मक अवधारणा को हम पा नहीं सकते। प्रातः सुनहरे गुलाबी बादलों के रंगों का ऐसा सुन्दर संगतिपूर्ण दृश्य उपस्थित होता है कि उसकी प्रतीति तो हम कर सकते हैं, परन्तु किसी हेतु अथवा कारण की कल्पना नहीं कर सकते। रस-सिद्धान्त में रस के घटकों को कारण न कहकर विभाव कहा गया है, 'अनुमान', जो बौद्धिक प्रक्रिया है, को अस्वीकृत किया गया है और रसानुभूति के संसार को अपर संसार कहा गया है जो लौकिक संसार से सम्वादी होकर भी अपनी परिणति में एवं विशिष्टता में अलौकिक है।

काण्ट के सौन्दर्य विवेचन का प्रभाव पाश्चात्य विचारकों पर गहन रूप में परिलक्षित होता है। न केवल बेल, फ्राय जैसे रूपवादी और ब्रैडले जैसे कलावादी ही काण्ट से प्रभावित रहे, बल्कि कलात्मक अनुभव की अलौकिकता को अस्वीकार करने वाले जीवनवादी विचारकों पर भी काण्ट का प्रभाव है।

काण्ट की सौन्दर्य विवेचना की चुनौती देने का कार्य अनेक विचारकों ने किया। कला के सम्बन्ध में विविध सिद्धान्त सामने आये—क्रीड़ा सिद्धान्त, अभुक्त आकांक्षाओं की परिपूर्ति, आभास, अनुकरण, भावना की अभिव्यक्ति, ऐन्द्रिय

अनुभूति का एक रूप, क्षतिपूर्ति, अभुक्त वासना का रूपायन, अधिकार भावना का रूपान्तरित प्रकटीकरण, संवेदनों का सन्तुलन, जीवन में पलायन का मार्ग, भौतिक द्वन्द्वात्मक जीवन के मूल्यवान अनुभव की अभिव्यक्ति, रूपवाद–ये कतिपय कला-सिद्धान्त सौन्दर्यानुभव की अलौकिकता को अस्वीकार करने वाले सिद्धान्त हैं–कुछ सर्वथा तो कुछ आंशिक रूप में। सौन्दर्यानुभव को पूर्णतः लौकिक या व्यावहारिक मानना एक अतिवाद है। व्यावहारिक अनुभव से सौन्दर्यानुभव को विशिष्टता देने वाले अनेक तत्त्वों की बहुत बड़ी चर्चा हुई है। रूपवादियों ने कतिपय रूपतत्त्वों की ओर संकेत किया है। जैसे–Harmony (सम्वाद या सामरस्य), Balance (सन्तुलन), Symmetry (सम्मात्रा), Rhythm (लय), Centrality (केंद्रीयता), Contrast (विरोध) Design, Pattern (रूपाकार), Shape (आकार), Development (विकास), Orderly arrangement (व्यवस्थित क्रम), Unity in diversity (नानात्व में एकता), Organic whole (सर्वांग सम्पूर्ण), Variety (विविधता)। कतिपय विचारकों ने कल्पना के इन्द्रजालिक स्पर्श के चमत्कार पर बल दिया है। कुछ विचारकों ने अनुभूति की उत्कटता (Intensity), ताजगी (Freshness) और आस्वाद योग्यता, इन बातों को ही महत्त्व दिया है। अनुभव की मूल्यवत्ता के आधार पर भी अलौकिकता के मायाजाल को काटने का प्रयास किया गया। एडवर्ड बुलो ने तो 1913 में 'साइकिक् डिस्टन्स' का सिद्धान्त उपस्थित कर भौतिक जीवन में ही द्वैतात्मक अनुभव की स्वायत्तता के लिए आकाश निकाला था।

काण्ट की सौन्दर्यानुभूति की सार्वजनीनता को जॉर्ज सांतायना जैसे आनन्दवादी समीक्षकों ने चुनौती दी ही, उधर कट्टर मार्क्सवादी सौन्दर्य-समीक्षक जब किसी रचना के स्वरूप-विश्लेषण में भौतिक परिवेश, आर्थिक और वर्गीय तत्त्वों के परिदृश्य का उपयोग करने का आग्रह करते हैं तो न केवल सौन्दर्यानुभव की स्वायत्तता को ही नजरअन्दाज करते हैं, उसकी सार्वजनीन अपील को भी अस्वीकार करते हैं।

सौन्दर्यानुभव की लौकिकता और अलौकिकता के सम्बन्ध में जो संघर्ष है, उसमें अतिवाद दोनों ओर से है। सौन्दर्यानुभव को परम तत्त्व की इन्द्रियगोचर अभिव्यक्ति मानना एक छोर है, तो उसकी अप्रतिमता, विशिष्टता और असामान्यता को ही ठुकरा देना दूसरा छोर है। दूसरी ओर आयू.ए. रिचर्ड्स का कथन है कि सौन्दर्यानुभूति और व्यावहारिक जीवन की अनुभूति में कोई गुणात्मक अन्तर नहीं है–अन्तर संख्यात्मक है–सौन्दर्यानुभव अधिक समृद्ध और कौशलपूर्ण होता है। वस्तुतः लौकिकता और अलौकिकता का यह संघर्ष हमारी भाषा की अपर्याप्तता का कारण तो नहीं है? सौन्दर्यानुभव में और व्यावहारिक जीवन के अनुभव में गुणात्मक अन्तर न भी हो तो कम भी इतना अन्तर रहता है कि सौन्दर्यानुभव की लौकिकता में ही अलौकिक स्थिति स्वीकार करनी पड़ती है। अगर यह फासला न होता तो कला और कला-चिन्तन की इतनी प्रदीर्घ और समृद्ध परम्परा न मिलती।

जिन समाजों में कलानुभव को व्यावहारिक अनुभव का दास या सहयोगी मान लिया गया है उनकी कला और चिन्तन का क्या हश्र होता है, यह सामने है। यह माना जा सकता है कि जैविक दृष्टि से बन्दर और मनुष्य में बहुत अन्तर नहीं है। परन्तु मनुष्य बन्दर की कोटि में तो गिना नहीं जाना चाहिए। न अधिक 'समृद्ध वानर' कहना समीचीन होगा। कम से कम मैं अकेला इसका विरोध करता रहूँगा। सौन्दर्यानुभव में जो रूपात्मक पूर्णता की प्रतीति होती है, जीवन के अविकसित या अर्ध-विकसित अस्फुट अनुभवों का जो स्फुट और विकसित रूप मिलता है, जीवन को अधिक सजग, चैतन्यपूर्ण और प्रखरता से जीने का जो अनुभव मिलता है, अनुभवों के स्मृति-रूपों को जो जीवन्तता, ताजगी और वर्तमानता मिलती है, अनजाने अनपहचाने आयामों का जो विलक्षण चमत्कृत करने वाला प्रखर और पूर्ण प्रत्यय मिलता है, जीवन की यातनामय स्थितियों के बीच जो जीवन जीने की अर्थवत्ता या सार्थकता के कृतज्ञ क्षण मिलते हैं, हमारी संवेदनाओं, भावनाओं, कल्पनाओं और बौद्धिक शक्तियों को जो विलक्षण अर्थपूर्ण आयाम मिलता है, उस सबके कारण निश्चय ही हम लौकिक या व्यावहारिक जीवन के धरातल से कुछ ऊपर उठते हैं—यह युधिष्ठिर का रथचक्र है। फिर सौन्दर्यानुभूति को अलौकिक कहने में मन की कृपणता क्यों?

सौन्दर्यानुभूति की अलौकिकता के सन्दर्भ में एक और प्रश्न उठाया जाता है। वह है सौन्दर्यानुभव की क्षमता कुछ विशिष्ट व्यक्तियों को निसर्गतः मिली हुई देन है या यह सभी मनुष्यों में थोड़ी-बहुत विकसित की जा सकती है। यह सही है कि मानव को प्रकृति ने विभिन्न क्षमताओं का दान करते समय वितरण की समानता का सिद्धान्त नहीं अपनाया था, लेकिन यह नहीं माना जा सकता कि सौन्दर्यानुभूति कोई अलग भावना है जिसका भोग कुछ गिने-चुने लोग ही करते हैं। इधर लोक-साहित्य का अध्ययन और विभिन्न आदिम जातियों की जीवन-प्रणालियों की खोज ने यह सिद्ध कर दिया है कि सौन्दर्यानुभूति किसी-न-किसी रूप में सभी समाजों में प्रकट होती ही रहती है। यह बात दूसरी है कि उसके समुचित विकास के साधन एवं परिस्थितियाँ समान न होने से आज सौन्दर्यानुभूति के आस्वादन के धरातलों में प्रचुर विषमता दृष्टिगोचर होती है।

सौन्दर्यानुभव को लेकर एक प्रश्न यह भी उठाया जाता है कि सौन्दर्यानुभव का और जीवन की सक्रियता का क्या सम्बन्ध है? सौन्दर्यानुभव की ओर स्थूल नीतिवादी दृष्टि से देखने वाले विचारकों एवं साहित्य तथा कलाओं को, वर्गचेतना को उभारने का एक साधन मात्र मानने वाले मार्क्सवादियों की मान्यताओं की तार्किक परिणति यह मानने में है कि सौन्दर्यानुभव की सार्थकता पाठक को जीवन में विशिष्ट दिशा में क्रियावान करती है। ध्यान में रखने की बात यह है कि सौन्दर्यानुभव और प्रत्यक्ष जीवन की सक्रियता का यह त्वरित सम्बन्ध न केवल कलावादियों और

रूपवादियों ने अस्वीकृत कर दिया है, बल्कि जीवनवादियों ने भी ऐसा सीधा सम्बन्ध मानने से इनकार किया है। कट्टर नीतिवाद का अंजाम क्या होता है यह टॉलस्टाय के आग्रह से सीखा जा सकता है जिसने अपनी ही सर्वोत्कृष्ट रचनाओं को निषिद्ध घोषित किया। मार्क्सवादी सौन्दर्य-दृष्टि का परिणाम भी सामने है—चीन और रूस में राजनीतिक क्रान्तियों के बाद का कला-संसार सम्बन्धी रवैया। यह देखकर सोने का अण्डा देने वाली मुर्गी की कथा प्रतीकात्मक रूप में उभरकर सामने आती है। इधर मार्क्सवादी सौन्दर्यशास्त्र ने पर्याप्त लचीलापन एवं उदारता दिखाना शुरू किया है। सौन्दर्यानुभव में निश्चित रूप से हमारी भावनाओं और कल्पना को उत्तेजित करने की विलक्षण क्षमता होती है। परन्तु वह प्रत्यक्ष कृति के लिए उत्तेजित नहीं करती। कृति के लिए जिस प्रकार के भावोत्तेजन की आवश्यकता होती है उस प्रकार वह भावोत्तेजना नहीं करती। कृतिशील बनाने के लिए भावना को उभारा जाता है, परन्तु सौन्दर्यानुभूति में न केवल उस सीमा तक भावना को नहीं उभारा जाता, बल्कि भावनोत्तेजन का उद्देश्य और उसके लिए उद्दीपक कारकों की संघटना का विधान ही अलग ढंग से होता है। भावना और कल्पना के संयोग से जीवन के वैविध्यपूर्ण और समृद्ध, गहन और गम्भीर अर्थस्तर खोले जाते हैं और एक तरह की जीवन विषयक गहन समझ (Deeper understanding) पैदा की जाती है। जीवनवादी रिचर्ड्स भी कलात्मक उत्कर्ष की परिणति 'सन्तुलन' की अवस्था में मानता है—व्यावहारिक सक्रियता में नहीं। सौन्दर्यानुभव से इससे कुछ अधिक मांग करना शायद कला के स्वरूप पर अत्याचार करना है। ध्यान रहे, अगर वासना को कुरेदकर किशोरोचित मानसिकता को कृति-प्रवण करने वाले साहित्य को अश्लील कहा जाता है तो अंगार उगलने वाले विद्रोही साहित्य को पढ़ते ही हाथ में डण्डा लेकर चल पड़ने को बाध्य करने वाले साहित्यानुभव से जरा सावधान रहना भी आवश्यक है। इसलिए नहीं कि जीवन में विद्रोह कम महत्त्वपूर्ण है, गुस्सा, घृणा और न्यायपरक हिंसा अश्लाघ्य है, बल्कि इसलिए कि इससे भी बड़ी बात जीवन की सही पहचान है, और यह तथ्य भी, कि तुरन्त लाभ का सौदा कलाकार के लिए लाभकर नहीं होता। यह विवेचन उतना विद्रोही और शायद सामयिक भी नहीं है, परन्तु सौन्दर्यानुभूति की शक्ति का सही ज्ञान तब तक नहीं होगा जब तक उसकी सीमा का भी सही भाव न रखें।

जगन्नाथ का मन्तव्य है—रसिक को जो चर्वणोन्मुख करेगा वह काव्य है, और उसे उत्तर-कर्त्तव्योन्मुख जो करेगा वह प्ररोचना या अर्थवाद है। स्पष्ट है, सौन्दर्यानुभूति का सही अस्तित्व तभी तक है जब तक वह हमारे बाह्य क्रिया-व्यापारों को इस प्रकार नहीं उभारती कि कलानुभव के प्रति गहन तद्रूपता या तल्लीनता का बोध ही खण्डित कर दे। लेकिन यह तल्लीनता 'सविकल्प' समाधि है, 'निर्विकल्प' नहीं।

सौन्दर्यानुभूति के सन्दर्भ में एक प्रश्न उसकी आनन्दवादिता का भी है जो बहुचर्चित है। भारतीय साहित्य में परिपुष्टिवादी छोड़ दिये जाएँ तो सामान्यतः सौन्दर्यानुभूति को आनन्द रूप ही मान लिया गया है। आधुनिक युग में इस पर प्रश्नचिह्न लगा है। अगर साहित्यशास्त्र साहित्य का शास्त्र है और हर युग में उत्पन्न होने वाले साहित्य का रूप बदलता है तो उस बदलते रूप के साथ साहित्यशास्त्र को भी बदलना होगा। इस सन्दर्भ में साहित्य को ही प्राथमिकता दी जानी चाहिए, साहित्यशास्त्र को नहीं। अतः आज रस-सिद्धान्त के प्रति हमारे मन में अगर आशंकाएँ हों तो उसका कारण सिद्धान्त के अध्ययन का अभाव नहीं बल्कि सामयिक साहित्य के नये स्वरूप को पहचान ने हमारी भावुकता की है। अतः संगत प्रश्न यह है कि इस पहचान में हमें पुराना साहित्यशास्त्र कितनी सहायता करता है। रस क्या है, साधारणीकरण क्या है, भाव-व्यंजन क्या है, शब्द की शक्तियाँ कितनी हैं, अलंकार कितने हैं, और काव्य का कैसे उपकार कर सके हैं—इन प्रश्नों का अपने स्थान पर महत्त्व है और उन्हें कोई नकार भी नहीं रहा है। हमारी व्यथा तो यह है कि इधर जो प्रचुर साहित्य देश-विदेश में रचा जा रहा है उसकी सही व्याख्या, उसकी सही समझ और संवेदना रस-सिद्धान्त के सहारे नहीं हो पा रही है। शिवकुटीलाल वर्मा की एक कविता में इसे बहुत प्रभावपूर्ण ढंग से व्यक्त किया गया है।

कविताएँ सिर्फ कविता ही दिखने के लिए
अपने स्वर को इस हद तक मुलायम करती हैं
कि उखड़ती हुई सांस की घरघराहट एक सधे हुए संगीत में
बदल जाती है और अव्यस्त कानों को
मौलिक बेसुरेपन का पता तक नहीं चल पाता।

इस आधुनिक युग के संवेदन को लेकर रचित साहित्य को आनन्दमय या सुखमय कहना बहुत मुश्किल हो रहा है। काफ्का, कामू, सार्त्र, बैकेट, मण्टो, जैनेन्द्र, अज्ञेय, मुक्तिबोध, रघुवीर सहाय, सर्वेश्वर दयाल सक्सेना, धूमिल, धर्मवीर भारती, हरि व्यास, राजकमल चौधरी इत्यादि कलाकारों की रचनाएँ पाठकों को विचलित करती हैं। इधर प्रचुर साहित्य पाठक की संवेदना पर मार कर रहा है। यह तो कहा नहीं जा सकता कि यह साहित्य साहित्य ही नहीं है, न यह कहा जा सकता है कि इसमें कहीं विरेचन की तरल आर्द्रता भी है। अस्वस्थ बनाना, मानसिक दृष्टि से विचलित करना, प्रश्नांकित बनाकर गहराई में कुरेदना ही उसका लक्ष्य है। अतः यह सौन्दर्यानुभूति सदैव सुखानुभूति नहीं होती, यह तो हमारा प्रत्यक्ष साक्षात्कारी अनुभव है। अन्य अच्छे शब्दों के अभाव में हम इतना ही कह सकते हैं कि वह कुल मिलाकर एक अनुकूल संवदेना है, क्योंकि अपनी प्रक्रिया में हमें कुछ तल्लीन अवश्य करती है। यहाँ यह स्पष्ट करना होगा कि प्रगल्भ मनुष्य सुख के लिए ही सब कुछ नहीं करता। मूल्यों के प्रति प्रतिबद्ध मनुष्य सुखों को स्वेच्छा से ठुकरा

कर जीवन में दुखों का सामना करना चाहता है। अतः दुख-प्राण होते हुए भी मनुष्य साहित्य क्यों पढ़ता है, यह प्रश्न उतना संगत नहीं है। दूसरी बात यह भी है कि साहित्य या कलाकृति दुख-प्राण होने पर भी अनेक कारणों से पाठक में इतनी अनुकूल अनुभूति पैदा करती है कि वह उसमें अन्त तक रम सके, उसके बोध को तल्लीनपूर्वक झेल सके और प्राप्त बौद्धिक और मानसिक विस्तार के लिए, मूल्यवान अनुभव के लिए दुख का खतरा उठा सके।

सौन्दर्यानुभूति में कल्पना, भावना, स्मृति, बौद्धिकता, रूप-निर्माण की प्रेरणा का कितना स्थान है, इस पर काफी बहसें हुई हैं और अपनी रुचि एवं आग्रह पर किसी एक पक्ष पर बल देकर कला-सिद्धान्त की इमारतें भी खड़ी की गयी हैं, यह सौन्दर्यशास्त्र के सामान्य अध्येता से अपरिचित नहीं है। परन्तु यह तथ्य अस्वीकृत नहीं है कि सौन्दर्यानुभव में इन सभी तत्त्वों का योगदान रहता है। आज के सन्दर्भ में केवल एक प्रश्न उठाया जा रहा है, क्योंकि इधर 'विचार-कविता' नामक एक सतही आन्दोलन हिन्दी काव्य में चलाया जा रहा है। इस बात को कोई इनकार नहीं करता कि जीवन को अपने लिए समझने का प्रयास करने वाले साहित्य में बौद्धिकता न केवल अनुभव का महत्त्वपूर्ण अंग बनकर आ गयी है, बल्कि उसके अभाव में नितान्त वैयक्तिक भावना पर आधारित गीत रचना भी असम्भव है। लेकिन बौद्धिकता या विचार जब अमूर्त अवधारणाओं के रूप में ललित साहित्य में घुसपैठ करने लगते हैं तो वैचारिक गद्य-लेखन और ललित रचना का अन्तर भुला दिया जाता है। दुर्भाग्य की बात यह कि आज विचार-कविता के नाम पर रक्त-मांसहीन अवधारणाएँ काव्य का गौरव चाहती हैं। परिणामतः न अच्छा गद्य मिलता है, न पद्य। इस सम्बन्ध में सुसान लैंगर का एक कथन महत्त्वपूर्ण लगता है–

A work of art is an expressive form created for our perception through sense or imagination, and what it expresses is human feeling. The work 'feeling' must be taken here in its broadest sense, meaning *everything that can be felt* from physical sensation, pain and comfort, excitement and response, to the most complex emotions, intelletual tensions or the steady feeling tones of a conscious human life—(**'Problems to art')**

इस समावेशक में human feeling और उसके अर्थ विस्तार में प्रविष्ट 'everything that can be felt' शर्त महत्त्वपूर्ण है।

सशक्त सामाजिक कविता में कितनी सर्वसमावेशकता और प्रभावकारिता आ सकती है और बौद्धिकता, कल्पना और भावना का किस तरह प्रखर रसायन उपजता है, इसका एक उदाहरण प्रस्तुत है : राजेन्द्र किशोर की कविता 'मजबूरी'।

मजबूरी

"यह बच्चा कैद हो गया है
खुद अपनी ही बनायी हुई तस्वीर के घर में
जिसमें न दरवाजे हैं न खिड़कियाँ।
यह बच्चा गालियाँ बक रहा है विरासतवाली
सर पटक रहा है अन्धाधुंध कागजी दीवारों पर
दरअसल क्या हो रहा है यह एक तिलस्मी सवाल है
मगर जाहिर है भीतर ही भीतर टूटना-टूटना।
मैं कैद न होता तो बहुत कुछ करता
जैसे मैंने बापदादों से सीखकर उसे सिखा दिया था
कागज पर बनाना अपना कैदखाना।"

यह कविता एक विवश बच्चे का बिम्ब खड़ा कर प्रतीकात्मक अभिव्यक्ति देती है। उस समस्त मजबूरी को जो हमारे सांस्कृतिक और सामाजिक परिवेश का भी परिणाम है और हमारी चारित्रिक दुर्बलता का। समस्त पीढ़ियों का यह कैदखाना हमारे जीवन की गतिहीनता और नीरस, विवश, अवस्था एवं एकरसता को उघारता हुआ हमारी संवेदना को झिंझोड़ देता है। अगर यह कविता है तो इसमें सुख और आनन्द कहाँ? भारतीय रस-सिद्धान्त अपनी पारिभाषिक शब्दावली में इसकी व्याख्या किस प्रकार करेगा? खींचातानी करके उसे व्याख्यायित कर भी दिया जाए तो क्या कवि की मूल अनुभूति और उसके काव्यान्तर्गत प्रभाव का वह सही आकलन होगा? अगर यह पूरे परिवेश के प्रति आवेगमय प्रतिक्रिया है तो क्या इसमें प्रचुर बौद्धिकता नहीं है?—यह समस्त अनुभव का चक्रव्यूह है जिसमें हम सब घुस गये हैं और मजबूर हैं : जीने के लिए अपनी सम्भावनाओं की मृत्यु देखते एक निरन्तर टूटते रहने की नियति से अभिशप्त हमारे जीवन की यह यातनामय मजबूरी है। आजकल लिखी जाने वाली तमाम बौद्धिक प्रदीर्घ कविताओं के कथ्य को विलक्षण कसाव में समाहित कर लिखी गयी इस कविता में सर्वाधिक महत्त्वपूर्ण अगर कुछ है तो वह वैचारिक तनाव (intellectual tension) और वह अनुभूत विचार (felt thought) है।

इस कविता के अति संक्षिप्त आस्वादन की वैचारिक तन्द्रा में एक दूसरा प्रश्न सताने लगा है। अब तक का विवेचन सौन्दर्यानुभूति और काव्यानुभूति का पर्यायवाची मानकर ही किया गया है और सामान्यतः एक माना भी गया है। काव्यानुभव को भारतीय अलंकारिकों ने सौन्दर्यानुभव ही माना है, आचार्य रामचन्द्र शुक्ल ने भी सौन्दर्यानुभव ही माना है—"सुन्दर और कुरूप—काव्य में बस ये ही दो पद्म हैं—भला-बुरा, शुभ-अशुभ, पाप-पुण्य, मंगल-अमंगल, उपयोगी-अनुपयोगी—ये सब शब्द काव्य-क्षेत्र के बाहर के हैं। ये नीति, धर्म, व्यवहार, अर्थशास्त्र आदि के शब्द हैं। शुद्ध काव्य-क्षेत्र में न कोई बात भली कही जाती है न बुरी, न शुभ न

अशुभ, न उपयोगी न अनुपयोगी। सब बातें केवल दो रूपों में दिखाई जाती हैं–सुन्दर और असुन्दर।"

इस सौन्दर्य की परिधि में रामचन्द्र शुक्ल ने लगभग मनुष्य जीवन के सभी अंगों को समेट लिया है। "कवि की दृष्टि तो सौन्दर्य की ओर जाती है चाहे वह जहाँ हो–वस्तुओं के रूप-रंग में अथवा मनुष्यों के मन, वचन और कर्म में। उत्कर्ष-साधन के लिए, प्रभाव की बुद्धि के लिए, कवि लोग कई प्रकार के सौन्दर्यों का मेल भी किया करते हैं। राम की रूपमाधुरी और रावण की विकरालता भीतर का प्रतिबिम्ब-सी जान पड़ती है। मनुष्य के भीतरी बाहरी सौन्दर्य के साथ चारों ओर की प्रकृति के सौन्दर्य को भी मिला देने से वर्जन का प्रभाव कभी-कभी बहुत बढ़ जाता है।" यह ठीक है। परन्तु ऊपर उद्धृत राजेन्द्र किशोर की कविता यह चीख-चीखकर कह रही है कि मुझमें सौन्दर्य कहाँ? अपने 'वक्तव्य' में कवि ने स्पष्ट किया है–"इस संग्रह में संकलित कविताओं में सत्य के अतिरिक्त और कुछ भी मेरा कथ्य नहीं है। वह सत्य कभी मैंने अपना मखौल उड़ाकर, कभी अपनी परिवेशगत सजगता के द्वारा और कभी आत्म-मन्थन से उपलब्ध किया है। जो उपलब्ध हुआ है, उसकी अद्वितीयता का मैं साक्षी हूँ और केवल मैं ही उसका पर्याय हूँ।" ऐसा लगता है रामचन्द्र शुक्ल रावण की विकरालता को स्वीकार भी कर लेते थे तो सदाविजयी राम के सुदृढ़ सम्बल पर। राजेन्द्र किशोर जिस 'सत्य' को उपलब्ध कर रहा है, उसमें ऐसा कोई सहारा नहीं है। इस साहित्यिक स्वरूप के बदलाव के भीतर से एक प्रश्न यह उठता है कि क्या काव्यानुभूति के लिए सौन्दर्यानुभूति शब्द पर्याप्त है?

साहित्य से अब फिर साहित्यशास्त्र की ओर चला जाये। इस प्रश्न का एक कारण है–इधर यह प्रश्न कला-आलोचकों को कुरेदने लगा है कि साहित्येतर या काव्येतर कलाओं के सिद्धान्तों के अनुशासन में साहित्य के वस्तुपक्ष पर आक्रमण होता जाता है और साहित्य का अवमूल्यन भी किया जाता है। स्वर्गीय बा.सी. मर्ढेकर के साहित्य और कला सम्बन्धी विचारों से जो परिचित हैं वे जानते हैं कि मर्ढेकर जी ने साहित्य को ऐसे नियमों के अन्तर्गत बांधना चाहा जो साहित्य की प्राणवत्ता का ही गला घोंट रहे थे। फिलहाल इस व्यापक चर्चा में न पड़कर हम ऊपर उठाये प्रश्न का ही कुछ विस्तार करेंगे। उधर काव्यानुभूति में सौन्दर्य ही सौन्दर्य का अधिराज्य देखने वाले स्वर्गीय रामचन्द्र शुक्ल ने कहा है कि "सौन्दर्य की भावना में मग्न होकर मनुष्य अपनी पृथक् सत्ता का विसर्जन करता है", उधर राजेन्द्र किशोर की कविता हमें तल्लीन अवश्य करती है, परन्तु हमारी सत्ता का विसर्जन नहीं होने देती। उसका तो 'सत्य' शब्द भी सौन्दर्यानुभूति में कहाँ तक स्थान पायेगा, यह टेढ़ा प्रश्न है। रामचन्द्र शुक्ल, राजेन्द्र किशोर के 'सत्य' को किस शर्त पर स्वीकर करते? उनका मन्तव्य है–"जिन मनोवृत्तियों का अधिकतर बुरा रूप हम संसार

में देखा करते हैं उनका भी सुन्दर रूप कविता ढूंढ़कर दिखाती है।'' आगे लिखते हैं, ''जो कविता-रमणी रूपमाधुर्य से हमें तृप्त करती है वही उसकी अन्तर्वृत्ति की सुन्दरता का आभास देकर हमें मुग्ध करती है।'' कुल मिलाकर सौन्दर्यानुभूति से जो रमणीयता, मुग्धता, माधुर्य, पृथक् सत्ता के विसर्जन का दिव्य अनुभव—ये अनुषंग जुड़े हुए हैं, उनके कारण आज की कविता के कथ्य को, सत्य को, अनुभव के तीखे और कड़वेपन को समाने में सौन्दर्यानुभूति शब्द शायद असमर्थ हो रहा है।

इधर विभिन्न कलाएँ एक ओर अपना क्षेत्र-विस्तार कर रही हैं। विभिन्न कलाओं के सम्मिश्रण के नये प्रयोग कर रही हैं और उसी समय अपनी आन्तरिक आवश्यकता के फलस्वरूप एक-दूसरे से हटकर अपने क्षेत्र को स्वायत्त भी कर रही हैं। विभिन्न कलाओं के समान नियमों को अन्वेषित करना, उन्हें एक परिवार में समाना मुश्किल होता जा रहा है। चित्र, संगीत, स्थापत्य इन कलाओं का विवेचन रचनावादी तत्त्वों के आधार पर बहुत अधिक सफलतापूर्वक किया जा सकता है, परन्तु मानवीय जीवन और मूल्यों को महत्त्व देने वाली तथा संस्कृति और सभ्यता के गहन सन्दर्भ से सम्पृक्त रहकर समृद्ध बनने वाली साहित्य या वाङ्मय कला के बारे में यह बात नहीं कही जा सकती। विभिन्न कलाओं में खास व्यवच्छेदक लक्षण खोजने का प्रयास सफल होता नहीं दिख रहा है। उसी तरह सभी कलाओं के लिए समान प्रतिमान या निकष खोजना भी असम्भव होता जा रहा है। अतः क्यों न रचना या रूप को प्राथमिकता देने वाली कलाओं के आस्वाद को ही अब सौन्दर्यानुभूति कहा जाये और मानवीय जीवन के स्पन्दन को प्राथमिकता देने वाले साहित्यास्वाद को काव्यानुभूति से अभिहित कर अन्य कलाओं से उसके संसार को स्वतन्त्र कर दिया जाये। वैसे आज का युग भी तो विभक्त परिवार और विभाजित मनुष्य-व्यक्तित्व का युग है। साहित्य की समृद्धि की सम्भावनाएँ इस स्वतन्त्र, स्वायत्त संसार में ही दिखती हैं। लेकिन यह स्वायत्त संसार भीतर से हमारी सामयिक दुनिया से हमारे व्यावहारिक जीवन से गहन स्तर पर जुड़ा हुआ है।

कवि व्यक्तित्व की पहचान

जीवन्त परम्परा और सशक्त नवीनता का उज्ज्वल उन्मेष
(धर्मवीर भारती की कविता का विश्लेषण)

नयी कविता की चर्चा करने के उत्साह में नयी कविताओं के प्रवर्तकों द्वारा जितना बल काव्य की नवीनता, सामयिकता और आधुनिकता पर दिया गया उतना नयी कविता को परम्पराओं से जोड़नेवाली कड़ियों पर नहीं दिया गया। नयी कविता के समर्थकों ने परम्परा को नितान्त अवहेलित किया हो सो तो नहीं है, परन्तु परम्परा की चर्चा हाशिये पर ही रही। परम्परा से जुड़ने वाली नयी रचनाओं की चर्चा करते समय भी उनसे व्यंजित या सृजित नये अभिप्रायों एवं अर्थों को ही उत्साह से विशद किया गया। आधुनिकता या नवीनता के मोह का यह परिणाम था। यद्यपि नवीनता और परम्परा के जीवन्त सम्बन्ध को टी.एस. इलियट ने अप्रतिम ढंग से प्रस्तुत किया था और उसके प्रभाव से वैचारिक धरातल पर अलग रहना कठिन था फिर भी ललित कृतियों की प्रत्यक्ष समीक्षा में परम्परा और नवीनता के सम्बन्ध सूत्रों का अन्वेषण प्रायः कम ही किया गया। नयी कविता का विरोध करने वालों से तो यह उपेक्षा करना ही व्यर्थ था कि वे परम्परा और नवीनता का आन्तरिक सम्बन्ध रचनाओं के आधार पर देखने का प्रयत्न करें। इनके पास 'पाश्चात्यों का अन्ध अनुकरण, भारतीय परम्पराओं की अवमानना', 'सामाजिकता अथवा जनकल्याण की उपेक्षा', 'अतिव्यक्तिवाद', 'कुण्ठा', 'अश्लीलता', 'बौद्धिकता की प्रचुरता और दुर्बोधता', 'आरोपित मनःस्थितियाँ' इत्यादि कुछ लाठियाँ थीं जिनका उपयोग नयी कविता के अध्ययन में किया गया। नयी कविता के विरोध में 'किसम किसम' के आन्दोलन खड़े करने वालों के पास इतना शायद समय ही नहीं था या आवश्यकता ही नहीं थी कि विरोध के लिए ही सही नयी कविता का अध्ययन रचनाओं के

आधार पर किया जाये। नयी कविता को छायावाद का 'एक्स्टेन्शन' समझने में उन्हें एक सुविधा-सी लगी। अब शायद नयी कविता के समर्थक भी नयी कविता की परम्परा से जुड़े हुए सम्बन्ध सूत्रों को देखने में संकोच नहीं करेंगे क्योंकि लगता है 'आधुनिकता', 'नवीनता' इत्यादि शब्दों के प्रति मोह कुछ कम हो गया है और परम्परा शब्द अब उतना संकोच नहीं उत्पन्न करता। कुछ समय के व्यवधान के कारण भी हम इस स्थिति में आ गये हैं कि मुड़कर तय किये रास्ते को तटस्थतापूर्वक देख सकें। कविता की सही परख के लिए तथा उसके निष्पक्ष मूल्यांकन के लिए भी यह आवश्यक है।

भारती उन रचयिताओं में से हैं, जिनमें नये को, आधुनिक और सामयिक को ग्रहण करने में झिझक नहीं है, परन्तु जिनके मन में परम्परा से अपने सम्बन्ध की तलाश की प्रक्रिया एक अत्यन्त गहरे वैचारिक और भावनात्मक स्तर पर अनिवार्य रूप में चलती रहती है और रचनाओं के माध्यम से व्यक्त होती रहती है। सम्भवतः नये कवियों में भारती की कविता इस दिशा में विवेचन करने की सर्वाधिक सुविधा भी देती है और उनके काव्य की वह मांग भी है।

नया कवि या कोई भी कवि अपनी परम्परा से जुड़ा हुआ है, यह किन सूत्रों के आधार पर परखा जा सकता है? वस्तुतः यह प्रश्न अलग ढंग से रखना चाहिए। सामान्यतः क्या कोई भी रचयिता परम्परा से गहन स्तर पर जुड़ा हुआ होता ही है, परन्तु नवीनता के उत्साही स्वागत में वे सूत्र भुला दिये जाते हैं। इसीलिए प्रश्न इस ढंग से रखा गया है। वस्तुतः यह प्रश्न भारतीय सांस्कृतिक और साहित्यिक परम्पराओं के वैचारिक ऊहापोह के जंगल में ले जाता है। हम यहाँ व्यावहारिक समीक्षा के सन्दर्भ में ही अपनी बात को सीमित करना लेख के विशिष्ट उद्देश्य से आवश्यक समझते हैं। कवि भी भाषा अर्थात् भाषा का परम्परागत व्याकरण, (काव्य भाषा की छूट को ध्यान में रखते हुए भी) अलंकरण की विधियाँ, बिम्बों और प्रतीकों का सांस्कृतिक परिवेश से लगाव, शब्दचयन में परम्परागत संस्कारों की कवि द्वारा रखी गयी प्रतिष्ठा, भाषा की ध्वनिगत समृद्धियों का उपयोग, छन्द, लय का ताल और शब्दमैत्री का परम्परा से अनुमोदित प्रयोग—ये कुछ मुद्दे हैं जिन पर किसी भी कवि की परम्परा और नवीनता की परीक्षा की जा सकती है। वस्तुतः काव्य में अनुभव की अभिव्यक्ति के रूप को भी परम्पराओं के कारण विशिष्टता मिलती है। हमारी भावात्मक एवं वैचारिक प्रतिक्रियाओं का परम्परा से गहन सम्बन्ध है, प्रेम और घृणा की, विरह और शृंगार की, खीझ और गुस्से की काव्यात्मक अभिव्यक्ति साहित्यिक परम्परा के सन्दर्भ में ही आस्वादनीय हो सकती है। कवि अपने सांस्कृतिक इतिहास की धरोहर का उपयोग अपने अभिप्राय को व्यक्त करने के लिए करता है—मिथक, सांस्कृतिक बिम्ब, ऐतिहासिक घटनाएँ इत्यादि बातों का प्रचुर समावेश—कवि के परम्परा-मान का द्योतक है। यह समावेश या उपयोग

नकरात्मक या सकारात्मक किसी भी रूप में किया जाता है।

भारती की कविता में शब्दों के संस्कारों का प्रायः सर्वत्र सम्मान ही रखा गया है। आत्मा, अर्चना, समर्पण, देवता, बांसुरी, मोहन, सुरबाला, आँचल, स्वर्ग, गंगा-यमुनी, चन्दा के रथ का मृगछौना, आरती इत्यादि 'ठण्डा लोहा' में आने वाले शब्द अपने परम्परागत संस्कारों से कहीं विद्रोह नहीं करते और उपर्युक्त सभी शब्द भारतीय संस्कृति में महत्त्वपूर्ण हैं। 'सात गीत वर्ष' में निश्चय ही मनःस्थिति बदल गयी है। वह सहज समर्पित उच्छल और उन्मुक्त प्रेम यथार्थ की आँच में पिघल गया है। कवि कैशोर्योचित प्रेम भावना की असलियत समझ गया है। सामाजिक और वैयक्तिक जीवन में झूठ, मूल्य भ्रष्टता और जीवन की बढ़ती जटिलता ने उसे प्रताड़ित किया है। अब कविता उसके अन्तर के भावोत्कट क्षणों की अबाधित अभिव्यक्ति न रहकर उसके प्रौढ़ मस्तिष्क और वयस्क हृदय की शंकाओं, व्याकुलताओं, परेशानियों, वंचित होने के दुखों और निर्वासित अकेले पड़ जाने के कटु अहसास से ऊपर से गतिरुद्ध परन्तु भीतर से गहनता के स्तर को छूने वाली प्रश्नबहुला हो गयी है। अब प्रकृति की रंगमयी, रसमयी छवियाँ उसके लिए सहज आकर्षण की वस्तु न रहकर थके मन और ऊबे क्षण का सहारा हो गयी है। 'नवम्बर की दोपहर', 'फागुन के दिन की एक अनुभूति', 'मेघदुपहरी', 'कस्बे की शाम' आदि सात गीत वर्ष की कविताएँ इसको उद्धृत करती हैं। परन्तु 'सात गीत वर्ष' में भी कवि शब्दों के परम्परागत संस्कारों से प्रायः नहीं टकराता दीखता। हाँ, 'प्रभु' अब कवि की व्यंग्यात्मकता का आधार अवश्य बनता है, परन्तु ऐसे शब्द विरल हैं।

भारती की गीत रचना में गाँव या कस्बे के जीवन के कई मधुर स्मृत्यात्मक बिम्ब रह-रहकर आते रहते हैं और समकालीन कवियों की कविता में नवीनता की शोरगर्मी और आधुनिकता के मोह के बावजूद भारती की कविता में ये बिम्ब सहज अकृत्रिम और बेझिझक रूप में प्रयुक्त हैं। 'डोले का गीत' गाँव के जीवन से गहन स्तर पर जुड़ा हुआ कवि ही लिख सकता है। 'शरद के चाँद से उजले धुले पाँव' 'लहर पर नाचते ताजे कमल की छाँव', 'रोशनी के फूल हरसिंगार से', 'अर्चना की धूप सी तुम गोद में लहरा गयी', 'सोनजुही की पंखुरियों से गुंथे 'ये दो मदन के बाण' इत्यादि कतिपय बिम्ब (तुम्हारे चरण) भारती की प्रकृति के प्रेम को सूचित करते हैं। भँवरों की पातें, चम्पई वृक्ष, पुरवैया की मृदुल हिलोरें, हाँकी हुई गायें, रंभायें, तड़पती पंगडंडियाँ, बँसवट से एक पीली-सी चिड़िया, 'बन-तुलसा उग आयी' 'तोता पंखी किरनों में हिलती बांसों टहनी', आज खा गया बछड़ा माँ की रामायन की पोथी, हरी बांसुरी को आयी है मोहन के होंठों की याद, कुंजों में छिप-छिपकर छेड़ रहा, दोशीजा कलियों को फागुन, गोधूली की आखिरी किरन, केसर की साँस, सोलह मधुमास, आरती के दीपकों का झिलमिलाती छाँह में बांसुरी रक्खी हुई ज्यों भागवत के पृष्ठ पर, अटल प्यार का दीप, मन-मन्दिर-दीप, 'सहमी दुबकी गौरैया

सी' इस प्रकार के अनगिनती उल्लेख भारती की 'ठण्डा लोहा' की कविताओं में बिखरे पड़े हैं जो उनकी मानसिकता की बनावट को खोलती हैं।

अपनी धरती से अकृत्रिम रूप में जुड़ा हुआ यह व्यक्ति प्रकृति और संस्कृति के कतिपय घटकों का काव्यात्मक उपयोग अपनी रचनाओं में सहज रूप में करता है और जब नागर जीवन की दांभिकता रेलगाड़ी की भांति उसके जीवन में प्रवेश कर उसके भाव-विश्व को झकझोर देती है तब मुड़-मुड़कर पूर्व-जीवन की छवियों में यह कवि रस लेना चाहता है। 'नवम्बर की दोपहर' में कवि अपनी मनःस्थिति को व्यक्त करता हुआ लिखता है। सांझ हुए हंसों-सी दोपहर पांखें फैला/नीले कोहरे की झीलों में उड़ जाएगी/यह है अनजान दूर गाँव से आयी हुई रेल के किनारे की पगडण्डी/कुछ क्षण संग दौड़-दौड़/अकस्मात् नीले खेतों में मुड़ जाएगी—''रेल और किनारे की पगडण्डी के साथ बहुत नहीं चलता और कवि को गाँव से आयी पगडण्डी के नीले खेतों में मुड़कर अदृश्य होने का बड़ा दुख है जो 'सात गीत वर्ष' की कविताओं पर छा गया है। यह गाँव की पगडण्डी बार-बार भारती को मसोसती रहती है। इसी सन्दर्भ में उनकी कविता 'फागुन के दिन की अनुभूति' कवि के निर्वासन होने की अनुभूति को कुछ कलात्मक बिम्बों और प्रतीकात्मक स्थितियों से युक्त विभावन देकर उसके अकेलेपन का मर्मभेदी बोध व्यंजित करती है—इसमें भी ट्रेन है और लोखरिया भी। कवि खेद करता है—यह पगडण्डी, यह गाँव के खेत, सुग्गों के हरे पंख/गति जीवन/सबका सब और किसी का/मेरा है केवल निर्वासन, निर्वासन.../इसीलिए कवि 'कस्बे की शाम में शाम के उतरने का ठोस, भाव-गहन और चित्रमय वर्णन करता हुआ अनुभव करता है : लगता है इन पिछले वर्षों में/सच्चे झूठे/, मीठे-कड़वे संघर्षों में/इस घर की छाया थी छूट गयी अनजाने/जो सब झुककर मेरे सिरहाने—कहती है, "भटको बेबात कहीं/लौटोगे अपनी हर यात्रा के बाद यहीं/" अपनी सरल, सादी, प्राकृतिक और मानवीय सौन्दर्य से लदी भरी जमीन को छोड़ नागरजीवन की यान्त्रिकता में आ पड़ने का दर्द बार-बार कवि को व्यथित करता है। यह दर्द कभी पूर्विल जीवन की व्याकुल करने वाली स्मृतियों के मीठे ढंग के रूप में व्यक्त होता है तो कभी नागर जीवन की प्रश्नाकुलता से आक्रान्त होने के रूप में।

भारती की कविता में एक स्वर उन्मुक्त प्रेम का है। इस प्रणय में छायावादी कवियों की भांति लुकाव-छिपाव नहीं है, अपने को और दूसरों को धोखा देने वाला उदात्तीकरण नहीं है और साथ-साथ प्रणय के वासनामय होने के कारण कहीं भी अपराध भावना नहीं है। सामाजिकता के दबाव का कहीं भय भी नहीं है। उल्टे एक चुनौती है। प्रणय के अन्तर्गत स्त्री-पुरुषों के शरीर आकर्षण को एक सहज, प्रकृत और स्वस्थ संवेग के रूप में स्वीकार किया गया है। प्रणय में गजब का आत्मविश्वास और आवेश है। भारती की कविता में स्त्री-पुरुष के देह धर्म का (बशर्ते

उसका आधार प्रणय हो—मात्र पशु सदृश वासना का संस्कारहीन रूप नहीं) जो उत्कट अभिनन्दन है वह कम कवियों में मिलता है। इस उन्मुक्त, आवेशयुक्त प्रणय में भी भारतीय परम्परा के कतिपय घटक अन्तर्भुक्त हो गये हैं। प्रकृति के उपादान सहज रूप में प्रणय के सन्दर्भ में उपयोजित हुए हैं—उनकी प्रेयसी 'अर्चना' के धूप-सी 'गोदी में लहराएगी, उसके चरण' शरद के चाँद से उजले धुले, या ताजे कमल की छाँव से होंगे। भारती का भारतीय मानस प्यार के उत्कट क्षणों में समर्पण की आवेगमयी लहर से पल्लवित होकर अनुभव करता है—"ये बड़े सुकुमार, इनसे प्यार क्या? ये महज आराधना के वास्ते" इन्हें स्वर्ग शब्द से परहेज नहीं—'स्वर्ग के दो गान मेरी गोद में।' प्रार्थना की कड़ी के समस्त बिम्ब और प्रतीक हमारी सांस्कृतिक परम्परा के उपादान हैं—प्रार्थना, आशीर्वाद, वैराग्य का सन्देश, अर्चना को धूप, पूजा-सा रूप इत्यादि—वही आत्मसमर्पण की पवित्र भावना।

'सात गीत वर्ष' में 'ठण्डा लोहा' का वह उन्मुक्त, मादक, मांसल प्रणय जीवन की वास्तविकता में पिघल गया है। वैसे इसके चिह्न 'ठण्डा लोहा' में भी मिलते हैं। अब कविताओं में वह बहाव, वह उन्मुक्त गीत और बेहोशी नहीं है। कवि के प्रौढ़ व्यक्तित्व ने स्वर को संयत किया है, शब्दों की योजना में अधिक मितव्यतता आयी है, बिम्बों के निर्माण में अधिक कलात्मक स्वचेतनता और जागरूक शिल्प विषयक बोध का प्रत्यय मिलता है। आत्म-प्रकाशन का महत्त्व इस समय भी है परन्तु कवि अल्पकथन और संयत स्वर (Under tone) का महत्त्व जान गया है। आवेगमय बिम्ब विस्फोट की अपेक्षा महत्त्वपूर्ण बिम्बों को प्रभावपूर्ण ढंग से नियोजित करने की कला में सिद्धहस्त हो गया है—नयी कविता की शिल्प विषयक जागरूकता ने कवि को यह कलात्मक बोध दिया है। उसके बिम्बों में रंगों का भड़कीलापन नहीं है, आन्तरिक दीप्ति और लावण्य है। यथार्थबोध ने जैसे सोने के हंस के पंखों को थका दिया है। 'आज हरी वेला में/दर्द ने मुझको/और दोपहर ने तुमको/तनिक और भी थका दिया/शायद यह तिलमिल कर पकना रह जायेगा/" भारती की प्रणय कविता में भारतीय सांस्कृतिक घटकों के सन्निवेश का उल्लेख किया गया है—'केवल तन का रिश्ता' में इसी प्रणय की प्रौढ़ परिणति इसी प्रकार होनी थी—"तन का—केवल तन का रिश्ता भी मांसलता से कितना ऊपर उठ जाता है। अब यह जूही के फूलों सा तन नहीं रहा/पर इसमें पहले से कहीं अधिक जादू है/" गृहस्थ-जीवन और पति-पत्नी का दृढ़ बन्धन भारतीय परम्परा का एक महत्त्वपूर्ण घटक है और इसकी व्यावहारिकता की शिलाओं के नीचे ध्येयोन्मुखता और मुक्त स्वतन्त्र जीवन जीने की आकांक्षाओं की हरी घास दब जाती है। भारती ने एक कविता में इसका सुन्दर चित्रांकन किया है, परन्तु तोड़-फोड़ के बदले व्यंग्यात्मक रूप में क्यों न हो, स्थितियों से समझौता कर जीने की विवशता व्यक्त हुई है। व्यंग्यात्मकता का यह ऊपर से हल्का परन्तु भीतर से भरा-पूरा वार उल्लेखनीय

है—"यह ऊन-सलाई के फन्दे से/जीवन का ताना-बाना बुनने वाली/फिर सेज-पलंग, ढीले तन, चुम्बन आलिंगन पर/ये सारे ये सारे चाँद-सितारे इन्द्रधनुष बिक जाते हैं।" उसका व्यंग्यात्मक अन्त तो रिसते जख्म पर कड़वी बूंद के समान पड़कर तिलमिला देता है : "पर जाने दो/ये भारी भारी बातें हैं/कुछ अपने मन से हल्की-फुल्की बात करो/किस रंग की लच्छी से पल्ला काढ़ोगी, सच कहता हूँ/कन्धे का यह कत्थई फूल/गोरी-गोरी बाँहों पर बेहद फबता है/तुम चुप क्यों हो/कुछ बात करो/आखिर कल तो ये बातें तुमसे और किसी से होंगी ही!" (यह आत्मा की खूँखार प्यास)

भारती की कविता में 'ठण्डा लोहा' में भी अन्तर्द्वन्द्व का एक करुण और दर्दीला स्वर उभरता रहता है। आदर्श और यथार्थ, सपने और वास्तविकता, उन्मुक्त प्रणय और व्यावहारिकता की ठण्डी गीली जमीन, भव्य जीवन की आकांक्षा और पैरों तले से खिसकती धरती, अर्चना के फूल और अर्थी पर फेंके जाने वाले फूल—इनके बीच की रस्सीखेंच भारती की कविता में व्यक्त हुई है। 'बातचीत का टुकड़ा' में व्यक्तित्व का गला घोंटकर दुनिया की व्यावहारिकता जिन्दगी में एडजस्ट करने की विवशता की खीझ ने अजीब व्यंग्यात्मक रुख अख्तियार किया है। लेकिन बीच में अकेले झील के किनारे पर उसके साथ कोई गहराइयों में बात करता चलता है तो उदासी में भी बल मिलता है। भारती ऊबड़-खाबड़ घाटी में घनी बर्फ की पगडण्डी पर ईमानदारी से चलने वाली युधिष्ठिर के काले कुत्ते-सी परछाई को समझाने का प्रयत्न करते हैं—"इस पथ पर मानव की घायल आत्मा सदा अकेली जाती/सत्य जीत कर वापस आती या हिमशिखरों पर गल जाती" ऐसे पथ पर—"आखिर कब तक संग निभायेगी तू मेरा—ओ मेरी परछाँही मेरा साथ छोड़ दे।" श्रेय के पीछे निस्संग होकर निकट पड़ने वाले अन्वेषी की दुर्द्धर्ष ध्येयोन्मुखता प्रकट हुई है जो अपनी आवेगहीन निश्चयात्मकता, अँधेरे भविष्य में धंसते जाने का संयत परन्तु दृढ़ संकल्प, संघर्ष के विफल होने की सम्भावना से भी विचलित न होने की प्रौढ़ निर्णयात्मकता के कारण मूल्यवान बन गयी है। भयावह स्थितियों के साथ टूटा पहिया लेकर भी लड़ने की जो आकांक्षा व्यक्त होती रहती है—'फूल, मोमबत्तियाँ, सपने' में, वही सर्जनशीलता में आस्था के रूप में प्रकट हुई है। रह-रहकर गतिरोधी शक्तियों के खिलाफ आवाज बुलन्द करने का यह आशावाद आरोपित नहीं लगता। अन्तस्तल में से यह फूट निकलता है जैसे पत्थरों के नीचे दबे जल की धारा उछलकर फूट पड़ती हो/कविता की मौत में भी यह आस्था सहज रूप में व्यक्त होती है—"सृष्टि के आरम्भ से चलती हुई/प्यार की हर साँस पर पलती हुई/आदमियत की कहानी मर गयी झूठ है यह/आदमी इतना कमजोर है/पलक के जल और माथे के पसीने से सींचता आया सदा जो इसलिए कि भूख, खूँरेजी, गरीबी हो मगर/आदमी के सृजन की ताकत/इन सबों की शक्ति के ऊपर/और कविता सृजन की आवाज

है/" कवि और अनजान पगध्वनियों में भी ठण्डे पड़ने वाले कवि को अनजान पगध्वनियाँ उत्साह देती हैं। मनुष्य की सर्जनशीलता में यह आन्तरिक विश्वास कहाँ से उत्पन्न होता है? मरण के बाद भी पुनर्जन्म के तत्त्व में आस्था रखने वाले भारतीय मानस के अवचेतन में तो यह सहज विश्वास नहीं व्याप्त हुआ है? इसको अस्वीकार करने में संकोच क्यों हो?

'सात गीत वर्ष' में भारती की कविता में अनाम उदासी, निष्फल प्रेम की व्यथाभरी स्मृतियाँ, उचटे मन की व्याकुलता या यान्त्रिक होते जाने की उकताहट, थकान इत्यादि मनःस्थितियाँ व्यक्त हुई हैं जिनके मूल में आधुनिक सचेतन कलाकार की अन्तर्मुखता है। कभी लगता है दर्द को उखाड़ फेंकने की अपेक्षा अथवा उसके दूर होने की अशक्यता देखकर ही यह कवि पीड़ा की मनःस्थितियों को भोगना चाहता है--इसमें उसे एक रस मिल रहा है। कड़वाहट का जायका लेने की इच्छा कभी आत्महनन अथवा अपने से ही बदला लेने की प्रवृत्ति से उत्पन्न होती है। 'शाम : दो मनःस्थितियाँ', 'धुंधली नदी' में कविताएँ इसको प्रमाणित कर सकती हैं।

इन कविताओं में प्रश्नाकुलता और व्यंग्य का स्वर अधिक प्रबल हो जाता है--प्रश्नाकुलता जिन्दगी की सामयिक अव्यवस्था, मूल्य-भ्रष्टता के बीच मानव को लेकर। वैयक्तिक सुख-दुख और सामूहिक गति इनमें से किसको वरण किया जाये, इसके बारे में अनिर्णय की स्थिति में प्रश्नाकुलता की गहरी छटपटाहट 'जिज्ञासा' में व्यक्त हुई है। 'नया रस', 'संक्रान्ति', 'पराजित पीढ़ी का गीत', 'कौन चरण' इत्यादि कविताओं में तरुण पीढ़ी के दिक्भ्रम के, पराजय के, घुटन और लक्ष्य भ्रष्टता के, जर्जरता के स्वर सशक्त रूप में व्यक्त हुए हैं। सामयिक परिवेश की यह प्रतिक्रिया कवि के यथार्थबोध की परिचायक है। सामाजिक और राजनीतिक विद्रूप को सांस्कृतिक बिम्बों के माध्यम से भारती व्यक्त करते हैं तो उनमें गजब की व्यंग्यात्मकता पैदा होती है। अधिकार, न्याय, नाम, सत्ता, सम्पत्ति के प्राप्त होने पर आदमी अन्दर से कितना खोखला और बाहर से कितना चाकचिक्य और आडम्बर युक्त होता है, यह हमारे सामाजिक एवं राजनीतिक जीवन का दर्दनाक सत्य है। भारती ने 'बाणभट्ट' में इसका कलात्मक अंकन किया है, जो दूर तक व्यंग्य के स्तर पर प्रभावित करता है। 'बृहन्नला', 'टूटा पहिया', 'एक अवतार में' इत्यादि कविताओं में सांस्कृतिक मिथकों का विशद उपयोग किया गया है। वैसे 'यक्ष का निवेदन', 'निराला के प्रति', 'कविता की मौत' में आए विभिन्न बिम्बों से भारती की परम्परा के प्रति गहन संसक्ति का पता चल जाता है--पौराणिक या सांस्कृतिक ऐतिहासिक घटनाओं, व्यक्तियों अथवा किंवदन्तियों का सटीक और सामयिकता के अनुकूल प्रयोग भी एक प्रकार से परम्परा के प्रति संसक्ति का ही रूप है, फिर वह अपने में कितनी ही वक्रता, विरोध और व्यंग्य क्यों न लेकर आये।

'सात गीत वर्ष' की बिम्ब योजना अधिक उद्देश्यमूलक, सुनियोजित और प्रभावपूर्ण हो गयी है—'ठण्डा लोहा' के सहज, उच्छल, उद्दाम आवेग की जगह स्वचेतन परन्तु अकृत्रिम कला की सफाई और सूक्ष्म फनकारी ने ग्रहण की है। 'दिन ढले की बारिश', 'ढीठ चाँदनी', 'आँगन बेली', 'अँधेरे का फूल', 'शाम एक थकी लड़की', 'घाटी का बादल' इस सन्दर्भ में विश्लेषणीय कविताएँ हैं।

'सात गीत वर्ष' में संग्रहीत 'प्रमथ्यु गाथा' अनेक कार्यों को एक साथ व्यंजित करने वाली एक सशक्त प्रतीक कथा कविता है और भारती की परम्पराओं की ओर देखने की दृष्टि भी इसमें जाने-अनजाने सूचित हो गयी है।

द्युपितर की अवज्ञा कर उसके महलों से अग्नि छीन लाने का साहस प्रमथ्यु ने किया। यह द्युपितर के मानव अस्तित्व के नक्शे को चुनौती थी। भारती ने उस घटना से सम्बद्ध विभिन्न पात्रों की मनःस्थितियों को इने-गिने शब्दों में वाणी देकर सशक्त कविता लिखी है। दासता, कायरता, भय, आतंक और अँधेरे से भरे जीवन में अपनी प्रतिभा से स्वातन्त्र्य और प्रकाश लाने वाली प्रतिभाओं को (फिर वह वैज्ञानिक क्षेत्र में हो या कला और सांस्कृतिक क्षेत्र में हो।) प्रमथ्यु के समान ही साहस भी करना पड़ता है और दण्डित होकर दारुण पीड़ा भी भोगनी पड़ती है और यह सब जिस जनसाधारण के लिए किया जाता है वह तमाशबीन की तरह मसीहा की मर्मान्तक पीड़ा को देखती भी है और सम्भव हो तो साहसिकों के कार्य से लाभ उठाने से भी बाज नहीं आती। साक्रेटिस, मार्क्स जैसे दार्शनिकों, ईसामसीह और किंग लूथर जैसे धार्मिकों, महात्मा गांधी जैसे लोक-नेताओं और गैलीलिओ जैसे वैज्ञानिकों को इसी नियति को भोगना पड़ा। कवियों और कलाकारों को भी, जो लीक से हटकर चलते हैं, यही जहर पीना पड़ता है जो प्रमथ्यु को पीना पड़ा। सम्भवतः इसीलिए प्रमथ्यु का मिथक प्रतिभावान कवियों के लिए जबरदस्त आकर्षण का विषय रहा है। भारती ने जनसाधारण और गृद्ध के वक्तव्य द्वारा इस मिथक को अनेक नये आयाम दिये हैं। प्रतिभा द्वारा अन्वेषित 'सत्य' का अपने स्वार्थ के लिए उपयोग निर्लज्ज रूप में करते हुए भी जनता कृतघ्नता से ही पेश आती है—मानवीय प्रतिभा की ट्रेजिडी का यह एक रूप है। जनता की कृतघ्नता और स्वार्थ-परायणता पर व्यंग्य करते हुए गजब का तीखापन संयत रूप में व्यक्त हुआ है—'मुझसे ये सुबह-शाम चूल्हा सुलगाएँगे/शय्या गरमाएँगे/सोना गलाएँगे/और जरा-सा मौका पाते ही/अपने पड़ोसी का सारा घर फूँकेंगे।' दूसरी ओर गृद्ध उन गुरुजनों का प्रतीक है जो सद्भावना युक्त हैं, परन्तु स्वयं निःशक्त हैं और कायर भी। ये साहसिकों को विचारों से उत्प्रेरित करते हैं, परन्तु इनके अस्तित्व का मूल्य एवं महत्त्व साहसी शिष्यों के खून पर ही निर्भर है। यह कुछ ऐसी स्थिति है जो कौरवों का अन्न खाने वाले भीष्म और द्रोण की है, जो न्याय और सत्य का साथ नहीं दे सके, परन्तु जिनका महत्त्व कर्ण और अर्जुन द्वारा बहाये खून पर टिका

है। ज्ञानी परन्तु कायर चिन्तकों की या बुद्धिजीवियों की स्थिति को यह गृद्ध प्रतीकित करता है। स्थिति का करुण पहलू यह है कि प्रमथ्यु के मन में इनके प्रति जहर नहीं होना चाहिए, क्योंकि उसी का रक्त इन्हें पीना है। यह काव्यात्मक स्थिति अपने आप में इतनी सघन एवं जटिल हो गयी है कि भारती की कवित्व-शक्ति से चमत्कृत होना पड़ता है। इसके बाद प्रमथ्यु का उदार, दानी, अपार सहनशील, आत्मविश्वासी, मानव मंगल के प्रति प्रबल आशा से समर्पित, दायित्व भावना से पीड़ा भोगने वाला विराट व्यक्तित्व कुछ इने-गिने वाक्यों में भारती ने अंकित किया है। यह 'दीर्घ कविता' निश्चय ही विविध अर्थों के समावेश से गरिमामय, विविध सूचनाओं से शक्तिपूर्ण, आन्तरिक उद्दीप्त ताप से विलक्षण रूप में सरस बन गयी है। इसमें से फूट-फूटकर निकलने वाली विविध भाव-प्रवृत्तियों के लिए एक अलग लेख लिखना होगा।

भारती परम्परा के अध्येता हैं, अपनी प्रतिभा से परम्परा से प्राप्त मिथकों को वे नये-नये अर्थों से संपृक्त कर मानव की आधुनिक पीड़ा, समस्याओं और जटिलता को काव्यात्मक स्तर पर वहन करने के लिए उन्हें सशक्त साधन बनाते हैं। परम्परा पर आघात करने के लिए विवश होते हुए भी परम्परा के निर्जीव एवं सजीव पहलुओं को सजग रूप में देखना नितान्त आवश्यक समझते हैं—गुरु द्रोण पर शरसंधान करने के पहले सव्यसाची की भाँति गुरु के चरणों में नत होना उन्हें सहज हो गया है। परम्परा में जो श्रेय है, उसे स्वीकारना अपना कर्त्तव्य समझते हैं। प्रमथ्यु स्वीकार करता है कि वृद्ध गृद्ध ने उसे अग्नि लाने की प्रेरण दी थी। अपना खून पीने वाले और अपरिसीम दारुण पीड़ा देने वाले वृद्ध गृद्ध के प्रति उदार भाव से प्रमथ्यु कहता है—"गुरुजन हो/मेरी शिराओं में रक्त बह रहा है तुम्हारा ही/जी भर पियो/" परम्परा पर जी भर आवश्यक आघात करते समय भी यह कैसे भूला जा सकता है कि धमनियों में बहने वाली परम्परा के खून के साथ विद्रोह करना आत्महत्या है—एक विकृत मानस की कुण्ठा है। फिर एक स्तर पर क्या पुरानी गुरु-पीढ़ी के प्रति भारती की पीढ़ी की लगभग यही भावना नहीं थी? यह दृष्टि भारती के समस्त साहित्य की शिराओं में व्याप्त है।

भारती की अपनी परम्पराओं के प्रति आस्था का प्रमाण उनकी श्रेष्ठ रचनाओं, 'अन्धायुग' और 'कनुप्रिया' की आधार भूमि को देखकर ही मिलता है। यह आधार हमारी पौराणिक सांस्कृतिक घटनाएँ एवं स्थितियाँ हैं। सामयिक जीवन की अव्यस्था, उससे उत्पन्न मूल्य विषयक गड़बड़ी, आशंका, हताशा, भविष्य के प्रति निराशा, खीझ, गुस्सा, किंकर्त्तव्यविमूढ़ता इत्यादि भाव, चिन्तन की द्वन्द्वात्मक जटिल स्थितियाँ, संघर्ष और तनाव इत्यादि बातों को व्यक्त करने के लिए महाभारतकालीन परिदृश्य चुनना भारती का परम्परा के प्रति जागरूक, जीवन्त और गहन आसक्ति का परिणाम है। हमारी परम्पराओं में जो कुछ भव्य, दिव्य एवं श्रद्धेय है, उसकी

आज की स्थिति में विडम्बना देखकर आवेशयुक्त और भावुक होने वाली भारती की वाणी इसी को रेखांकित करती है।

1954 'अन्धायुग' का रचनाकाल है। उस समय भारतीय वैचारिक वातावरण में जो समस्याएँ चिन्तकों को विचलित किये थीं उनको ध्यान में रखने पर 'अन्धायुग' के कतिपय पहलुओं पर प्रकाश पड़ सकता है। वैयक्तिक संवेदन से उपजा हुआ अनुभव ही सत्य है अथवा 'सत्य' के लिए अधिक व्यापक, अधिक वस्तून्मुखी, अधिक युक्तिसंगत मूल्यश्रेणी भी मानदण्ड के रूप में अपेक्षित है। यह एक ऐसा प्रश्न था जो प्रायः 1947 के बाद हिन्दी के विचारकों को सालता रहा। प्रगतिवादी विचारधारा और नयी कविता के बीच का एक संघर्ष का आरम्भ बिन्दु था। अतिरेक दोनों ओर हो गया। भारती में एक सन्तुलित भूमिका मिलती है। वैयक्तिक संवेदन की बाह्य जीवन में उपेक्षा का काव्यात्मक स्तर पर अंकन भारती ने बाद में 'कनुप्रिया' में किया है। वैयक्तिक संवेदन के सत्य को ही चरम मानकर चलने का एक परिणाम किस प्रकार अन्धे युग की नारकीय यातनाएँ बढ़ाने में होता है, इसका चित्रांकन किया गया है। धृतराष्ट्र युद्ध के सत्रहवें दिन अपनी अन्धता पर पश्चाताप करते हैं : "पर वह संसार/स्वतः मेरे अन्धेपन से उपजा था/मैंने अपने ही वैयक्तिक संवेदन से जो जना था/केवल उतना ही था मेरे लिए वस्तुगत/मेरा स्नेह, मेरी घृणा, मेरी नीति, मेरा धर्म बिलकुल मेरा ही वैयक्तिक था/उसमें नैतिकता का कोई बाह्य मानदण्ड था ही नहीं/कौरव जो मेरी मांसलता से उपजे थे वे ही थे अन्तिम सत्य/मेरी ममता ही वहाँ नीति थी मर्यादा थी" धृतराष्ट्र स्वीकार करते हैं—"मेरी वैयक्तिक सीमाओं के बाहर भी सत्य हुआ करता है। आज मुझे भान हुआ/—सब कुछ बह गया/मेरे अपने वैयक्तिक मूल्य/मेरी निश्चिन्त किन्तु जानहीन आस्थाएँ।"

वैसे भारतीय संस्कृति की उर्वर गरिमामय चिन्तन की स्फुरणवेला में भी वैयक्तिक संवेदनों को ही चरम सत्य मानने वाला सुखवाद और अपने ट्रेन्सैण्ड करने की मनुष्य की मूल-प्रवृत्ति को सर्वोपरि मानने वाला अध्यात्मवाद—इनके बीच का संघर्ष सर्वविदित है। आज वह आत्मवादी विचारधारा उसके अतीन्द्रिय रूप में हमारे लिए श्रद्धेय न रही हो, फिर भी वैयक्तिक सुखवाद या संवेदनवाद की भयानक परिणतियाँ सामयिक जीवन में सामाजिक और राजनीतिक क्षेत्र में हमारे सामने स्पष्ट हो गयी हैं। भारती ने सुखवाद के विरोध में अपना स्वर बुलन्द किया है। अधिकार पदस्थ व्यक्तियों की अपनी 'मांसलता की उपज' के प्रति अतिरिक्त मोहासक्ति को देखा जाए तो अन्धायुग के आवाहन का मर्म समझ में आ सकता है।

'अन्धायुग' एक महान ट्रैजिडी है और उसकी अप्रतिमता यह है कि यह किसी एक व्यक्ति की ट्रैजिडी नहीं है, बल्कि यह मानवीय स्थिति की ट्रैजिडी है, इसलिए अधिक मूल्यवान है।

सत्य, न्याय और व्यापक हित की दुहाई देने वाले पाण्डवों को युद्ध करना

पड़ा, परन्तु इसका क्या प्रमाण है कि सत्य और न्याय के पक्ष में शक्ति भी अपना वजन पालती है? रामायण में हम सत्य और शक्ति का आशादायी मिलाप देखते हैं। राजसूय यज्ञ के घोड़े को न्यायी और सत्यवादी पक्ष में देखते हैं (कि हर विजयी पक्ष इतिहास में न्यायी ठहरता ही है?) परन्तु यह ऐतिहासिक सत्य नहीं है। वस्तुतः इतिहास भी विजयी शक्ति द्वारा अपने झूठ, कपट और अन्याय पर चढ़ाया हुआ हिरण्यमय आलेपन है अथवा अपनी अपराध भावना को तर्कों द्वारा निखारने का प्रयत्न है—यह हम समझने लगे हैं। युद्ध में सबसे बड़ी ट्रैजिडी निहित यह है कि उसमें अन्तिम उद्दिष्ट और मूल्य 'विजय' का होता है—किसी भी कीमत पर। इस विजय के लिए अधर्म, असत्य और प्रचण्ड झूठ का उपयोग किया जाता है। युद्ध में सबसे पहले अगर कुछ टूटता है तो सत्य-प्रेमी व्यक्ति की मर्यादा। गांधारी विलक्षण तीखे रूप से प्रकट करती है : "धर्म जिधर होगा ओ मूर्ख/उधर जय होगी/धर्म किसी ओर नहीं था लेकिन/सब ही थे अन्धी प्रवृत्तियों से परिचालित/जिसको तुम कहते हो प्रभु उसने जब चाहा/मर्यादा को अपने ही हित में बदल दिया/वंचक है।" दिनकर के 'कुरुक्षेत्र' में यह दृष्टि शंकाकुल स्वर में वर्णित हो गयी थी। 'अन्धायुग' में वह निस्संदिग्ध रूप में नाट्यात्मक रूप में अंकित हुई है। आरम्भ में ही कहा गया है—टुकड़े-टुकड़े हो बिखर चुकी मर्यादा/उसको दोनों ही पक्षों ने तोड़ा है/पाण्डव ने कुछ कम कौरव ने कुछ ज्यादा/"युद्ध जैसी भीषण प्रक्रिया जब एक बार शुरू होती है तो उसका अपना एक स्वायत्त, स्वतन्त्र, स्वयंचलित मनोविकृतियों से परिपूर्ण विधान बन जाता है—इसका एकमात्र उद्देश्य होता है किसी भी कीमत पर विजय, धर्म, नीति, सत्य, न्याय, दायित्व, कर्त्तव्य इत्यादि चिरन्तन मानवीय मूल्यों का विघटन ही नहीं, हनन होता है। इस प्रक्रिया को भारती ने अन्धायुग में अनेक स्तरों पर दिखाया है। 'कुरुक्षेत्र' में इसकी झलक धर्मराज के चिन्तन के लय के माध्यम से मिली थी—परन्तु उसमें अनेकांगिता नहीं थी, इतिवृत्तात्मकता पर वह बार-बार उतरती थी। 'अन्धायुग' का प्रायः प्रत्येक पात्र युद्ध की भयानकता को मूर्तता देता है।

धर्मराज की अनीति या अधर्म का परिणाम अश्वत्थागा की पैशाचिक मनोविकृति में होता है—एक दारुण ग्रन्थी : "वध मेरे लिए नहीं नीति है, वह है अब मनोग्रन्थि।" यह तथ्य केवल अश्वत्थामा तक सीमित नहीं है, बल्कि प्रतीकित करता है, समस्त कुंआरे नादान मनों को जिनका मानसिक कौमार्य खण्डित होता है भ्रष्ट आचरण के बलात्कार द्वारा और उसके भयानक परिणाम दूर तक होते रहते हैं। स्वातन्त्र्योत्तर भारत की वास्तविकता का एक पहलू उजागर होता है। आज के युवा मानस में मूल्यों के प्रति जो असंपृक्ति का भाव है तथा हिंस्रता की ओर प्रबल प्रवृत्ति है उसके मूल में तथाकथित मठाधीश लोगों का मूल्यभ्रष्ट आचरण है। अश्वत्थामा और युयुत्सु के माध्यम से नयी पीढ़ी का पुरानी पीढ़ी के

प्रति जो तीखा दृष्टिकोण प्रतीकात्मक रूप में कलात्मक स्तर पर व्यक्त हुआ है वह साठोत्तरी पीढ़ी के कवियों में सपाट स्तर पर व्यक्त होने लगा।

'अन्धा युग' में भारती ने आकार की लघुता में भी विभिन्न चरित्रों को जो विशिष्टता और मनोवैज्ञानिक स्पर्श दिया है, वह रचना को सघनता और गहनता के आयाम देकर शक्तिमान बना देता है। धृतराष्ट्र अन्धे हैं और उनका मूल्यबोध अन्धा है, उनकी पश्चात्ताप दग्ध वृत्ति भी वैयक्तिक हानि के अनुभव में से उपजी है और उनकी मूलभूत लिजलिजी वैयक्तिक लालसा और आकांक्षा अन्त तक नहीं मरती। धृतराष्ट्र, युयुत्सु से कहते हैं : "वत्स तुम मेरी आयु लेकर भी/जीवित रहो/अश्वत्थामा का ब्रह्मास्त्र/यदि गिरा है उत्तरा पर/तो कौन जाने एक दिन युधिष्ठिर/सब राजपाट तुम को ही सौंप दें/" (पृ. 95) उसी प्रकार गांधारी अपने पुत्रों की हत्या के कारण विकृतमना बन गयी है। उसका पुत्रों के प्रति मोह प्रबल है। एक ओर धृतराष्ट्र द्वारा दुःशासन के वध का किया हुआ वर्णन वह सह नहीं पाती, दुर्योधन के वध का हृदयविदारक दृश्य देख नहीं सकती, परन्तु यही गांधारी अश्वत्थामा द्वारा किए धृष्टद्युम्न के वध के और बदले के प्रसंग को अत्यन्त उत्सुकता से देखना चाहती है। कौरव पक्ष को छोड़कर न्याय और धर्म का पक्ष लेने के उद्देश्य से पाण्डवों की ओर से लड़ने वाले युयुत्सु का विलक्षण कटु व्यंग्य बाणों से स्वागत करती है और युयुत्सु की बार-बार भर्त्सना करती है। कुल मिलाकर धृतराष्ट्र और गांधारी दोनों की अन्ध यात्रा जारी रही। नाट्यात्मकता और सूक्ष्म फनकारी का एक उदाहरण यह है कि इन अन्धों की यात्रा समाप्त होती है शरीर को झुलसाने वाले प्रकाश में। स्वयं गांधारी कहती है : "संजय/जीवन पर भटके अँधियारे में/उनको मरने दो/प्राणांतक प्रकाश में।" यह प्रकाश केवल वन की भीषण दावाग्नि का ही नहीं है—जीवनदर्शन के बोध का भी है।

इस मर्मान्तिक ट्रेजिडी का एक कोण संजय के माध्यम से भी व्यक्त हुआ है। संजय को दिव्यदृष्टि मिली है, वह तटस्थ है, उदासीन है परन्तु युद्ध जैसी सर्व संहारक घटना में तटस्थता का भी मूल्य चुकाना पड़ता है। अश्वत्थामा के पंजे से वह बच भले ही जाए उसके भी घुटने झुलस जाते हैं। युद्ध समाप्ति पर तटस्थ बुद्धिजीवियों को भी भीषण परिणामों की तप्त अग्नि में झुलसकर निःशक्त होना पड़ता है। संजय का प्रश्न—"मुझ-सा निरर्थक और होगा कौन?" (पृ. 115) सभी तटस्थ बुद्धिजीवी व्यक्तियों को झकझोरता है। संजय कहता है—"जीवनभर रहा मैं निरपेक्ष सत्य/कर्मों में उतरा नहीं/धीरे-धीरे खो दी दिव्य दृष्टि/उस दिन वन के उस भयानक अग्निकाण्ड में घुटने भी झुलस गए/" (पृ. 121) कर्महीन या निष्क्रिय दिव्यदृष्टि अधिक प्यास ही उत्पन्न करती है। 'अन्धा युग' में छोटी से छोटी घटनाओं को प्रतीकात्मक रूप धारण करते देखकर सुखद आश्चर्य होता है। यह प्रतीकात्मकता जीवन-स्थिति और सामयिकता के बोध से अधिक नाट्यात्मक और प्रभुविष्णु बन गयी है।

युयुत्सु की गहन पीड़ा ने अन्धा युग की ट्रेजिडी को अर्थवत्ता और रसवत्ता प्रदान की है। आत्मीयजनों द्वारा घृणा, माता गांधारी द्वारा ममताहीन भर्त्सना, भीम के द्वारा किया गया अपमान इत्यादि घटनाओं की क्रमशः गहन होती जाने वाली स्थितियों में युयुत्सु को आत्महत्या करनी पड़ती है। परन्तु युयुत्सु की भीषण वंचना विषैला रूप ग्रहण करती है वह प्रभु से सम्बद्ध है। रामायण के विभीषण को सत्य की तरफ से खड़े होने का पुरस्कार मिला था राज्य और सम्मान। युयुत्सु को मिलता है आत्मघात करने के लिए जहर। सत्य का पक्ष लेकर लड़ने वाले परन्तु वंचित युयुत्सु का आत्मघात केवल वैयक्तिक नहीं था। कृपाचार्य कहते हैं : "यह आत्महत्या होगी प्रतिध्वनित/इस पूरी संस्कृति में/दर्शन में, धर्म में, कलाओं में, शासन व्यवस्था में/आत्मघात होगा बस अन्तिम लक्ष्य मानव का/" वंचना का जहर पीने को बाध्य युवकों के अनेक दल आज आत्मघात के विभिन्न रूपों को अपना रहे हैं—इस पर अधिक टिप्पणी करने की आवश्यकता नहीं है। युयुत्सु का पीड़ादायक अकेलापन, कृतित्व की निरर्थकता देखकर आयी हुई हताशा (Frustration) और सर्वग्रासी विफलता का गहन दर्द भारती ने सशक्त रूप में उभारा है।

'अन्धा युग' की इस ट्रेजिडी का भयानक अन्धकारमय रूप सघन रूप में चित्रित किया गया है, परन्तु केवल इतना ही होता तो ट्रेजिडी का प्रभाव सीमित और एकांगी होता। भारती का आस्थावान मन अन्धकार के विराट सागर में आलोक किरणें खोजने के लिए व्याकुल है। व्याकुलता प्रारम्भ में भी प्रकट हुई है : "पथभ्रष्ट, आत्महारा, विगलित। अपने अन्तर की अन्ध गुफाओं के वास्ते/यह कथा उन्हीं अन्धों की है/या कथा ज्योति की है अन्धों के माध्यम से/"

ट्रेजिडी अनुभव सहृदय को झकझोरने वाला, कटु, विषाक्त होता है, क्योंकि मानवीय जीवन के यथार्थ में गहरे तल को अन्वेषित करता है। परन्तु कुछ महत्त्वपूर्ण और मूल्यवान टूटते, बिखरते, व्यय होते या विनष्ट होते हुए भी दूसरी ओर जीवन की मूल आस्था को अधिक दृढ़ करने वाला, जीवन की सम्भावनाओं के प्रति आशान्वित करने वाला तत्त्व ट्रैजिडी में अवश्य रहता है—यह तत्त्व न होगा ट्रेजिडी में तो सम्भवतः ट्रेजिडी सहृदय के लिए असहनीय होगी।

'अन्धा युग' में यह तत्त्व विदुर, वृद्ध व्याध, भगवान कृष्ण और व्यास के माध्यम से व्यक्त हुआ है।

मूल्य विषयक चिन्तन की मूलभूत समस्या यह है—क्या सचमुच मनुष्य का आचरण निर्णायक क्षणों में मूल्यों के आलोक में निर्दिष्ट होता है? इस प्रश्न से भारती जूझे हैं अवश्य। गांधारी कहती है, "निर्णय के क्षण में विवेक और मर्यादा/व्यर्थ सिद्ध होते हैं सदा/हम सबके मन में कहीं एक अन्ध गह्वर है/बर्बर पशु, अन्धा पशु वास वहीं करता है/स्वामी जो हमारे विवेक का/नैतिकता, मर्यादा, अनासक्ति, कृष्णार्पण/में सब है अन्धी प्रवृत्तियों की पोशाकें/जिनमें फटे कपड़ों की आँखें सिली रहती हैं।"

पाण्डवों का अधर्म आचरण इसका प्रमाण है, कृष्ण और युधिष्ठिर दोनों को मर्यादा तोड़नी पड़ती है। अश्वत्थामा वृद्ध याचक का गला दबोचकर वध करता है। अपने विवेक और मर्यादा से पूर्णतया असंपृक्त होकर—स्वयंचलित वधयन्त्र की भाँति!

फिर मानव जीवन के मूल्यबोध के लिए आधार क्या है? मनुष्य की सृजनशीलता में अपरिसीम विश्वास। दूसरा आधार क्या रह जाता है? याचक कृष्ण का सन्देश बताते हुए कहता है, "नाश और निर्माण की प्रक्रिया तो एक साथ चलती रहेगी/लेकिन शेष मेरा दायित्व लेंगे/बाकी सभी/...मेरा दायित्व वह स्थित रहेगा। हम मानव-मन के उस वृत्त में जिसके सहारे वह/सभी परिस्थितियों का अतिक्रमण करते हुए/नूतन निर्माण करेगा पिछले ध्वंस पर/मर्यादा मुक्त आचरण में/नित नूतन सृजन में/निर्भयता के/साहस के/ममता के/रस के/क्षण में/जीवित और सक्रिय हो उठूँगा मैं बार-बार।"

विदुर भी कहता है, "केवल स्वयं किया हुआ मर्यादित आचरण कवच है जो व्यक्ति को बचाता है।"

मानव की सम्भावना पर आस्था रखनी ही होगी। परन्तु यह आस्था अन्धी नहीं है। झूठा भविष्य बताने वाले वृद्ध याचक द्वारा कहलवाया गया है, "जब कोई मनुष्य/अनासक्त होकर चुनौती देता है इतिहास को/उस दिन नक्षत्रों की दिशा बदल जाती है/नियति नहीं है पूर्व निर्धारित/उसको हर क्षण मानव निर्णय बनाता मिटाता है।"

यही वृद्ध याचक कहता है, "केवल कर्म सत्य है/मानव जो करता है इसी समय/उसी में निहित है भविष्य युग-युग तक का/" और "वर्तमान में स्वतन्त्र नहीं कोई भविष्य नहीं हर क्षण इतिहास बदलने का क्षण होता है" प्रगतिवाद की पूर्व निश्चिततावादी ऐतिहासिक दृष्टि का विरोध बाद में सार्त्र जैसे अस्तित्ववादियों ने इसी आधार पर किया, यह सर्वविदित है।

भारती के मूल्य चिन्तन का यह सकारात्मक रूप है। मानवीय मंगल की कामना से व्याकुल आस्थावान मूल्य अन्वेषी दृष्टि ने 'अन्धा युग' को उन रचनाओं से विशिष्टता दे रखी है जो केवल विघटनात्मक और आक्रोशपूर्ण लय में लिखी गयी हैं। साहित्यशास्त्र में यह एक विवाद का विषय है कि कलात्मक श्रेयता का रचना में निहित आस्था अथवा अनास्था से क्या सम्बन्ध है। निस्संदेह किसी रचना को महज अनास्थापूर्ण होने के कारण अकलात्मक नहीं माना जा सकता और केवल आस्था से रचना के कलात्मक स्तर में कुछ ऊँचाई नहीं आती। फिर भी यह सहृदयों के सहज अनुभव की बात है कि अन्धकार में भी प्रकाश किरण दिखने पर रचना के प्रति हमारी प्रतिक्रिया अधिक अनुकूल होती है।

सामान्य जनता को दायें से बायें और बायें से दायें चलने वाले मूल्य बधिर, परिपाटी चलने वाले प्रहरियों की तरह अन्त, निश्चित आदेश और सुदृढ़ नायक

को लेकर प्रसन्न होती है। "कोउ नृप होइ हमहिं का हानी?" इन प्रहरियों के कलात्मक उपयोजन से ट्रैजिक तनाव को कुछ राहत भी मिलती है और उनका प्रतीकात्मक महत्त्व रचना को अधिक कसावपूर्ण भी बनाता है।

'अन्धा युग' में अनेक अर्थ व्यंजित करने की क्षमता है। यह क्षमता प्रायः अनुभवों के विभिन्न घटकों को प्रतीकात्मक बना देने से उत्पन्न हो गयी है। चरित्र, घटनाएँ, चरित्रों के सम्वाद तथा अन्य रंगमंचीय सूचनाएँ अनुभवों के घटक हैं और प्रायः प्रत्येक को भारती ने प्रतीकात्मक अर्थ दिये हैं।

'अन्धा युग' का प्रमुख चरित्र, जो रंगमंच पर नहीं आता, भगवान कृष्ण हैं और समस्त रचना की यह धुरी हैं। सही अर्थ में नायक की अनुपस्थिति—अनायकी रचना का यह प्रथम सशक्त प्रयोग है और इस प्रयोग का वैशिष्ट्य यह है कि उसकी नूतनता अलग से आकर्षित नहीं करती, बल्कि कथ्य के गौरव को बढ़ाती है। 'अन्धा युग' की भयावह अन्धे अनुभव संसार के सत्य तक धंसते जाते सम्भवतः भारती भी अनिश्चय और अनिर्णय की स्थितियों में पड़े होंगे। परन्तु इससे कलात्मकता घटी नहीं, बढ़ी ही है। यह अनिश्चयात्मकता कृष्ण के चरित्र को ठोस निश्चित अर्थ न दे पायी हो, सम्भावनाओं एवं सूचनाओं से संपृक्त कर कलात्मक शक्ति अवश्य प्रदान करती है। गांधारी एक कुण्ठित करने वाला प्रश्न पूछती है, "क्यों नहीं तुमने वह शाप दिया भीम को जो तुमने दिया निरपराध अश्वत्थामा को?" गांधारी शाप देती है प्रभु को और प्रभु पुत्र के रूप में उसे स्वीकार करता है। कृष्ण उत्तर देते हैं—"अठारह दिनों के उस भीषण संग्राम में कोई नहीं केवल मैं ही मरा हूँ करोड़ों बार—अश्वत्थामा के अंगों से रक्त, पीप, स्वेद बनकर बहूँगा मैं ही युग युगान्तर तक जीवन हूँ मैं तो मृत्यु भी तो मैं ही हूँ माँ।" (पृ. 100) अनेक अर्थ उभरते हैं—कृष्ण कौन है? नियति या कालपुरुष? सनातन कालपुरुष जिसमें सब होनी-अनहोनी का पालन होता है? इसी सन्दर्भ में कृष्ण के द्वारा किये गये सभी संगत-असंगत, अच्छे-बुरे कार्यों का आंशिक स्पष्टीकरण होता है।

युयुत्सु का प्रश्न अनुत्तरित रह जाता है, "किन्तु रक्षा कैसे होगी अन्धे युग में मानव-भविष्य की?" (पृ. 127) इसके उत्तर में प्रभु का उत्तर पूर्णतया आश्वस्त तो नहीं करता, परन्तु दूसरा हो ही क्या सकता है?—ध्वंस पर नूतन का निर्माण करने की मनुष्य की सर्जनशील प्रवृत्ति, निर्भयता, साहस, ममता और रस। यह नूतन निर्माण न निष्क्रिय संजय का हो सकता है, न अमानुषिक अश्वत्थामा, न आत्मघाती युयुत्सु। वृद्ध याचक के माध्यम से भारती ने प्रश्न प्रस्तुत कर कवि का दायित्व निभाया है—"क्या कोई सुनेगा, जो अन्धा नहीं है और विकृत नहीं है और मानव भविष्य को बचायेगा?" समापन के ये शब्द मन में गूँजते रहते हैं—"कोई सुनेगा? क्या कोई सुनेगा"—शायद नूतन निर्माण की सूक्ष्म अनपहचानी प्रक्रिया का यही आरम्भ बिन्दु है। जब विज्ञ पाठकों के मन में यह प्रश्न गूँजने लगता है।

विभिन्न स्थितियों और युगों में नये-नये अर्थों को व्यंजित करने की अनेकार्य-सम्भवा समृद्धि अगर महान रचना का एक महत्त्वपूर्ण लक्षण माना जाये तो 'अन्धा युग' इस कसौटी पर निश्चय ही महत्त्वपूर्ण रचना सिद्ध होती है। ऐसी रचनाओं का आधुनिक बोध या नवीनता का आग्रह, ऊपरी साज-सज्जा, चाकचिक्य, तड़क-भड़क या शाब्दिक तल्खी में व्यक्त नहीं होता। वह व्यंजित होता है और व्यंजना आज भी महत्त्वपूर्ण कलात्मक समृद्धि का लक्षण है। चूँकि ये रचनाएँ परम्परा से जीवन्त रूप में जुड़ी हुई होती हैं परम्परा के चैतन्यमय अंश के साथ अपने सम्बन्धों का समायोजन करती रहती हैं। व्यापक परिप्रेक्ष्य में दीपों की अवलि में शक्तिमान इकाई के रूप में जगमगाती हैं—साहित्यिक परिवेश को आलोकित करती दिखाई देती हैं।

'अन्धा युग' में भारती की पीड़ा का मुख्य विषय है—मनुष्य का भ्रष्ट आचरण अर्थात् मानवीय मूल्यों का व्यक्तिगत सुख संवेदन के लिए बलि देने का दुर्दम्य मोह और उसकी सर्वकष विनाश में परिणति। इसको भारती ने घटनाओं द्वारा सूचित किया है और चरित्र द्वारा नाट्यांकित। वस्तुतः विभिन्न चरित्रों के आन्तरिक ताप के माध्यम से यह सब विभावित होता है; अतः इस रचना को नाट्यात्मक ही होना था और नाट्यात्मकता का सर्वोपरि प्रभावपूर्ण साधन गीत्यात्मकता ही इस आन्तरिक तीव्र ताप की अभिव्यंजना का समुचित माध्यम। मानसिक ताप और पीड़ा की ऐसी सघन स्थितियाँ इसमें हैं कि जहाँ गद्य की सीमाएँ प्रकट होती हैं और उन्मुक्त लयात्मक पद्य की अनिवार्यता महसूस होती है। सम्भवतः हिन्दी नाटक साहित्य में 'अन्धा युग' आज के दिन तक सर्वश्रेष्ठ शोकात्म नाटक निस्संदिग्ध माना जा सकता है।

'कनुप्रिया' भारती की अपनी परम्परा के प्रति दायित्ववान समर्पण भावना और नवीनता के बोध का सुखद समन्वित रूप है। सम्भवतः भारती एकमात्र नये कवि हैं, जिन्होंने मानवीय जीवन के कुछ चिरन्तन प्रश्नों और सामयिक जीवन में उभरी समस्याओं से टकराते समय पुराचीन सांस्कृतिक रिक्थ का अत्यन्त कलात्मक उपयोग कर लिया है। 'अन्धा युग' के करुण भीषण संसार में अवगाहन करने के बाद 'कनुप्रिया' के करुण कोमल संसार में भारती की सव्यसाची प्रतिभा अत्यन्त सहज रूप में संचार करती है। महान समझे जाने वाले व्यक्तित्वों का आन्तरिक विघटन भारती का एक प्रिय विषय है। 'अन्धा युग' में इसे महान मिथिकीय घटनाओं और व्यक्तियों के माध्यम से देखा गया, 'कनुप्रिया' में एक सामान्यता में सामान्य, अतिशय कोमल और मधुर व्यक्तित्व के माध्यम से देखा है।

बाह्य घटनाओं का, जिसे हम इतिहास कहते हैं, नियन्त्रण और दिशा संचालन कौन करता है और उसमें व्यक्ति का योगदान कितना और किस रूप में है, तथा व्यक्ति को कुचलकर संचालित होने वाले इतिहास का मूल्य क्या है, ये प्रश्न बहुचर्चित हैं। इतिहास के सूत्र आर्थिक उत्पादन साधनों तथा उनके प्रभुओं के हाथ

में होते हैं, इतिहास का नियन्त्रण सामर्थ्यवान विराट व्यक्ति करता है अथवा वह एक तटस्थ, निरपेक्ष अन्ध गति है—सरल तथा चक्राकार—ये विवाद के ऐसे बिन्दु हैं जिनकी चर्चा कभी किसी निष्कर्ष तक नहीं आ पायी। इस गति के प्रचण्ड प्रवाह में सामान्य व्यक्ति किस प्रकार बुरी तरह से प्रताड़ित होता है (जो एक कवि का कंसर्न हो सकता है) इसे भारती ने 'कनुप्रिया' के कोण से प्रस्तुत किया है। सागर के विकट थपेड़ों को सहते हुए भी अपने अन्दर चुपचाप 'मुक्ता' की सृष्टि करने वाली—आत्मक्लेश को सहकर भी—सीप सृजन का प्रतीक है। जो व्यक्ति उस सीप की तरह भोगता है, सहता और कष्ट पाता है, उसका अनन्य महत्त्व है। राधा ऐसी ही एक व्यक्ति है। एक तरह से सीधी, सरल और सामान्य परन्तु दूसरी तरह से असामान्य। राधा का अत्यन्त संवेदनशील होना, अतिशय उत्कट प्रेमानुभूतियों को भोगकर जीवन की सार्थकता के क्षणों से व्यक्तित्व को सम्पूर्ण समृद्धता देना 'कनुप्रिया' की कलात्मक आवश्यकता है, क्योंकि इसी उत्कट, गहन, तन्मय और समर्पित समृद्ध व्यक्तित्व की पीड़ा अपमानित और उपेक्षित होने का दंश और रिक्त होने की नियति अधिक प्रभावपूर्ण हो सकती है। 'कनुप्रिया' के जो अंश कुछ मनसा द्विवेदी युगीन कर्मठ नीतिवादियों को अश्लील एवं घोर श्रृंगारात्मक लगे, उन्हें इस दृष्टि से जरा सोचना चाहिए और दीर्घ काव्य के किसी विशिष्ट अंश को उठाकर अश्लील का गलत और मनमाना आरोप लगाने की अपरिपक्व, असहिष्णु एवं सौन्दर्य विरोधी समीक्षा प्रवृत्ति छोड़ देनी चाहिए। फिर कालिदास का मेघदूत, कुमारसंभव, भर्तृहरि का श्रृंगारशतक और जयदेव का गीत-गोविन्द जैसे परम्परा द्वारा प्रशंसित काव्य-ग्रन्थों के सन्दर्भ में भी कनुप्रिया के श्रृंगार प्रधान प्रसंगों को देखना चाहिए।

इतिहास के नियन्ता द्वारा 'सेतु' बनाये जाने की शिकायत राधा की है परन्तु इसमें भी भारती का दृष्टिकोण केवल नकारात्मक नहीं है।

एक बहुत बड़ा प्रश्न विवेकी, दायित्ववान, कालचेता भगवान कृष्ण के सम्बन्ध में उठाया गया है :

> "नींद में तुम्हारे होठ धीरे-धीरे हिलते हैं/" न्याय-अन्याय, सद्असद्, विवेक अविवेक—कसौटी क्या है? आखिर कसौटी क्या है? और लहरें थपकी देकर तुम्हें सुला देती हैं/सो जाओ योगेश्वर. ..जागरण स्वप्न है, छलना है मिथ्या है/"

('योगेश्वर' शब्द में निहित वक्रता का भरपूर उक्ति सौन्दर्य काबिले गौर है।)

जागरण में निर्णय करने का क्षण जब आ ही गया तब योगेश्वर कृष्ण की स्थिति बड़ी विचित्र हुई :

> "और तुम चौंककर जाग जाते हो/और तुम्हें कोई भी कसौटी नहीं मिलती/और जुये के पाँसे की तरह तुम निर्णय को फेंक देते हो/जो मेरे पैताने है वह स्वधर्म/जो मेरे सिरहाने है वह अधर्म/"

एक अस्तित्ववादी दार्शनिक ने लिखा है—किसी स्थिति में बौद्धिक और तर्कसम्मत निर्णय पर आने की सम्भावना न हो तो आदमी को चाहिए कि वह एकदम कृति ही करे। सम्भवतः ऐतिहासिक महान पुरुषों को ऐसी स्थितियों का सामना बार-बार करना पड़ता है और उन्हें कृतिशील कदम उठाना ही पड़ता है। फिर उसे अस्तित्ववादी दार्शनिक कुछ और प्रकार से नामांकित करें, गांधीवाद—अन्दर की आत्मा का हवाला दे या कोई उन्हें इण्ट्यूइशन कहे। भारती ने महाभारत के कुछ अचर्चित मुद्दों को सम्भवतः पहली बार पकड़ा है जिनमें से योगेश्वर कृष्ण की यह अनिर्णय की स्थिति एक है।

"बालू पर अपने पगचिह्न बनाने के करुण प्रयास में बैसाखियों पर चलता हुआ इतिहास" (इस संश्लिष्ट बिम्ब की चित्रमयता और अर्थ-समृद्धि की सघनता देखने योग्य है!) व्यक्ति को निरर्थक बना देता है, फिर भी सृजनेच्छा से ओत-प्रोत व्यक्ति अपना दायित्व नहीं छोड़ना चाहता। 'कनुप्रिया' की नारी का भारतीय पुरुष से एक प्रश्न है जो 'साकेत', 'यशोधरा', 'कामायनी' से होकर 'कनुप्रिया' तक बार-बार सशक्त रूप में टकराता रहता है।

"सुनो मेरे प्यार, प्रगाढ़ के क्षणों में अपनी अन्तरंग/सखी को तुमने
बाँहों में गूँथा/पर उसे इतिहास में गूँथने से हिचक क्यों गये प्रभु?"

इतिहास की गति का असली रहस्य जो कुछ भी हो, सृजनधर्मी मनुष्य अपने वैयक्तिक दायित्व से नहीं बच सकता—नहीं बचना चाहता। कनुप्रिया नहीं बचना चाहती। यही प्रश्न का सम्पूर्ण सन्तोषजनक न सही परन्तु पर्याप्त समाधान करने वाला उत्तर है इतिहास और व्यक्ति के सम्बन्ध का। दूसरा हो ही क्या सकता है? 'कनुप्रिया' की यह सकारात्मक दृष्टि है जिसे कनुप्रिया अधिक सघनता देती है :

"सुनो मेरे प्यार! तुम्हें मेरी जरूरत थी न, लो मैं सब छोड़कर आ
गयी हूँ/ताकि कोई यह न कहे, कि तुम्हारी अन्तरंग/केलिसखी केवल
तुम्हारे सांवरे तन के नशीले संगीत की/लय बनकर रह गयी...
"मैं पगडण्डी के कठिनतम मोड़ पर/तुम्हारी प्रतीक्षा में अडिग खड़ी
हूँ/कनु मेरे!"

ध्यातव्य है नारीत्व के चिर उपेक्षित पक्ष की ओर 'बाणभट्ट की आत्मकथा' में आचार्य हजारी प्रसाद द्विवेदी ने ध्यान खींचा था—इतिहास के समस्त बाह्य विराट व्यापार में पुरुष ने अपने ही अन्दर के नारीत्व की गर्हणीय उपेक्षा की है।

भारती ने एक और प्रश्न उठाया है। प्रायः भारतीय लोग कर्मजीवन को अनासक्त, नीरस, कर्मठता से भरपूर और आनन्द रस से शुष्क देखने के आदी हैं और रससिक्त उत्कट संवेदन को कर्ममय जीवन के विपरीत मानते हैं। कर्मक्षेत्र से नारी का बहिष्कार इसका एक रूप है। कृष्ण का राधा की रास क्रीड़ा को कागज की भाँति फाड़कर कर्मक्षेत्र में कर्कश शंख फूँकना इसी तरह एकांगिता का लक्षण

है। भारती के समस्त साहित्य में कृष्ण का वह रूप आदर्श है जिसके एक हाथ में चक्र है तो दूसरे हाथ में कमल भी है, शंख है तो कमर में कसी बांसुरी भी है। मनुष्य की कर्म प्रवृत्ति और लीला प्रवृत्ति के बीच सन्तुलन प्रस्थापित करने की मांग भारती का कलाकार करता है ताकि व्यक्तित्व-विभाजन या व्यक्तित्व-हनन न हो। केवल लीलारत मनुष्य अगर अपनी सम्भावनाओं को विनष्ट करता है तो केवल कर्मरत मनुष्य जो प्रेम सम्बन्ध को सेतु मानकर चलता है, अमानुषिक होने की ओर प्रवृत्त होता है। रागात्मक आत्मीय संस्पर्श से रहित शब्दों का मोह कनुप्रिया तोड़ना चाहती है। कनुप्रिया की चुनौती 'गीता' को प्रकारान्तर से भारतीय परम्पराओं में एक शक्तिमान परम्परा को है। लेकिन यह चुनौती जितनी कोमल उतनी दृढ़ भी है। "कर्म, स्वधर्म, निर्णय, दायित्व...मैंने गली-गली सुने हैं ये शब्द/अर्जुन ने इनमें चाहे कुछ भी पाया हो/मैं इन्हें सुनकर कुछ भी नहीं पाती प्रिय/सिर्फ राह में ठिठक कर/तुम्हारे उन अधरों की कल्पना करती हूँ/जिनसे तुमने ये शब्द पहली बार कहे होंगे।"

इतिहास और क्षण की उत्कटता के बीच का रूढ़ द्वैत कनुप्रिया मिटाना चाहती है। व्यक्तित्वहीन प्रगतिवाद की इतिहास विषयक कल्पना पर, जिसमें व्यक्ति के वर्तमान जीवन को भविष्य के यूटोपिया की एक सीढ़ी माना जाता है, कनुप्रिया आघात करती है।

व्यक्ति के दूरस्थ, तटस्थ, असंपृक्त रूप में घटित होने वाली परन्तु उसके जीवन को जर्जर करने वाली युद्ध जैसी विभीषिका की शिकार होने की नियति के प्रति समझदार व्यक्ति की प्रतिक्रिया कनुप्रिया व्यक्त करती है : कर्म, स्वधर्म, निर्णय, दायित्व। "शब्द, शब्द, शब्द। मेरे लिए नितान्त अर्थहीन है...में इन सबके परे अपलक तुम्हें देख रही हूँ"। चूँकि कनुप्रिया के पास इस सबका विकल्प केवल कृष्ण के लीला रूप व्यक्तित्व के प्रति सश्रद्ध समर्पण है, ये अनुभव कटु और विषाक्त रूप धारण नहीं करते। परन्तु वियतनाम के युद्ध से हमारा क्या सम्बन्ध है, इस प्रकार का प्रश्न उठाकर असम्बद्ध युद्ध में बलि होने से इनकार करने वाली अमेरिका की युवा पीढ़ी ने इस प्रश्न को अलग ढंग से हल किया।

भारती का संरचना-विधान एवं भाषागत वैशिष्ट्य भी परम्परा की ही एक सशक्त कड़ी है। मुक्त छन्द नयी कविता का एक महत्त्वपूर्ण माध्यम बन गया है और उसका प्रयोग भारती ने किया है। फिर भी 'ठण्डा लोहा' में कतिपय गीत छन्दोबद्ध हैं। वैसे भारती भाषा की ओर अलग से ध्यान नहीं देते—मतलब यह है कि अपने आशय की अनुभूति के अनुकूल भाषिक संगठन रहे, बस इतना ही ध्यान रखते हैं। "भाषा के प्रश्न को कभी भारती ने अधिक महत्त्व नहीं दिया। भाषा-भाव की पूर्ण अनुगामिनी रहनी चाहिए बस। न तो पत्थर का ढोंका बनकर कविता के गले में लटक जाये और न रेशम का जाल बनकर उसकी पांखों में उलझ

जाए।" (दूसरा सप्तक–भारती का वक्तव्य) इसका कारण यह है कि भारती को अपने आशय की क्षमता के प्रति सहज आत्मविश्वास है। भाषिक संरचना के प्रति विशेष सावधानी दो दृष्टियों से उत्पन्न होती है। नितान्त नूतन अनुभव संसार की वह अनिवार्य मांग होती है अथवा ऊपरी चाकचिक्य, फैशन और सोफिस्टिकेशन से आतंकित करने का मोह होता है। जो कि खोखले सभ्य लोगों में प्रायः पाया जाता है। इसका तार्किक निष्कर्ष यह कि भारती की भाषिक संरचना के रूप भाषा की विकासशील परम्परा में ही अन्तर्भुक्त होने वाले हैं और उनका आशय भी जीवन्त परम्परा को असम्मत करने वाला, उसे ठोकर मारने वाला नहीं है।

भारती की भाषा के ही सन्दर्भ में एक विचार महत्त्वपूर्ण है। नयी कविता की जागरूक रूप में, काव्य के माध्यम के रूप में 'शब्द' पर बल दिया गया। किसी भी अच्छे कवि की पहचान उसके द्वारा प्रयुक्त शब्दों का कलात्मक अथवा सौन्दर्यात्मक औचित्य है, फिर भी नयी कविता में भावाभिव्यक्ति का मूल 'अणु' या 'यूनिट' शब्द माना गया। पन्त की सूक्ष्म शब्द-सौन्दर्य चेतना के प्रति श्रद्धाविनत होते हुए भी यह मानना पड़ेगा की पन्त की कविता में या छायावादी और उत्तर छायावादी कवियों की कविता में शब्द वाक्य का अंश बनकर आते हैं–वाक्य 'यूनिट' है। निराला की कतिपय कविताओं में शब्द 'यूनिट' का रूप लेते दिखायी देते हैं–ये कविताएँ नयी कविता के निकट आती हैं। इसका अभिप्राय यह न समझा जाये कि शब्द वाक्य निरपेक्ष रूप में कविता में आ सकते हैं। अभिप्राय इतना ही है कि शब्द नयी कविता के केन्द्र में आ गये। निराला में इसका सशक्त आरम्भ है–अज्ञेय ने जागरूक दृष्टि से इसे काव्य और समीक्षा दोनों क्षेत्रों में प्रस्तुत किया। भारती की कविता भी यहाँ प्रसाद और पन्त की परम्परा में आती है। इसका अर्थ यह नहीं कि वाक्य पर बल देने वाली कविता कम आधुनिक है। सम्भवतः कथात्मक काव्य एवं गीत के लिए 'वाक्य' को ही इकाई मानना पड़ा है। भारती अपनी अधिकतर कविताओं को गीत मानते हैं–'ठण्डा लोहा', 'सात गीत वर्ष' और 'कनुप्रिया' इसको प्रमाणित करते हैं।

इस लेख का समापन भारती के शब्दों में ही करना उचित होगा, "भारती केवल परम्परा के तोड़ने के लिए परम्परा नहीं तोड़ता और न प्रयोग के लिए प्रयोग करता है।" (दूसरा सप्तक–भारती का वक्तव्य)।

आधुनिक परिवेश में अध्यात्म और सौन्दर्य का अन्वेषण

(वीरेन्द्रकुमार जैन की कविता का विश्लेषण)

वीरेन्द्रकुमार एक अतिशय व्यक्तिवादी कवि हैं। यह कवि बाह्य जीवन के भीषण यथार्थ से कम विचलित होता है। इसलिए नहीं कि जीवन की विनाशलीला से उसकी अन्तरात्मा प्रतिपल विद्ध नहीं होती, बल्कि इसलिए कि उसकी आन्तरिकता इतनी प्रबल है कि बाह्य जीवन की दुर्धर्ष स्थितियों को न केवल वह अपनी आन्तरिक अजस्र आस्था पर झेलता है, बल्कि उन्हें एक ओर रखकर भावी के सुन्दर स्वप्नों में निर्विकार तल्लीन हो सकता है। भावी की आस्था कवि के श्रद्धावान मन की शक्तिपूर्ण अभिव्यक्ति है। कवि की श्रद्धा उस परम अविनाशी अखण्ड सत्ता में दृढ़तापूर्वक स्थिर है जिसकी गोचर सृष्टि एक लीला-लास्य मात्र है। इसी कारण कवि मरण में अमरता का शाश्वत रूप देखता है, नाश में सृजन की पीड़ा देखता है, उध्वस्तता में नये की अनिवार सम्भावना से अभिभूत होता है। कवि हर वस्तु, व्यक्ति, घटना और क्षण के टूटते, बिखरते, लय होते रूप के साथ जुड़ी अविनाशी, सनातन और शाश्वत सत्ता के रूप को, अपनी अजस्र कल्पना-शक्ति और आस्था के बल पर प्रत्यक्षवत् देख सकता है। 'शलाका पुरुष का आत्मघात', 'जब अस्मिता ने अपनी हत्या कर दी थी', 'वह रासायनी सती,' 'वह नहीं लौटा : उसने नहीं दोहराया' जैसी कतिपय कविताओं में देखा जा सकता है कि टूटने और बिखरने की अन्तिम स्थिति की मानसिकता का अनुभव करके भी यह कवि अपनी आत्मा की अतल गहराई से कैसे ऊर्जा को समेटकर अपने भव्य आदर्शों और सौन्दर्य-स्वप्नों को आकार देने के लिए चुनौती की मुद्रा में खड़ा होता है। यह आवेश और अस्मिता की गहरी पहचान किसी युगीन दार्शनिक या राजनीतिक तत्त्ववाद पर खड़ी है, यह

नहीं कहा जा सकता। यह एक सदाशयी सामर्थ्यशाली हृदय की सहज आस्था है, इसलिए इसे व्यक्तिवादी कहा जा सकता है। परन्तु यह व्यक्तिवाद आत्म-केन्द्रित अहन्ता तक प्रक्षेपण नहीं, सर्वात्म को आत्मवत् देखने की वृत्ति से उपजा हुआ है, इसीलिए मूल्यवान भी है।

वीरेन्द्रकुमार, प्रकृति सौन्दर्य हो या मानवीय जीवन का दैहिक और मानसिक सौन्दर्य हो, उसे आध्यात्मिक अनुभूति से अभिन्न रूप में देखते हैं। यहाँ कवि को भारतीय संस्कृति का चिरकाल में प्रदत्त मिथकों का सहारा लेना पड़ता है, क्योंकि वह उसकी प्रेम-भावना के अधिक अनुकूल पड़ता है। कवि को जब यह विराट अनुभव व्यक्त करना होता है कि 'मेरी ममता के एकान्त गोपन कक्ष में/मुक्ति का महाकाश रमण करने आता है।' तो इस एकान्त गोपन कक्ष की रमण लीला की अभिव्यक्ति के लिए 'आप्तकाम पूर्णकाम योगीश्वर कृष्णचन्द्र राधा के विरह में विकल-व्याकुल हो उठते हैं।' ...मेरी वासना के अनन्त आकाशवाही सागरों पर विश्वामित्रों की निर्विकल्प समाधियाँ बन जाती हैं। आत्म-समर्पण का विह्वल आवेदन। 'जीवनी शक्ति मेनका के भुवन मोहन चरणों पर।' इत्यादि के साथ-साथ शकुन्तला, भरतेश्वर, भगवती उमा, अद्वैत परम पुरुष उस रमणलीला के सहभोक्ता होकर अनिवार्य रूप में आ जाते हैं और एक विराट कैनवस बुन जाता है। कवि की विराटता-प्रेमी सौन्दर्य 'कल्प महलों की गगन अटारी' पर चढ़ने लगती है, दिगन्तों के पलंगों पर बिछ जाती है। कवि के निखिल रमण के लिए ग्रह-नक्षत्रों की मृदुल मन्दार शैया बनती है, सूरज और चन्दा तकिये बन जाते हैं। परम-पुरुष और परम नार के इस आलिंगन में कवि के अतल से यह आस्था प्रकट होती है—"मेरी प्रिया के चिर कुंवारे सीनों की अक्षय-संजीवन सुधा धारा में। उद्जन बमों का सत्यानाश जीवन का अमर अनल-पक्षी बनकर तैर जायेगा।"—भूत और भावी के ध्रुवान्तों को वर्तमान क्षण पर केन्द्रीभूत कर तथा दिक् और काल के आयामों को एकीकृत कर विराट स्वप्न देखने की प्रवृत्ति 'मेरी ममता के एकान्त गोपन कक्ष में समर्थ रूप में प्रकट होती है, और वह अकेली एक नहीं, बल्कि कवि की एक प्रवृत्ति का ही प्रतिनिधित्व करती है।

यह और इस तरह का अनुभव इतना वैयक्तिक होता है कि स्थल और काल के लोकेशन के प्रति अति आग्रही इस युग में इस तरह की कविता में साझीदारी करना पाठक के लिए मुश्किल हो जाता है। परन्तु सौन्दर्य को विराटता के आयाम से संयुक्त कर शब्दांकित करने के लिए कवि की कल्पना जब सहज में अनेक विराट बिम्बों की सृष्टि करती है, पौराणिक प्रतीकों को मुहैया करती है, शब्दों का एक अबाधित प्रवाह उसकी चेतना को प्लावित करने लगता है, तब कवि की अभिव्यक्ति क्षमता के प्रति सुखद आश्चर्य अवश्य होता है। फिर आदर्श, उन्मुक्तता विराट सौन्दर्य, भव्य स्वप्न, शिखर-ऊँचाइयों के विविध उपकरण, आत्मिक परिष्कार

इत्यादि के प्रति अनास्था से देखने के अभ्यस्त इस युग में सृजन के स्रोत रखने की सम्भावनाओं से भयग्रस्त मन को वीरेन्द्रकुमार की कविता एक अलग प्रकार की दिलासा अवश्य देती है।

वीरेन्द्र की कविता उस परम्परागत रहस्यवादी कविता से भिन्न है जो परा-सत्ता की अवधारणा स्वीकार कर, अपने आत्म और उस परमात्म में एक गोपन प्रणय सम्बन्ध की परिकल्पना कर यान्त्रिक ढंग से जिज्ञासा, प्रश्नाकुलता, विस्मय-बोध की मुद्राओं से चिह्नित भावों की विवृति करती है। एक अन्वेषण की आकुल, अथक वेदना और परस्पर सम्बन्धों के विविध रूपों को पहचानने की तृष्णा का पीड़ित स्वर वीरेन्द्र की कविता में गूँजता रहता है। कवि की यह आकांक्षा उसकी कविता के अलग तेवर की निशानी है :

दुःख और मरण से मुक्ति पाने के लिए अब मैं
मानव को किसी जीवनातीत मोक्ष का कायल नहीं रहने दूँगा।
इस चिरकाल की मर्त्य पृथ्वी पर ही
मैं उसके लिए अनिर्वाण अमर जीवन के
द्वार मुक्त कर दूँगा।
मैं ठोस प्रत्यक्ष भौतिक की
हर इन्द्रिय-भोग्य व्यंजना में
आत्मा के अचूक, अव्याबाध, परिपूर्ण अमृत को
आर-पार अभिसिंचित कर दूँगा।
मैं अपने प्यार की अपराजय अग्नि से
भौतिक की हर बाधा-मर्यादा तोड़ कर,
आदमी की चिर निष्फल किस्मत को
मनचाही मोड़ कर
देशकाल की सीमाओं को
अपने आत्म-विस्तार में व्यर्थ कर—
अपनी पूर्णकामिनी वल्लभा को
सदा के लिए पालूँगा :
और उसके वक्ष अतल-अगाध में डूबकर
सत्ता के अपूर्व नये ज्योतिर्मय आयाम खोलूँगा।

और इस भव्य आकांक्षा में निहित मानव की आत्मीयता का जो प्रत्यय है वह वीरेन्द्र की कविता को परम्परागत रहस्यवादी कविता से अलग करता है और कुछ, महावीर इत्यादि महान योगेश्वरों को ललकारने के लिए सम्बल भी देता है।

विदेह आवाज की मोहिनी से पागल होकर भटकनेवाली कवि की आत्मा अपने सृजन के उत्स को पहचानने के प्रयास में व्याकुल होकर अनन्त यात्रा पर प्राप्त

पीड़ा और अभाव को मात देकर 'आद्या मां चिति' को पाने का प्रयास करती है।

ओ मेरे शरीर की शरीर, मेरे प्राण की प्राण,
मेरी आत्मा की आत्मा, मेरे चैतन्य की चिन्मति,
कैसा विदग्ध और हत्यारा है तुम्हारा चिद्विलास :
प्रतिपल मेरे हृदय की पाँखुरी-पांखुरी में
अँगड़ाइयाँ लेते हुए भी,
ओ मेरी अन्तरतम,
क्यों तुम मुझे यों अनन्त काल में तरसा रही हो,
भरमा रही हो, भटका रही हो?

इस अनन्त भटकन, फिसलन, रपटन भरी महामाया का तथा उसकी अन्तिम अथाह नीली खोखल में समाते समय की शून्य पुरुष की सुखोष्मा का अनुभव एक विलक्षण स्तर पर ले जाता है (नीली खोखल का आवाहन) जो साक्षात्कारी कविता ही कर सकती है।

वीरेन्द्रकुमार में सौन्दर्य के प्रति समर्पित बेहोश रूप में समर्पित आवेग मिलता है। इस आवेगमय समर्पण का एक पक्ष उनका प्रकृति-प्रेम भी है। वीरेन्द्र का दृक्, स्पर्श और गन्ध संवेदन बहुत तीव्र है। ऐन्द्रिय संवेदनों के सौन्दर्य को सन्तुष्ट मन से मांगने वाला यह कवि तीखी ऐन्द्रिय संवेदना के माध्यम से अतीन्द्रिय हो जाता है। यह वैशिष्ट्य भी उन्हें परम्परागत रहस्यवादियों से अलग करता है और उनकी कविता को सुरक्षित रखता है। 'वर्षा की पहली फुहार' उनके ऐन्द्रिय सौन्दर्यबोध को उत्तेजित करती है और कतिपय दृक्-बिम्ब अपनी पूरी रंगीनी में शब्द रूप लेते हैं। रंगों के समृद्ध और विपुल बिम्बों के उभारने में यह कवि छायावादी कवियों तथा नये कवियों से पीछे नहीं है। वीरेन्द्र का प्रकृति-सौन्दर्य बोध बहुत बार वासना की गरमाई से ऊष्म होता है—सामान्यतः कवि की रुझान कोमल स्पर्श-संवेदन की ओर अधिक है। प्रकृति सौन्दर्य के दर्शन से अभिभूत मनोवस्था में कवि की उत्तेजित कल्पना हावी हो जाती है और अन्तर्मुख होकर अपनी ही कल्पना की क्रीड़ा में कवि सौन्दर्य-भोग करता दीखता है—अन्ततोगत्वा यह एक भोगी और विलासी कवि ही है। अनाविल चाँदनी में जापानी बंगले के रंग, गन्ध, स्पर्श के ऐन्द्रिय संवेदनों से विभोर होकर कवि न केवल उस स्वप्निल जापानी बंगले के सौन्दर्य को शब्दांकित करता है, बल्कि अपनी चित्रात्मक कल्पना का प्रमाण भी प्रस्तुत करता है। फिर और गहराई में जाकर यह भी अनुभव करता है।

"...और उस लिली-से बंगले के जाने कि किस अन्तरतम कक्ष से आती गिटार की एक अनाहत गम्भीर आत्मलीन रागिनी/अनंगिनी रति-सी मुझे/अपनी बाँहों में खींचे, कसाये लिये जा रही है।"

रंग, गन्ध, स्पर्श की सुकोमल संवेदना का भोगी यह कवि बार-बार उन सूक्ष्म संवेदनों से अभिभूत होकर एक तन्द्रिल स्वप्नावस्था में चला जाता है और नाना प्रकार के भोगों को कल्पना के स्तर पर प्रत्यक्षवत् भोगता प्रतीत होता है। यह भोगना केवल आत्म-केन्द्रित ऐन्द्रिय सुख का ही नहीं होता, बल्कि आदर्शों के स्वप्नों की पूर्ति का भी होता है, ये आदर्श मनुष्य की भावी की मंगल कामना से उद्भूत होते हैं। इस अवस्था में कवि देखता है : "तुम्हारी रेशमीन जुल्फों को सहलाती/मेरे प्यार की लालायित अंगुलियों पर, शोषण के भयंकर भुजंगम दम तोड़ रहे/जीवन यमुना के नये प्रवाहों पर/जन-जन के बेटे, नये युग के कन्हैया बनकर नरभक्षी लोभ के कालिया नागों का कर रहे दमन/उन्हें एड़ियों से रौंदकर।" उस स्वप्निल दिव्य भोग की स्थिति में पौराणिक मिथिकीय सन्दर्भों का प्रतीकवत् उपयोग होने लगता है, रंग, गन्ध की सूक्ष्म संवेदनाओं को सहज ही पिरोकर अमूर्त को मांसल स्पर्श दिया जाता है। वीरेन्द्र का कविता में मूर्त, प्रत्यक्ष और ठोस जिस तरह शाश्वत, सनातन, अमूर्त निराकार से लुका-छिपी खेलता है, उसी तरह अमूर्त भी मूर्त, प्रत्यक्ष, ऐहिक से मांसल हो उठता है।

यह भोग-कामी कवि जब दुःख और वेदना को भी सनातनता का रूप देकर और उसे विराटता से सम्पृक्त कर व्यक्त करता है तब दुःख और वेदना के स्वीकृत ऐहिक अर्थ ही लुप्त हो जाते हैं। पाठक एक अधर में रह जाता है। शायद संवेदना की अति सूक्ष्मता और उत्कटता को यह शाप ही मिला है कि कल्पनाजीवी स्थितियों के साथ तदाकार होने में पाठक असमर्थ हो जाता है। लगता है कवि की दुनिया में वेदना, दुःख, भोग, काम, प्रेम आदि के अर्थ ही भिन्न हो गये हैं। यह वीरेन्द्र की कविता के माध्यम से समझा जा सकता है। 'उस रात विदा की वेला में' शीर्षक कविता में प्रारम्भ में बहुत ही सुन्दर 'लिरिकल सिच्युएशन' है और पाठक 'परम अमरता', 'जन्म-मरण की अनगिन रहस्य रातों के आर-पार' इत्यादि शब्दों को भी कविता के मूल उत्कट अनुभव के आधार पर झेल जाता है, परन्तु हर समय यह नहीं होता।

इस अन्तर्मुखी संवेदनशील कल्पना-प्रेमी कवि की सौन्दर्य यात्रा उसकी संवेदना और कल्पना के माध्यम से ही समझी जा सकती है—बाहर से नहीं, क्योंकि यहाँ सौन्दर्य का 'तद्वत्' अंकन प्रायः कम होता है। कवि के लिए 'बाह्य' कुछ नहीं है अगर वह उसकी आन्तरिकता का ही एक प्रसार-सा नहीं होता। इसको 'उपनिषत् शिलाएँ' जैसी कतिपय कविताओं के आधार पर समझा जा सकता है। उसकी चेतना में आकर बाहर के 'रुण्ड-मुण्ड पत्थर द्वाभा की निगूढ़ उजियाली में उपनिषत् बन जाते हैं। उसकी इस ध्यानावस्था की तदाकारता के कतिपय उदाहरण प्रस्तुत किये जा सकते हैं :

...सामने से जा रही है निर्जन सुनसान सड़क,

कितनी स्निग्ध और अपनी लग रही :
कहीं अपने ही भीतर की
पारान्तरित दूरी में से वह आ रही है :
और अपने ही भीतर के किसी अचीन्हे
अन्तिम घर की ओर वह जा रही है :
इतनी प्रांजल और तरल लग रही है वह,
कि आदिकाल से आज तक की
मानव की सारी दुर्गम यात्राएँ
उसमें सुगम और समापित हो गयी हैं।

कवि की अपनी चेतना की मूल व्यापकता और गहनता, सर्वज्ञता और सर्वत्रता को पहचानने का एक सौन्दर्यधर्मी प्रयास निरन्तर चलता है। उसकी व्याकुलता बाहर को आन्तरिक बनाने की है अन्यथा क्यों 'बाहर' उसके लिए अर्थ नहीं रखता :

बाहर, यह अलक्ष्य झाड़ कभी इतना
उपनिषत् हो सकता है मेरे लिए?
...शायद कभी नहीं।

अति वैयक्तिक आत्मलीन (आत्मकेन्द्रित नहीं) अवस्था के क्षणों में कवि को जो अतल से जल-संगीत सुनाई देता है, उसे पूरी तरह पकड़ना पाठक के लिए असम्भव हो, परन्तु एक साक्षात्कारी कविता के सान्निध्य में होने की अनुभूति की क्षीण या गहन छुअन अवश्य होती है। कवि को अतल गहराइयों में डूबकर सौन्दर्य का मोती ही नहीं उन मोतियों का भी सार-तत्त्व खींच लाने की आकुलता रहती है :

तुम उस सीपी के
मर्म में दीपित मोती के भी
अन्तरतम जलाभ कक्षों की
चिर तरला मोती हो।

इस अवस्था में कवि 'अन्तर नदी का जल-तरंग' सुनने लगता है। समस्त बाह्य वेदना के घटना-क्षण और दैत्य-जीवन के रूप सौन्दर्य में रूपान्तरित हो जाते हैं :

और तुम्हारी
पीली पत्तियों की यह कसक भरी टपकन
तुम्हारी ये वीरान दुपहरियाँ
ये उदास हवाएँ
तुम्हारी ये धूल-भरी उजाड़ दूरियाँ
मेरे अन्तर-नदी के मर्म में अविरल बज रहे जल-तरंग में संगीत हो गईं।

इस अन्तर्मुखी कवि की सौन्दर्य चेतना सुररियलिज़्म और फैण्टेसी के द्वारा अनायास अर्थ के कई स्तर खोजती हुई समृद्ध बिम्ब-मालिका के कारण प्रभावित करती रहती

है। अनेक बार अमूर्तता रंग-रूप लेकर अवतरित होती है तो अर्थ की उलझन रसाविलता में बाधक नहीं होती :

शून्य तरंगित फूल-नदियों पर टंगी नीहार-सी
अनेक जादुई रंगों वाली सूक्ष्म सुगन्धों के प्रान्तर

जैसी पंक्तियाँ सचमुच सूक्ष्म सुगन्धों का आभास कराती हैं। 'वह अगोचर की नारंगी', 'धावा की डायना : पृथ्वी का गड़रिया', 'नीली लड़की और स्वयंप्रभ सूर्य', 'अपसारित' इत्यादि कविताओं में कल्पना की समृद्ध उड़ान की क्षमता का पता मिलता है। 'मैं हर साँस में अनन्तों को आर-पार खुलते देख लेता हूँ' की प्रतिज्ञा से लिखी कविता के शायद पूरे अभिप्राय समरसता के साथ ग्रहण करना आज अति भौतिकता के युग में कठिन हो सकता है, परन्तु इसमें सन्देह नहीं कि "एक शब्दातीत महागुंजानता..." की प्रतीति अवश्य मिलती है।

वीरेन्द्र का सौन्दर्यप्रेमी मन शाश्वतता के नाम पर नकली और निर्जीव चिरन्तनता स्वीकार नहीं करता। मरियम के अकलंक कौमार्य-सी उजली कली के सौन्दर्य को वे अन्तर-झील के अनामिल सपने में अक्षत-सुन्दर सुरक्षित रखेंगे, परन्तु स्फटिक की कली स्वीकार नहीं करेंगे, क्योंकि स्फटिक की कली उनके लिए मरियम के कुंवारे दूध का जमकर संगमरमर की शिला बन जाना है। सौन्दर्य के प्रति इस डाइनैमिक नजरिये के कारण ही किसी दर्शन के जड़ बनने तक की एकान्त स्थिति उन्हें स्वीकार नहीं। फिर वह मार्क्स का भौतिकवादी दर्शन हो, बुद्ध का शून्यवद हो, या अरविन्दवाद हो। सौन्दर्य-प्रेम की शराब पीकर पैदा हुए इस कवि में शराब की ताकत का और अपनी मौलिकता का एहसास है जो प्रचण्ड आत्मविश्वास के रूप में प्रकट होता है—स्थान-स्थान पर अस्वीकार और विद्रोह की तन-तन कर की गयी घोषणाएँ इस सन्दर्भ में समझी जा सकती हैं। शोषण, कृत्रिमता, आत्म-केन्द्रित, अहंकार, आत्मिक खोखलापन इत्यादि रोगों से ग्रस्त बुर्जुवा वर्ग को सीधे ललकार कर कवि जब उसकी असलियत का भण्डा फोड़ देता है तो उसके आवेग को सुन्दर बिम्बमालिका ही सन्तुलित कर काव्यत्व को सुरक्षित करती है। अन्यथा बहुत बार कविता की प्रदीर्घता और रेटारिक गद्यात्मक स्तर पर कविता को ले जाता है। (देखिए—तुम एअर कण्डिशन में बैठते हो) सौन्दर्य के प्रति आवेगमय समर्पण वीरेन्द्र का स्थायी भाव है (आत्मा का मदन—श्रीकृष्ण चेतना)। इस आवेग में कभी उसका कवि बह भी जाता है और कसाव, सुघड़ना, मितव्यय और सघनता को भी न्योछावर कर देता है।

वीरेन्द्र की सौन्दर्य की अन्वेषी आँखें विभिन्न ऋतुओं की, सान्ध्य समयों की, निशा वेला की, नदियों, पहाड़ों और वृक्षों की अनगिनत अवस्थाओं का अपनी कलात्मक दृष्टि से चित्र ही उपस्थित नहीं करतीं, उन चित्रों को एक व्याकुल, कम्पन और स्पन्दन भी देती हैं—'एकाकी झाड़ एकाकी मन्दरी' इसका प्रतिनिधित्व करती

है। कभी एकान्त में कभी के देखे और भोगे हुए सौन्दर्य के क्षण-दृश्य स्मृति की तलहटी से एकाएक आकारबद्ध लय में ऊपर उठते हैं तो मांसल आकर्षण की गर्म थरथराहट लेकर—'आज जब तुम पास आयीं' का एक अप्रतिम क्षण-दृश्य देखिए—

...दुपहर वेला में—
घने-घने हरे कच्छ पेड़ों-घिरे
किसी गाँव के तलाब के धूप-छाँव-चित्रित
खण्डित घाट की सीढ़ियों पर नहाती
कोई एकलवती ग्राम कन्या
पानी में अपनी ही परछाहीं देखकर लजाती-सी,
अपनी ही देह में किसी और का आभास पाकर
लाज से, भय से, माधुर्य से
अपने ही में भर कर रह जाती-सी :
और फिर अपने कुंवारे वक्ष की पीर से
बेकल बेसुध हो-उठती-सी।
काश मैं, उसकी गीत-गर्भा पीर में से
उसी क्षण जन्म लेकर
उसकी आजन्म कुंवारी साध का,
चिर चाहा संगी हो जाता।

ये क्षण-दृश्य कवि मन की अतल गहराइयों में 'अमिट' रूप में अंकित हो गए हैं जो बाहर प्रकट होने के लिए निमित्त का सहारा खोजते हैं।

मनुष्य की अनन्त भावनाओं और विचारों की प्रवृत्ति के साथ संपृक्त एक तरह की प्रतीकात्मकता का प्रयोग वीरेन्द्र के कवि का प्रिय खेल है। यादों की नीली पहाड़ियाँ, नवीन चेतना की शीतल अंगूरी हवाएँ, प्यार की बनफ्शई झीलें, सपनों के कास को रेशमी बनाती, परस-दुलार के खरगोश, पाप का अजगरी अन्धकार, चाँदनी का दूध भरा आगोश, भुजंगिनी तरंगें, प्रश्नों के संपोलिये, पाविश्य के फूटे शंख—ये सब इतना अनायास काव्य में उपस्थित होता है और इतनी भीड़ में कि लगता है आशय के पीछे शब्द दौड़े चले आ रहे हों।

वीरेन्द्रकुमार में पीड़ितों, संत्रस्तों, दलितों के प्रति प्रगाढ़ सहानुभूति है, परन्तु वह सिद्धान्तों के स्तर पर अधिक अभिव्यक्त होती है। उनका असली कवि सौन्दर्य ऐश्वर्य का प्रेमी ही है। इसीलिए उसकी कविता में रंगों का, रंगीन प्राकृतिक दृश्यों का, शरीर को सुख देने वाली सुन्दर वस्तुओं का म्यूजियम-सा देखने को मिलता है। नानाविधि फूलों की गन्ध से यह कवि बार-बार विद्ध होता है, आकुल व्याकुल होता है। असल में वीरेन्द्र का कवि रसातुर कृष्ण को अपने हृदय में सँजोता है।

आज तो बहु-प्रिया-बल्लभ

रसेश्वर कृष्ण चन्द्र की बज रही बाँसुरी
दिगन्तर-वाहिनी प्राण-यमुना के
अज्ञात पुलिनों पर।

ये बाँसुरी के स्वर कवि को बार-बार व्याकुल, पुलकित, प्रतीक्षातुर कर देते हैं। असल में कवि का आध्यात्मिक नाता कहीं जुड़ा जाता है तो इस कृष्ण की मोहिनी मुग्धकारी मूर्ति से। जीवन को एक अखण्ड सभा का लीलाविलास मानकर ही कवि इस जीवन को इस तरह भोगना चाहता है कि पूरे आदर के साथ अभिताभ की महत्ता को स्वीकार करते हुए भी इस दुनिया की ललक के बिन्दु पर खड़े होकर वह अभिताभ के निर्वाण को चुनौती देता है। (कवि साँवले रंग की ओर सर्वाधिक आकर्षित होता है।)

कवि अन्तिम रूप में चिर सुन्दर अमर सभा का विश्वासी है। प्रत्यक्ष की चोट उसमें यह भाव जगाती है :

'जीवन क्या है?...मात्र एक अन्तहीन
छलना का जुलूस,
निरन्तर जो बढ़ रहा हो आगे को,
निर्लक्ष्य अन्ध तिमिर के अतलान्त समुद्र की ओर।

परन्तु यह बहुत देर तक नहीं टिकता। क्योंकि–

'...तभी अन्तर के हाहाकर-आलोड़ित अँधियारे क्षितिजों पर
झाँक जाती अनायास किसी ज्योतिर्मय आँचल की सोनहली कोर।'

वीरेन्द्र की कविता में जो 'गिरी-चूलिका के अन्तरित मर्म-देश से सतत प्रवाहित है यह सत्ता का महास्रोत' है, वह सामायिकता के प्रत्यक्ष वेदनामय जीवन प्रवाह से उसे बार-बार उछालकर 'परम विराम' में ले जाता है। परिणामतः वर्तमान की, प्रत्यक्ष की जो दुर्दम्य कसक होती है उससे वीरेन्द्र की कविता निश्चय ही वंचित रह जाती है। परन्तु आज जब वर्तमान का सुरीला या बेसुरा राग हर गवैया गा रहा है, तब वीरेन्द्र की कविता अपनी अलग पहचान से, अपने अतीन्द्रिय स्वर-स्पर्श से विमुग्ध किये बिना नहीं रहती। कवि जब कहता है, "तब मैं होकर खड़ा अपनी व्यक्तिमत्ता के, व्योमवातायन पर, थाम कर रेलिंग अपनी अचल ध्रुव सत्ता का, देखता हूँ दृष्टि डालकर दूर-दूरान्त क्षितिजों के पार।" तब उसकी दूर संचारी विराट दृष्टि का जो आभास मिलता है और कवि की अनुभूति में पूरी साझेदारी करने की क्षमता न होते हुए भी अवाक् अवश्य होना पड़ता है। एक सुन्दर कविता में कवि लिखता है–"ओ री ओ, गुजरती हुई हवाओ, लाओ, तुम्हीं पर आज खत लिख दें।" क्योंकि "आज हम वक्त में नहीं हैं। क्योंकि आज हम धरती और आसमान के बीच किसी एक जगह कायम नहीं हैं।" तो यह कवि-व्यक्तित्व पर ही भाव्य करता है, उसके प्रचण्ड आत्मविश्वास और अपराजेय

आत्मिक शक्ति के प्रति सन्देह नहीं रहता। यह आत्मिक शक्ति ही वीरेन्द्र की अलग पहचान का महत्त्वपूर्ण घटक है।

सुनिश्चित अर्थ की पकड़ में न आने वाली परन्तु समृद्ध बिम्बात्मकता के कारण कुछ अतीन्द्रिय अनुभव देने वाली कविताओं में 'नाव कि जो सारंगी थी' का उल्लेख आवश्यक है।

झील के बीचोंबीच
एक नाविकहीन एकाकी नाव :
अपने आप में बजती हुई
एक वादकहीन सारंगी—
अनादि जल के अगाधों को
संगीत में उभारती हुई :

वस्तुतः 'मैं—मुक्त' होकर अलग से अपने होने की आवश्यकता सदा की समाप्त हो गयी तक कि तन्द्रिल अनुभूति का यह गहनगूढ़ प्रभाव-शब्दातीत को शब्दों में पकड़ने का प्रयास है। यही कारण है कि शब्द को अतिक्रान्त कर अलौकिक अनुभव देने वाले संगीत का बिम्ब ही इस कविता को आधार-बिम्ब के रूप में स्वाभाविक हो सका।

वीरेन्द्रकुमार का यथार्थ एक किस्म का यथार्थ है। इसमें बाह्य और आन्तर, भौतिक और आत्मिक जैसा अलगाव ही नहीं है। भगवान को मूर्ति में देखने के अभ्यासी के लिए उनके अद्वैत रूप को ग्रहण करना कठिन होता है, उसी तरह वीरेन्द्रकुमार के यथार्थ के स्वरूप को समझना मुश्किल हो जाता है। यही कारण है कि जब वीरेन्द्र बाल्कनी पर खड़े होकर इलेक्ट्रिक ट्रेन, उसके यात्री, चमकती बत्तियाँ, झोंपड़ी का दीया इत्यादि सभी वस्तुओं में अपने प्रतिरूप को देखते हैं, तो पाठक मुश्किल में पड़ जाता है। यह अनुभव न उसको पुनः प्रत्यय का स्मृत्यात्मक संस्कार देता है, न नास्टाल्जिक अनुभव। कवि की परकाया-प्रवेश की सिद्धि के आधार पर ही इसे समझा जा सकता है। इस 'सर्व' में अपने को देखने की क्षमता प्राप्त हो जाये तो अनेक मुश्किलों को वह सहज ही पार करता है। फिर प्यार को भी एक बन्द कमरे के एकान्त की जरूरत नहीं रहती, बल्कि आर-पार खुलाव के निरालय में, नदी, वृक्ष, चिड़िया के गान में वह 'एकान्त की लय' प्राप्त हो जाती है। वह अवस्था किसी कवि के लिए खतरनाक भी हो सकती है, क्योंकि न केवल उसके तनावों की ऐंठ खत्म होती है, अनुभव की उत्कटता और वस्तुओं की चित्रात्मक विशिष्टता भी बलि हो जाती है—हाथ में आती है सामान्यीकरण की यान्त्रिक आवृत्ति। सामान्यतः वीरेन्द्र की कविता इस खतरे से बच गयी है। इसका कारण यह है कि सनातन शाश्वत, एकतान सत् में श्रद्धा होते हुए भी वस्तुओं, व्यक्तियों की विशिष्टता और विशिष्टता से उद्भूत उनके सौन्दर्य से प्रभावित होते रहने की अपनी

कविधर्मी प्रवृत्ति को वीरेन्द्र नहीं त्यागता। सवेरे-सवेरे 'बड़ा सारा सफेद गुलाब' नहीं दिखाई देता है तो उसे गहरा अभाव महसूस होता है। फिर इस अभाव की रिक्तता में कवि अपनी कल्पना के गुलाब को तरोताजा रूप में देखता है।

...अन्तिम अभाव की पीड़ा का वह जाया,
जो होने और न होने से परे—
सदा ही द्रव्यायित है
मेरी ऊर्जा की
नित-नूतन तरंगों में।

ऊर्जा का एक नित-नूतन प्रवाह वीरेन्द्र के हृदय में बहता रहता है। यही कारण है कि बाह्य जीवन के भयानक अभावों के बीच भी यह कवि अपनी आत्मा की रणभूमि पर कभी हारा नहीं, थका नहीं, निराश नहीं हुआ। औचक झरने वाले पीले पत्ते की कसकभरी टपकन और उसकी वीरान दुपहरियों के प्रति कवि सहानुभूतिशील होते हुए भी यह अनुभव करता है कि यह टपकन, यह उदासी, वह वीरानगी 'मेरी अन्तर नदी के मर्म में अविरल बज रहे जल-तरंग में संगीत हो गयी।' यह 'अन्तर नदी का जल-तरंग' किसी भी विवादी स्वर को अपने में समेटकर संगीत की सुरावली में सम्वादी बना देता है, क्योंकि 'कविता' रचता है। आज वीरेन्द्र की यह ऊर्जा के बल पर लिखी कविताएँ मनुष्य के आदर्श से उष्मित होने की, स्वप्नों से तरल और तन्द्रिल होने की, सामयिकता को अतिक्रान्त कर कुछ अधिक शाश्वत को देखकर आश्वस्त होने की, कल्पना के बल पर उन्मुक्त और तीव्र संवेदनशील होने की, कुछ विराट से जुड़कर 'यहाँ और अभी' से ऊपर उठने की मनुष्य की आत्मिक भूख को अगर परितृप्ति देती है, तो एक साहित्य के व्यापक परिप्रेक्ष्य में इस कविता का कृतज्ञतापूर्वक स्वागत करना चाहिए। क्योंकि यह कविता सृजन के उत्सों को प्राणवान् और आर्द्र बनाए रखती है।

प्रगतिशील ऊर्जा का तेजाबी कवि
(धूमिल की कविता : एक मूल्यांकन)

हिन्दी की साठोत्तरी युवा कविता बहुत तेजी से एक प्रक्रिया से गुजरी है जिसका चरम परिणाम धूमिल की कविता के रूप में सामने आता है। यह प्रक्रिया है जीवन की समग्रता को पकड़ने के प्रयास में वैयक्तिकता का और अन्ततः व्यक्तित्व का भी तेजी से लोप। यह प्रक्रिया एक बिन्दु तक स्वागत योग्य मानी जा सकती है, जब तक इस स्थिति में भी वह सर्जन के लिए कोंचती रहे, परन्तु इसकी परिणति भयावह है। भयावह समाज की व्यवस्था के लिए उतनी नहीं (इस दिशा में उसका स्वागत भी किया जा सकता था), बल्कि समाज को बदलने की मूल शक्ति के ही भोथरा बन जाने की सम्भावना इसमें दिख रही है।

धूमिल की कविता उस चरम विरोधी बिन्दु पर स्थित है जो छायावादी काव्य की ठीक विपरीत दिशा का अन्तिम ध्रुव कहा जा सकता है। नई कविता के अन्तर्गत अतिशय वैयक्तिकता और सामाजिकता के बीच सृजनशील की भूमिका थी और कवि व्यक्तित्व की मौलिकता, समृद्धता और निरन्तर विकासशीलता काव्य के हित में वांछित समझी जाती थी। परिवेश का महत्त्व वैयक्तिक अनुभव-विश्व में स्वीकार करने पर भी उतना अंश ग्राह्य माना जाता रहा, जितना कवियों की अनुभूति की पकड़ में आता था। जो हिस्सा अनुभव के बाहर रहता था, उसे 'इदं न मम' कहकर छोड़ दिया जाता था। परिणामतः कविता में ईमानदारी के साथ जीवन्तता भी रहती थी। परिवेश पर हावी होना, परिवेश को अपनी आँच में गलाना, प्रतिभा में उसे संस्कारित और आकारित कर उसको अनुशासित करना, सर्जन प्रक्रिया की शर्त माना जाता था। एक तरह की कवि की स्व-चेतना और बाहरी सृष्टि के बीच कश्मकश, सम्वाद या लगाव का प्रत्यय कविता में मिलता था। कवि के व्यक्तित्व का सृजनात्मक पहलू अधिक आलोकित दीखता था। साठ

के बाद प्रायः परिवेश कविता के अन्तर्गत उस अरब के ऊँट की तरह घुसने लगा जिसने धीरे-धीरे अरब को ही टेण्ट से बाहर कर दिया। साठोत्तरी पीढ़ी का युवा कवि परिवेश के बढ़ते आक्रमण से कुछ ऐसा सन्त्रस्त रहा है कि उसकी वैयक्तिक पहचान संवेदना के धरातल पर खत्म होने का खतरा पैदा हुआ है। विचित्र लेकिन संगत बात यह रही कि रूप या शैली के प्रति उदासीनता की मुद्रा अपनाने वाले कवियों को अपनी अलग पहचान के लिए बात को कहने की अनोखी अदा पर ही निर्भर रहना पड़ा। धूमिल की कविता इस सरहद पर है। उनकी कविता ने इस खतरे के चिह्न तक यात्रा की है। उनकी कविता में मोहाविष्ट-से रूप में प्रयुक्त शब्द 'जंगल' उनकी निर्मिति प्रक्रिया को ही स्थानान्तरित करता हुआ-सा लगा। (हरे रंग का एक ठोस सैलाब जिसमें सभी पेड़ डूब गये हैं।)

धूमिल की कविता पढ़ते समय लगता है कि कवि का वैयक्तिक जीवन कुछ शेष नहीं बचा है। घृणा, ईर्ष्या, गुस्सा, खीझ, अकुलाहट इत्यादि अनुभूतियों का वैयक्तिक सन्दर्भ में जैसे अस्तित्व ही शेष नहीं रहा। इनको व्यक्त करने वाला कोई निजी व्यक्तित्व ही नहीं है। धूमिल की कविता में व्यक्ति सामान्यतः आम आदमी होता है, 'मोचीराम' भी एक अभिप्राय व्यक्त करने का माध्यम-भर हो जाता है। सम्बन्ध व्यक्ति और व्यक्ति के बीच नहीं होते। व्यक्ति सामान्य ढंग से सामाजिक होते हैं। प्रेयसी या पत्नी सामान्य 'औरत' बन जाती है, मित्र वैयक्तिक सुख-दुख बाँटने वाले आत्मीय सम्बन्धों के सहभोगी नहीं रहते बल्कि फुर्सत के समय बोतलों को खाली करते हुए फालतू गप्प मारने में राहत के साथी होते हैं—एक-दूसरे के महज साधन। प्रेम दो व्यक्तियों के बीच आनन्द और उल्लास के उन्मुक्त क्षणों के आदान-प्रदान का नाम नहीं रहता, एक सुविधा का सम्बन्ध हो जाता है। नेता, संस्कृति का अतीत, देश का वर्तमान धूमिल की कविता में भर्त्सना के विषय हो गये हैं और इसे समझा भी जा सकता है। परन्तु देश, समाज और जनता भी विशेष आन्तरिक लगाव या आस्था के केन्द्र नहीं रहे, यह सोचने की बात हो जाती है। इन सबके प्रति या तो व्यंग्यात्मक प्रहार करने की आक्रामकता धूमिल की कविता में है या घृणा से भरी करुणा। सम्पूर्ण अस्वीकार का भाव धूमिल की कविता के केन्द्र में है। इस प्रकार के अस्वीकार के मूल में सकारात्मक मूल्यबोध का कौन-सा प्रमाण अपनी कविता में धूमिल दे जाते हैं, यह प्रश्न उठाया जा सकता है। इस प्रकार की कविता हर्ष, उल्लास, मधुरता इत्यादि मानवीय भावना के सहज स्पर्श से पूर्णतः वंचित रह जाती है। यह कहना अधिक उचित होगा कि ऐसा कवि-मन सब प्रकार के वैयक्तिक उल्लास मूलक को रोमांटिक मानकर 'रिजेक्ट' करने में ही सार्थकता समझता है और जीवन को जीने योग्य मानने वाले व्यक्ति में कविता के इस स्वरूप को देखकर दहशत उत्पन्न होती है। दहशत व्यवस्था को नष्ट करने के भय से नहीं, बल्कि लगता है प्रस्तुत संसार को उस अप्रस्तुत

संसार के लिए इस प्रकार होम करके ही पाना होगा तो सहृदय को इसी समय निर्णय लेना होगा कि यह रास्ता हमारा नहीं है। धूमिल की कविता में वैयक्तिक सौन्दर्यबोध के न रहने से प्रकृति के तथा मानव के कोमल रमणीय रूपों का सम्पूर्ण बहिष्कार है। लगता है व्यक्ति असन्तोष, नफरत और गुस्से का एक फव्वारा मात्र बनकर रह गया है।

जीवन के विविध रूपों की ओर आकर्षित होना, हर रूप को उसके वैशिष्ट्य के साथ पहचानना और उसके अपने अप्रतिम रूप पर मुग्ध होकर आकार देना धूमिल के कवि का रास्ता नहीं है। यह कविता इसलिए विविध मनःस्थितियों की कविता नहीं बनती। यह एक मूड की कविता है—चरम निराशा के बाद आने वाली निष्क्रियता से उत्पन्न सर्वतः अस्वीकार का मूड। इसमें जो गर्मी शेष है, वह बुझे हुए अंगारों की रही-सही गर्मी है। सामाजिक भयावहता का परिचय वह कविता अवश्य देती है, लेकिन अपनी पहचान, अपनी गर्मी, अपनी सक्रियता को (इसीलिए अपनी सम्भावनाओं को) खत्म करके। लेकिन यह दिशा कविता के बाहर की है।

धूमिल के कवि का एकान्त विवेचनीय है। धूमिल अपने को अपनी अधूरी इच्छाओं में झुलसता हुआ वह एक सम्भावित नरक मानते हैं। आज की युवा पीढ़ी का एक हिस्सा निश्चय ही अपने को अकेलेपन का नरक समझता है। 'एक आदमी' कविता निश्चय ही इसी युवा पीढ़ी की एक वास्तविकता का सशक्त 'इण्डीकेटर' है। इस एकान्त का एक प्रभावपूर्ण चित्रांकन है : "सड़कों में होता हूँ/बहसों में होता हूँ/रह-रह चहकता हूँ/लेकिन हर बार वापस घर लौटकर/कमरे के अपने एकान्त में/जूते से निकाले गये पाँव-सा महकता हूँ।" यह अलग किस्म की वैयक्तिकता इसलिए महत्त्वपूर्ण है कि यह व्यक्ति को बाहर से बन्द करने से नहीं, रिश्ता तोड़ने से नहीं, बल्कि सही सम्बन्धों के आधार पर रिश्ता दृढ़ करने की हर कोशिश के असफल हो जाने के बाद आयी हुई लगती है। धूमिल की 'एकान्त कथा' की परिणतियों से असहमत होते हुए भी यह माना जा सकता है कि यह कविता एक सशक्त कविता है और इसके अनुभव में सामाजिक जुड़ाव की भरपूर कोशिश के बाद की निराशा व्यक्त हुई है, अतः एक तनाव इसमें उत्पन्न हुआ है जो कविता को विशिष्ट स्तर प्रदान करता है। धूमिल की कविता में चुस्त-बयानी और अल्पाक्षरत्व की सीमा-रेखा प्रायः गड्डमड्ड हो जाती है, परन्तु इस कविता में कसावपूर्ण ढंग से अनुभव व्यक्त किया गया है। "बलात्कार के बाद की आत्मीयता मुझे शोक से भर गयी है।" "मेरी शालीनता—मेरी जरूरत है। जो अक्सर मुझे नंगा कर गयी है।" इस वास्तविकता को स्वीकार करने पर भी धूमिल का बदबू देने वाला एकान्त एक मूड के रूप में ठीक है—व्यक्तित्व को स्थायी प्रवृत्ति के रूप में वांछनीय नहीं है। कारण यह है कि इससे व्यक्ति की पकड़ से ऐसा बहुत कुछ खिसक जाता है जो सम्पूर्ण मानवीय जीवन के लिए नितान्त आवश्यक है।

धूमिल की कविता में परिवेश की पाषाण सदृश अबध्यता की प्रतीति स्थान-स्थान पर मिलती है। देश की शासन व्यवस्था, अफसरशाही, नेतावर्ग, संसद के सभी सदस्य, समाजवाद का रूप, जनतन्त्रवाद–सबकी असलियत दिखाने का प्रयत्न कवि ने किया है। जनतन्त्र का रूप बताते हुए यह प्रभावपूर्ण बिम्बांकन धूमिल की कवित्व शक्ति का परिचय देता है : 'शहर की समूची पशुता के खिलाफ/गलियों में नंगी घूमती हुई/पागल औरत के 'गाभीन पेट' की तरह/सड़क के पिछले हिस्से में छाया रहेगा पीला अन्धकार/और तुम महसूसते रहोगे कि जरूरतों के/हर मोर्चे पर/तुम्हारा शक/एक को नींद और दूसरे को नफरत से/लड़ रहा है। इस 'सिर कटे मुर्गे की तरह फड़कते हुए जनतन्त्र' में बुद्धिजीवी अपनी चुप्पी से, मौन से शामिल होने को बाध्य है। परिणाम यह है, 'तुम चुपचाप, अपनी दिनचर्या का/पिछला दरवाजा खोलकर/बाहर आ जाओगे/जहाँ घास की नोक पर/थरथराती हुई ओस की एक बूँद/झड़ पड़ने के लिए/तुम्हारी सहमति का इन्तजार/कर रही है।'' धूमिल की कविता में 'घास की नोक पर थरथराती ओस की एक बूँद' जैसे काव्य बिम्ब प्रायः नहीं आते। बुद्धिजीवियों के मूकपन से जो खतरा है वही खतरा वस्तुतः ओस की थरथराती बूँद के सौन्दर्य को न देख सकने वाली कवि संवेदना से भी है। जहाँ तक वास्तविकता से पहचान की ओर उसके सशक्त अंकन की बात है, धूमिल की कविता में प्रचुर ताजे, नये, मौलिक चित्र, बिम्ब और प्रतीक आ जाते हैं (प्रायः इनका अतिरेक भी हो गया है जिसकी चर्चा आगे की जायेगी। उदा. : ''जलसों-जुलूसों में भीड़ की पूरी ईमानदारी से हिस्सा ले रहे हैं और/अकाल को सोहर की तरह गा रहे हैं/झुलसे हुए चेहरों पर कोई चेतावनी नहीं है।'' या ''जिनका आधे से ज्यादा शरीर भेड़ियों ने खा लिया है। वे इस जंगल की सराहना करते हैं–।'' भारतवर्ष नदियों का देश है।'' एक अजीब-सी प्यार भरी गुर्राहट : 'जैसे कोई मादा भेड़िया अपने छौने को दूध पिला रही है और साथ ही किसी मेमने का सिर चबा रही है।' ''जनता क्या है? एक शब्द–सिर्फ एक ही शब्द है/कुहरा और कीचड़ कांच/से भरा हुआ.../एक भेड़ है। जो दूसरों की ठण्ड के लिए/अपनी पीठ पर/ऊन की फसल ढो रही है'' इत्यादि। लोगों के प्रति उनकी प्रतिक्रिया–'लेकिन तुम/अपने आपमें डूबे हुए/चुपचाप खड़े हो/किताब में छपे पेड़ की तरह/मौसम से बेखबर।' धूमिल की यह बहुत बड़ी शक्ति भी है और सीमा भी बन गयी है। धूमिल के मन पर जड़ता की एक परत छा गयी है। यह कुछ उत्तेजना अनुभव नहीं करता। 'बीस साल बाद' में स्थितियों के सर्वेक्षण के बाद वह कहता है–'बीस साल बाद/मैं अपने आप से एक सवाल करता हूँ/जानवर बनने के लिए कितने सब्र की जरूरत होती है?/और बिना उत्तर के चुपचाप/आगे बढ़ जाता हूँ/क्योंकि आजकल मौसम का मिजाज यूँ है/कि खून में उड़ने वाली बत्तियों का पीछा करना/लगभग बेमानी है।' धूमिल की समस्त कविता में पराजित निराशा और

निष्क्रियता का थका स्वर व्याप्त है और विचित्र विरोध यह है कि जिस निष्क्रियता के लिए, आलस्य और भोंथरेपन के लिए धूमिल सब पर वार करते जाते हैं, उससे स्वयं अपने कवि व्यक्तित्व को भी नहीं बचा पाते। तो सवाल यह उठता है कि वह हक कहाँ से आता है जिसके आधार पर अपने से इतर का मजाक उड़ाया जाता है। ऐसी स्थिति में धूमिल की कविता वक्रोक्ति के विविध चमत्कारों के आधार पर स्थितियों के बोध का जो परिचय देती है (जो सामान्यतः किसी भी बौद्धिक या कविता के पाठक के लिए चौंकाने वाला, नया अथवा नये कोण से देखा-परखा हुआ नहीं है।) उसी का कुछ अपना आकर्षण रह जाता है। फिर विचित्र विरोध यह दिखता है कि रूप या अन्दाज़ेबयां के प्रति कुछ उदासीनता दिलाने का दम भरने वाली और काव्यात्मक अभिप्राय को वक्तव्य के स्तर तक ले जाकर व्यक्त करने वाली कविता अपने अस्तित्व के लिए बहुत बड़ा समझौता कर रही है। इस स्थिति में धूमिल की कविता का एक मूल्य यह रह जाता है कि यह कविता एक संवेदनशील व्यक्तित्व के ह्रास एवं विनाश की कहानी बताती जाती है—अपनी आत्महत्या के द्वारा अपने वर्ग की खस्ता हालत उजागर करने वाले उस भारतीय साइण्टिस्ट की तरह।

धूमिल के कवि का कविता सम्बन्धी मन्तव्य भी इसी सन्दर्भ में विचारणीय है। धूमिल जैसे अनेक कवियों को अपने साधन के बारे में—कविता के बारे में भी विश्वास अब डावाँडोल हो गया है। क्योंकि जब साधन के तौर पर इस्तेमाल चीज का साध्य की प्राप्ति में कोई विशेष उपयोग नहीं दीख रहा है तो यह अविश्वास स्वाभाविक है। धूमिल की यह वेदना है—'ढेर सारे दोस्तों का गुस्सा/हाशिये पर/चुटकुला बन रहा है।' ऐसी स्थिति में कविता की शक्ति के बारे में उनका सन्देह है—"तितली के पंखों में पटाखा बाँधकर/भाषा के हलके में/कौन-सा गुल खिला दूँ।" कविता के बारे में राजकमल चौधरी एक दिशा दिखा गये हैं—"सुविधा की तहजीब से बाहर/जहाँ चौधरी अपना चमरौधा/उतार गये हैं/कविता में।" (वस्तुतः इससे पहले ही निराला यह काम कर गये हैं) यही एक रास्ता है—"वहीं कहीं नफरत का एक डरा हुआ बिन्दु है/आप इसे छुओ : वह कुनमुनाएगा/आप उसे कौंचो/वह उठ खड़ा होगा।" जुआ तोड़कर भागने वाले शब्दों को कविता में बाँधने के लिए धूमिल डर चुनते हैं और इसके ट्रेजिक परिणाम के रूप में बीमार बच्चे और उदास पीली फटेहाल पत्नी को भी उन्हें चुनना पड़ता है। लेकिन अपनी कविता के सामाजिक परिणाम से वे परिचित हैं—हाथी दाँत की सराहना। अपनी अन्तिम हार का पता उन्हें है। यही वह बिन्दु है जिसके कारण उनसे पूरी तरह सहमत न होते हुए भी उनकी कविता में उसके एक शुभ परिणाम को देखा जा सकता है। अपनी अन्तिम नियति का पूरा पता होने के कारण ही उनकी कविता न आक्रोश स्वर में चिल्लाती है, न आक्रन्दन के। धूमिल का अधिकतर स्वर

आत्मभर्त्सना का ही है और आत्मभर्त्सना का यह स्वर इसलिए मूल्यवान है कि इसमें पराजित पीढ़ी की हताशा अतिशय प्रभावपूर्ण ढंग से संप्रेषित हो गयी है। धूमिल की कविता में जीवन्त मानवीकरण का प्रयत्न है, परन्तु इसके बावजूद वह कार्य की ओर संकेत प्रायः कम करती है। संकल्प का एहसास नहीं जगाती, जो काव्य को साधन के रूप में इस्तेमाल करने वालों के लिए अपेक्षित होता है। अपने-आपमें पीड़ित होती हुई वह चुक जाती है--घृणा की थूक के साथ। आत्मकरुणा से नफरत करते हुए भी वह कहीं पर रिरियाती है। इसकी रिरियाहट को समूचा वाक्-पटाव और वक्रोक्ति कौशल नहीं छिपा पाता। 'घेराव में बौखलाए हुए आदमी का संक्षिप्त एकालाप' और कर ही क्या सकता है? लेकिन दूसरे स्तर पर धूमिल की कविता की उपयोगिता है। स्वयं धूमिल इसको स्वीकार करते हैं--"कविता शब्दों की अदालत में मुजरिम के कटघरे में खड़े बेकसूर आदमी का हलफनामा है।" और यह भी--"कविता भाषा में आदमी होने की तमीज है।" यह निश्चय ही वैयक्तिक कोण है और आज की स्थिति में इसके खतरे भी हैं, क्योंकि "इस वक्त सच्चाई को जानना विरोध में होना है" और ऐसे विरोधी के खिलाफ साजिश स्वाभाविक है। कहीं कुछ सामाजिक उपयोगिता की बात भी धूमिल करते हैं तो एक अलग किस्म का सन्तुलित दृष्टिकोण वहाँ भी मिलता है, क्योंकि कविता की क्षमता का कहीं बहुत बड़ा आश्वासन स्वयं धूमिल के मन में नहीं है--"वक्त बहुत कम है/इसलिए कविता पर बहस शुरू करो/और शहर को अपनी ओर झुका लो/क्योंकि असली अपराध का/नाम लेने के लिए कविता सिर्फ उतनी देर तक सुरक्षित है/जितनी देर, कीमा होने से पहले/कसाई के ठीहे और तनी हुई गँडास के बीच बोटी सुरक्षित है।"

धूमिल की और धूमिल की पीढ़ी के अनेक कवियों की कविता पढ़ते समय एक विचार बार-बार मन में आ जाता है। इनकी कविता में एक अलग किस्म की रोमांटिकता पिछले दरवाजे से प्रवेश करती है। यह दरवाजा है--शहादत का। (रोमांटिकता मनुष्य की महत्त्वपूर्ण मूल प्रवृत्ति है, परन्तु उसके विकृत हो जाने के जो कई रास्ते हैं, उनमें से एक है, वह अब रोमांटिकता का बाह्यतः विरोध किया जाता है रोमांटिक बनकर) वस्तुतः जिस जनतन्त्र की आज बुरी तरह से दुर्गति होती जा रही है, उसकी अच्छाई का एक सबूत यह है कि इनमें जितनी चाहे बुराइयाँ हों, आज भी अपराधी का नाम लेने पर उतनी बड़ी सजा नहीं होती है, जिसकी कल्पना की जाती है। यहाँ एक और बात की ओर ध्यान देना जरूरी है। सुकरात से महात्मा गांधी तक अपराध के असली मुकाम पर अंगुली रखने वालों को भयानक यातनाएँ सहन करनी पड़ी हैं। परन्तु जिस भी महान व्यक्ति को यह कीमत चुकानी पड़ी है, उसने बिना आक्रोश के वह चुकायी भी है। दुख इस बात का होता है कि इधर कुछ शहीदाना वृत्ति के कवियों को दूसरों को गाली तो देनी है, परन्तु

कीमत न चुकाते हुए (व्यवस्था की सभी सुविधाएँ भोगते हुए यवस्था को लात मारनी है!) इस नैतिक भ्रष्टता का परिणाम रचना पर होता है। धूमिल जब लिखते हैं—"अपराध के असली मुकाम पर अंगुली रखने से मना किया जाता है" तब लगता है कर्मक्षेत्र को वीरता या कर्मण्यता के अभाव की क्षतिपूर्ति कविता में एक लड़ाई का षड्यन्त्र का, साजिश और संघर्ष का काल्पनिक संसार खड़ा कर है रही है। ऐसा लगता है फासिस्ट शासन के कड़े नियन्त्रण में रखने के फलस्वरूप इनकी जबान बन्द कर दी गयी है, इनकी नाकेबन्दी कर दी गयी है, खुफिया पुलिस का जाल इनको फाँसने के लिए तैनात कर दिया गया है, अदृश्य फन्दे का प्राणघाती स्पर्श इनकी साँस को उखाड़ दिये जा रहा है। परिणामस्वरूप इनकी भाषा में कुछ फैण्टेसी का, कुछ अनामिक डर के कारण अजीब सिहरन का, अदृश्य शत्रु के घिर जाने का भाव शहादत के रूप में प्रकट होने लगता है। ऐसा भाव इनके स्वरों से प्रकट होता है, जैसे स्थितियों का असली रहस्य हमने चतुराई से पकड़ लिया है। अजीब रोमांटिक ढंग से 'यह', 'वह', 'तुम', 'वे', जैसे सर्वनामों का प्रयोग किया जाता है। मसलन ये पंक्तियाँ—"उन्हें हमारी तलाश है/उन्होंने जलते हुए आदमी को/झण्डे की तरह उठा लिया है/और उसे/हमारे चेहरों पर/गाड़ना चाहते हैं/उन्हें हमारी तलाश है/जमीन की जली हुई जिल्द पर खड़ा—/रोशनी सूंघने वाले जासूस कुत्तों का खतरनाक झुण्ड/उनके इशारों का इन्तजार कर रहा है/हर तरफ 'जागते रहो' के करिश्मे/गश्त कर रहे हैं।" इस तरह की बयानबाजी लगता है काफ्का के उपन्यासों से फिसलकर यहाँ आयी है। परन्तु खेद की बात है कि काफ्का के लिए यह अन्दाज उनके रचनारत व्यक्तित्व का स्वभाव था। धूमिल की कविताओं में रचनाकार के व्यक्तित्व का (कविता के आधार पर ही) जो प्रत्यय कविताओं में मिलता है, वह इस भाषा के अन्दाज का समर्थन नहीं करता। यह स्वीकार किया जा सकता है कि संवेदनशील कवि सामयिक स्थितियों में भी भावी के खतरनाक पद्चिह्न पहचान जाता है और उसकी भाषा अत्यन्त सूक्ष्म संकेतों के सहारे उस पहचान को व्यक्त करते समय कुछ व्यावहारिक जीवन की भाषा से अलग पड़ जाती है। परन्तु उपर्युक्त पंक्तियों को पढ़ते समय जिस घिराव की, साजिश की, जिस खतरे की धूमिल कल्पना करते हैं उसमें अतिरंजितता अधिक लगती है।

अस्वीकार की इस कविता की परिणति क्या है? धूमिल की कविता के साक्ष्य पर यह कहा जा सकता है कि यह परिणति अराजकतावाद में होती है। धूमिल की एक सशक्त कविता है 'उस औरत की बगल में लेटकर'। मानवीय अस्तित्व की आज की हालतों का तीखा और सूचना-गर्म बयान देते हुए मनुष्य की यान्त्रिक बनने वाली सम्भोग क्रिया का प्रयोजन वे बताते हैं—"मुझे लगा है कि हाँफते हुए दल-दल की बगल में जंगल होना/आदमी की आदत नहीं अदनी लाचारी है। और मेरे भीतर एक कायर दिमाग है। जो मेरी रक्षा करता है और वही/मेरी बटनों का

उत्तराधिकारी है।" जीवन में और काव्य तथा कला में समृद्ध ढंग से सुरति क्रीड़ा का रसपूर्ण वर्णन हम अब तक पढ़ चुके हैं। उस पर तमाचा मारने वाला यह कथन केवल सस्ता विद्रोह नहीं है, बल्कि मानवीय स्थितियों के ट्रैजिक बाँध से उत्पन्न इस मनोवैज्ञानिक सत्य को पूर्णतः अस्वीकार करना मुश्किल है। परन्तु साथ-साथ यहाँ स्त्री 'औरत' बन जाती है, सम्भोग क्रिया राहत का साधन मात्र। सम्भवतः यह कुछ खास युवकों का सत्य है। मानव की सृजन-क्षमता का यह एक अधूरा मूल्यांकन है और अराजकता का एक लक्षण। इसी सन्दर्भ में 'मकान' कविता को देखा जा सकता है। मकान मनुष्य की सामाजिक आवश्यकता है और सांस्कृतिक विकास में उसे प्राप्त किया गया है। लेकिन इस 'मकान' के मनुष्यता की कीमत चुकाने वाले अनेक रूपों से साक्षात्कार कराते हुए धूमिल लिखते हैं—"मैंने देखा है/किस तरह मकानों की आड़ में/छिपे हुए मकान/दरवाजों में चाकू छिपाकर/आदमी का इन्तजार करते हैं/'स्वागत है' आहिस्ता-आहिस्ता/किसी आदमखोर के जबड़े की तरह/उस मकान का फाटक खुल जाता है/और देखते ही देखते/एक समूचा मुसकुराता आदमी/उसके भीतर नमक के ढेले-सा घुल जाता है।" मकान के आकर्षण का पर्दाफाश करते हुए धूमिल मन्तव्य देते हैं कि "आजादी और वक्त से ऊबकर आदमी मकान के रूप में ऐसा जड़ हो जाता है कि फूल और गोश्त का फर्क करने का सारा विवेक भूल जाता है।" मकान का एक कदाचित कम देखा गया पहलू अपने चमत्कारपूर्ण अन्दाज में प्रस्तुत करने में धूमिल अवश्य सफल हो जाते हैं, परन्तु किस कीमत पर? 'मकान' मनुष्य की सृजनशीलता के लिए, संस्कार के लिए साधन भी बन जाता है, इस महत्त्वपूर्ण विचार की कीमत पर और घोंसला न बनाने वाले बाज के आदर्श स्वीकार कर! यह वस्तुतः 'समूचा और मुसकुराता आदमी' नहीं है जिसके नमक के ढेले की तरह घुल जाने पर धूमिल को दुःख होता है। सामूहिक जीवन को सार्थकतापूर्ण ढंग से जीने के क्रम में 'मकान' कुछ कम योगदान नहीं करता। अतः इस अराजकतावादी विचार प्रणाली के मूल में मनुष्य का कौन-सा रूप धूमिल को ग्राह्य है, यही समझना मुश्किल हो जाता है। असल में व्यवस्था पर चोट का एक उद्देश्य मनुष्य की साधारण-सी इच्छा, एक अच्छे मकान की भी पूरी न होने के मूल में व्यवस्था की खतरनाक स्थिति है। इस प्रकार की कविता का कुछ ऐसा विश्लेषण इसलिए भी आवश्यक है कि यह दिमागी ऐयाशी के रूप में लिखी हुई कविता नहीं है, केवल विशिष्ट क्षण के मूड को अभिव्यक्त करने से छोटे उद्देश्य से भी लिखी हुई नहीं है। यह एक प्रवृत्ति है और यह कविता यह दम भरती है कि "एक सही कविता—पहले/एक सार्थक वक्तव्य होती है।" फिर धूमिल केवल अनुभूतिपरक कविता नहीं लिखते। वे विचार और अनुभूति के सम्मिश्रण से कविता लिखने वाले कवि माने गये हैं। धूमिल आखिर क्या चाहते हैं, इसका कुछ पता उन्हीं के द्वारा मोहाविष्ट रूप में कविताओं

में बार-बार प्रयुक्त शब्द 'जंगल' दे जाता है और 'मकान' कविता की ये प्रारम्भिक पंक्तियाँ भी—"बस जरा-सी गफलत होती है और जंगल आदमी की गिरफ्त से छूटकर दीवारों की कवायद में शरीक हो जाता है।"

धूमिल की कविता के वैचारिक पक्ष की सराहना की गयी है; अतः इसका भी कुछ रूप देखना आवश्यक है। कोई सुधी पाठक कविता में विचार को अवांछित नहीं मानता। यह पुरानी पिटी-पिटायी बात हमारी आलोचना का सहज अंग बन गयी है कि विचारों को अनुभूति के ताप में गलाकर ही व्यक्त किया जाना चाहिए, लेकिन यहाँ एक फर्क करना जरूरी है। चिन्तनपरक कविता और विचारशील कविता में बहुत बड़ा अन्तर है। तर्कपूर्ण, बने-बनाये रूप में जब विचार कविता में आते हैं, तब बाहर से चमत्कारपूर्ण उक्ति का, वक्र भंगिमा का रूप लेकर आने पर भी वे कविता नहीं बनते। चिन्तनपरक कविता में विचार अपनी सृजन-प्रक्रिया के रूप में ही व्यक्त होते हैं। धूमिल में कतिपय विचार वक्रोक्ति का रूप लेकर आए हैं। अनुभूति के बीच से गुजरने के बाद जो वैचारिक निष्कर्ष अपनी प्रक्रिया को समाप्त कर विस्फोटित होते हैं, उनमें भी तार्किक विधान के स्वरूप के बावजूद काव्यात्मकता होती है। परन्तु कई बार निबन्ध की तरह विषय को उसे लेकर विचार कविता लिखी जाती है तो भंगिमा की वक्रता और बिम्बों की ताजगी भी अच्छे काव्य का स्तर नहीं प्रदान करती। मुझे भय है कि धूमिल की अनेक कविताओं के साथ ऐसा हुआ है। उनकी दीर्घ कविता 'पटकथा' भी इसका एक उदाहरण है। धूमिल के विचार वक्रतापूर्ण ढंग से प्रकट होने के कारण काव्य का आभास देते हैं। असल में विचार का सूत्र कविता की बुनावट का सरलीकरण करता है। यह नहीं लगता कि अनुभव की कश्मकश, रगड़, ऐंठ कवि के मस्तिष्क को झिझोड़ती है, यह नहीं प्रतीत होता कि समस्त वैयक्तिक निवेदन के बावजूद या एकालाप के बावजूद यह कविता एक अन्तर्मुखी कवि की अपने को भी पहचानने की कोशिश है। इस स्थिति में उनके शैली-विषयक वैशिष्ट्य प्रारम्भिक स्थिति में रोचकता का स्वाद भले ही दें, तीखे चटखारे भले ही दें, वे उस स्थायित्व से वंचित हैं, जिसके कारण कविता मजबूती से जड़ जमाती है। धूमिल की कविता वक्रोक्ति की सीमाओं को भी उजागर करती है। विचार कविता की परीक्षा का और एक नुक्ता है। धूमिल की कविता जिन स्थितियों और तथ्यों की जानकारी देती है, वह आम समझदार व्यक्ति का परिचय क्षेत्र है (धूमिल की कविता पढ़ने वाले पाठकों का)। ऐसा भी नहीं है कि इनको कुछ नयी दृष्टि से देखा गया हो। अतः हमारी समझ का क्षेत्र कुछ विस्तृत होता है, ऐसी बात नहीं है। हमारी संवेदना का संगठन भी कुछ नये गहन स्तर पर हुआ हो, ऐसा नहीं लगता। धूमिल की कविता हमें अपने ही भोगे हुए यथार्थ का कुछ पुनः प्रत्यय देती है, हमारी हर दिन की प्रतिक्रियाओं को ही चमत्कारपूर्ण ढंग से देखने का सुखद आश्चर्य होता है। यह कविता के लिए इतना

पर्याप्त भी हो, परन्तु अच्छी, श्रेष्ठ कविता के लिए इतना पर्याप्त नहीं है।

धूमिल साठोत्तरी पीढ़ी के एक सशक्त कवि माने गए हैं और उनके प्रति वैचारिक असहमति रखते हुए भी एक महत्त्वपूर्ण बात नहीं भूलनी चाहिए। वह यह है कि धूमिल के अस्वीकार के मूल में कहीं एक मानवीय स्वर है जो जब उभरता है तब प्रभावित करता है। 'मोचीराम' कविता इसीलिए एक अच्छी कविता मानी जायेगी कि उसमें यह मानवीय स्वर सशक्त रूप में उभरा है। मोचीराम कहता है—"असल बात तो यह है कि जिन्दा रहने के पीछे/अगर सही तर्क नहीं है/तो रामनामी बेचकर या रण्डियों की दलाली करके/रोजी कमाने में/कोई फर्क नहीं है।" धूमिल की कविता इस सही तर्क को विशेष भूलती नहीं है, भले ही उसकी टटोल बहुत गहरी न हो। मोचीराम की अन्तर्वेदना धूमिल की कविता में झलकती है, उसका यह रूप बहुत प्रभावशाली है—"आप यकीन करें, उस समय/मैं चकत्तियों की जगह आँखें टाँकता हूँ/और पेशे में पड़े हुए आदमी को बड़ी मुश्किल से निबाहता हूँ।"

धूमिल ने 'सही तर्क' को अपने पास सतर्क रखा है। इसीलिए 'राजकमल चौधरी के लिए' कविता में न झूठा आक्रोश है, न नकली रोना। इसमें राजकमल के गुण-दोषों को यथावत् प्रस्तुत करते समय भी धूमिल सही तर्क को नहीं भूलते, इसीलिए न अतिशयोक्तिपूर्ण भावुकता में बह जाते हैं, न दोषों एवं कमियों पर अंगुली रखने से कतराते हैं। इसी कारण वे यह निष्कर्ष भी दे सके हैं—"उसके पैर वर्तमान की कीचड़ में लथपथ थे/उसकी पीठ झुकी हुई थी/उसके चेहरे पर/अनुभव की गहरी खराश थी/पूरा का पूरा यह युद्ध-काव्य/मैंने गलत किया है/गलत किया है मैंने इस/कमरे को समझकर जहाजी बेड़ों का बन्दरगाह...इस अकाल वेला में/जम्बूद्वीप के प्रारम्भ से ही यह अन्धकार/बन गया था हमारा अन्तरंग संस्कार।" इस सही मूल्यांकन के साथ धूमिल राजकमल के साथ अपनी परिबद्धता की सही पहचान देते हैं—"बार-बार/उसकी कविताओं में बवासीर की गांठ की तरह शब्द/लहू उगलते हैं/और बार-बार मेरे भीतर कुछ टूटता है और मुझे तैयार करता है/चुनौतियों के सामने।" इसी कविता में राजकमल की मृत्यु पर उगी श्रद्धाँजलि की घास का भी वे सही मूल्य कूतते हैं।

धूमिल की कविता की चमत्कृतिपूर्ण बयानबाजी की ओर पाठकों का तुरन्त ध्यान जाता है। यह साफ है कि यह सपाटबयानी नहीं। धूमिल विरोध का प्रचुर उपयोग अपनी कविता में कर लेते हैं। विरोध को ही कविता का असली संगठन तत्त्व स्वीकार करने वाले समीक्षकों को धूमिल की कविता में अनेक स्तरों पर विरोध का तत्त्व दीख सकता है। 'मोचीराम' कविता का शिल्प चेचक से युग लिये चेहरे वाले और बनिया के चेहरे वाले आदमी के बीच के समस्त विरोध को उभारकर कविता को पर्याप्त सशक्त बनाता है। मोचीराम अपनी आँखों से चीजों को देखता है तब "मेरे लिए, हर आदमी एक जोड़ी जूता है/जो मेरे सामने मरम्मत के लिए

खड़ा है।" कहता ही है लेकिन अपनी वेदना को वाणी देते समय भी कहता है—"मैं चकतियों की जगह आँखें टाँकता हूँ।" फिर यह भी "चोट जब पेशे पर पड़ती है/तो कहीं न कहीं एक चोर कील/दबी रह जाती है। जो मौका पाकर उभरती है और अंगुली में गड़ती है।" मोचीराम चमार के लिए बसन्त "दिन को ताँत की तरह तानता है/पेड़ों पर लाल-लाल पत्तों के हजारों सुखतल्ले/धूप में, सीझने के लिए/लटकाता है।" 'राजकमल चौधरी के लिए' कविता में कतिपय शब्द, बिम्ब और बात करने का अन्दाज राजकमल की कविता का सन्दर्भ-साक्षात् खड़ा करता है। व्यावहारिक जीवन की कतिपय क्षुद्र घटनाएँ, प्रसंग, वस्तुएँ धूमिल की कविता में सशक्त बिम्बात्मक रूप लेकर अवतरित होती हैं, तब आश्चर्य होता है। "मेरी दृष्टि जब कभी-कभी जिन्दगी के काले कोनों में पड़ी है/मैंने वहाँ देखी है—एक अन्धी ढलान/बैलगाड़ियों को पीठ पर लादकर खड़ी है/(जिनमें व्यक्तित्व के सूखे कंकाल हैं)" या "तुम्हारी आत्मीयता—जले हुए कागज की वह तस्वीर है जो छूते ही राख हो जायेगी।" "मगर तुम खुद सोचो कि डबरे में/डूबता हुआ सूरज। खेत की मेड़ पर खड़े आदमी को। एक लम्बी परछायीं के सिवा और क्या दे सकता है।" या "और विपक्ष में—सिर्फ कविता है/सिर्फ हज्जाम की खुली हुई 'किसमत' में एक उस्तरा चमक रहा है।" "अपराध अपने यहाँ एक ऐसा सदाबहार फूल है/जो आत्मीयता की खाद पर/लाल भड़क फूलता है।" या "जो परिवर्तन चाहता है/मगर आहिस्ता-आहिस्ता/कुछ इस तरह कि चीजों की शालीनता बनी रहे/कुछ इस तरह कि काँख भी ढंकी रहे/और विरोध में उठे हुए हाथ की मुट्ठी भी तनी रहे...।" "मेरा गुस्सा/जनमत की चढ़ी हुई नदी में एक खड़ा हुआ काठ है।" अगर बिम्ब को ही काव्य का यथार्थ समझा जाये तो धूमिल की कविता में प्रयुक्त बिम्बों के आधार पर उन्हें महाकवि भी कहा जा सकता है, परन्तु हमारी कविता की समझ अब इतनी सीमित नहीं रही। धूमिल की कविता में मानवीकरण प्रचुर रूप में किया जाता है और कभी-कभी तो उसका अतिरेक भी होता है। मसलन उनकी 'पतझड़' कविता है। इसमें कविता का प्रभाव टुकड़ों में बिखरकर एकाग्र आघात करने की क्षमता से वंचित होता है। उनकी चमत्कृतिपूर्ण कविता 'कुत्ता' भाषायी चमत्कार से प्रभावित करती है, नये ढंग के बिम्बों या शब्द प्रयोग से कौतुक भी बनाती है, लेकिन पूरी कविता का कथ्य एक सामान्य-सी प्रतिक्रिया होने के कारण बड़ी जतन से और अपेक्षा से जलाये गये छूँछे पटाखे की तरह बाँझ आवाज कर चुक जाती है। बीच-बीच में भरपूर अर्थ से भरी उक्तियाँ जीवन के विविध रूपों पर व्यंग्य करती हुई झकझोर भी देती हैं। उदा. "खतरा-इन दिनों-बाहर की नहीं बल्कि भीतर की रोशनी से है।" "उसकी आँखों में/चमकता हुआ भाईचारा/किसी भी रोज तुम्हारे चेहरे की हरियाली को, बेमुरव्वत, चाट सकता है।" कभी-कभी बात को केवल वक्र ढंग से कहने का मोह कविता को भड़कीले रंग देता है : यथा—"क्या आजादी

सिर्फ तीन थके हुए रंगों का नाम है। जिन्हें एक पहिया ढोता है?'' अथवा ''युवकों को आत्महत्या के लिए रोजगार-दफ्तर भेजकर/पंचवर्षीय योजनाओं की सख्त चट्टान को/कागज से काट रहा हूँ।''

धूमिल की कविता साठोत्तरी पीढ़ी की अधिकांश युवा कविता के सभी गुण-दोषों को तथा शक्ति और सीमा को समझने की एक महत्त्वपूर्ण कुंजी है। इसमें स्थितियों के प्रति जुड़ाव के बाद आने वाली असफलता से उत्पन्न निराशा है, जिसका केन्द्र समग्र अस्वीकार का है और परिणति अराजकता में। समाज, व्यवस्था, मानवीय सम्बन्ध सबके प्रति निषेधात्मक रुख अपनाने के कारण कविता ने जीवन को केवल एकांगी रूप में केवल अस्वीकार की प्रतिक्रियाएँ व्यक्त करते रहने में अन्ततोगत्वा अपने को भी क्षत-विक्षत किया है। कविता अपने को भी नकारने की स्थिति में खड़ी है। एकांगी जीवन की यह अभिव्यक्ति सीमित और संकुचित हो रही है। अपनी आन्तरिक क्षमता के अविश्वास में चमत्कृतिपूर्ण बयान का सहारा ले रही है। सक्रिय जीवन के अभाव की मानसिक क्षतिपूर्ति कविता में आग उगलकर करने का प्रयास स्पष्ट है। एक तरह से यह कवि-व्यक्तित्व के क्रमशः बिखर आने की प्रक्रिया का संकेत करती है।

काव्यत्व की तलाश

गर्म हवाएँ और कुआनो नदी : ईमानदार अनुभूति की शक्तिमत्ता

गर्म हवाएँ

कवि सर्वेश्वर दयाल सक्सेना की 'गर्म हवाएँ' की कविताएँ पढ़ते समय बार-बार यह अहसास होता रहता है कि अब कवि की व्यक्तिगत दुनिया जैसी कोई चीज नहीं रह गयी है। बाहर की दुनिया ने आकर इस वैयक्तिक नखलिस्तान को भी इस कदर रौंद दिया है कि अब कवि की स्थिति केवल 'पत्नी' की मृत्यु पर ही नहीं प्रायः सभी बातों में ऐसी हो गयी है कि "एक द्वार की तरह/मैं रेगिस्तान में खड़ा हूँ/एक टूटी दीवार का अकेलापन भी अब कहाँ है जो कुछ रोक सके। गर्म हवाएँ सनसनाती हुई मुझ में से गुजर जाती हैं"/बाहर के अँधेरे ने 'धीरे-धीरे संवेदनशील व्यक्तियों की आत्मा को इस कदर मार दिया है कि खाली बोतलों के पास/खाली गिलास-सा सब पड़ा रह जाता है।" मरती हुई आत्मा को "धीरे-धीरे खो जाने वाले विश्वास और संकल्प शक्ति को, धीरे-धीरे क्रान्ति-यात्रा को शव-यात्रा में परिणत होते देखकर कवि अपनी चुक जाने की स्थिति को देखता है। खासियत यह है कि सर्वेश्वर में इसका दर्द पूरी तरह से मौजूद है और वे क्षमता के साथ उसको व्यक्त भी करते हैं। ठीक उसी प्रकार जैसे मरता व्यक्ति अधिक तड़प और आवेश के साथ आत्मरक्षा के लिए प्रयास करता है। कवि अपनी आत्मा में बाहरी और आन्तरिक मार झेलकर भी बधिर नहीं बनता। उसके अन्दर कहीं गहरे में अपनी कवित्व शक्ति और उसकी उपयोगिता के प्रति पूरा विश्वास है। यही कारण है कि वह 'एक आखिरी बयान जीने जैसे मरने का' दर्ज करना चाहता है और उसकी भाषा छीनने वालों को फटकार भी बता देता है—"उल्लुओं की जबान में/कोयल गा सकती है तो गाए/जिसे सिखाना हो उसे सिखाये। हमारे पास बहुत

कम वक्त शेष है—एक गलत भाषा में गलत बयान देने से/मर जाना बेहतर है/वही हमारी टेक है।''

कवि जब बाहर देखता है तब उसे कोई ऐसा चिह्न या लक्षण नहीं दिखायी देता जो खुली अच्छी और शुद्ध हवा का झोंका कवि को दे सके और उसमें चारों ओर की बदबूदार गन्दी हवा में त्राण पाने की सम्भावना की हल्की-सी उमंग पैदा कर सके। उसकी सारी प्रतीक्षा जैसे खतम हो गयी है। प्रतीक्षा की खिड़कियाँ अब वह नहीं खोलेगा। स्वतन्त्रता के बाद बाँझ आश्वासनों और झूठे आदर्शों ने प्रतीक्षारत साधारण व्यक्ति को ऐसी स्थिति में ला रखा है कि ''किसी असमर्थ की प्रतीक्षा से बन्द कमरे की घुटन बेहतर है।'' ''जिसने खुद अपनी जबान काट ली हो/उससे नहीं बोलूँगा/अब यह खिड़की नहीं खोलूँगा।'' इससे सीधे सर्वेश्वर के सम्बन्ध में कोई फतवा देना ठीक नहीं होगा। आज के साधारण आदमी की कवि द्वारा दर्शित दशा-दिशा को कवि के अपने व्यक्तित्व पर आरोपित करना कलाकार की तटस्थता को अनदेखा करना है और जहाँ तक सर्वेश्वर का सम्बन्ध है वह अपने को अपनी कविता से आवश्यक दूरी पर अवश्य रख सकता है। साधारण व्यक्ति यह देखता है कि ''लोकतन्त्र को जूते की तरह/लाठी में लटकाए/भागे जा रहे हैं सभी सीना फुलाए'' कवि अपने बन्द कमरे के सलामी रंगमंच से देखता है—''पचास करोड़ आदमी खाली पेट बजाते/ठठरियाँ खड़खड़ाते/हर क्षण मेरे सामने से गुजर जाते हैं, झांकियाँ निकलती हैं, ढोंग की विश्वासघात की बदबू आती है, हर बार एक मरी हुई बात की।'' कवि को अब उन आश्वासनों, आदर्शों और सम्भावना के रंगीन गुब्बारों में कोई आस्था नहीं रही है। उसने तो निश्चय कर लिया है—''माना कि नीचे एक चलती सड़क है/और उस पर एक अर्थहीन शोर है। हवा की पुकार दब जाती है/वह इतनी गोलियों में भटकती और इतने घरों से—टकराती है कि मुझ तक आते-आते बेदम हो जाती है/जो बँधकर भी निर्बन्ध न हो सके वह, हवा नहीं रही है, जो टकराकर तोड़ न सके/उस आँधी में अब नहीं डोलूँगा/अब मैं यह खिड़की नहीं खोलूँगा।'' आज प्रायः सोचने वालों की स्थिति यही हुई है कि उन्हें किसी पर विश्वास नहीं है। इसका अर्थ यह नहीं कि कवि ने अब स्थितियों को सुधार के परे समझकर यथावत स्वीकार लिया है—यह लाचारी सर्वेश्वर में नहीं दीखती। मात्र इतना ही कि अब वह किसी बहकावे में नहीं आना चाहता। यह भी नहीं कि उसका जिन्दगी पर से विश्वास ही उठ गया हो। वह मुँह तोड़ कहता है। ''जिन्दगी मरा हुआ चूहा नहीं है जिसे मुख से दबाये बिल्ली की तरह हर शाम गुजर जाये और मुँडेर पर। कुछ खून के दाग छोड़ जाये। उनसे न तो इतिहास लिखा जाता है न प्रेम-पत्र, उनसे न तो झण्डे रंगे जाते हैं न रुमाल'' कवि यह भी कहता है—''मैं कब्र में नहीं हूँ जो हवा मर्सिया पढ़े/वह यह न समझे कि वह झाड़ू की तरह आयेगी और मैं सूखे पत्ते की तरह उसके साथ हो लूँगा'' प्रश्न यह

उठता है कि फिर रास्ता क्या है? साधारण ईमानदार व्यक्ति की भाँति कवि ने यह संकल्प किया है–"हाँ, इसमें आग लगा सकता हूँ और इस सीली दीवार सहित इसे नीचे सड़क पर ढकेल सकता हूँ, यह जानते हुए भी कि एक भीड़ निगाहों में बर्फ लिये इसे चारों ओर से घेरकर तमाशा बना लेगी। आग न तो बंधी हवा से फैलती है न बंधे हाथों से/धुएँ में ही सही कुछ देर यह उदासीनता डुबो लूँगा/अब मैं यह खिड़की नहीं खोलूँगा"–झूठे आश्वासनों और झूठे आदर्शों का शिकार होकर मर जाने की अपेक्षा अपनी इच्छा पर मरना अधिक सार्थक होगा।

कवि से वह सब छिपा नहीं है जो बाहर हो रहा है, क्योंकि कवि ने अपने को प्रवाह से काटकर अलग नहीं कर रखा है। अखबार, विज्ञापनबाज शासक, राजनीतिक पार्टियों के प्रवक्ता, जिनकी रीढ़ की हड्डी पिघल गयी है ऐसे निष्क्रिय बुद्धिजीवी, आधुनिकता के नाम पर दूसरों के कपड़े पहनने वाले नकलवीस और डरपोक प्रोफेसर, गांधी की लंगोटी की नेकटाय पहनने वाले उत्सवधर्मी अधिकारी–समाज और शासन के महत्त्वपूर्ण भागों से जुड़े इनमें से किसी की असलियत कवि से छिपी नहीं है। ये सब मिलकर एक भयानक सत्य को कवि के सामने प्रकट करते हैं–"कितने भी जंगल साफ करते जाओ और रास्ता बनाते जाओ। मील के पत्थरों की जगह लगाते जाओ दलों की टोपियाँ। पर कोई रास्ता कहीं नहीं ले जाता वापस लौट आता है, उन्हीं तहखानों में जहाँ हर एक के अपने-अपने चरखों का अम्बार है, चारों ओर लगी हुई दीमकों की कतार है, सीलन है, चूहे हैं, जाले हैं–।" और यह भी कि "मैं जानता हूँ मेरे दोस्त हमारा-तुम्हारा और सबका गुस्सा जंगली सुअर की तेजी से/सीधे दौड़ता हुआ निकल जायेगा। और उस शिकार का कुछ नहीं बिगाड़ पायेगा जो पैंतरा बदल लेता है।" –महत्त्व की बात यह भी है कि स्थितियों की जकड़बन्दी और अभेद्यता का पूरा ज्ञान होने पर भी कवि निष्क्रियता, आत्मरतता एवं सिनिसिज्म का समर्थन नहीं करता। यह बात दूसरी है कि वह किसी निर्देशित रास्ते पर चलने से इनकार कर देता है, क्योंकि वह जानता है कि ये सारे रास्ते अन्ततोगत्वा गुफा में ही जाने वाले हैं।

कवि जब समसामयिक जीवन के प्रति अपनी प्रतिक्रिया व्यक्त करता है तो व्यंग्यात्मक हो उठता है। वैसे व्यंग्य, वक्रता, विनोद और विदग्धता आज की कविता का इतना प्रबल स्वर हो उठा है कि वही एकमात्र काव्य का समर्थ माध्यम माना जाने लगा है, क्योंकि स्थितियों और लोगों का रूप ही कुछ ऐसा हो गया है कि उनसे सीधे, सरल रागात्मक लगाव की सम्भावना अब अतीत की वस्तु हो गयी है। लेकिन सर्वेश्वर के व्यंग्य का एक विशिष्ट स्तर है, विशिष्ट रूप है। इस व्यंग्य का मूल आधार सामाजिक विज्ञान से गहरी सम्पृक्ति है। कवि में देश और लोग दोनों के प्रति प्रेम है। इन दोनों के बिगड़ते विकृत रूप को देखकर उसकी आत्मा सच्चे दर्द का अनुभव करती है। लेकिन इस दर्द का अब कोई विशेष मूल्य

नहीं माना जाता। "मैं जानता हूँ कि मेरे दोस्त हमारे-तुम्हारे और सबके आँसू इस धरती पर गिरेंगे और सूखते चले जाएँगे/उस प्लावन का सृजन/यह नहीं कर सकेंगे/जो इसे हरा-भरा कर दे" कवि अनिवार्यता व्यंग्यात्मक हो उठता है/इसका एक कारण है/बिगड़े समाज-यंत्र के लिए जिम्मेदार लोगों की एक कमजोरी होती है—प्रतिष्ठा। अगर कवि द्वारा उसकी आत्मा में संचित यह घृणा, यह विषाक्तता व्यंग्यात्मक रूप में प्रकट होकर फैलती जाए तो एक छोटी-सी सम्भावना है कि वह उन्मत्त हाथी पर अंकुश का काम दे सके/लेकिन यह व्यंग्य इसलिए भी मूल्यवान है कि यह महज दूसरे को काटने की आकांक्षा से नहीं उपजा है/कवि की आत्मा में एहसास है कि वह इस बिगड़ती स्थितियों की जिम्मेदारियों से अपने को अलग नहीं रख सकता/यही कारण है कि वह जिनको सम्बोधित कर लिखता है वे उसके 'दोस्त' होते हैं, देशवासी होते हैं/उसका व्यंग्य न आक्रोश और न गुस्से के रास्ते से आता है। (जिसमें अपने को मजे में अलग रखा जाता है) न सिनिसुज्म के रास्ते से। अतः उसके व्यंग्य में वह काटने की खूँखार हविस नहीं है या चिकोटियाँ काटकर अपना मनोविनोद कर लेने का या आत्म-सन्तुष्टि अनुभव करने का हल्कापन नहीं है।

सर्वेश्वर व्यंग्य करते समय प्रायः ऐसे बिम्बों और प्रतीकों में बोलते हैं जो एक ओर उनके रोजमर्रा के साधारण जीवन व्यापार से गहरे सम्पर्क को उजागर करते हुए दूसरी ओर उनकी कवित्व-शक्ति का प्रमाण भी प्रस्तुत करते हैं। आज सपाट बयानी के आग्रह में कमी केवल शाब्दिक आक्रोश-निरी वक्तृता व्यक्त होती है। सर्वेश्वर प्रायः चित्रात्मक भाषा में बोलते हैं। हाँ, यह चित्र साधारण और सामान्य जीवन के होते हैं। आज हर दूसरे की—विशेषतः नेताओं की जनता के प्रति जो प्रवृत्ति होती है उसको कितने समर्पक ढंग से सर्वेश्वर व्यक्त करते हैं—"जो भी आयेगा/मटका कर कूल्हा खाय लिया खिचड़ी/सलाम भैय्या चूल्हा" "कालिख लगी ईंट-से पड़े होंगे हम राह में एक काला झण्डा लिये/अपनी उखड़ी बाँह में/"—सचमुच जनता को ईंट बनाकर खिचड़ी पका के खा जाते हैं—उसके हाथ में रह गयी है काली निषेध की झण्डी। या "मुकुट धारण किये/घूम रहा है विज्ञापनबाज शासक/और योद्धाओं की पोशाक बाजे वालों ने पहन रखी है/आग जलायी जाती है पर डफ गरम करने के लिए/" यह सामान्य जीवन के साधारण रूप बिम्बों और प्रतीकों के रूप में प्रयुक्त करना लोक-जीवन के प्रति गहरी सम्पृक्ति एवं उसकी पहचान का परिणाम है।

सर्वेश्वर में एक गहरी आत्मनिरीक्षण की अन्तर्मुखी प्रवृत्ति है और वे अपनी दिन-ब-दिन सूखती जाने वाली आन्तरिकता के प्रति सचेत हैं। अपनी इस स्थिति का एक प्रभावपूर्ण चित्र वे यों देते हैं—"अभ्यासवश ही मैं यहाँ हूँ जलहीन कूपों की आँखों में झाँकता/जलती धरती के माथे पर ठण्डे हाथ रखता/(शायद कोई अंकुर

उगे)!–सूखे में भी अपना हाथ रखकर उसकी छाया में अंकुर उगाने की यह अदम्य इच्छा! अन्तरात्मा की वह मनुष्यधर्मी आशा, प्रतीक्षा और आत्मीयता मर नहीं जाती–" "फिर भी अभ्यासवश मैं यहाँ खड़ा हूँ पूजागृहों की दीवारों से टिका/जलहीन सरोवरों के हाथ/बिका निष्प्राण होने पर भी इस धरती को पहचानता कुछ न मिलने पर भी अपना मानता/" कवि निरन्तर अनुभव करता है–"स्तब्ध है आयु–एक फेंका हुआ पत्थर जैसे आकाश में ही रुक गया हो। 'या' मैं आदमी से नाव बनता जा रहा हूँ।" परन्तु सर्वेश्वर की जंगल की यात्रा पूरी तरह से व्यर्थ नहीं गयी है–"क्या पता था/इस जंगल में चलते-चलते रुक जाने पर जंगल मुझमें चलने लगेगा/बाँहें, केवल बाँहें उग आएँगी मुझ में/थके पखेरुओं के विश्राम के लिए।" –अपने लिए जीवन की सार्थकता एवं उमंग क्षीण होने पर भी दूसरों के लिए साधन बने रहने की यह तैयारी कवि-व्यक्तित्व की ममेतर से गहरे स्तर पर जुड़े होने की बात का प्रमाण है। इसका मूल एक गहन विश्वास में जो 'आत्मीयता की प्रतीक्षा' में स्पष्टतया व्यक्त हुआ है! "वह आत्मीय स्पर्श/जो बाहर के अन्धकार से आया था/अब मुझे अपने ही/भीतर के प्रकाश से माँगना पड़ रहा था।"

'गर्म हवाएँ' में कुछ ऐसी भी कविताएँ हैं जो नितान्त आत्मीय भावगर्भ प्रसंगों को बिम्बात्मक या चित्रात्मक रूप देकर रची गयी हैं। इनमें प्यार के विविध रूप उभरे हैं–'प्यार' 'तुम्हारे लिए' 'वसन्त की चाँदनी', 'तुम्हारा मौन', 'वह चुम्बन' इत्यादि। यह प्यार उतना सरल, इकहरा और उत्कट नहीं रहा, क्योंकि बाहर की जकड़, घुटन, पेंच और उलझन इस अपेक्षाकृत वैयक्तिक बाग में भी घुस गयी है–"होगी कहीं चाँदनी/होगा कहीं प्यार/धूल केवल धूल/मेरा संसार/" उसे तो बसन्त का घेरना भी अब पसन्द नहीं है, क्योंकि "पीले फूलों की क्यारियों के पास/फैली हरी घास पर/मैं एक भाव की हत्या कर आया हूँ। यह दूसरी बात है कि वहाँ/लाल खून फैलने की जगह एक नीला वृत्त खिंच गया है।" परिणामतः प्यार की सफेद चिड़ियाँ अब जब भी आती हैं संगीत लेकर नहीं आतीं–अँधेरे में दरार अवश्य पड़ती है और आत्मा में प्रतीक्षा की कौंध उत्पन्न करती है। यह वैयक्तिक प्यार अब मनुष्य की बहुआयामी जिन्दगी का एक छोटा-सा हिस्सा बनकर रह गया है।

'पत्नी की मृत्यु पर' और 'वे हाथ' कविताएँ अधिक वैयक्तिक हैं। पहली गहन संवेदना और सहज चित्रात्मकता के संयोग से गहरे स्तर पर पाठक की रगों को छूती है। लेख के प्रारम्भ में उद्धृत विलक्षण संवेद्य चित्र इसी से लिया गया है। 'वे हाथ' भाव-गर्भ कविता है। एक चित्र देखिये–"बड़ी मुसीबत को/सितार की तरह गोद में रख/मैंने उन हाथों को उंगलियों की तेजी से चलते देखा और संघर्ष को उस संगीत के नशे में आधा बेहोश बैठे पाया है/"

सर्वेश्वर की अनुभूति बहुत बार प्रकृति के विराट और लघु दोनों प्रकार के चित्रों में व्यक्त होती है/जैसे..."एक पीली नदी सूखकर/उलझ गयी है कंटीली

झाड़ियों में/रेत पर थकी बैठी हवा/पैरों से कांटे निकाल रही है/घने/पेड़ों की छाँह में चुपचाप/सिर झुकाए खड़ी है रात/—" उनके सभी चित्रों में गति है और सहजता भी। ये बिम्ब एवं प्रतीक अपने आप में चमत्कृत नहीं करते बल्कि किसी भाव विचार एवं अनुभूति का संकेत कर सम्यकता में अपना हाथ बँटाते हैं/बहुत बार यह भी होता है कि बिम्बों की या चित्रों की ओर सहज में ध्यान नहीं जाता। शब्दों की मितव्ययता, भावों को प्रकट करने में एक संयम और पूरी कविता के रूप के प्रति सचेत अनुशासन सर्वेश्वर का स्वभाव बन गया है यही कारण है कि सर्वेश्वर की, कविता की भावभूमि को लेकर पसन्दगी-नाराजगी दिखायी जा सकती है, परन्तु असफल कविता दिखाना सम्भव नहीं दीखता।

संख्या और स्थितियों भावों की गिनती अगर व्यापकता का निकष न हो तो मानना पड़ेगा, सर्वेश्वर की कविता का कैनवास व्यापक है, क्योंकि अन्तर्दृष्टि का फोकस भीतर से बाहर और बाहर से भीतर निरन्तर पड़ता रहता है और इसमें कतिपय सन्दर्भ प्रकाश में आ जाते हैं/सर्वेश्वर न रुके हुए हैं न चुके हुए हैं/—चल रहे हैं और अपनी निम्नांकित प्रतिज्ञा जब तक निबाहते रहेंगे, अच्छी कविताएँ देते रहेंगे।

कुछ इतना बड़ा न हो
जो मुझसे खड़ा न हो
कन्धों पर जो हों,
नीचे कुछ पड़ा न हो।

कुआनो नदी

सर्वेश्वर दयाल सक्सेना का कविता-संग्रह 'कुआनो नदी' अपनी सीमाओं और शक्तियों को भली-भाँति जानने वाले कवि की अत्यन्त ईमानदार अनुभवों की अभिव्यक्तियों का संकलन है। इधर जब अपने कद की ओर ध्यान न देते हुए पहाड़ी ऊँचाइयों को छूने की महत्त्वाकांक्षाओं से प्रेरित आतंक पैदा करने वाली कविताएँ लिखी जा रही हैं, दूसरों को मीडियाकार करार कर अपने को अत्याधुनिक अन्तर्राष्ट्रीय कवि मनवाने के लिए अतिरिक्त और अप्रयोजक बौद्धिक चमत्कृतियों से भरपूर अपनी ही अदायगी पर निहाल होते हुए कविताएँ प्रस्तुत की जा रही हैं तब अपनी सीमित ही सही परन्तु सही अनुभूतियों को आन्तरिक संयत आवेग के साथ वाणी देने वाली सर्वेश्वर की कविताएँ सुखद तृप्ति देती हैं। सर्वेश्वर की कविता का अभिप्राय तृप्ति और सन्तोष देने वाला नहीं है, बल्कि संयत रूप में बौद्धिक करुणा-भाव जगाने वाला और घृणा उत्पन्न करने वाला ही है। चूँकि कवि के व्यक्तित्व में एक भारतीय देहाती आदमी की सरलता और सादगी है, उसकी कविता में बिम्बित प्रतिच्छवियाँ आज के नागर 'स्मार्ट' माहौल में अपनी अलग पहचान कराती हैं।

सर्वेश्वर की देहाती सादगी भाषा के प्रयोग में और शब्दों के संचयन में, चित्रों के संकेतों और रंगों में, प्रतीकों व बिम्बों के निर्माण में प्रयुक्त उपादानों में, स्मृतियों के कड़वे मीठे दर्द में, लगाव के आलम्बनों में सर्वत्र झलकती है। जिस सरलता से वे चीजों और स्थितियों के प्रति व्याकुल होते हैं, प्रतिक्रियाएँ करते हैं, उनमें भी यह निपट सादगी परिलक्षित होती है। जिस मुखरता का वे परिचय देते हैं उस पर भी नागर मितव्ययता या प्रच्छन्नता का, छल और सुख का, अल्पकथन के प्रयास का प्रभाव नहीं दीखता। यह कवि यथास्थिति से बेहद नाराजगी ही नहीं क्रोध भी व्यक्त करता है, परन्तु कहीं भी वैयक्तिक संसार के नष्ट-भ्रष्ट होने का सन्त्रास वह नहीं प्रदर्शित करता। घुटन, आत्मपीड़न, पर-पीड़न, सन्त्रास, ऊब और निर्वासन की प्रवृत्तियाँ इसमें नहीं लक्षित होतीं। यह कवि अपने सीमित भावबोध के साथ अपने जीवन और समीपस्थ जगत् में हारता, लड़खड़ाता, पिटता और चोट खाता जाता है, परन्तु कहीं भी उसका दुख आत्मकेन्द्रित, स्वार्थी संसार में लिप्त अहं से फूले हुए व्यक्ति का नहीं है। न इस कवि में अपने से न उठायी जाने वाली आध्यात्मिक संवेदना के शिव-धनुष को बरबस उठाने का प्रयास दिखाई पड़ता है। शिल्प चमत्कृति के टीमटाम के अभाव में यह निहायत सरलता और ईमानदारी सहृदय पाठक को अवश्य प्रभावित करती है। शायद लेनिन का मन्तव्य था कि क्रान्ति कार्य के लिए भूमि को प्यार करने वाला किसान विश्वसनीय घटक नहीं होता। सर्वेश्वर में भी अगर क्रान्ति के प्रति सन्देह, हिचक और अनिर्णय है तो यह इसी बात का प्रमाण है कि यह कवि मूलतः देहाती किसान है।

सर्वेश्वर की कविता अभिप्रायः की गहराई, संश्लिष्टता, अनेकार्थ सूचकता के लिए नहीं पढ़ी जायेगी न वह अनुभव के नये आयामों, अछूते कोणों एवं दृप्त आवेगों के लिए पढ़ी जायेगी। भाषा की विविध भंगिमाओं और कथन की वक्रता का न्यास भी उसमें प्रचुर रूप में नहीं है। उनकी कविता में आज के जीवन के सभी स्तरों पर दिखने वाली भयावहता, तानाशाही के अदृश्य पंजों के नीचे आकर बंजर पड़ने वाली भूमि की वीरानी, किसी भी हालत पर हाथ उठा न सकने वाले लोगों की बेचारगी के दर्दीले अनुभव से उत्पन्न टीस प्रामाणिक ढंग से व्यक्त हुई है। यथास्थिति की मूक मार से आन्तरिकता के विद्ध होने और कुछ भी न कर पाने की विवशता से उत्पन्न यह दर्द सीधे पाठकों के मन में उतरता है, क्योंकि पाठक सर्वेश्वर को अपने से अलग भूमि पर या कवि की विशिष्ट पीठिका पर नहीं देखता।

'कुआनो नदी' की तीन कविताओं को (कुआनो नदी, कुआनो नदी के पार, कुआनो नदी : खतरे का निशान) स्वतन्त्र रूप में ही पढ़ना चाहिए यद्यपि इन तीनों कविताओं के प्रतीकार्थों में अगर भिन्नता दिख भी पड़े तो उससे आश्चर्य नहीं होना चाहिए।

'कुआनो नदी' शीर्षक कविता में कवि ने अपनी अतीत की स्मृतियों को नदी के सम्बद्ध सूत्र में पिरोया है और यह नदी गाँव की सामान्य जनता का एक चित्र प्रस्तुत करती है। चूँकि बचपन में अतिशय संवेदनशील हृदय से कवि ने नदी और नदी से सम्बद्ध जीवन के ऐन्द्रिय बोधों को अतिशय उत्कट रूप में अनुभव किया था, वे सारे स्मृति-संवेदन अपनी बारीकियों में मूर्त करने में दुर्लभ सहजता आयी है। कतिपय प्रसंग, गाँव की जिन्दगी के सन्दर्भ, स्थलों, व्यक्तियों, प्राणियों के चित्र, स्मृतियों की गन्ध उत्तेजित करने वाले वस्तु-संकेत, लोकजीवन की व्यावहारिक क्रियाओं का जीवन्त सूचन इत्यादि के कारण यह कविता ग्राम्य जीवन का एक संसार समेटे हुए जीवन्तता का स्पन्दन सम्प्रेषित करती है। लेकिन कविता को विशिष्टता मिलती है वह इस नजर से जो कवि की विवशता उजागर करती है। अब इसमें सुधार का, क्रान्ति का, भव्य भव्य स्वप्न-दर्शन का उत्साह नहीं रहा—'मेरी निगाह कुछ कमजोर हो गयी है' (यह दृष्टि तीनों कविताओं में समान व्याप्त सूत्र है।) समस्त क्रियाशील देहाती संसार के बीच यह नदी 'कुआनो निर्लिप्त भाव से बहती रहती है। अपना पाट नहीं बदलती।' कवि की यह व्यथा है। वह चाहता है—'कुआनो नदी संकरी, नीली, शान्त जाने कब होगी/अशिक्षित लाल उद्दाम।' परन्तु यह चाहना अभिप्सित का क्षीण उद्‌गार मात्र है, क्योंकि स्वयं कवि जानता है—'इस नदी ने मुझे अन्धा कर दिया है/मुझे कुछ दिखायी नहीं देता/अपनी ही आकृति क्रूर कठोर लगती है/एक बंजर भूमि में बढ़े हुए नाखून लिये मैं खड़ा हूँ/जैसे उनसे ही नयी फसलें उगा लूँगा/' ये बढ़े हुए नाखून निष्क्रिय नपुंसक क्रोध के प्रतीक हैं। इनके परिणाम के प्रति कवि में सन्देह नहीं है और इसी से उसका सारा आवेश शिथिल हो गया है—यही कमजोर निगाह है और हर शहराती सम्भवतः इस अनुभूति का साझेदार हो सकता है।

'कुआनो नदी के पार' में भी स्थितियों को देखने का कोण वही है—'लेकिन मेरी आँखें कमजोर हो गयी हैं।' कहीं न कहीं सूक्ष्म आस्था अब भी है—'मैं यह मानना नहीं चाहता कि नदी के पार कुछ नहीं है सिवा लाशों के।' लेकिन इसके लिए भागदौड़ और सोच करने के बावजूद कवि को अस्वीकार करना ही पड़ता है—'दूसरों की डालियों से। अपनी डालियाँ उलझाकर खड़े रहने की कोशिश। बस यही है यहाँ सबका आखिरी बयान। चाहे पेड़ हो या आदमी' कवि की वेदना है—'क्या आधी जिन्दगी। मैंने यहीं पहुँचने के लिए सर्फ की।' आज की जिन्दगी की अर्थहीनता का संकेत अनेक व्यावहारिक क्रिया व्यापारों के माध्यम से कवि ने किया है, सामान्य श्रमिक जीवन की ट्रेजेडी का संकेत बूढ़ा नाव वाला करता है, बौद्धिक की निष्फल आशा का संकेत कवि का आश्वासन करता है : 'मौन रहो और प्रतीक्षा करो।' परन्तु इसका कोई परिणाम नहीं निकलता, क्योंकि एक तो गहरे स्तर मध्यवर्गीय बौद्धिक किसी से संपृक्त ही नहीं है—'मैं न घृणा करता

हूँ। न प्यार। केवल समझना चाहूँगा।' इस समझने की ठण्डी प्रक्रिया में सक्रिय जीवन का आवेग ही कैसे पैदा होगा?'—'जब चढ़ जाती है लहर। झाँझर टट्टर पर। गिरगिट खड़खड़ाता रेंगता है। सूखी डालियों में। इन रंगों में खून दौड़ता क्यों नहीं?' (चित्र के ग्राम्य जीवन के उपादान द्रष्टव्य हैं और गिरगिट के कलात्मक प्रतीक की सार्थकता भी। यह सब सहज है, अनायास है!!) यह कवि की आत्म-स्वीकृति प्रकारान्तर से भारतीय बौद्धिक की आत्म-स्वीकृति है। इस आत्म ग्लानि के कारण विषाद, खीझ, आत्मक्रोध और अकुलाहट से भरा यह अनुभव—'मैं एक मक्खी की तरह खुद अपने ऊपर भिनभिनाने लगता हूँ।'

तीसरी कविता 'कुआनो नदी—खतरे का निशान' अपनी असमर्थता का मर्मांतक तीखा घाव कवि पर करती है। पानी खतरे के निशान तक चढ़ गया है। निर्णय करना आवश्यक है—टाला नहीं जा सकता। कवि किसके साथ? आन्तरिक द्वन्द्व की यह नाटकीय अभिव्यक्ति कविता को कलात्मक स्तर दे सकी है। कवि को एहसास हो गया है—'फैसले पर न पहुँचा हुआ आदमी। फैसले पर पहुँचे हुए आदमी से ज्यादा खतरनाक होता है।' परन्तु अब कवि में कोई आग शेष नहीं रह गयी है—'मैं अपनी पसलियाँ टटोलता हूँ। जैसे जेल के ठण्डे सींकचे हों।' परिणामतः कवि क्या करता है? 'बहुत कुछ बचा ले जाने के मोह' में 'लेकिन मैं शब्दों को सन्दूक की तरह मेज पर कुर्सियाँ रखकर जमाता हूँ।' और अन्त में कमजोरी ही उभर कर आयी है—'और मैं फिर निकलने से पहले/चीजों को अच्छी तरह देखता हूँ। कहीं, कुछ हिल तो नहीं रहा है?'

इन तीनों कविताओं में अन्तःसूत्र की भाँति कमजोर निगाह वाले व्यक्ति की आत्म-स्वीकृति है। पहली में देश की व्यापक स्थिति का चित्रण है, दूसरी में आधी जिन्दगी तक ही अपनी निष्क्रियता का आत्म-ग्लानि से युक्त एहसास है और तीसरी में बहुत कुछ बचा लेने के मोह में अटके कमजोर व्यक्ति का अनिर्णय है। आज के भारतीय बुद्धिजीवी की मानसिकता का यह सही अंकन है।

प्रत्यक्ष जीवन की उग्र धकापेल में निर्णयात्मक कृति करने में असमर्थ व्यक्ति स्थितियों के प्रति अपनी प्रतिक्रिया व्यंग्यात्मक ढंग से करके बौद्धिक समझौता करता रहता है। 'गरीबी हटाओ', 'गोबरैले', 'हम ले चलेंगे', 'शरणार्थी' कविताओं में व्यंग्य पर्याप्त पैना है। 'एक बस्ती जल रही है' में घृणा, गुस्सा, तिलमिलाहट, खीझ इत्यादि से समन्वित व्यंग्यात्मकता भरपूर वार करती है। ('दूर बिना पहियों के...उनके झण्डे लग चुके होंगे') आत्मदया, आत्मकरुणा, आत्मघृणा, असहायता, नपुंसक गुस्से का तीखापन इत्यादि में सराबोर व्यंग्य का स्वर 'शरणार्थी' कविता में अतिशय करुण स्वरावली में परिणत होता है। सर्वेश्वर के व्यंग्य में प्रौढ़ता है, क्योंकि किसी सुरक्षित घेरे में रहकर अहं की मोटी खाल ओढ़कर किया हुआ यह व्यंग्य नहीं है, बल्कि इस व्यंग्य की नींव में आत्म-पीड़ा का जल सिंचित है। शरणार्थी के व्यंग्य के मूल

में यह भाव है—'पर हर बार लगता है/मैं कोई ताबूत खोल रहा हूँ। एक उदास हरहराते प्रवाह में प्रेत-सा डोल रहा हूँ।' यह वेदना समस्त कविता में अन्तर्भुक्त है। इस व्यंग्य के मूल में दुःखद स्मृतियों की तीव्र व्यथा है—'याददाश्त एक पगडण्डी है। जिस पर कटे हुए पैर का खून टपकता जा रहा है।'

सर्वेश्वर की कविता में एक स्वर आस्था का भी है जिसके लिए वे कोई तर्क, संगत विचार नहीं दे सकते। परन्तु यह रह-रहकर उभरता है जरूर। असत्य में चरम शिथिलता, अकर्मण्यता और जड़ता की फैलती छोलदारियों से छुटकारा पाने का प्रयास (यह प्रयास असफल है और कवि को इसका भान है) उनकी कविता को नाट्यात्मक गहनता देता है। 'कुआनो नदी—खतरे का निशान' में वह (कवि का आन्तरिक सक्रिय व्यक्तित्व) कवि के इस प्रश्न के उत्तर में कि 'तुम्हारे पास रोशनी तो होगी।' बोलता है 'कड़कती बिजली है। दिलों में, बस। हर अँधेरा खुद रोशनी को जन्म देता है। अँधेरे में निकल पड़ो। तो अँधेरा-अँधेरा नहीं रह जाता। जल्दी करो, क्या तुम टार्च ढूँढ़ रहे हो?' उसी तरह कवि कभी-कभी वक्तृत्व, सपाट कथन और सीधे सम्बोधन पर भी उतर जाता है (यह वही पत्थर है, युद्ध के नाम पर, दंगों के बाद, एक बस्ती जल रही है इ.)। 'जब पसलियाँ ही किला हो' में कवि कहता है—'स्वाभिमान से मरते हुए आदमी की एक उपेक्षा भरी हँसी। बुलेट से ज्यादा गहरा घाव करती है। एक लाश की छाती। विजेता की छाती से ज्यादा चौड़ी होती है।' 'एक बस्ती जल रही है।' में 'साँप का फन नहीं है यह आजादी की भावना/जिसे तुम कुचल दोगे/वह एक सुगन्धि है/जो एक सड़ते नाबदान में/सारी दुनिया के सुअरों के घुघुआते बैठ जाने पर भी/नष्ट नहीं होगी।'—इस तरह की कतिपय उक्तियाँ इस गहरे स्तर पर छिपी आस्था को प्रस्फुटित करती हैं।

सर्वेश्वर की कविता समस्त सीमाओं के बावजूद प्रिय लगती है, क्योंकि उनका दर्द, उनकी करुणा, उनकी सहानुभूति निहायत असली होती है—कहीं कुछ मुखौटा, झूठी मुद्रा नहीं है। सर्वेश्वर की कविता के प्रभाव को धारदार बनाती है उनकी भाषा। सर्वेश्वर की भाषा जीवन के व्यापारों की क्रियाओं की भाषा है—ये व्यापार दैनन्दिन सामान्य जीवन के होते हैं। उनकी समस्त बिम्ब-योजना जो अविरल परन्तु निहायत सादगी के लिए पारदर्शी होती है, अर्थबोध के बीच नहीं ही आती बल्कि प्रभात का विश्लेषण करते समय अपनी सहजता से चकित करती है! 'क्यारियों की नम भुरभुरी मिट्टी में पड़ी/ठण्डी खुरपी-सी जिन्दगी का/प्रतीक्षा है जिन हाथों की/वे कहीं गोदामघरों के दरवाजों पर/काटकर लगा तो नहीं दिये गये?' या 'मैं समझना चाहता हूँ/ठीक वैसा ही अँधेरा/यहाँ हर माथे की सिलवटों में क्यों नहीं है/जैसा अंकुरित धरती की दरारों में होता है?' (ग्राम्य जीवन के उपादान द्रष्टव्य जो सर्वेश्वर कृषि-व्यक्तित्व का प्रमाण देते हैं।) सर्वेश्वर की कविता में प्रायः कुछ घटता है जिसकी साक्ष्य उनकी कविता है। 'बड़ी आसानी से/हर चलती सड़क के किनारे/इसे

रखकर मैं बैठ सका/और इस दुर्घटना को/सही-सही देख सका/जो मेरी आत्मा में हर क्षण/घटती रहती है/और जिसे ढँकने के लिए/हमेशा मुझे फूलों की तलाश रही है।' (यही वह पत्थर है) जीवन व्यापार की व्यावहारिक क्रियाओं का कविता में उपयोग करते समय सर्वेश्वर खिलवाड़ या क्रीड़ा नहीं करना चाहते। उनकी अभिव्यक्ति की यह अनिवार्य मांग है। उनकी कविताओं में बिखराव शायद ही मिलता है। गरीबी हटाओ—में वह है। क्योंकि शिल्प के प्रति अलग से सजग न होते हुए भी यह कवि अपनी आन्तरिक अनुभूति के प्रति ईमानदार होने के कारण केन्द्रीय भाव को सहज एकाग्र कर सकता है।

सर्वेश्वर की कविता अपनी कवित्व-शक्ति के बल पर ही जीवित रह सकती है, क्योंकि आन्तरिक लगाव की प्राथमिक महत्त्वपूर्ण शर्त उनकी कविता पूरी करती है—जिसके बिना इतर सब कुछ कार्य हो जाता है।

युग्म : प्रणय की सच्ची अनुभूति

युग्म जैसी बृहत्काय रचना को प्रारम्भ से अन्त तक विशिष्ट स्तरीय तन्मयता रखकर पूर्ण करने का डॉ. जगदीश गुप्त का प्रयास आज के माहौल में ध्यान योग से कम वजनदार शब्दों में वर्णित नहीं किया जा सकता। किसी प्राचीन शिल्पी को हाथी के व्यक्तित्व से इतना लगाव था कि उसने जीवनभर हाथी को ही विभिन्न कोणों से विविध जानवरों में शिल्पित किया। उसके दृष्टि-केन्द्र की सीमा मानकर भी उसकी तन्मयता और ईमानदारी को नहीं इनकार किया जा सकता। नारी-पुरुष के प्रणय भाव को विभिन्न कोणों से विविध आयामों में मूर्त करने में जगदीश गुप्त ने जो तल्लीनता और एकाग्रता दिखायी है उसके लिए उनका निश्चय ही अभिनन्दन करना चाहिए। इस रचना का अनेक कारणों से स्वागत करना चाहिए। आज जबकि खण्डित अनुभूति के प्रति क्षणकालीन समर्पण को इतनी तरजीह दी जा रही है कि तल्लीनता, तन्मयता, एकाग्रता जैसे काल की दीर्घता से जुड़े शब्द बेमानी लगने लगे हैं, तब 'युग्म' के रचना-विधान में दिखायी गयी सार्थक दीर्घ तन्मयता सुखद आश्चर्य उत्पन्न करती है। 'युग्म' की अनेक सीमाएँ बतायी जा सकती हैं। यह नारी-पुरुष के एकान्त प्रणय की भावना के आरोह-अवरोह हैं और यह प्रणय भाव मुख्यतः पुरुष की दृष्टि से अंकित है। सामाजिकता, राजनीति तथा दैनन्दिन जीवन के चक्र से दूर यौवन के आवेगों तक ही यह सीमित है। प्रणय पूर्व मानसिक स्थितियाँ, प्रणय की स्वीकृति के तुरन्त बाद की शारीरिक और मानसिक मिलन की विभिन्न भाव-भूमियाँ, प्रणय के आरोह-अवरोह के साथ सम्बद्ध अनगिनती अनुभव, नारी विषयक पुरुष की विविध प्रकार की भावनात्मक एवं वैचारिक प्रतिक्रियाएँ 'युग्म' का आशय है। फिर भी यह सीमित है, क्योंकि मानव-जीवन यौवन के आवेगों तक सीमित नहीं है। उसके पहले और बाद में वह प्रसरित होता है। काम को जीवन में महत्त्वपूर्ण मानने के बाद भी कुछ ऐसी स्थितियाँ, ऐसा काल,

कृतित्व का ऐसा क्षेत्र बचकर रह जाता है जो पौरुष का आवाहन करता रहता है—'युग्म' में उसे अनिर्दिष्ट छोड़ दिया गया है। यह तर्क दिया जा सकता है कि काम के प्रति स्वस्थ दृष्टि अपनाये जाने पर वैयक्तिक एवं सामाजिक जीवन में जो स्निग्ध आलोक फैलता रहेगा, उससे बहुत कुछ अँधेरा नष्ट हो सकता है, परन्तु ऐसी कोई भी दृष्टि 'युग्म' में व्यंजित नहीं होती है। यह तो कहा गया है—'व्यक्ति के लिए व्यक्ति की चाह'। एक सुगन्धित राह। परन्तु इसकी परिणति की दिशाएँ सूचित नहीं हुई हैं। लेकिन इस तरह की सीमाओं को सूचित करते रहने का मतलब यह होगा कि यही प्रश्न पूछा जाये कि जगदीश गुप्त ने महाकाव्य क्यों नहीं लिखा। अतः सीमाओं के भीतर ही जो कुछ समाया है, उसकी सामर्थ्य, गहनता, प्रगाढ़ता, कलात्मक सौन्दर्य की इयत्ता परखनी चाहिए—मूल्यवत्ता भी : फिर यहाँ सीमाओं के बाहर जाना ही पड़ता है। जगदीश गुप्त का अभिनन्दन इसलिए भी करना चाहिए कि समकालीन यथार्थ के घृणित, कुत्सित, विकृत विद्रूपों की आवृत्तियों के बीच स्वस्थ रोमांटिसिज्म का : जो मनुष्य की एक महत्त्वपूर्ण, मूलभूत और स्वस्थ प्रवृत्ति है : एक सुखद झोंका 'युग्म' के माध्यम से उत्पन्न किया। इधर की कविताओं को पढ़ते समय कभी लगने लगा है कि साहित्य में भी प्रदूषण की समस्याएँ उत्पन्न होने लगी हैं। इधर हमारी साहित्यिक संवेदना और अभिरुचि इस प्रकार यान्त्रिक बनती जा रही है कि हमें जीवन का अरुचिकर, बदबूदार, घुटन और सन्त्रास उत्पन्न करने वाला साहित्य ही सही और प्रामाणिक साहित्य लगने लगा है। कोमलता में, सुन्दर रंगों और सुखद गन्ध में, स्वप्न देखने वाली आशावादी दृष्टि में विराट और दिव्य के चिन्तन में जो स्वस्थ मनुष्य की सनातन स्वाभाविक प्रवृत्तियाँ हैं, में आस्था रखना और यह मानकर व्यवहार करना कि "मनुष्य और मनुष्य के बीच 'सुगन्धित राह' हो सकती है या तो गलत लगने लगा है या इसमें अपराध की भावना उत्पन्न होती है" प्रेम 'सेक्स'—क्रूड सेक्स का पर्याय बन गया है और प्रेम के सम्बन्ध में कुछ उदारतापूर्वक आदर्श ढंग पर बोलना-लिखना हास्यास्पद लगने लगा है। परम्पराओं के बोझ से लदी विवाह संस्था को अधिक उपयोगी बनाने के लिए स्त्री-पुरुष सम्बन्धों का विचार अधिक उदारतापूर्वक होना चाहिए। इसको माना जा सकता है, परन्तु स्त्री-पुरुषों के स्वस्थ साहचर्य पर आधारित अपेक्षाकृत स्थायी सहजीवन का अस्तित्व भी अविश्वसनीय मानकर उसका मजाक उड़ाया जाता है। इस स्थिति में स्थायी सहजीवन की आतुरता से आकांक्षा रखकर बौद्धिक और भावनात्मक सामंजस्य का प्रयास करने वाले 'युग्म' का स्वागत संमित्र रूप में ही होगा।

जगदीश गुप्त के 'युग्म' के सही पाठक कौन हो सकते हैं इसका संकेत उपर्युक्त विवेचन में हो चुका है। काव्य-शैली के सम्बन्ध में इधर जो आग्रह दृढ़ होते जा रहे हैं उनका भी विवेचन यहाँ आवश्यक है। प्रस्तुत विधान की चमत्कृति

और बिम्ब विधान की अनिवार्यता के बाद इतिवृत्तात्मकता और सपाटबयानी की ओर झुकाव पिछले दस-बारह वर्षों में अधिक हुआ। फिर शब्द संयोजन की क्रीड़ा को भी महत्त्व मिला। विरोधाभास युक्त चमत्कारपूर्ण उक्तियों को सही कविता की शैली का स्थान मिला। इन स्थित्यन्तरों के बीच यह महत्त्वपूर्ण तत्त्व भुला दिया गया कि काव्य की कोई एक ही खास शैली नहीं होती। अनुभूति के प्रति समर्पित कवि ईमानदार अभिव्यक्ति के लिए अनुकूल शब्द योजना करने का अधिकारी है और जब तक वह अपनी अनुभूति का सम्प्रेषण सही ढंग से करता दिखता है, तब तक वह उसकी सभी वाक्भंगिमाओं को स्वीकार करना सच्चे सहृदय का कर्त्तव्य है। अल्प-कथन या अतिकथन, मौनता या मुखरता, निम्न स्वर या चीख-पुकार इनके सम्बन्ध में भी निश्चित पूर्वाग्रह कभी-कभी अच्छी और सस्ती कविता का सामना करते समय छोड़ देने पड़ते हैं। लगता है इधर के रूढ़ शैली विषयक मुहावरों के इस्तेमाल से 'युग्म' का सही परीक्षण नहीं किया जा सकेगा। भाषा के सम्बन्ध में भी जगदीश गुप्त की एक विशिष्ट दृष्टि है और वह यह कि तमाम कमजोरियों के बावजूद वे शब्दों को प्यार करने वाले, उनका सम्मान करने वाले कवि हैं। शब्दों का सम्मान करने वाला व्यक्ति शब्द की परम्परा का सम्मान करते हुए उनके नवीन रूपों का संयोजन व परिबोधन करता रहता है। अतः डॉ. जगदीश गुप्त की भाषा के प्रति जो अभिजात और स्वच्छ संस्कारित दृष्टि है, उसी को चुनौती देने वाले पाठक 'युग्म' के सही पाठक नहीं हो सकते। डॉ. जगदीश गुप्त भाषा को नया विन्यास देते हैं, परन्तु उसकी परम्परा का सर्वथा सम्मान रखकर। 'युग्म' जैसी रचना का आस्वादन करते समय एक और प्रश्न मन में उठता रहता है। क्या सचमुच यथार्थ का प्रतिरूप होना साहित्य का सही प्रयोजन है? साहित्य में 'यथार्थ' कितनी सीमा तक आता है? केवल यथार्थ से हमारी साहित्यिक संवेदना परितृप्त हो सकती है? हमारी साहित्यिक संवेदना और सौन्दर्यबोध में कितना अंश परम्परा का, माध्यम : शब्द : की विशिष्टता का होता है और यथार्थ को कल्पना के संस्कारों से गुजार कर नये किस्म की रूपवत्ता और अर्थवत्ता उत्पन्न करने का होता है? इसका विचार किया जाये तो यह भी बलपूर्वक कहा जा सकता है कि यथार्थ उतना ही आवश्यक है जितने से हमारी कल्पना धरती से बंधी रहकर विश्वसीनयता की प्राथमिक शर्त पूर्ण कर सके। रूप और सौन्दर्य के नये-नये न्यास हमें अशरीरी और अमूर्त न लगें, अर्थवत्ता का मूल आधार जीवन न खिसके। 'युग्म' के सन्दर्भ में यह प्रश्न इसलिए उठाये जा रहे हैं कि इधर यथार्थ के केवल उग्र भयावह पहलू की जुगाली करते रहने में हमारी रसिकता संकुचित होती जा रही है और ऐसी स्थिति में 'युग्म' का आस्वादन कठिन है।

'युग्म' कथा काव्य नहीं है, परन्तु कथा को रस और सौन्दर्य का प्राण-तत्त्व प्रदान करने वाले अनुभवों का शब्दांकन सहृदय को वह सार तत्त्व दे जाता है जो

कथा की गद्यात्मकता नहीं देती। कथा को रुचिकर और संवेद्य बनाने वाली अनुभूतियों की तरल द्रवता को विभिन्न माध्यमों से जगदीश गुप्त ने प्रस्तुत किया है। नयी कविता के सम्भाव्य महाकाव्य का रूप जगदीश गुप्त ने 'युग्म' के रूप में सामने रखा है। प्रणय के विविध अनुभवों के चित्रांकन में एक क्रम है, विकास है और गहनता की ओर यात्रा है। चूँकि यह प्रणय-गाथा है और जगदीश गुप्त दैहिक और मानसिक में पार्थक्य नहीं करते, इसमें जो समाविष्ट है, वह जितना दैहिक है उतना मानसिक भी। वस्तुतः देह और आत्मा का पार्थक्य मिटाने का महत्त्वपूर्ण विचार नयी कविता के मूलभूत सिद्धान्तों में से एक था।

यह प्रणय-गाथा प्रौढ़ प्रेमी और अपेक्षाकृत कम वयस्क युवती के बीच की है। अपनी अनुभूतियों को वैचारिक स्तर पर ले जाकर परखने की प्रवृत्ति प्रौढ़ नायक में स्वाभाविक रूप में है और जीवन में सहज स्वाभाविक ढंग से जीने की प्रवृत्ति युवती में है। इस मूलभूत अन्तर के कारण भी अनेक गलतफहमियाँ प्रेमी के मन में उत्पन्न हुई हैं। 'केवल तरंगों में बहने। जल-क्रीड़ा में साथ-साथ रहने और समुद्री आग में निरन्तर दहने के लिए' किया गया आवाहन पुरुष की मरुभूमि में सोते उत्पन्न करता है और इस समुद्री दुर्ग का आन्तरिक रहस्य पाने की ओर उसे सर्वथा आत्मसात करने की आकांक्षा पुरुष के मन में उत्पन्न होती है। लेकिन एक बेचैन मनःस्थिति ही पुरुष के हाथ आती है। इस अवश, उद्दाम परन्तु वांछित-सी लगने वाली व्याकुल गति को कितने प्रभावकारी बिम्ब में चित्रांकन किया गया है : "मैंने तेज बहते हुए पानी में/हाथ से एक मछली पकड़ ली/पर वह तबसे/मुझ में ही तैरने लगी है। और अब–। मैं न जाने कितनी दूर बह आया हूँ।–उसके लिए।" इसके बाद आदिम अकुलाहट का सिलसिला-सा शुरू हो जाता है। दुनिया अधिक सुन्दर लगने लगती है। प्रणय का अनुभव मनुष्य में आद्योपान्त परिवर्तन करता है–"बड़ी-बड़ी आँखें/जब भी मुझे/स्नेह से, कुतूहल से देखती हैं/मुझमें अकस्मात्/सोते फूटने लगते हैं/मैं बोया-सींचा असंख्य आँसुओं वाला खेत बन जाता हूँ/या अनन्त आँखों वाला आकाश/देह की मिट्टी में सोये हुए/प्रलय के बादल जाग उठते हैं।" फिर देह राग के कतिपय रोमांचकारी अनुभव साकार हो जाते हैं–मोरपंखी स्पर्श की कोमलता, प्रेम की पावनता को सुरक्षित रखने का पुरुषार्थ, गहरे सत्य को शब्दों में बांधने के बाद मिलने वाली आशंसा और घनी शान्ति, पाप के घुलने और पुण्य के अर्जन का एहसास, काव्यानुभव से अधिक मूल्यवान उत्कट प्रणयानुभव की उपलब्धि का हर्ष भी और ईर्ष्या भी, अपूर्व सुखानुभव की उपलब्धि में ही उसके विनष्ट होने की आशंका, भय, प्रेयसी के सम्भाव्य सुख की चिन्ता, स्नेहमय स्पर्श से शरीर में उत्पन्न होने वाले ऋतुराज का वैभव, प्यास और तृप्ति, तृप्ति के बाद बढ़ती प्यास, अतृप्ति, चुम्बन, आलिंगन का दैहिक विलास-वैभव, सौन्दर्य की विविध छटाओं का अंकन–एक उन्मादक संसार निर्मित करते हैं जगदीश

गुप्त। लेकिन इसकी अर्थवत्ता का सही पारखी वही होगा जिसने अनुभव किया होगा—"जैसे सुरभि पवन को बांध लेती है/वैसे ही कस लेती है/वासना प्राणों को। व्यक्ति के लिए व्यक्ति की चाह/एक सुगन्धित चाह/नयी कविता का यह आधारभूत सिद्धान्त है जबकि साठोत्तरी कविता में सुगन्धि के स्थान पर दुर्गन्ध अधिक सही मानी गयी है। इस प्रणय के अनुभव का अनेक प्रकार से अंकन किया गया है। एक उदाहरण—"तुमसे नहीं तो और किसके कहूँ/गंगा की धारा में/गेंदे के फूल-सा तिरता हुआ अनुभव आज?" यह अनुभव ही ऐसा है। "स्नेह सम्पृक्ति के सच्चे उन्मेष में/पूरा अस्तित्व एक लय-मय रेखांकन बन जाता है।" यह कुछ ऐसा है कि "प्रवाह को पाकर फूल की तरह खिल जाती हैं मछलियाँ।" कभी कवि का संस्कृत का अभिजात काव्य का संस्कार प्रकट होता है—"मैं नहीं सोचता था कि/एक हलके स्पर्श से उठी हुई हिलकोरें/रक्त की बूँद-बूँद को पारावार बना देंगी/और मैं भूख-मदिरा-सिंचित अशोक-सा अकस्मात् पल्लवित-पुष्पित हो उठूँगा/स्पर्श की अनुगूंज तैरती मछलियों के काँपते पंखों की तरह अथवा हाथ से छूटी फूल की थाली की झनझनाहट जैसी प्रभावित किये रहती है।"

लेकिन इस देह राग के आरोह के बाद उसका अवरोह भी है। पुरुष में एक प्रवृत्ति होती है बढ़ती प्यास को बुझाने के लिए आक्रामक हो जाने की, नारी के कुंवारे तन की तरह कुंवारे मन पर सम्पूर्ण अधिकार करने की, नारी को 'पजेज' करते समय उत्पन्न होने वाली सनातन अतृप्ति से इसे रहस्यमय, गूढ़ मानकर अधिकाधिक उस पर अधिकार जमाने का प्रयत्न करने की। इसी में से शंका, सन्देह, ईर्ष्या के जहरीले स्रोत फूटते हैं, आघात और अपमान की चोट करने के दाँव चलने लगते हैं, विचित्र रहस्यमय निगूढ़ आसक्ति और अतृप्ति की कचोट सालती रहती है, क्षतिपूर्ति के लिए झूठे आरोपों-प्रत्यारोपों की प्रवृत्ति बढ़ती है, अहं के नुकीले कांटे एक-दूसरे को घायल करते रहते हैं। इस यातना के बीच पुरुष या तो टूटकर बिखर जाता है अथवा अपने को निखारकर नयी प्रगल्भता प्राप्त करता है। यातना की कतिपय स्थितियों का तीव्र रूप में सम्प्रेषण किया है जगदीश गुप्त ने। अनिच्छा और आसक्ति के बीच टूटा पुरुष अनुभव करता है : "सैलाब मुझे मरे हुए जानवर की तरह/अपने साथ बहा ले जाना चाहता है।" आसक्ति और भीतरी उबाल के द्वन्द्व में सम्पाती की यातना वह अनुभव करता है। हार और जीत का, सी-सा खेल, अपमान और उपेक्षा का तीखा जहर, आकर्षण और विकर्षण के रस्सीखेंच में बेचैनी, जागरण, चिन्ता, आत्मग्लानि, आत्मभर्त्सना यातना की कतिपय भूमियाँ साकार हो गयी हैं, परन्तु इस प्रणय का रूप ही कुछ ऐसा है कि वह नहीं भरता। "हरसिंगार की खिलखिलाती टहनी दिन के ताप से सूखकर भी नहीं सूखी। जाली के सिर में उलझी रही स्नेह की भूखी।"

अपने और प्रेयसी के बीच तीसरे की उपस्थिति की आशंका से होने वाला

दारुण दुःख और उसे छिपाकर रखने में हाथ आयी वेदना के कतिपय रूप कवि ने अंकित किए हैं। ओढ़ी हुई उदारता के बीच पुरुष अनुभव करता है : "एक चिड़िया है/जो मना करने पर भी/मेरे भीतर। सुबह-शाम रोती है।" पुरुष में चकोर के साथ भी होता है और ऊपरी उदारता के नीचे सदैव सजग रहता है कि बीच में कोई तीसरा न आये। न उसका अहं यह गवारा करता है कि उसे ही 'तीसरा' समझा जाए। सन्देह से विद्ध पुरुष का बौद्धिक समझौता करने वाला खोखला रूप जगदीश गुप्त ने प्रभावपूर्ण ढंग से प्रस्तुत किया है। "कहाँ तो मैं/भुजाओं को पसारता हुआ/नीली लहरों को फुफकारते/नागों से लड़ने चला था/और कहाँ अब एक तिनके की तरह निरीह होकर/मटमैले फेन की सतह पर चिपककर रह गया हूँ।" आधुनिक प्रेमी पुरुष का विभाजित व्यक्तित्व पूरी गहराई के साथ चित्रित हुआ है। "आहत स्वाभिमान से घातक/और कुछ भी नहीं होता/वह या तो हत्याओं में डूब जाता है/या प्रेत बनकर/अपने ही शव को स्वयं खाता रहता है।" फिर भी नारी को मुक्त रहने का गर्व बीच-बीच में वह अनुभव करता है।

दुविधा, शंका, आत्मपीड़ा, क्रोध, छलना, भ्रम, सन्देह, अविश्वास, व्यंग्य इत्यादि कतिपय भावों का पुंज 'तपते शब्द' में साकार किया गया है। परन्तु प्रणय का एक रूप यह भी होता है कि जितनी जलन और पीड़ा वह देता है, उतनी आत्मान्वेषण की प्रक्रिया उसे निखारती भी है, जीवन के प्रति समंजसता अन्दर से बढ़ती जाती है। इस समंजसता की पहली पहचान यह, "ज्यादा समझदार बनने की कोशिश में/देखता हूँ हम दोनों ही/एक-दूसरे के लिए काँपते प्रश्नचिह्न बनकर रह गये हैं।" दोनों जानते हैं कि उनके असमंजस के मूल में अहं है। लेकिन फिर भी विवश हैं, "किसी उदास साये में अपना-अपना अहंकार लिये/हम जहाँ के तहाँ धरे रहेंगे/मिट्टी के टोकरों की तरह।" और "बादल हमारे ऊपर से गुजर जाएँगे/और हम एक बूँद भी नहीं पा सकेंगे उनसे।" वे अनुभव करते हैं कि "दूसरा ही होता है—बादलों के प्रति खुले रहने या, धार के साथ उन्मुक्त बहने का सुख।" परन्तु सारी बौद्धिक समझदारी अहं के सामने ठप हो जाती है।

पुरुष के अनुभव के तनाव, संघर्ष, द्वन्द्व जगदीश गुप्त ने कतिपय कविताओं में अभिव्यक्त किये हैं। एक ओर—"हमारी अनुभूति सिर्फ एक चुहिया थी/जो दराज में फंसकर मर गयी/चलो अच्छा हुआ/बदबू से बचने के लिए इसे बाहर फेंक देना जरूरी है।" दूसरी ओर यह मनुहार भी है : "छिद-छिद कर मैं एक बाँसुरी बन गया हूँ/मुझे होठों पर धर लो।" परन्तु जीवन की गति और अन्तस्थल में निहित प्रेम के लगाव की रीति अनबूझ है, क्योंकि युग्म जीवन में एक ऐसा सोने का क्षण आता है प्रतिकूलता को भेदकर कि उसका अद्‌भुत कृतित्व शक्ति से अंकन करते हैं जगदीश गुप्त—"अन्ततः तुम्हीं ने मुझसे बात की/मोम-सी पिघल गयी/गांठ आघात की/पंख की तरह/बहुत हल्का हो गया मन/नन्हीं-सी लौ ने/नकार

दी/महाकाश तक फैली अँधियारी रात की।'' परन्तु इन स्थितियों के बीच की ऐंठन, मरोड़, चरम निराशा, अनस्तित्व की चाहना, अनुभव का नरक, विष-दंश की अनेक अवस्थाओं के प्रभावकारी चित्र जगदीश गुप्त ने दिये हैं। पुरुष आत्मालाप करता ऊब जाता है। फिर सहजीवन में सम्वाद के अवसर भी आ जाते हैं और लम्बे अन्तराल के कारण ये अधिक मीठे, अधिक गहरे, अधिक वांछित हो जाते हैं—''बातों के जल-तल में सोया हुआ पूरा एक देशान्तर हमने जगाया। जब भी उतरे पहचान की नीली गहराई में। मोती-मूंगों के अनगिनत द्वीप के बीच। अपने को अजनबी कहीं नहीं पाया।'' वस्तुतः नारी को पूर्णतः समझने का प्रयास असम्भव है उसी प्रकार जिस प्रकार चिकनी सतह पर गिरे हुए पारे को पकड़ना असम्भव है। लेकिन सत्य है उसके प्रति आकर्षण—''रक्त की लाल नदी अहरह टेरती है/नसों में सोये क्षीर सागर को।'' तब लगता है ''जादू कुछ और नहीं, टोना और कुछ नहीं/जिसका मन पा लिया/उस नारी के तन से/सीधा-सलोना और कुछ नहीं।'' इस देह के आह्लाद की रुचि कुछ और ही होती है—''रीढ़ की सीढ़ी से उतरता है चन्द्रमा।'' इसी आस्वाद की आंच में मन की लौह दीवार पिघल जाती है। यही जीत है और इस जीत का बड़ा ही काव्यात्मक प्रभावपूर्ण अंकन जय गीत 1, 2 में हुआ है। इन गीतों में सूक्ष्म थिरक है, सूक्ष्म शब्द-सौन्दर्य और ध्वनि माधुर्य है, बिम्ब विधान की सूक्ष्म पूर्णता है।—''व्यक्ति की खोज तिनके के सहारे, मथते रहे अन्त तक मन हमारे/तपती हुई वासना के करों में/मैं स्नेह-नवनीत कैसे सहेजूँ।''

नारी के रहस्य की समस्या को जगदीश गुप्त ने अनुत्तरित ही रखा है और वह स्वाभाविक भी है। वस्तुतः काव्यात्मकता प्रश्नों के उत्तर में नहीं है, बल्कि काव्य है प्रश्नों की भावाकुल मनःस्थिति के ताप में, पीड़ा में, अकुलाहट में। जगदीश गुप्त ने वह सब सफलतापूर्वक दिया है। उत्तर कभी-कभी पूर्ववर्ती तलाश की भावोत्कट छलांग के रूप में अपने आप प्रकट होते हों तभी उनकी प्रयोजनीयता काव्य में है। वस्तुतः नारी को रहस्मय मानकर उसकी रहस्यमयता को पहचानने का प्रयास करना मुझे गलत लगता है, क्योंकि व्यक्ति शायद रहस्यमय हो सकता है। समस्त नारी समाज के प्रति सामान्यीकृत रूप में बात करना युक्तियुक्त नहीं जंचता। फिर भी उससे 'युग्म' की काव्यात्मकता खण्डित नहीं होती। नैतिकता के बारे में जगदीश गुप्त का मन्तव्य यहाँ भी सटीक लगता है : ''सूखी नदी में/नैतिकता का नाव-पुल व्यर्थ है/निरर्थक है तैरने का ज्ञान भी/यदि है तो—सार्थकता है अनुभव की राह में/जल में, तरंगों में, गति में, प्रवाह में।'' —युग्म की प्रायः सभी कविताओं में अनुभव की धारा मिलती है जिसमें हम गतिमान होते रहते हैं, तैरते रहते हैं।

जगदीश गुप्त की कविता में बिम्बों से समृद्ध कविता है। लेकिन यहाँ बिम्बों की भीड़ नहीं है, न ये बिम्ब अपनी चमक-दमक से अलग से आकर्षित करने वाले हैं। प्रायः कविता में एक या दो बिम्ब इस कुशलतापूर्वक प्रयुक्त किये गये

हैं कि काव्य का समूचा कथ्य वहाँ दीप्त हो उठे, पूर्ववर्ती सन्दर्भ या परवर्ती निष्कर्ष को काव्यात्मक स्तर मिले और आशय पूरी शक्ति के साथ प्रकट हो जाये। अनुभव के सम्प्रेषण के एक अनिवार्य और प्रभावी साधन के रूप में बिम्बों का संयोजन जगदीश गुप्त करते हैं और वहाँ ताजगी ही नहीं आती, अनिवार्यता की शर्त भी पूरी होती है। इसके लिए उदाहरणों के रूप में आधे से अधिक कविताएँ ही उद्धृत करनी पड़ेंगी। जहाँ बिम्ब या प्रतीक नहीं हैं : इस काव्य में प्रतीकों को ज्यादा स्थान ही नहीं है : वहाँ सरल शब्दों में भी कुछ ऐसी चमत्कृति है जो काव्यात्मकता को सुरक्षित रखती है। यह चमत्कृति कथन या निवेदन में निहित तनाव, विरोध या भावगर्भता के कारण उत्पन्न हुई है, कहीं संलाप शैली के कारण ताप उत्पन्न हुआ है, कहीं कथन में अन्तर्निहित 'टोन' से भी काव्यात्मक स्तर दिया गया है, कहीं शब्दों का विलक्षण दक्ष प्रयोग भी अर्थवत्ता को दीपित कर देता है। कहीं सत्य कथन पाठक के स्मृति संवेदन को जगाकर अपना कार्य कर जाता है तो कहीं उसके सुख-दुखमय भावों को शब्द ही जगा देते हैं। बीच-बीच में नारी के रूप के सुन्दर शब्द-चित्र हैं, उसकी विदग्ध विलास-क्रीड़ा की विविध भंगिमाओं को शब्दों से आकार दिया गया है। कहीं विरल रूप में सम्वादों से नाट्यात्मकता उत्पन्न की गयी है। ऐसा नहीं है कि काव्यात्मक स्तर से विहीन शब्द-संयोजन नहीं है, लेकिन बृहत्काय रूप को देखते हुए स्थल विरल हैं। विशेषतः अन्तिम आत्मकथ्य और समापन में अपने विचारों की काव्यात्मकता की भावात्मक झालर देने में कुछ असफलता भी मिली है। फिर युग्म सम्बन्धों में जिन विभिन्न कारणों से : तार्किक अथवा तर्क से परे भी : सामंजस्य उत्पन्न हुआ, उनका अन्वेषण अधिक क्षमता से और गहराई से होना आवश्यक था। पुरुष केवल नारी की देह गन्ध से प्रभावित होकर अपनी असमंजसता का परिहार नहीं करता--'युग्म' से कुछ ऐसा आभास होता है। फिर भी 'युग्म' में अभिजात काव्य वैभव की जो समृद्धता और उच्च स्तरीयता परिलक्षित होती है/उसके कारण कविता के सही पाठक को यह कृति हिन्दी के गौरव की श्रीवृद्धि करने वाली ही प्रतीत होगी।

गुप्त की इस रचना में उनके चित्रकार के दर्शन भी युग भाव से सम्बद्ध कतिपय चित्रों में होते हैं, परन्तु मुझे काव्य के आस्वादन में उनकी आवश्यकता नहीं प्रतीत हुई।

महावृक्ष के नीचे : सृजन-प्रेरणा का उत्सव

अज्ञेय की 1974-75 के बीच लिखी कविताओं का यह नया संग्रह है। हो सकता है इसकी विशेष चर्चा हो न हो, क्योंकि काव्य के प्रचारात्मक वातावरण में यह बात लगभग मान ली-सी गयी है कि अज्ञेय कवि के रूप में चुक गये हैं और अपने को पुनरावृत्त ही करते जा रहे हैं। इसका जवाब अज्ञेय अपनी नूतन सुन्दर कविताओं से देते ही हैं, 'अब भी यही सच है' जैसी कविता में सीधे भी देते हैं। सामयिकता की छाप देखने के लिए उत्सुक इस युग में दस्तावेज की मुहर लगाने के लिए हाथ में सिक्का लेकर बैठे समीक्षकों के जमाने में अज्ञेय की कविताओं में समय की ठोस छाप शायद देखने में न आ पाये, क्योंकि यहाँ वह न मोटी है, न बड़बोली और भड़कीली। सृष्टि के मूल में चैतन्य तत्त्व की स्थिति देखने वाले कवि को आधुनिक भी कैसे माना जाये? यह बात दूसरी है कि कुछ चोरी के अस्तित्ववादी दार्शनिक, वैज्ञानिकों एवं चिन्तकों का भी यह अनुभव है कि सृष्टि की सत्यता वैज्ञानिक तर्क-परम्परा में नहीं आती। एक अन्य विचार है जो अज्ञेय की कविता का सही मूल्यांकन करने में बाधक बन सकता है। वह है कला में विकास देखने का आग्रह। सामान्यतः यह विकास विचारधारा को केन्द्र में रखकर देखा जाता है जो कला के विकास को देखने का सही परिप्रेक्ष्य नहीं है। वस्तुतः कविता का एक महत्त्वपूर्ण पहलू है अनुभूति की गहनता, विविधता और तीव्रता को देखना और भाषा का उत्तरोत्तर कसाव, उसकी उपभोग-सामर्थ्य देखना। भाषा और अनुभूति की सार्वजनीनता और सर्व-स्तरीयता के आधार पर भी विकास का एक चित्र खींचा जा सकता है।

'महावृक्ष के नीचे' की कविताएँ पढ़ते समय बार-बार यह लगा कि एक ऐसे कवि की स्नेहपूर्ण छाया में हम बैठे हैं जो अपनी अविचल निष्ठा से हमें आश्वस्त कर रहा है—यह निष्ठा है हमारी सांस्कृतिक परम्पराओं के जीवित अंश में, यह आस्था है जीवन को नोचे-खसोटकर जीने में नहीं, बल्कि एक सर्जनशील रूप में

जीने में, यह श्रद्धा है ममेतर के साथ प्रेमपूर्वक सम्वाद की स्थिति में जीने में, जिसके बीच संघर्ष, तनाव, सन्त्रास अगर है (वह तो है ही), तो जीवन की एक बीच की अवस्था के रूप में जिसे अतिक्रान्त करना ही मनुष्य के नाते परम कर्त्तव्य है। चूँकि महावृक्ष की यह छाया आज की जलती, चिलकती धूप में कुछ विश्वास और आश्वस्ति के तृष्णाहारी संवेदन प्रदान करती है, इसकी उपयोगिता मूल्यवान है। मैंने एक अन्य निबन्ध में लेनिन के टॉलस्टाय सम्बन्धी विचार को उद्धृत किया है, उसका स्मरण यहाँ होता है। टॉलस्टाय ने वह ललित साहित्य लिखा है जिसकी कद्र जनता उस समय करेगी जब वह जमींदारों और पूँजीपतियों का तख्ता उलटकर अपने लिए मनुष्योचित सामाजिक जीवन की व्यवस्था कर लेगी। लेनिन के इस वक्तव्य से इतना तो स्पष्ट है ही कि साहित्य में कुछ चिरकालिक भी होता है और अज्ञेय की कविता में इस चिरकालिकता का बोध अधिक स्पष्ट है, क्योंकि भीतर और बाहर दोनों आयामों में सजग रूप में जीकर अर्जित प्रगल्भता से अपने एकान्त में सृजित अनुभूतियों की यह जीवन्त कविता भाषा के स्तर पर कुछ ऐसी ताजगी का एहसास कराती है कि गहरी पाठ प्रक्रिया की मांग के साथ कुछ मूल्यवान आँचल में डाल भी जाते हैं। प्रासंगिकता केवल बाह्य जीवन व्यापार के प्रतिबिम्ब में ही नहीं होती। ऐसा मानना एक हल्कापन है। कविता की एक प्रासंगिकता वह भी है जो सभ्यता की भागदौड़, आपाधापी और चकाचौंध में अलग बैठकर कुछ चिरकालिक भावनाओं, मान्यताओं एवं मूल्यों को व्यस्तता देती रहे ताकि भागदौड़ में दम फूलने पर प्राण वायु की नली से जीवन को आश्वासन मिलता रहे। केवल समय में जीने की (?) सीमाएँ भी उजागर करने वाली कविता शायद भीड़ की आँखों में उंगली डालकर ध्यान आकर्षित न करे, नाक पर घूँसा मारकर अपने अस्तित्व की प्रतीति न कराये, लेकिन जीवन को समग्र और सृजनशील रूप में जीने वालों के लिए सन्तुलन का विवेक पैदा करती है। (इस सन्दर्भ में प्रस्तुत संग्रह की कविता 'वीणा' द्रष्टव्य है।)

अज्ञेय की कविता में एकान्त है, यह एकान्त दुनिया की यान्त्रिक सभ्यता का ही अस्वीकार है जिसकी भयावह परिणति का एहसास वैज्ञानिकों, चिन्तकों और सर्जनात्मक कार्य के प्रति समर्पित संवेदनशील व्यक्तियों को तीव्रता से हो रहा है। यह एकान्त व्यक्तित्व की स्वाधीनता एवं अलग पहचान पर हमला करने वाले तत्त्वों के विरोध में कलाकार की सजगता का परिणाम है। जीवन के दिशाहीन प्रवाह में निष्क्रिय और अगतिक होकर बहने से इनकार है। उसी तरह किसी पूर्वनिश्चित दिशा को सर्वोपरि मानकर अपनी नित्य उन्मेषशील सर्जनात्मक क्षमता को भोंथरा बना देने से भी अस्वीकार है—यह सब का रास्ता नहीं है, शायद सामूहिक भी नहीं है। परन्तु कुछ ऐसे लोगों का अवश्य है जो समूह को दीपस्तम्भ की भाँति रोशनी देते रहते हैं। खासकर उस समय जब पूरा समूह अपनी गलत दिशा का बोध करता

है और आलोक के लिए कुछ दीपस्तम्भों को देखना चाहता है।

अज्ञेय की अपनी कविता की सच्चाई में दृढ़ आस्था का संकेत करने वाली एक कविता है : 'हँसती रहने देना'। तमाम झूठ, अनर्थ और टूटन के बीच अपनी आँखों के बारे में कवि कहता है–"पर आँखों ने/हार/दुःख/अवसान/मृत्यु का/अन्धकार भी देखा तो/सच सच देखा/" और इन्हीं आँखों से उसकी अपेक्षा है : "इस पार/उन्हें जब आवे दिन–/ले जावे पर उस पार/उन्हें फिर भी आलोक कथा/सच्ची कहने देना/अपलक हँसती रहने देना जब आवे दिन–/" जीवन के तमाम अवरोधों, पाखण्डों और विषमताओं के बीच जीने पर भी अपने एकान्त में कवि अपनी कविता से सच्ची कहानी ही कहलवाना चाहता है और कर्त्तव्य कर चुकने के अपयात भाव से वह मृत्यु को भयावह रूप में नहीं, एक अनिवार्य स्थिति के रूप में स्वीकार कर अपनी 'आँखों' के बन्ध पर उसे परास्त करने का विश्वासी है। यह सही है कि आज की तमाम मृत्यु-बोध की चीखती-चिल्लाती कविता से यह नितान्त अलग है, परन्तु यह भी सही है कि जीवन के प्रति और जीने के सर्जनशील क्रिया-व्यापार के प्रति अधिक आभ्यन्तरिक ऊर्जा उत्पन्न करने की क्षमता इस प्रकार की कविता में है। इस कविता के टोन को अगर सही रूप में न पकड़ा जाये तो इसकी समस्त मार्मिकता ही कमल-पत्र पर पड़ी बूँद की भाँति बिना छुये खिसक जा सकती है, क्योंकि यह 'टोन' तब तक प्राप्त नहीं होता जब तक विशिष्ट जीवन जिया नहीं जाता। इसका अनुकरण करने पर असल-नकल का भेद खुलना कठिन नहीं है।

यह एक ऐसे कवि की कविताएँ हैं जो भारतीय परम्पराओं के महावृक्ष के नीचे बैठा है, परन्तु गतिहीन नहीं बना है बल्कि महावृक्ष की विशाल छाया के बोध के साथ मनुष्य की गतिशीलता का भी उसे ध्यान है : 'जंगल में चलते हो? चले चलते रहो। महारुख के साथ अपना नाता बदलते रहो/उसका आयाम/उसका है/बहुत बड़ा है/पर वह वहाँ खड़ा है/तुम चलते हो चलते हुए ही भले हो" लेकिन चलने वाला मनुष्य और स्थिर महावृक्ष के परस्पर सम्बन्धों की यह जीवन्त पहचान भी महत्त्वपूर्ण है जो भारतीय मनुष्य को उसकी स्थिति और गति से परिचित कराती है : "वह महारुख है अकेला है, वन में है/तुम महारुख के नीचे–अकेले हो, वन तुम में है।" जीवन और संस्कृति के जीवन्त सम्बन्धों का यही बोध 'महावृक्ष' के नीचे (दूसरा वाचन) में अधिक प्राणवान रूप में प्रत्यक्ष किया गया है।

'महावृक्ष के नीचे' की कविता का प्रमुख स्वर मनुष्य की सृजन-प्रेरणा के उत्सव का है। 'उत्सव' शब्द का आज अवमूल्यन हुआ है, क्योंकि जीवन्त का उल्लास, आनन्द, हर्ष, सृजन की अदम्य आकांक्षा और उसके लिए प्रचण्ड प्रसव-पीड़ा के बीच से गुजरने की उद्यतता एवं तज्जनित अपार सुख इत्यादि बातों में 'बुर्जुवा' मानसिकता की या सामन्तवादी मनोवृत्ति की या आधुनिकता की गन्ध शायद

अतिरिक्त शंकाशील बना देती है। परन्तु सृजनशीलता मनुष्य की एक सर्वाधिक महत्त्वपूर्ण प्रेरणा है और उसकी जयकार जीवन की जयकार है। 'साल-दर-साल' झर गयी दुनिया 'वसन्त आया तो है' कविताएँ इसी अदम्य सृजन-प्रेरणा में गहन आस्था से उद्भावित हैं। द्रष्टव्य है इन कविताओं की अनेकार्थ व्यंजकता भी। महासंकटों के बावजूद सृजनात्मकता का नित्यनूतन आवेगमय उन्मेष महावृक्ष के ठोस चित्र के माध्यम से मूर्त किया गया है (साल-दर-साल)। अज्ञेय की कविता में तनाव प्राकृतिक उपादानों के बीच के विरोध से व्यंजित होता है। यह कहा जा सकता है कि यह छायावादी संस्कारों का प्रसरण है, लेकिन इससे इस बात का मूल्य कम नहीं होता कि कवि शायद जीवन के मूल उत्सों के समीप है, इसिलए कविता अधिक शक्ति गर्भ प्रतीत होती है और मनुष्य के अधिक निकटवर्ती भी।

सृजनधर्मिता के प्रति सजग कवि का सौन्दर्य-बोध भी संयत आवेग में प्रकट होता है। इस आवेग में ऊपरी जोश नहीं, गति की चकाचौंध नहीं, लेकिन ऊपर उठते जाते अंकुर के जीवन्त ऊर्ध्वमुखी विकास की निश्चितता है। कवि की हर सुन्दर चीज, हर छोटी घटना एक उद्वेलित करने वाली स्थिति है (देखिए 'धावे')। समस्त मनःस्थिति की ऊर्जा को समाहित कर बिम्ब उभरता है जैसे जमीन से स्वाद और हवा से प्राण लेकर अंकुर उगता है। यही कविता की प्राणशक्ति है, यही ताजगी है। इसी सन्दर्भ में 'नन्दा' कविता भी द्रष्टव्य है—प्राकृतिक संश्लिष्ट दृक्-बिम्ब कवि की प्राप्ति भावना से पूर्णतः समीकृत होकर तीव्रता से उसे व्यंजित करता है। सौन्दर्य के क्षणों को उत्कटतापूर्वक जीने की और प्रभावपूर्ण ढंग से प्रकट करने की अज्ञेय की क्षमता आज भी उसी ताजगी का परिचय देती है जो उनके कवि व्यक्तित्व के ऐन उत्कर्ष में थी। 'सड़क के किनारे गुलाब' के औचक सौन्दर्य संवेदन और उसको ग्रहण करने वाली कवि की निपट पारदर्शी मनोवस्था का आमना-सामना जिस 'प्यार' को जन्म देता है उस प्यार की निर्व्याज 'अजटिल' स्थितियाँ प्राप्त करने के लिए कितने गहन सौन्दर्य योग के सोपान पार करने पड़े होंगे, इसकी साक्ष्य कवि और सहृदय की पारस्परिक एकतानता ही दे सकती है। इस प्रकार के खालिस सौन्दर्य बोध का उत्कट संवेदन 'धूप-सनी-छाया' में भी चित्रात्मक रूप में साकार मिलेगा। इसे रोमांटिक करार देकर एक ओर हटा देना आसान है, कठिन है इस वृत्ति से जीवित रहना और सौन्दर्य के कण बीनते रहना। निष्कलुष निष्काम केवल सौन्दर्य-भाव का प्रभाव 'धूप में लिखे गये—से' के कारण बहुत ही प्रीतिकर मूर्त चित्र-सा बन गया है। 'दहरी' का तीव्र ऐन्द्रिय स्पर्श-संवेदन और रचना के आरोह-अवरोह की कलात्मक बुनावट, 'सपने में' का 'अनजानी' से लेकर 'अनपहचानी' तक की भाषिक सूक्ष्म बनावट के माध्यम से ठगे जाने की अतीन्द्रिय अनुभूति, 'तुम तक' की रहस्यानुभूति का तीव्र सूक्ष्म अभिव्यक्ति—ये इस प्रकार की नितान्त वैयक्तिक कविताएँ, सूक्ष्मता की राह से एक रहस्यालोक में पहुँचा

देती है—जो इधर विरल हो गयी है जिससे तथाकथित जटिलता के नाम पर हाथ में आ जाता है कुछ बौद्धिक निरूपण जो पाठकों के स्थितियों को जड़ बोध में ही जकड़ रखता है। ऐसी स्थिति में ये कविताएँ अस्तित्व की कुछ अनोखी अवस्थाओं का चित्रलोक प्रस्तुत करती हैं तो प्रसन्नता होती है। ये कल्पना के तरल क्षण ऐसे हैं जिनके सहारे जीवन की सार्थकता को परिभाषित किया जा सकता है, जिनके लिए एक अच्छे समाज की स्थित शायद साधन रूप में अपेक्षित है।

असल में इस प्रकार के काव्य-क्षणों की उपलब्धि के लिए एक साधनावस्था अपेक्षित है। इसका कुछ रूप 'महावृक्ष के नीचे' में संकलित एक कविता की कुछेक पंक्तियों में ही संकेतित है :

मेरी भी, मेरी भी शिलित अस्ति के भीतर कहीं
तुमने मुझे लगातार पिघलाया है।
पर यह जो गलना है।
नये धातु का उबलना है।
मैंने इसे झुलसते हुए सहा है।
पर कब, कहाँ कहा!, (बर्फ की तहों के नीचे।)

लेकिन यह सहना, न कहना और निखरना उसी समय सम्भव है जब जीवन के प्रति विलक्षण आस्था मन में जड़ें जमाकर बैठ गयी हो—उस 'महावृक्ष' की जड़ों की तरह। यह तभी सम्भव है जब रचनाकार सृजन कर्म के प्रति समग्रता से समर्पित हो और उस पीपल वृक्ष की तरह बाहर से कार्बनडाइआक्साइड वायु लेकर प्राणवायु (प्रेम) बाहर फेंक रहा हो। इस जीने के क्रम में कविता सहज फंस आती है, किवाड़ खटखटाकर पास आती है और जब वह बेताब होकर किवाड़ खटखटाती है, तो तब तक चैन नहीं लेती जब तक किवाड़ नहीं खुलेगा। यह सृजन देवता है कैसा? कवि के साथ उसका रिश्ता कैसा है?—"यह धुनी है/समर्थ है/केवल डेढ़ बित्ते का नहीं है समूचे मेरे साथ तदाकार है, दुनिर्वार है, और यह गीत तभी घुमड़कर किवाड़ खटखटायेगा जब मनुष्य लगातार मरने की प्रक्रिया का अभ्यस्त है (देखिये—'सभी से मैंने विदा ली।')

अज्ञेय की कुछ कविताएँ जो मनःस्थिति विशेष को प्रकट करती हैं विशिष्ट प्रसंग से उद्भूत होने पर भी कुछ ऐसी व्यापक, गहरी अर्थवत्ता प्रकट करती हैं कि विशिष्टता के तात्कालिक कोण अदृश्य होते हैं और अनेक प्रसंगों, घटनाओं, स्थितियों के अनेक आयामी अर्थ-बिम्ब ध्वनित करती हैं। 'झांकी' इसी तरह की कविता है : उससे कविता नारी-पुरुष के सनातन रिश्ते को विलक्षण प्रभावपूर्ण ढंग से सम्प्रेषित करती है।

अज्ञेय की अधिकांश समर्थ कविताएँ आज के प्रचलित मुहावरे के अनुसार वैयक्तिक हैं, निजी हैं...वस्तुतः सामाजिकता और वैयक्तिता का यह विभाजन जीवन

को समग्रता में जीनेवालों की अनुभव सम्पदा पर लगाना भाषा के अधूरेपन का निदर्शक है। 'महावृक्ष के नीचे' में कुछ ऐसी भी कविताएँ हैं जिनके निर्माण में राजनीतिक रुझान सांस्कृतिक परिप्रेक्ष्य में प्रकट हो गया है। यह राजनीतिक और सांस्कृतिक अवमूल्यन कभी व्यंग्यात्मक स्वर में प्रकट हो गया है। 'क्या करोगे' के पीछे सर्वथा अयोग्य व्यक्ति को जनता के माथे पर थोपने के राजनीतिक दाँवपेच का उपहास है जिसकी असलियत काफी स्पष्ट हो चुकी है तो 'जियो मेरे' का व्यंग्य अधिक व्यापक है और वह अपने आप में सामयिक, राजनीतिक और सांस्कृतिक स्थितियों को समेटता है। यह व्यंग्य बहुत ही सीधा प्रहार करने वाला है। 'बौद्धिक बुलाये गये' कविता का निर्माण भी आपातकालीन स्थितियों के दौरान घटित राजनीतिक चाल को लेकर हुआ है। प्रायः ये सभी व्यंग्यात्मक कविताएँ राजनीतिक वास्तविकता का गम्भीर रूप में पर्दाफाश करती हुई कवित्व को भी सुरक्षित रख सकी हैं। अज्ञेय की भाषा विलक्षण सरल बन गयी है, परन्तु यह सरलता की सफाई उस व्यक्ति के अभ्यास की सफाई की-सी है जो रस्सी पर चलते समय सहजता का प्रत्यय देता है, परन्तु यह सहजता कितनी कष्टसाध्य है, इसे सब जानते हैं।

'महावृक्ष के नीचे' की दो कविताओं का स्वतन्त्र उल्लेख करना होगा। एक है 'चुपचाप नदी' और दूसरी है 'नाच'। अपनी स्मृतियों की अजस्र शक्ति का बोध 'चुपचाप नदी' का केन्द्रीय भाव है। पहले छन्द में एक प्रकृति का दृश्यालेख है—शक्ति और झरने का नीरवता का विलक्षण प्रत्ययकारी बोध यह छन्द कराता है। नदी के सरकने, बरफ के झरने और गलने निष्कम्प पानी में छायाओं के लटकने में सक्रियता के बावजूद मूक वेदना के चुपचाप झलते सहते जाने का भाव जागता है। दूसरे छन्द में शब्द संयोजन विपरीत किस्म का है। यह कवि की स्मृत्यावस्था है। दुरन्त वासनाओं की चट्टनों से खुरानेवाली स्मृतियों की नदी चुपचाप सरकने वाली नदी और झरनेवाली गलनेवाली बर्फ के विरोध रूप में प्रस्तुत है। दूसरे छन्द की शब्द-योजना में पुरुषता द्रष्टव्य है। यहाँ भी टकराहट से कोई शब्द नहीं होता। लेकिन निष्कम्प पानी में लटकी छायाओं के विपरीत 'बर्फ की लड़ी की छाया-सा भटका हूँ मैं' की विलक्षण असहायता तीव्रता से व्यंजित होता है और विशिष्ट प्रकार से जीवन जीने की प्रक्रिया का समग्र बोध प्रभावपूर्ण ढंग से प्रकट होता है। इस तरह की कविता चिन्तनपरक भाव भीगी अनुगूँजें पैदा करती है जो देर तक मन में ध्वनित प्रतिध्वनित होती रहती है। काव्य की अनवरत गति और उसमें असंख्यों की नियति के प्रतीकात्मक सम्बन्धों के परिदृश्य में स्व-चेतन व्यक्ति की वैयक्तिक विवशता का बोध भी यह कविता करा सके तो आश्चर्य नहीं। (हम नदी के द्वीप हैं की अधिक कलात्मक, अधिक प्रभावपूर्ण सूक्ष्मतम आवृत्ति तो नहीं?)—कुछ गहन-सा बोधता जानेवाला बोध यह कविता कराती है।

दूसरी महत्त्वपूर्ण कविता है 'नाच'। जीवन और मृत्यु के दो खम्भों के बीच

जीवन की वास्तविकता का बोध—एक विशिष्ट कोण से। व्यक्ति की असली आन्तरिक और सच्चाई जो दौड़ने के उपक्रम में तनाव ढील देने के असफल प्रयास में प्रतीकित की गयी है—दूसरे लोग उसको 'नाच' मानकर रोशनी में देख रहे हैं। जीवन की भयानक दौड़ में हाँफनेवाली मछली की जिजीविषा को लोग नहीं देखते—देखते हैं—कांच के बाहर से उसकी रूप सम्पदा। कलाकार और दर्शक के सरल सम्बन्ध से लेकर न जाने कितनी जटिल स्थितियों तक यह बिम्ब अर्थ-निष्पत्तियाँ करता है। मनुष्य का असली मैं और उसको घेरने वाला बाहरी 'दूसरा'—इनके बीच का यह चिरन्तन केन्द्रात्मक सम्बन्ध कसावपूर्ण भाषा में व्यक्त किया गया है। बाह्यतः अत्यन्त सरल भाषा के वाक्य एक-दूसरे में गूँथकर बना दी रस्सी की तरह ऐंठ-ऐंठ कर विलक्षण वेदनापूर्ण अस्तित्वावस्था को प्रतीकित करते हैं। मनुष्य की अस्तित्वावस्था का यह भयावह अकेलापन—समस्त भीड़ के सामने चौड़ी रोशनी में भी यह अकेलापन और जीने की यातना, दो खम्भों के बीच जीने की विवशता तो है लेकिन पता नहीं इन खम्भों को किसने गाढ़ा, क्यों गाढ़ा और इस पर दौड़ने-हाँफने की विवशता क्यों पैदा की गयी। जीवन की कितनी ही महत्त्वपूर्ण स्थितियों के बारे में—मृत्यु और जीवन के बारे में हम कितने अज्ञान में हैं!! लोग हैं, रोशनी है, परन्तु वे 'मुझे' नहीं देखते, नहीं समझते—शायद नहीं देखना चाहते। देखना चाहते हैं—'नाच'। कितने असम्पृक्त हैं ये बाहर के लोग मुझसे भी मेरी असलियत से भी!! एक प्रलयकारी दृक्‌बिम्ब को प्रतीकात्मक स्तर पर ले जाकर जीवन की कतिपय अवस्थाओं को सशक्त रूप में व्यंजित करना सधे कलाकार के लिए ही सम्भव है। पुनरावृत्ति के सहारे शब्दों को निचोड़-निचोड़कर आघात को तीव्रतम करने की भाषा की यह अदाकारी भी कलाकार की विलक्षण क्षमता का प्रमाण है। 'चुप-चाप नदी' और 'नाच' ऐसी महत्त्वपूर्ण कविताएँ हैं जिनकी सफलता के लिए कवि ने अपने समस्त भाषिक संरचना कोश को दाँव पर लगाया है। शायद 'महावृक्ष के नीचे' लिखी कविताओं के सामने विदेश-यात्रा में लिखी कविताओं का आस्वाद लेने की स्थिति में हम नहीं रहते—व्यक्तिशः मैं नहीं रहा। इत्यलम्।

छाया मत छूना, मन : अनबिंधे मन के गीत

गिरिजा कुमार माथुर की चुनी हुई गीति-रचनाओं का यह संग्रह है, जिसमें 1938 से 1973 तक की प्रदीर्घ अवधि में लिखे 43 गीतों को संकलित किया गया है। इन 35 वर्षों की लम्बी अवधि में समाज में जो कुछ घटित हुआ उसका कवि के मन से क्या सरोकार रहा, इसका उत्तर प्रत्यक्ष या अप्रत्यक्ष इस संकलन से नहीं मिलता। यह सही है कि गीत का सम्बन्ध बाह्य से प्रायः नहीं होता, वह आत्मनिष्ठ होता है, आत्मनिवेदन उसमें होता है और माथुर जी की यह मान्यता भी सही है 'गीत अपने आनन्द, रोमांच (थ्रिल) या संताप को खुद को समझाने की प्रक्रिया होता है', और 'गीत वस्तुतः आत्म-साक्षात्कार और आत्म-सम्बोधित भी होता है।' प्रश्न शायद यह संगत और सम्बद्ध ही होगा कि यह 'आत्म' क्या है, उसका स्वरूप क्या है, उसकी अनुभूति ग्रहण की क्षमता कितनी है, कितना 'बाह्य' वह अन्दर में समा सका है। उसके आनन्द, रोमांच और संताप के विषय क्या हैं, कितने आस-पास को वह इस प्रकार आयत्त कर सका है कि उसकी तरल अनुभूति में वह घुलमिल कर सहज लय में व्यक्त हो सका है।

इस दृष्टि से देखने पर माथुर जी अत्यन्त सीमित लिरिकल संवेदना के कवि प्रतीत होते हैं। प्रकृति या प्रकृति के भी कुछ आंशिक रूप, प्रेम या प्रेम का भी खास दैहिक विलास भोग से सीमित वासना प्रधान प्रणय रूप और क्वचित् कभी आत्मपरिष्कार की सामान्य-सी ललक—बस, माथुर जी की गीत रचना यहीं तक सीमित है और सामान्यतः माथुर जी स्मृति-प्रसंगों के कवि हैं, मीठी खट्ठी स्मृतियों का पुनः प्रत्यय लेने वाले कवि। वस्तुतः समस्त गीत रचनाओं को पढ़कर उनका एक गीत अलग से उनकी सीमाओं को सही रूप में उजागर करता-सा लगता है—'अनबिंधे मन का गीत।' माथुर जी की इस बात को सही स्वीकृति मानकर ही चलना होगा—'जल तो बहुत गहरा था/कमलों तक समझे हम।' या 'लहरें किन्तु भीतर थीं/रोओं तक समझे हम—।' और 'तट से बंधा मन/छाया-कृतियों में मग्न रहा/स्वप्न की हवाओं में तिरती

हुई गन्ध रहा।' परिणामतः 'अतल बीच/सीपी का ताला निष्कलंक रहा/जादू का महल एक/नीचे ही बन्द रहा/अनूठा था तिलस्म/भौंहों में समझे हम।'—यह अपनी सीमाओं की स्वीकृति है। अगर ऐसा है तो सत्य को ईमानदारी से स्वीकार करने के लिए कवि का अभिनन्दन करना होगा। इस टिप्पणी के साथ कि इस ईमानदारी से सत्य के अत्यधिक सीमित होने की बात का समर्थन नहीं हो सकता।

माथुर जी चिर युवा गीतकार हैं। लेकिन यह युवावस्था केवल देह-उत्सव तक सीमित है। 1938 से 1973 तक दैहिक उत्सव के कितने ही प्रयोग इन गीतों में स्मृतियों के रूप में उभरे हैं। 1973 में लिखित 'खुशबू बहुत है' में कवि अनुभव करता है, 'मेरे युवा-आम में नया बौर आया है/खुशबू बहुत है, क्योंकि तुमने लगाया है/' और 'मेरा जिस्म फिर से नया रूप धर आया है ताजगी बहुत है क्योंकि तुमने सजाया है।' कवि यह भी अनुभव करता है कि 'मिल गया हर एक सत्य प्यार की तलाश में' इस प्यार की तलाश के विविध रूप इन गीतों में नहीं दिखते यद्यपि प्रणय गीत ढेर सारे हैं। इसका कारण यह है कि युवावथा के सारे प्रणय की तलाश दैहिक उत्सव तक सीमित रह गयी है। देखिये 'भादों का ठहरा प्यार' (1971); 'पूस की ठिठुरन', अभी तो झूम रही है रात', 'जूड़े के प्रहर', 'वसन्त का गीत', 'होली', 'ऋतु चित्र' इत्यादि। यह दैहिक उत्सव की उन्मादक झांकियाँ माथुर जी के प्रकृति के चित्रों में भी दीपित होती रहती हैं। यथा—'घन के आलिंगन में चपला की भंगिमा', 'कुन्तल निशि-कालिमा—तन-गदरी मेघिमा', 'चाँदनी हुई लाज से लाल', 'आज मसले हैं मलय दुकूल', 'चाँद के अंक में दैन समाधी', 'अलसित तन चिकने कदली से', 'कर में मसल गये फूलों के कंगन', 'रंजित तन पे मसल गये फागुन', 'कामिनी-सी अब लिपटकर सो गयी है रात यह हेमन्त की', ''नहाकर वनस्पति हुई ऋतुमती/सी नितम्बिनि धरा ज्यों कुंवरि रसवन्ती-सी/नवोढ़ा नदी ने नवल अंग खोले/सजी दीपतन की मिलन आरती-सी/' कितनी ही समान प्रकृति-कविताएँ वासना के गाढ़े रंग से रंजित हैं—'सावन के बादल', 'शरद नीहारिका का देह स्वप्न', 'रात हेमन्त की', 'वसन्त का गीत', 'फाल्गुनी कामिनी' इत्यादि। माथुर जी की कविता में वासना के रंग अधिक गहरे हैं। उत्कर्ष पर एक अनोखा लोरी गीत द्रष्टव्य है—'निंदिया कुमारी' पहली पंक्ति है 'सेजों पै आ जाना निंदिया कुमारी'—'इस निंदिया 'कुमारी' से दैहिक सुख की जो प्रौढ़ अपेक्षाएँ कवि करता है उसकी विसंगति के समस्त उन्मादक चित्रण की लयदार शब्दावली की बारीक बुनावट भी छिपा नहीं सकती। माथुर जी के बहुत से गीतों में 'मसलन' क्रिया की प्रचुरता भी इस बात को प्रमाणित करती है कि 'प्रेम' या 'प्रणय' से अधिक विशिष्ट वासनात्मक क्रीड़ा ही ओत-प्रोत है। यथा—'याद आये मिलन वे/**मसली** सुहागिन सेज पर के सुमन वे' 'अधर-**मसले** गीत की तस्वीर लायी', 'बातों का फूल भी हलके **मसल** दिया', 'कुसुम से **मसले** बिखरे साज', 'माला-सी **मसली** रहीं तुम' 'कर में **मसल** गये फूलों के कंगन', 'आज **मसले** हैं मलय दुकूल'—इसी ढंग के विशुद्ध दैहिक, क्रीड़ा के कतिपय अन्य शब्द मिलते हैं जो यह स्पष्ट करते हैं

कि कवि प्रेम की जटिल, गहरी, तीव्र संवेदना को मन में उतना नहीं संजोता जितना देह-रूप-पान की स्मृतियाँ। यह स्मृतियाँ भी सामान्यतः एक रस हैं।

माथुर जी के मन पर मालवा की समृद्ध प्रकृति का विलक्षण प्रभाव बचपन से पड़ा है। उससे उनकी ध्वनि, रस, दृक, गन्ध इत्यादि ज्ञानेन्द्रियाँ बहुत ही संवेदनशील हो गयी हैं। लेकिन उनके गीतों में इन्द्रिय-बोधों के कलात्मक चित्र वैशिष्ट्यपूर्ण ढंग से कम आ पाये हैं। अधिकतर उनका स्मृति-बोध इन समृद्ध इन्द्रिय बोधों का स्थूल संकेत ही अधिक करता है। मतलब यह है कि माथुर जी की कविता में चाँदनी खूब है—चाँदनी के प्रति विलक्षण आकर्षण कवि में है (देखिये 'खट्ट मिट्ठी चाँदनी' तथा 'चाँदनी' से सम्बद्ध प्रचुर संकेत) परन्तु चाँदनी के कितने वैशिष्ट्यपूर्ण, पृथगात्म रूप-चित्र कवि ने दिये हैं?—इस दिशा में विचार करने पर बहुत आश्वासन नहीं मिलता। चूँकि चाँदनी कवि को विशेष प्रिय है (उम्र के कतरे में जितना यह आसव है उसमें तुम्हारा ही षट्रस है चाँदनी) उसी के आधार पर उक्त निरीक्षण की परीक्षा की जा सकती है। 'कुन्तल के फूलों की याद बनी चाँदनी', 'चमक बिजलियों की पलक चाँदनी-सी' 'चाँदनी हल्के कुहर के साथ आती है,' 'चाँदनी फैली हुई है ओसनीली', 'चाँदनी हुई लाज से लाल', 'श्वेत चाँदनी धुली डगर में', **'इस ऊनी-सी पतली चाँदनी में'**, 'अग्नि दिन थे चाँदनी के स्वप्न आए', **'खिल गई है चाँदनी हिम-रात के जादू-भवन सी'**, 'छायेगी कसी-कसी अम्बियों की चाँदनी'—ये 'चाँदनी' को लेकर कुछ उल्लेख हैं। (कुछ ऐसे शब्द, जो केवल संकेत मात्र करते हैं, छोड़ दिये हैं) मोटे टाईप में निर्देशित पंक्तियों में चाँदनी का बिम्ब कुछ 'विशिष्ट' हो गया है—अन्यथा केवल हल्का-सा—मीठा प्रभाव उत्पन्न कर 'चाँदनी' शब्द अन्य वातावरण में खो जाता है। संग्रह की बहुत कम कविताओं में प्रकृति के वैशिष्ट्यपूर्ण बिम्ब उभरे हैं। सामान्यतः गीति-काव्य में लय का कुछ ऐसा जादू पाठक के मन पर चल जाता है कि संकेतित चीजों का वैशिष्ट्यपूर्ण प्रभाव ग्रहण करते हुए काव्यात्मक वातावरण को ठोस और प्रत्यक्ष देखने के स्थान पर वह उस लय में ही बह जाता है और अगर कवि लय का अच्छा जानकार हो (माथुर जी 'लय' के अच्छे जानकार हैं) और काव्य का वातावरण पाठक की स्मृति को उत्तेजित करने वाला हो तो बहुत कुशल कला की अर्थात् चीजों को अपना आकार और पृथगात्मता देने की विशेष आवश्यकता नहीं रहती। चूँकि माथुर जी की समस्त गीत कविता में प्रकृति और वासना के उन्मादक संकेत अधिक हैं, यह खतरा टल नहीं सका। दूसरे शब्दों में गीतों में 'सपाटता' होती है जो पाठक की उन्मादक स्मृतियों को केवल छूकर ही यह आभास पैदा करती है कि वह रसात्मक गीत पढ़ रहा है। इस स्थिति में प्रस्तावना में निर्देशित गीति-रचना की यह कसौटी कि 'शर्त यही है कि वह गीति-रचना अछूते अनुभवों और नयी भाव-भूमियों को उद्घाटित करे' अपने स्थान पर सही होते हुए भी माथुर जी के गीत इस कसौटी पर खरे नहीं उतरते।

ये अनुभव 'अछूते' और भाव-भूमियाँ 'नयी' क्यों नहीं हैं? एक तो माथुर जी के

इस संकलन की एक भी रचना यह नहीं दर्शाती कि वे बाह्य जीवन या आस-पास के गतिशील जीवन से संपृक्त हैं। जिस दुनिया का वे वर्णन इस प्रकार करते हैं, 'अन्धी थी दुनिया, था मिट्टी भर अन्धकार, उम्र हो गयी थी एक लगातार इन्तजार'—उसका कहीं भी प्रत्यक्ष चित्र वे नहीं देते, न उससे टकराने की साक्ष्य कहीं देते हैं। उल्टे उनके देखे अन्धकार का रूप कुछ ऐसा निर्बल है कि 'जीना आसान हुआ तुमने जब दिया प्यार' (यहाँ तक तो ठीक भी है लेकिन...) और 'हो गया उजेला-सा रोओं के आर-पार' तो जिन्दगी में खुशबू ही बहुत रहेगी। इस स्थिति में अछूती अनुभूतियों के लिए 'रगड़ घिस' की आवश्यकता है ही कहाँ? माथुर जी ने केवल 'खट्मिट्ठी चाँदनी' ही भोगी है। उनके समस्त प्रकृति के रूपों में एक प्रकार की अलस-मेदुरता है जो सुखमय विलास से उत्पन्न होती है, यहाँ दुख भी वेदना नहीं, रस ही देता है क्योंकि 'स्मृति' की दूरी उसे रसमय बनाती ही है और कवि की लाल-कोमल कल्पना का खेल ही कुछ ऐसा है कि 'वर्तमान' का खोखलापन, छूछापन, उदासी, रुग्णता सब कुछ प्यार याद आने पर हरसिंगार में परिवर्तित होते हैं (देखिये—'भादों का ठहरा प्यार') स्मृतिजीवी कवियों के लिए कल्पना का यह जादुई वरदान बहुत लाभकर होता है। यहाँ 'नयी' भाव-भूमियों के लिए गुंजाइश ही कहाँ? असल में 'अछूती' और 'नयी' कहने की अपेक्षा रीतिकाल से चली आयी शाश्वत राग सम्बन्धों की भाव-भूमि कहना अधिक उचित होगा।

कवि की 1938-40 के बीच लिखी गीति-रचनाओं का अलग से अध्ययन किया जायेगा तो पता चलता है तुलनात्मक दृष्टि से भाषा के अधिक चित्रात्मक और मितव्ययी स्वरूप को लेखक ने 1947 के बाद अधिक शक्तिपूर्ण ढंग से अर्जित किया है। वाक्य से अधिक 'शब्द' को कविता माध्यम मानकर चलने की जो प्रवृत्ति नयी कविता में विशेष महत्त्वपूर्ण रूप में उभरी, उसका प्रभाव कवि पर स्पष्ट दिखता है। लय सम्बन्धी पहचान भी अधिक सूक्ष्म हो गयी। आगे कुल शब्द संयोजन अधिक कुशल बन गया। 1938-40 के आस-पास लिखी कविताओं पर समकालीन छायावादी कवियों (खासकर प्रसाद और बच्चन) का विशेष प्रभाव दृष्टिगोचर होता है। 'अभी तो झूम रही है रात' जैसी कविताओं पर प्रसाद का प्रभाव स्पष्ट है तो 'तुमने प्यार नहीं पहचाना', 'विदा-गान', 'पहले प्यार की विदा', 'भरे नयना', 'रूठ गये वरदान सभी', 'विष के बाण', 'गिरती मीनार का गीत', 'रोती हुई आँखें', 'स्वर्ग की पहचान' इत्यादि कविताओं पर कवि बच्चन का प्रभाव स्पष्ट है और इन कविताओं का संरचना विधान भी सम्मेलनी कविता का अधिक लगता है।

इन पैंतीस वर्षों की माथुर जी की गीति-कविता में भावभूमि विषयक अन्तर उतना नहीं है, न यह गीति कविता कवि-व्यक्तित्व के विविध आयामों का संकेत देती है। भाषा के अधिक कुशल संयोजन की दृष्टि से इसमें निश्चय ही विकास क्रम परिलक्षित होता है। मुझे 'हेमन्ती पूनो', 'जूड़े के फूल', 'अनकही बात', 'फूले हुओं का गीत', गीत अधिक सुन्दर लगे।

तटस्थ मुद्रा में अपने सामने

इधर दो प्रमुख विचारधाराओं ने हिन्दी कविता पर अत्यधिक प्रभाव डाला है। एक विचारधारा अपने को जनवादी कहलाने में आत्मसन्तोष प्राप्त करती है, तो दूसरी को सामान्यतः अस्तित्ववादी कहा जा सकता है। असल में कविता एक अखण्ड अनुभव होता है और उसे बाह्य या आन्तरिक जनवादी या अस्तित्ववादी यथार्थ या आदर्श जैसे कठघरों में बन्द कर देखना उसके प्रति अन्याय करना है और कविता का हित इसी में है कि वह 'वाद' को दूर रखे।

कुँवर नारायण की 'अपने सामने' में संग्रहीत कविता स्थूल रूप में अस्तित्वादी प्रभाव की कविता कही जा सकती है, यद्यपि कवि 'वाद' से तटस्थ ही है। ये आत्मशोध और निजत्व की पहचान की कविताएँ हैं और जैसा कि शीर्षक से भी स्पष्ट है, ये कविताएँ पाठकों के लिए उतनी नहीं हैं, जितनी कवि के अपने लिए हैं—'अपने सामने' की कविताएँ अपने को, अपनी निजता को, आन्तरिकता को, अपने होने की प्रक्रिया को तटस्थ रूप में देखने का एक क्रम है। कविताएँ अपने को टटोलती हैं, टोहती हैं, इसलिए चिन्तन शक्ति को एकाग्र कर लिखी गयी हैं।

तीन खण्डों में विभाजित इन कविताओं का प्रथम खण्ड विशेष महत्त्वपूर्ण है, क्योंकि इन कविताओं में कवि 'अपने सामने' अधिक है। द्वितीय खण्ड में 1970 के पहले लिखी अधिकांश कविताओं का संचयन है, जिनमें कवि का ध्यान बाह्य की ओर अधिक है, जीवन से वह विरोध भाव से जुड़ा हुआ लगता है। तीसरे खण्ड की कविताओं में कवि अपने जमाने के प्रति, अपनी व्यंग्य और खीजभरी प्रतिक्रियाएँ व्यक्त करता है।

तनाव की वयस्क कविताएँ

कुँवर नारायण की कविता का एक केन्द्रीय भाव तनाव है और इस तनाव का कारण

एक अनिर्णय की मानसिक अवस्था है। यह अनिर्णय, जीवन की बढ़ती जटिलता और अबूझ रहस्यमयता की वयस्क समझ से उत्पन्न हुआ है। जीवन को या दुनिया को कोई निश्चित अर्थ देने में कवि असमर्थ है, लेकिन यह असमर्थता चिन्तन के अभाव का परिणाम न होकर विराट जीवन की गुत्थमगुत्था अवस्था का परिणाम है—'मैंने अक्सर इस ऊलजलूल दुनिया को/दस सिरों से सोचने और बीस हाथों से पाने की कोशिश में/अपने लिए बेहद मुश्किल बना लिया है/' इसका परिणाम अनिर्णय और निष्क्रियता की स्थितियों को दोहराने में होता है, क्योंकि आरम्भ में एक हैमलेट जैसी अति-विचारशील मुद्रा के बाद एक प्रकार की निर्लिप्त कर्म-संन्यास की भावना मन में बल पकड़ने लगती है—'तब तुम पाओगे कि फर्क नहीं/सब कुछ जीत लेने में और अन्त तक हिम्मत न हारने में।'' यह कार्य व्यावहारिक जीवन के प्रति असम्पृक्ति का भाव बार-बार कविताओं में व्यंजित हुआ है।

एक साधारण स्तर पर अद्‍भुत जीने की चोर कोशिश और प्रत्यक्षतः जीने के फालतू ढंग के बीच की कशमकश में बेहयाई से जीने की लालसा मनुष्य को विस्तार से जुड़ने को विवश करती है। इसका संकेत स्पष्ट है—साधारण मनुष्य का संगठन में आबद्ध हो जाना। चूँकि कवि का यह रास्ता नहीं है; अतः खण्डित व्यक्तित्व के मानसिक तनावों से उसको विकल्पहीनता की अवस्था में ही जाना पड़ता है। अपराध न करने पर भी दुःस्वप्न में कैद किये जाने की यातना और छुटकारा न पाने का भय, सहयात्रियों के साथ सम्वादहीनता की स्थिति, कवि को आत्महत्या की सीमा तक ले जाती है।

अस्तित्व की भयावह स्थितियाँ

कुँवर नारायण की अनेक कविताओं में मनुष्य के अस्तित्व की भयावह अवस्थाएँ व्यक्त हुई हैं। आदमी जानवर की तरह सुरक्षा की ओर भागना चाहता है और फंसने पर अधिक खूंखार हो जाता है। आदमी को निरन्तर जड़ीभूत होने की स्थितियों का सामना करना पड़ता है। बिजली खत्म हो रही है, एक ठण्डी क्रान्ति (?) व्यक्ति को पत्थर बना रही है ('तब भी कुछ नहीं हुआ', 'आदमी अध्यवसायी था', 'नयी कक्षा में') आदि। मनुष्य की ट्रेजेडी का यह एक रूप है—'अनेक अतीतों और अनेक भविष्यों के बीच/मैंने वर्तमान को कभी-कभी ऐसे भी ठहर जाते देखा है/मानो वह केवल/स्मृतियों में जाग रहा/एक जन्मसिद्ध समय/जीने से भाग रहा।'

अनेक कविताओं में मनुष्य और परिवेश के विरोध और उसमें से उत्पन्न निर्ममता, क्रूरता, भय, प्रतिहिंसा, अमानवीयता इत्यादि भावों को व्यक्त किया है। व्यक्ति और 'दूसरों' के बीच के अमानवीय रिश्तों को भी कवि संकेतिक करता है। लेकिन यह सब पढ़ते समय लगता है कि कवि के चिन्तनशील व्यक्तित्व

की एक जड़-सी परत उसके भावों पर छाती जा रही है और उसके सामने शत्रु का ठोस रूप नहीं है। वह सदैव एक प्रश्नांकित मुद्रा में, अतिरेकी विवेकशीलता में अकर्मण्य हो गया दिखता है—'क्या वह हाथ/जो लिख रहा उतना ही है/जितना दिख रहा है?/या, उसके पीछे एक और हाथ भी है/उसे लिखने के लिए बाध्य करता हुआ?'

अमूर्तता का अतिरेक

यह जरूरी नहीं है कि कवि के पास निश्चित जीवन-दर्शन हो, जिसे परिभाषित किया जा सकता हो। उसके अभाव में कवि को अधिक खुला और अधिक प्रत्यक्षप्रेमी होने का अवसर मिलता हो तो कविता के लिए वह लाभदायी ही है। कुँवर नारायण की कविता में इसके विपरीत भाषा और भाव के स्तर पर अमूर्तता आती जा रही है। भावों के ठोस आधारों (घटनाएँ, व्यक्तित्व, स्थितियाँ, चित्र, बिम्ब आदि) को इधर गायब कर देने की प्रणाली कुछ इस प्रकार जड़ पकड़ती जा रही है कि कविता बयान देने लगती है, भले ही वह बयान सपाट न हो, कसावपूर्ण हो, दिमाग को खुरचने के लिए बाध्य करता हो।

कुँवर नारायण की कतिपय कविताओं में बयानबाजी और अमूर्तता आ गयी है। इसका अपवाद कुछ कविताएँ हैं, जैसे—'बँधा शिकार।' यह नहीं कि कविता में बयान वर्जित है। कभी गजब की अर्थ-व्यंजना और उस अर्थ की चोट से बयान भी काव्य का चमत्कार पैदा करता है—'मुझमें फिर एक अनुपस्थिति का शोक है, और मैं उसमें जिन्दा हूँ'—अनुभव का अछूता कोण पाठक को झकझोरता है। परन्तु कुँवर नारायण की कविता में ऐसे स्थल अधिक नहीं हैं। उन्हीं की कविता के शब्दों में उनकी कविता के स्वरूप को बताया जा सकता है—'अब उसे चित्रित करते मेरी उंगलियों के बीच में/निचुड़कर बह जाते दृश्यों के रंग/लोगों और चीजों के वर्णन/भाषा के बीच की खाली जगहों में गिर जाते/'

उनकी कविता पढ़ते समय बार-बार यह लगता है कि कवि स्थितियों व्यापारों से स्वयं अपने को बहुत दूर रखकर चिन्तन की मुद्रा में अपनी लगावहीनता को ढंकने की कोशिश कर रहा है। इसकी परिणति 'विश्वासघात' में देखिये—'वह छटपटायेगा/लेकिन छटपटाना कोई तर्क नहीं/वह मर गया है और जब उसमें और तुममें कोई फर्क नहीं।' शिकार और शिकारी को एक स्तर पर रखना एक ऐसी तटस्थता है, जो मानवीय नहीं लगती। और ऐसी स्थिति में कवि का यह आश्वासन भी कि...'तब जरूरी लगता है जिन्दा रखना/उस नैतिक अकेलेपन का जिसमें बन्द होकर प्रार्थना की जाती है/या अपने से सच कहा जाता है/अपने से भागते रहने के बजाय'—बहुत आश्वस्त नहीं करता।

ऐसे सन्दर्भों में हम संवेदनशील कवि से तीखे अपराध-बोध की अधिक तीव्र

परन्तु वयस्क गुस्से की, स्थितियों के दर्द में अधिक डूबने की अपेक्षा करते हैं। लेकिन हम पाते हैं हल्के-से संकेत! न यह 'अण्डर टोन' है, न कलात्मक निर्लिप्तता, यह भाव की शबलता है, लगाव की क्षीणता है।

दूसरे खण्ड की कतिपय कविताओं में रोजमर्रा की जिन्दगी के फालतूपन का व्यंग्यात्मक रेखांकन है, लेकिन इनमें भी न तीखापन है, न तेज धार। 'चील', 'चीजें और आदमी' और अलग ढंग की कविता 'लखनऊ' बहुत सुन्दर कविताएँ हैं। प्रकृति को अपने पूरे व्यक्तित्व में सोखकर प्रभाव मात्र को व्यंजित करने का कुँवर नारायण का ढंग भी अनूठा है (एक मौसम, दूर तक आदि)। 'एक हरा जंगल' और 'अकेली खुशी' का आवेग भी प्रभावित करता है। कुछ कविताओं का शब्द संयोजन कुँवर नारायण के कला-कौशल का अहसास कराता है—''सुख-मुग्ध अलस आकृतियाँ/विलसित काम मुद्राएँ/देव-रक्षित काल-मुक्त/एक अतीन्द्रिय तन्मयता के मांसल संकेतों में कहतीं कि जीवन आह्लाद है, शर्म नहीं/' (कोणार्क)।

वीतराग वृत्ति

तीसरे खण्ड में कवि ने मानवीय इतिहास या प्रचलित वैश्विक घटनाओं के प्रति अपनी मानवीय प्रतिक्रियाओं को दर्ज किया है। मनुष्य के मन में छिपी हिंस्रता और क्रूरता के प्रति ये प्रतिक्रियाएँ अधिक हैं। लगता है, दुनिया में व्याप्त दहशत से कवि की चेतना व्याकुल है। लेकिन एकाध स्थल को छोड़कर, लगता है, कवि स्थितियों को वीतराग वृत्ति से ग्रहण कर रहा है। उसकी प्रतिक्रिया बौद्धिक अधिक है, ठण्डी उदासीनता की परत छा गयी है। चूँकि यह सब 'अपने सामने' है, शिकायत से कोई लाभ होने वाला नहीं है, कहीं गहन मनोवैज्ञानिक जानकारी का परिचय प्रभावित करता है—'और यह एक जबरदस्त फौजी इन्तजाम की/कामयाबी का पक्का सबूत है/कि बन्दूक हाथ में लेते ही/हमें चारों तरफ दुश्मनों के सिर/अपने आप नजर आने लगते'। 'उस टीले तक' कविता भी इस सन्दर्भ में उल्लेखनीय है। कुछ कविताओं में स्वप्न एवं फैंटेसी का उपयोग है जो बहुत सघन प्रभाव नहीं पैदा करता।

शब्दों का मितव्यय, कसाव, संकेतमयता के निरन्तर अभ्यास ने कविताओं को अति-अनुशासन में कुछ नीरस भी और कुछ दुर्बोध भी बना दिया है। कविता के लिए यह खतरा है। जिस तरह कवि के 'होने' का सन्दर्भरहित अहसास कविता को एक अलग किस्म का 'स्टेटमेण्ट' बनाकर छोड़ता है, वैसे ही कविता को प्रत्यक्षता से निचोड़कर अमूर्त रूप में प्रस्तुत करने का आग्रह भी कविता के आस्वादन की मूलभूत समस्याएँ पैदा करता है, जब 'अपने-सामने' की कविताएँ पाठक के सामने आती हैं।

1976 के काव्य-संग्रह : समीक्षक का चुनाव

पिछले पन्द्रह-बीस वर्षों से यह अनुभव किया जा रहा है कि कवि के लिए बाहरी और भीतरी मार से अपने कवि-व्यक्तित्व को और परिणामतः कविता को सुरक्षित रखना असम्भव नहीं तो कठिन अवश्य होता जा रहा है। परिवेश के प्रति सतही अनुभूत्यात्मक प्रतिक्रिया, जिन्दगी और कविता में सादृश्य स्थापित करने का आग्रह, कला के नाम पर बाह्य जीवन की लगावहीन प्रतिच्छवियाँ, ज्ञानात्मक संवेदन और संवेदनात्मक ज्ञान के फिकरे की आड़ में कविता के नाम पर बौद्धिक वक्रोक्तियों को खपाने की चालाकी, कविकर्म की विवशता की ढाल लेकर गैर-जिम्मेदाराना मन्तव्यों और ऊटपटांग आक्रोश उगलने की छूट, अनुभव की नवीनता और मौलिकता की समस्या को लेकर प्रचलित (अपनी असमर्थता छिपाने के लिए?) भाषिक परम्परा के प्रति विद्रोह, अनास्था और भ्रमभंग के कारण सब कुछ के प्रति निषेध का तेवर, जीवन की उपयोगिता के लिए कविता और प्रचार के साधनों को अभिन्न मानकर चलने का प्रगतिशील आवेश, वैयक्तिकता की पहचान के लुप्त हो जाने का अहसास और उसके परिणामस्वरूप चेहराहीन एकरसता, सामाजिक और वैयक्तिकता, बहिर्मुखता और आन्तरिकता के कटघरों में कविता का स्थूल विभाजन, हर नयी पीढ़ी के साथ जीवन के आमूल-चूल परिवर्तन का और हर अगली पीढ़ी के साथ वैचारिक, सांस्कृतिक विकास का जोरदार अहसास, जीवन की मार्मिक घटनाओं, अनुभूति से ओत-प्रोत प्रसंगों के शब्द-चित्र, ऐन्द्रिय व अन्य ठोस बिम्ब, मूर्तता इत्यादि जटिल राहों की अपेक्षा अमूर्तता और सपाटबयानी की सरलीकृत पगडण्डियाँ—ऐसे कतिपय भटकावों से जागरूक कवियों को उलझना पड़ा। इस बीच अच्छी-बुरी, सफल-असफल, सरल-दुरूह प्रचुर कविता लिखी गयीं। कविता में आस्था रखने वालों ने कविता तो लिखी ही, कविता के स्वायत्त-अस्तित्व को अस्वीकार करने वालों ने भी लिखी और उन्होंने भी लिखी जो कुल कविता की भौतिक या आध्यात्मिक उपयोगिता पर ही प्रश्नचिह्न लगाते थे। 1975-76

के बीच प्रकाशित कुछ उल्लेखनीय कवियों को और कविता के माध्यम से कवि-व्यक्तित्व को पहचानने का यह प्रयास...

जंगल का दर्द : अनुभव के प्रति खुलापन

सर्वेश्वर दयाल सक्सेना कविता के क्षेत्र में सामान्यतः अपनी ईमानदार अनुभूति के प्रति प्रतिबद्ध रहे हैं, फिर भी उस अनुभूति का घेरा लगातार बढ़ाने का प्रयास उन्होंने किया है। यह इसलिए सम्भव बन सका कि अनुभव को बाह्य और आन्तरिक दो नितान्त भिन्न दुनियाओं में विभाजित करने का प्रयत्न उन्होंने कभी नहीं किया और परिस्थितियों के साथ सहज रूप में जुड़े रहने की उनकी निरन्तर कोशिश बनी रही, परन्तु बाह्य से, समसामयिकता से, वर्तमान से जुड़ना कविता की कीमत देकर नहीं हुआ, इसलिए उनकी कविता केवल प्रतिक्रिया नहीं है, न वह नितान्त सबल या दुर्बल चीख है, न वह स्थिति विशेष से कटकर की गयी वैयक्तिक हर्ष-उल्लास की पुलक-अभिव्यक्ति है। जिन्दगी का दस्तावेज प्रस्तुत करने की चालू नारेबाजी के वशीभूत होकर उन्होंने अपनी कविता की अनुभूति को कल्पना के स्पर्श से वंचित नहीं किया। रूप के प्रति उदासीनता का अकलात्मक रुख भी अख्तियार नहीं किया। विद्रूप का सामना करते हुए भी कविता को ही विद्रूप और उबाऊ स्तर पर प्रकट होने नहीं दिया। सर्वेश्वर की ईमानदारी ने दूसरी ओर उन्हें इतना सीमित भी नहीं किया कि कविता अनुभव की नास्टेल्जिक आवृत्ति में कुण्ठित होकर आवृत्ति करती रहे या अपने ही किसी विशिष्ट समय के तीव्र अनुभव क्षेत्र को पकड़े रहकर विकास की गति को अवरुद्ध करती रहे। उन्होंने स्थितियों का अन्धकार देखा, मानवीय जीवन की सम्भावनाओं का जंगल देखा, जंगल के भयावह प्राणियों को घूरा, उनके नानाविध रूपों को निहारा, परन्तु साथ-साथ जंगल में कहीं सूरज की किरण भी देखी, तो उसको भ्रम मानकर आँखों पर पट्टी नहीं बांधी। एक खुलापन, ईमानदार कलाकार का अनुभव के प्रति खुलापन, निरीक्षण की विविधता और अनेकांगिता के प्रति सहज खुलापन सर्वेश्वर की कविता को सहज गरिमा देता है।

'जंगल का दर्द' (प्र. : राजकमल प्रकाशन, नई दिल्ली, पृ. सं. 125 मूल्य 10 रुपये) में कवि अपने व्यक्तित्व को ही रूपान्तरित करने का प्रयास करता दिखायी देता है। साथ में यह भी कहना होगा कि यह प्रयास काव्यात्मक स्तर पर अभी सशक्त रूप में व्यक्त होता नहीं दिख रहा है। अब जीवन की भयावह स्थितियों का वह निरा असहाय परन्तु संवेदनशील साक्षी मात्र नहीं है। न उनके सामने अपने को बेबस, असहाय और हताहत समझकर आत्म-करुणा से यह रिरियाता है (कुछ अंशों में यह स्थिति 'कुआनो नदी' में थी)। वह स्थितियों को घूरना चाहता है—'भेड़िये की आँखें सुर्ख हैं उसे तब तक घूरो जब तक तुम्हारी आँखें सुर्ख न हो जाएँ।' सुगन्धित फूलों को आग में बदलने के लिए वह तैयार है। इस आग में उसके फूल के रूपाकार पिघल रहे हैं, शब्द पहचान

से परे हो गये हैं। अपनी वैयक्तिकता को खोजना भी मुश्किल हो गया है, परन्तु अब वह लपट से एकाकार होकर क्रान्ति को समर्पित होना चाहता है। फूल को आग में बदलने की यह प्रक्रिया मूर्त और मांसल प्रतीकों और चटकीले बिम्बों से युक्त तो है, परन्तु आग की तेजस्विता, प्रखरता यही नहीं है। यह बौद्धिक उन्मुखता है, अनुभूत्यात्मक आवेग से संपृक्तता क्षीण दिखती है। कविता का कुल प्रतीकात्मक गठन भी इसी को प्रभावित करता है। 'शब्द जिन्हें मैं बर्फ की सिल्लियों पर भी अकेली चींटी-सा चला ले जाता था, अब अंगारों में धधक रहे हैं'। या 'मैंने मजदूरों की आँखों की ओर देखा कच्ची मिट्टी की गोलियाँ आग में तपकर सुर्ख हो गयी थीं, यह सुनते ही गुलेल की तरह खिंच गयीं, छूटने लगीं–' जैसी पंक्तियाँ चित्रात्मक रूप तो खड़ा करती हैं, परन्त गुलेल से गोलियाँ छूटने का ओजपूर्ण उत्तेजक भाव नहीं जगातीं। कवि अब भूखे झपटते बाज में, फन उठाए साँप में, दबे पाँव झाड़ियों में चलते चीते में, डाल पर उल्टे लटककर फल कुतरते तोते में भूखों का सौन्दर्य देखता है और उनके स्थान पर आदमी को देखने की आकांक्षा करता है। 'धूल' से अपेक्षा करता है कि वह रौंदने वालों की आँखों में पड़ जाये, क्योंकि उसका कुछ नुकसान नहीं होने वाला है। वह चाहता है कि जिन्दगी की सीलन दीमक बनकर सदियों से बन्द दरवाजों, दीवारों को चाट दे। शत्रु के 'इन्तजार' के रूप में उपस्थित चालाक रवैये को वह पहचान गया है और चाहता है कि 'जो करना है वह फौरन करो।'

सर्वेश्वर की कविता का एक रूप रूढ़ि बनने की सीमा तक इस्तेमाल किया जाता रहा है। वे छोटी-छोटी घटनाओं को प्रतीकात्मक बनाकर व्यक्त करते हैं। ये घटनाएँ व्यावहारिक जीवन की होती हैं, अतः एक ओर जीवन का स्वाद बरकरार रखते हुए सामाजिक जीवन के व्यापकतर और सम्पन्नतर अवलोकन को व्यंजित करना कलाकार के लिए सराहनीय बात नहीं है। लेकिन कभी यह भी शुबह होता है कि कहीं कवि एक सुरक्षात्मक कवच को धारण नहीं कर रहा है। 'रसोई' एक राजनीतिक परिस्थिति पर विलक्षण तीखा व्यंग्य है, 'काला तेंदुआ 1.2' भी इस सन्दर्भ में द्रष्टव्य हैं। सर्वेश्वर जहाँ आशय को सीधे व्यक्त करने से हिचकते हैं, वहाँ उनकी कविता या तो गूढ़ता का बाना धारण करती है या अशक्त लगती है। 'नक्शा', 'हाथ', 'रास्ता', 'जड़ें' इत्यादि कहीं अर्थ के एकाधिक प्रभाव-वृत्तों का निर्माण करने के लिए, अन्त में 'ऐम्बिग्युटी' का हथियार इस्तेमाल करते हैं, वहाँ भी लगता है कि अपनी सीधी चोट की भरपूर शक्ति को वे कुन्द कर रहे हैं ('भेड़िया 1, 2, 3')। यही अहसास 'जड़ें' जैसी सुन्दर कविता भी कराती है। यही कारण है कि कवि साँप को रस्सी समझने की भूल न करने की चेतावनी देता हुआ भी यह निर्णय नहीं कर पाता कि उसे साँप के समतल पर आने की प्रतीक्षा करनी चाहिए। या अपना अस्त्र बदलना चाहिए ('रेंगता साँप')। बुद्धिजीवी की यह कमजोरी 'निश्चय की घड़ी' में भी व्यक्त होती है। इस संग्रह में प्रत्यक्ष अनुभूति से साक्षात् कराने वाली कविताएँ कम हैं। अनुभव के बीच से गुरजते हुए रचना करने

की अपेक्षा अनुभव से गुजरने के बाद अथवा अवलोकन में संवेदनात्मक आघात के बाद पाये गये निष्कर्षों की या उपलब्ध समझदारी की यह कविता अधिक है। यह काव्यान्तरण भी प्रतीकात्मक बाना धारण कर व्यक्त होता है ('कुत्ता' 1, 2, 3)। कहीं कवि कविताओं में गम्भीर स्तर पर चुटकुले का प्रयोग करता है, कहीं किस्सागोई शैली का भी प्रयोग है। ईसप ने भी अपने समय की और स्थितियों की अभिव्यक्ति–'जंगल का दर्द'–जंगली पशुओं के माध्यम से व्यक्त की थी।

लेकिन यह लेखक की वैयक्तिक कमजोरी का परिणाम है, यह भी निश्चयपूर्वक नहीं कहा जा सकता। एक तो सीधी चोट का आग्रह अखबारी कविता का रूप धारण करता है, इसका भी अनुभव पाठकों ने किया है, फिर आज स्थितियों के प्रति निषेध का स्वर व्यक्त करना आसान है, परन्तु किसी राह को चुनना मुश्किल हो गया है, क्योंकि पता नहीं कौन-सी राह भूल-भुलैया साबित होकर उस तालाब तक ले जाएगी, 'जिसके तट की मेंड़ पर किसी प्लेग से भागकर आये असहाय लोग खड़े होंगे।' अतः ऐसी स्थिति में कवि के लिए यह संशय-बोध एक सतत जागरूक स्थिति में रखता है। मानवीय सम्बन्धों को लेकर लिखी एक अत्यन्त सुन्दर कविता की ये पंक्तियाँ यहाँ याद आती हैं, 'हर जानकारी में बहुत गहरे/ऊब का एक पतला धागा छिपा होता है/कुछ भी ठीक से जान लेना/खुद से दुश्मनी ठान लेना है।' फिर जब तक सर्वेश्वर की कुछ मूलभूत मानवीय निष्ठाएँ सशक्त रूप में व्यक्त होती रही हैं, तब तक उनके व्यक्तित्व के प्रति शंकित दृष्टि से देखना विवेकपूर्ण नहीं होगा। उनमें से कुछ निष्ठाएँ हैं–सामान्य जनता के प्रति सरोकार और व्यापक मानवीय प्रेम। इस अन्तर्मुखी कवि की आन्तरिक इच्छा है–'उसकी आँखों में झांकूं/और इस पार अपना चेहरा देखने की इच्छा से मुक्त होकर।' कवि एक सवाल उठाता है जो आज की आत्मग्लानि और आत्मकरुणा से भरपूर कविता के बीच महत्त्वपूर्ण है–'क्या मैं अपने चेहरे से नफरत करके/उन तमाम चेहरों को प्यार कर सकता हूँ/जिनका अक्स उसकी आँखों में स्थिर है?' कवि में भविष्य की उज्ज्वलता के प्रति एक आश्वस्त भाव भी है, 'मनुष्य की मुक्ति की आकांक्षा की शक्ति के बारे में उसके मन में सन्देह नहीं है। आज के मनुष्य के अस्तित्व के संकट की गुरुता का संकेत करता हुआ भी कवि गहराई से बोल उठता है–'व्यथा की मार से/शब्दों के छिन जाने पर भी/खामोशी बोलती है, थर्मामीटर में कैद पारा भी/दूसरे के लिए चढ़ता-उतरता है, कौन जानता है/कौन-सा स्पर्श जादू कर जाए/प्यार की शक्ति/इतिहास की शक्ति नहीं है।' कवि में एक और निष्ठा है–सृजन-शक्ति की महत्ता के प्रति निष्ठा, 'पलकों पर बोझ है/पहाड़ का/और रात अभी शुरू हुई है/खुद को एक नये सिरे से तराशना/मुझे शुरू करना है।' –यह तराशते रहने की क्षमता उसके सृजन के नये आयामों के प्रति आश्वस्त करती है। यह मूलभूत निष्ठा ही शक्तिपूर्ण स्वर में गुंजित होती है–'बड़े-से-बड़े फलक पर/एक बूंद चीख

सकती है/हर्ष से या अकेलेपन से/अपने से बहुत बड़े को जन्म दे सकती है।'

'जंगल का दर्द' का कवि जंगल पर दृष्टि जमाये रखता है, उसके खूंखार जानवरों के खिलाफ मोर्चे बांधने की आवश्यकता महसूस करता है, परन्तु उसके लिए शक्ति अर्जित करता है अपने दर्द के मूल स्रोत से/वह जानता है कि दर्द के मूल स्रोत जब तक गीले रहेंगे तब तक ही जंगल से लड़ने की ऊर्जा भी उत्पन्न होती रहेगी।

मैं एक फेरीवाला : चोट खाते रहे, गुनगुनाते रहे

(प्र. : राजकमल प्रकाशन, नई दिल्ली, पृ. सं. 103, मूल्य 10 रुपये)

राही ने लिखा है, 'मेरी शायरी', 'हिज्र', 'प्यास' और 'तनहाई' की शायरी है...मेरी शायरी की बुनियादी लय उदासी की है। यह उदासी हमारे युग की सबसे बड़ी और जीवित वास्तविकता है। 'लेकिन यह तनहाई और प्यास, यह उदासी कविता के पाठक को एक विशेष खुमारी प्रदान करती है, क्योंकि यह किसी आत्मरत और आत्मतुष्ट कवि का विवश भाव-प्रकाशन नहीं है, यद्यपि इसमें वैयक्तिकता का ही प्रसार सबसे अधिक है। राही अपनी तनहाई के मायूस स्वर छेड़ता है (वाकई राही मासूम रजा की कविता जिन्दगी का शोक और काव्य की करुणा के बीच का अन्तर, अपनी कलात्मकता की लक्ष्मण रेखा को न लांघते हुए, कायम रखती है)। अपनी मोहब्बत की नाकामयाबी को लेकर आँसू ढालता है, अपने यारों और दोस्तों की बेवफाई पर पीड़ा से कराहता है, दुनिया के हालात को लेकर शिकायत भी करता है, फिर भी उसकी कविता एक बन्द व्यक्तित्व की कविता नहीं लगती, क्योंकि मूलतः राही दोस्ती के लिए व्याकुल रहने वाला कवि है, भावनात्मक आदान-प्रदान और सम्वाद के लिए आतुर रहने वाला कवि है। इसीलिए वह तनहाई को भोगने में, चबाने में मशगूल नहीं दिखता, उसे उतार फेंकने के लिए बेताब रहता है। 'करफ्यू ऑर्डर' में सिपाहियों की देख-रेख में फैली अनुशासनबद्ध तनहाई का सुन्दर प्रभाव-चित्र प्रस्तुत कर बेचैनी में पुकारता है—'मुझको राहों पर सिपाही अच्छे नहीं लगते/कोई आ जाये यहाँ/कोई आ जाये यहाँ शेखो-ब्रह्म के सिवा।' (हाँ, राही एकान्त में सारी दुनिया स्वीकारेगा, एक शर्त पर कि वह दोस्त बनकर आये। अन्यथा वह किसी को स्थान नहीं देगा।) 'जख्मों की आवाज' में पुकारता है। 'मेरी यादों के पियाले में भरो-फिर-फिर कोई मय/ऐ मेरे ख्वाबों के बेनाम खुदाओ, आओ/मेरे सीने में कई जख्म अभी तक जिन्दा हैं/आओ ममता भरी गंगा की हवाओ, आओ।' राही जिन्दगी को प्यार करता है, उसके लिए गम के पियालों को भर-भरकर पीता है, परन्तु कहीं भी आक्रामक आवेश नहीं, कहीं गुस्सैल तेवर नहीं। लेकिन यह नहीं कि कहीं गलत समझौता है या पलायन है। जिन्दगी को जीने का तरीका और कविता में उसको व्यक्त करने के ढंग को राही के शब्दों में ही देखा जा सकता है।—'जख्म जब भी कोई मेरे दिल पर लगा/जिन्दगी की तरह एक दरीचा खुला/हम

भी गोया किसी साज के तार हैं/चोट खाते रहे, गुनगुनाते रहे।' हर चोट को मानसिकता के क्षितिज के व्यापक होने के रूप में स्वीकारना और गीत गुनगुनाना—यह पिछली रोमानियत नहीं है, बल्कि जीवन को सही अर्थ में जीने की एक सर्जनात्मक प्रणाली है, जिसे कवि-व्यक्तित्व का अभिन्न अंग बनाना आवरणगत असाधना का भाग है। इस साधना की एक आवश्यकता है—जिन्दगी के जहर को पचाते रहना। राही जहर को पीता है और अधिक बड़ा बनाता है—'और मैं अजनबी और बेदर्द उस शहर की बेबसी देखकर हँस दिया/जिसकी झोली में अब कोई किस्सा नहीं/जिसके प्याले में सरगोशियों के हलाहल का अब कोई कतरा नहीं/जहर पीकर मेरी जिन्दगी बढ़ गयी' ('वह बेदर्द शहर') इतना ही नहीं यह जहर पीने से राही का व्यक्तित्व अलग किस्म का बन जाता है—'जब मैं आँसू की शबनम से दिल के जख्मों को धोता हूँ/दिल तख्त-ए-गुल बन जाता है।'

राही बुद्धिजीवी किस्म का कवि नहीं है, वह एक भावुक व्यक्ति है। शायद आधुनिक महानगर और उसकी आधुनिकता से राही का व्यक्तित्व मेल नहीं खाता ('काफी हाउस', 'मरसिया'), अपनी अक्ल से अधिक अकड़कर चलने की मुद्रा वह कभी नहीं अख्तियार करता। जीवन की जटिलता को वह गद्य में व्यक्त करता है, कविता में वह अधिक अपने पास ही होता है; अतः उसकी कविता सादगी से भरपूर है। लेकिन इस सादगी को सीधेपन का या सरलपन का पर्याय समझना गलत होगा। इस सन्दर्भ में धर्मवीर भारती की लिखी अतिशय उत्कृष्ट भूमिका की मार्मिक पंक्तियाँ याद आती हैं, "अन्दर के गहरे सैद्धान्तिक विश्वास (स्थायी जीवन-दर्शन) जब केवल वैचारिक न रहकर जिन्दगी जीने की पूरी शैली बन जाते हैं और अपने को उन तमाम संस्कारों से सम्बद्ध कर लेते हैं, जो बचपन से केशौर्य तक खानदान और आस-पास के परिवेश से मिले हों, तो एक खास किस्म का तेवर व्यक्तित्व में आ जाता है, वह तेवर ओढ़ा हुआ नहीं होता। वह समूचे व्यक्ति की स्थायी अभिव्यक्ति बन जाता है—आचरण में भी, लेखन में भी।"

ऐसे व्यक्ति के सिद्धान्त आचरण और लेखन में जो सहज साकल्य (इंटेग्रिटी) होता है, उसी से शैली में सादगी आती है—राही की सादगी इस किस्म की है। असल में अपनी कविता के स्वरूप का परिचय राही ने ही दिया है—'मैं एक जूही का पौधा हूँ' में 'जिसने मेरी जानिब देखा/जो भी मेरे पास से गुजरा/उससे हाथ बढ़ा कर/मेरे लफ्जों की शाखों से यादों की कुछ कलियाँ ले लीं/मेरे रंग-बिरंगे नाजुक ख्वाबों की पंखुड़ियाँ ले लीं।'

राही दोस्तों को प्यार करने वाला कवि है। उसकी कविता में जनता नहीं आती, दोस्त आते हैं। ये दोस्त उसे कभी धोखा भी दे गये हैं, उससे उकता भी गये हैं—'ख्वाब तो दोस्त नहीं हैं कि बिगड़ जाएँगे/ख्वाब तो दोस्त नहीं हैं कि हमें धूप में देखेंगे और कतराएँगे/ख्वाब तो दोस्त नहीं हैं कि जो बिछड़ेंगे तो याद आएँगे।'

दोस्तों के प्रति अपनी खीज और निराशा को राही जिस अन्दाज में प्रस्तुत करता है, उससे उसके मन की 'खानदानी दरियादिली' जाहिर होती है। और दोस्तों की संगदिली और खुदगर्जी के बावजूद उन्हें मोहब्बत से पुकारने की उसकी बेसब्री। 'जर्द चट्टान' में राही अपनी अस्तित्वगत स्थिति को सशक्त आवेग में प्रकट करता है, 'प्यास की जर्द चट्टान पर/मैं भी एक रेत का ढेर हूँ' लेकिन उसी समय राही यह भी नहीं भूलता—'प्यास की जर्द चट्टान के सैकड़ों नाम हैं।' भीड़ में अपने को अकेला महसूस करने वाला राही भीड़ से नफरत नहीं करता, दोस्तों की 'मक्खन की जबां' से परिचित होकर भी उन्हें 'बेचेहरा' कहता है। कहीं गहरे में उपस्थित इन्सानियत के पारदर्शक आईने पर गर्द जमा होती है, तो आईने को साफ करता रहता है—'दिल के आईने से होशियार रहो/इस पर जम जाती है गर्दे महो—साल।' यह इन्सानियत किसी बौद्धिक प्रक्रिया से उपजी नहीं है, राही के तेवर में वह शामिल है। इसी कारण राही की कविता में अपने राग-द्वेषों को पचाकर ऊपर उठने के बाद जो गम्भीरता आती है और जो निहायत खानदानी ढंग से व्यक्त होती है, उसका रूप मिलता है। राही हल्के से बात को रख देता है, परन्तु अनुभव पूरे वजन के और जोश के साथ ध्वनित होता है—'एक का किस्सा सबका किस्सा/सबका किस्सा दर्दे जुदाई/जिनको हम आँखें कहते हैं परछाईं के दो जंगल हैं/इनमें जो कुछ है वह क्या है/बस साया है/दुनिया तो इनके बाहर है।' बात बहुत सामान्य-सी लगती है, हल्की-सी लगती है, परन्तु पूरी वेदना के साथ पढ़ी जाये तो गजब की ताकत का पता चलता है—'डूबते सूरज का एक तनहा दीया ताके-उफक में जल रहा है।'

दूसरी ओर राही का व्यंग्य भी एक अलग अदा लेकर व्यक्त होता है और आज जब व्यंग्य के नाम पर गाली-गलौज और घृणा ही बँट रही है तब व्यंग्य की यह अनोखी अदा बड़ी प्यारी लगती है। राही की बात करने की नाजुक अदा पर भूमिका में धर्मवीर भारती ने बहुत सुन्दर ढंग से प्रकाश डाला है। इस नाजुक अदा का अन्दाज उसके व्यंग्य में भी दिखता है। अपनी परेशानियाँ, अपने दर्द, अपनी बेचैनियाँ, दूसरों के लिए बोझ न हो, इसके लिए राही का कवि खबरदार है। कहीं आक्रोश नहीं, आक्रमण नहीं, लेकिन ऐसा नहीं कि दर्द का अहसास उसके जिगर को कम मरोड़ता हो। नफरत का तीखापन नहीं, हल्की-सी अरुचि जो पूरे मन्तव्य को वजनदार बना देती है। 'नाम के खोल में दुबके हुए लोग/इम्तिहां गाहेतमन्ना की कड़ी धूप से घबराते हैं/कि तमन्ना की अगर आँच लगी/नाम के खोल पिघल जाएँगे।' या 'हम भी कैसे दीवाने हैं किन लोगों में बैठ/जान पे खेल के जब सच बोले, तब झूठ कहलाये।' या 'क्यों मेरी मोहब्बत को पत्थर ये समझते हैं/क्यों इतने परेशां हैं शीशे के मकांवाले।' या 'हम खूने-जिगर लेकर बाजार में आये हैं/क्या दाम लगाते हैं लफ्जों की दुकांवाले।' या 'ये लोग आज जो मिलते हैं अजनबी की तरह/ये लोग खुद कभी मेरे करीब आये थे।'

यह सही है कि राही की कविता आत्मनिष्ठ है, लेकिन यह आत्मरत नहीं है, क्योंकि इसमें बाहर के आघात छन कर आते हैं—आत्मीय बनकर। इसमें न आत्मतुष्टता है, न आत्म-पूजा। सबके दुख और आघात के प्रति राही का संवेदनशील मन हमेशा प्रतिक्रिया करता है—'उस कश्ती से किसने पूछा, क्या गुजरी तूफानों में/जिसने न जाने कितने मुसाफिर अब तक पार उतारे हैं।' बहुत बड़ी व्यथा सह कर उसको हौले से कह देने का अन्दाज, धीमे से परन्तु बारीकी से इक गहरी बात कह देने की अदा राही की कविता को एक मूल्यवत्ता देती है।

जीवन की चाह राही के प्रकृति प्रेम में व्यक्त होती है, मिट्टी की कशिश में व्यक्त होती है, नदी की धार में व्यक्त होती है। राही कुदरत के मूडों को चित्र में पकड़ने का प्रयास करता है ('धुन्ध'), मानवीय भावों को गहन संस्पर्श देकर जीवन्त रूप में उभारता है, प्रकृति में मानवीय प्यार का फैलाव देखता है ('एक दृश्य'), प्रकृति से प्रतीकों का काम लेते समय राही पहले उसके पूरे बिम्ब को साकार करता है, इसीलिए उसके प्रतीक बौद्धिक नहीं होते, प्राण-शक्ति से लहलहाते प्रतीत होते हैं ('कुहरे का खेत और धूप की बूँद', 'रास्ते की धूल'), राही के बिम्ब चमत्कृतिपूर्ण नहीं होते, जिन्दगी के हालातों, घटनाओं से बिम्ब कविता के अनुभव के अभिन्न अंग बनकर सहज अपना प्रभाव गहरा देते हैं। शोर के बीच दुखद तनहाई और प्रतीक्षातुरता का बिम्ब ('नये साल की चंचल तितली में') 'चोर' में रात का बिम्ब-स्फीत में भी प्रभावपूर्ण लगते हैं। कभी बात करने का अन्दाज ऐसा जो ऊपर से सीधा परन्तु असल में शोख और चुलबुला—'और हँसी चरवाहियाँ कुछ इस तरह बरगद के पीछे छिप रही हैं/चोर जिस जानिब से गुजरे उनको पा ले।' मन की प्रौढ़ता का परिचय देने वाली एक कविता का कसाव और अन्दाज देखिये—'बड़ी-बड़ी हिरनी जैसी दो पागल आँखें/मुझ से कुछ कहते-कहते क्यों रुक जाती हैं—या शायद मैं ही ये जबां भूल गया हूँ।' ('जाहिल')

राही की कविता में बयानबाजी अवश्य होती है। 'मैं एक फेरीवाला' में बीस वर्षों में लिखी हुई कविताएँ संग्रहीत हैं। क्रमशः बयानबाजी कम होती जा रही है, यह भी लक्ष्य किया जा सकता है। फिर राही की सरल, निश्छल अनुभूति की अभिव्यक्ति के लिए बयानबाजी अनिवार्य भी है, क्योंकि 'तू ही बोल तनहाई/वचत हर तरफ चुप हैं' कहने वाले सम्वादातुर कवि की कविता में बयानबाजी होगी ही, लेकिन यह बयानबाजी गद्यात्मक स्तर पर भी उतर जाती है। कुल मिलाकर राही के पहले काव्य-संग्रह का स्वागत हिन्दी जगत उत्साह से करेगा ही, दूसरे के लिए व्याकुल और प्रतीक्षातुर भी होगा।

भीतरी नदी की यात्रा

बन्द कवि की आत्मकेन्द्रित अनुभूतियाँ

अपने काव्य-संग्रह 'भीतरी नदी की यात्रा' (प्र. : नेशनल पब्लिशिंग हाऊस, नई

दिल्ली, पृ. सं. 124, मूल्य 10 रुपये) की प्रस्तावना में गिरिजा कुमार माथुर लिखते हैं, "असलियत में जीवन की समस्त अनुभूतियों को मैं दो स्तरों पर भोगता हूँ। एक को मैं आत्मीयता और व्यक्तिगत कहूँगा और दूसरे को सामाजिक। ये दोनों प्रकार की रचनाएँ एक-दूसरे की पूरक हैं, क्योंकि मैं मानता हूँ कि जीवन का अन्तरंग भोग सामाजिक न्याय और स्वस्थ पक्ष के बिना सम्भव नहीं है।" इस मन्तव्य को माथुर जी की कविता में अलग रखकर स्वीकर किया जा सकता है, परन्तु यह स्वीकार करना कठिन हो जाता है कि माथुर साहब की कविता में व्यक्तिगत और सामाजिक पक्षों का घुलाव हो गया है और रचनाएँ पूरक बनकर व्यक्त हो गयी हैं। वैयक्तिक अनुभूति और सामाजिक रुझान के बीच माथुर पार्थक्य करते हैं और उन्होंने अनजाने में ठीक लिखा है, "असलियत में जीवन की समस्त अनुभूतियों को मैं दो स्तरों पर भोगता हूँ।" यह दो स्तरों पर भोगना व्यक्ति के लिए शायद सुविधाजनक भी होता होगा, परन्तु कवि के लिए ख़तरनाक ही होता है, क्योंकि रचनारत व्यक्तित्व समग्र रूप में कार्यान्वित न होकर उसमें विभाजित व्यक्तित्व की दरारें प्रकट होती हैं।

माथुर जी की प्रणय कविताओं में एक भोगातुर विलासी, ऐश्वर्य प्रेमी, स्खलनशील व्यक्ति के तथा सुविधा प्राप्त जीवन के बाहरी तामझाम में कैद होने का प्रत्यय आता रहता है, तो उनकी तथाकथित सामाजिक कविता में एक निर्लिप्त बौद्धिक व्यवस्था करने वाला व्यक्तित्व उभरता है। 'अनमिले भँवर', 'नया इकेबाना', 'समुद्र की साँस', 'पिंजोर वाटिका की रात', 'बर्बर सिम्फनी का उन्माद' इत्यादि कविताओं को पढ़ते समय लगता है कि सुविधाभोगी वर्ग के बाह्य रीति-रिवाजों, सुविधाओं और केलि-विलास के साधनों से कवि परिचित ही नहीं है, उनमें लिप्त है और कभी ऐसा भी लगता है कि कवि बद-बदकर प्रदर्शन करना चाहता है। 'पिंजोर वाटिका की रात' में कवि की आकांक्षा है, 'शहजादियों की मलमल झलकी/गुलाबी देहों का खुलना निरखने वाले/इस पुराने गुलमोहर के नीचे/खड़े रहते मुग्ध/सदियों पहले डूबे उसी तरह—' 'बर्बर सिम्फनी का उन्माद' में उच्च वर्ग की विलास लीला में रत कवि उन्माद की नदी में निःशंक बहता है, कहीं भी उस बेहोशी में आत्मभान नहीं है, "अवांछित खुली रात/एक भिन्न स्तर की/पहचानी हुई बात।'

गिरिजा कुमार माथुर का प्रणय वस्तुतः प्रणय कम, वासना का आवेग अधिक लगता है। यह वासना भी सामाजिक-सांस्कृतिक सन्दर्भ से कटी वैयक्तिक रति-भाव में कैद है। एक शिथिल शरीर-व्यक्ति के ज्वार और ऊर्जा के क्षीण होने के बाद अतीत की मधुर आवेगमयी स्मृतियों को भोगने में कवि रस लेता है। प्रश्न ईमानदारी का नहीं है, अनुभव की सम्पन्नता, समृद्धता और मूल्यवत्ता का है। ऐसा नहीं लगता कि यह अनुभव मानसिक प्रौढ़ता के बीच से गुजरा हो। इसका अधिक विश्लेषण आवश्यक है। 'भादों का ठहरा प्यार' में बहुत वर्षों के अन्तराल के बाद प्रेयसी से मिलने पर कवि चहकता है, 'मेरी मिट्टी में उठे हरे ज्वार।' कवि की अपनी

अवस्था का वर्णन है, 'देह खोखली थी/वर्ष छूछे, आखिरी उदास/आँखों में जाले रुग्ण/था असाध्य हर प्रयास।' फिर भी इस 'हरे ज्वार' का थोड़ा मजा पाठक ले सकता था। लेकिन इसके विपरीत प्रेयसी का वर्णन है–'तुम ताजी, नई घटा नील-मोर रंग की/जाल के चँदोवे, साड़ी-कसी, नीची, तंग-सी/बाँहों भरी देह थी, पेट्रा की सुगन्ध-सी/नसों की नदियों में घूमी जल तरंग-सी।' तो इस पूर्व प्रेम के पुनर्जागृत अनुभव की स्थिति को स्वीकार करते हुए भी यह पचा पाना पाठक के लिए मुश्किल है, 'पहले तुम फुहार बनी, फिर वर्षा धार-धार'। रुग्ण प्रेमी को कसी देह से आलिंगन देने वाली प्रेयसी के प्रति दयाभाव ही जगाता है। मेघ, मिट्टी का हरा ज्वार, नील-मोर रंग की घटा, वर्षाधार इत्यादि के अन्तस्सम्बन्धों के कुशल ताने-बाने की मनोहारिता के बावजूद यह कविता वैयक्तिक संस्मरण, शायद कल्पना के स्तर पर भोगे हुए स्वप्निल प्रेम का, बन जाता है। यह एक रीतिकालीन कवि की मनोवृत्ति है जो समूचे संग्रह की कविताओं में अन्तर्व्याप्त है। 'ईंट पर साँवली' में यह मनोवृत्ति अधिक स्पष्ट हो गयी है। निराला की 'वह तोड़ती पत्थर' की याद विपरीत रूप में जागने पर प्रस्तुत कविता का क्षणिक सुख भी किरकिरा हो जाता है। इस कविता के अनुभव के प्रति कवि के एप्रोच के बारे में ही संदिग्धता उत्पन्न होती है। यह काव्यात्म 'एम्बिग्युटी' नहीं है। बल्कि अनुभव की ईमानदारी की खोट है। ईमानदारी की खोट इसलिए कि कविता में यह पता नहीं चलता कि कवि साँवली के सधे कद से रस ले रहा है और उसे बेहिचक व्यक्त करना चाहता है या 'निर्भाव औरत की पूरी दृष्टि' देखकर कहीं विचलित, पीड़ित भी होता है। यहाँ न व्यंग्यात्मक मुद्रा उभर सकी है, न 'एक आदिम नर हर गरम नस में से निकला' तक सीमित रहकर वह आदिम आवेग का अनुभव करता दीखता है।

यह कहा जा सकता है कि 'आधुनिकता का शीश मढ़ा शोकेस चटका' तक ही अनुभव सीमित है–तो फिर अपने आप में यह एक संवेदन का हल्का खुमार है, अधिक कुछ नहीं। लेकिन कुशल कारीगर की कला का महत्त्व यहाँ भी अनदेखा नहीं किया जा सकता, क्योंकि पूरी कविता में मिट्टी की टोकरी, ईंट-सा बदन, गार-चूना, साँवला इत्यादि शब्दों के द्वारा वातावरण की पूरी कुशल बुनावट है, शब्द चित्रों की बनावट को एक मनोरमता का साज प्रस्तुत करती है। वस्तुतः माथुर जी 'छोटे-से मोह को', 'बड़ा सत्य' बनाकर प्रस्तुत करते हैं, तो दृष्टि की रोमानियत के प्रति शिकवा न होते हुए भी उसकी नितान्त एकांगिता रुग्ण लगती है। सामान्यतः कतिपय कविताओं में 'यह पूरा शरीर झनझनाकर मिल जाता है/एक बेसब्र, खामोश मांग बन जाता है' जैसी स्थिति को 'प्यार' समझकर प्रस्तुत किया गया है।

यह नहीं कि प्रौढ़ अवस्था में ऐसी स्थितियाँ नहीं आतीं, न उनकी अभिव्यक्ति निषिद्ध है–प्रश्न प्रस्तुतीकरण में व्यक्त होने वाली आत्मकेन्द्रित दृष्टि की संकुचितता या अप्रगल्भता का है। इस प्रकार की कविताओं में खतरा और रहता

है। मधुर वासना के मात्र शब्दांकन से भी पाठक को मनचाहा स्वाद मिलता है, वांछित अनुभूति के जागरण की हल्की छुअन बड़ी मीठी लगती है और इसी में कविता के सफल, कलात्मक होने का भ्रम पैदा होता है। कवि अगर शब्दों के नाद सौन्दर्य का पारखी हो, कुशल कारीगर हो, तो स्मृति का एक सादा-सा संकेत भी कविता में ढाल ले जाता है। 'खुले बालों की रात', 'नया इकेवाना', जैसी कविताएँ इसी सीमा रेखा पर स्थित हैं। 'रात का हेयर पिन', 'स्थायी खुशबू' जैसी कविताएँ रीतिकालीन कवि के आधुनिक अवतार का आभास कराती हैं।

माथुर जी की प्रकृति सौन्दर्य के आकर्षण में बिद्ध होकर लिखी कविताओं में भी आत्मरत व्यक्तित्व का परिचय ही सतत मिलता है। प्रकृति उनके लिए सौन्दर्यान्वेषण का संश्लिष्ट चित्रांकन के लिए चुनौती नहीं देती। वासना, प्रणय और भोग की उद्दीपन बनती है। (अपवाद 'गरमी की शाम' एक छोटा-सा सुन्दर चित्र) बीते प्रणय की उत्कटता और भोग के स्मृत्यावशेष को उन्मादक वातावरण में कवि तरोताजा कर भोगना चाहता है। 'रस सिद्धि', 'आग और अमलतास' जैसी कुछ कविताएँ गहराई से छू लेती हैं। कवि का मन आधुनिकता के बाह्य उपकरणों के बावजूद 'सरल' ही रहा है। 'निसर्ग में वापसी' कविता में आत्मलीन, सुखपूर्ण प्रकृति के बहुत सुन्दर बिम्ब हैं, परन्तु कवि का यह अनुभव कि...'और मैं, मुझे नींद कितनी प्यारी है/आत्मदान कितना प्यारा है, परितोष कितना प्यारा है' पाठक स्वीकारने को तैयार नहीं होता, क्योंकि कविता का पूरा रूपाकार 'आत्मदान' जैसे वजनी शब्द को वहन करने के लिए अपर्याप्त हो जाता है। वह आरोपित लगता है। इसका कारण यह है कि अपने और दुनिया के बीच एक सीधा सम्बन्ध स्वीकार कर लिया है। 'पर एक मेरी आस-पास की दुनिया है/हजारों तरह के चाबुकें लिये हुए/जो रात-दिन/व्यर्थ मुझे पागलों-सी दौड़ाती है/एक नन्हीं देह को चिराग-सा जलाती है/एक छोटी उम्र को बवण्डर बनाती है।'

'भीतरी नदी की यात्रा' में 'रचनाहीन', 'नयी आँखें', 'वक्त के हाशिये', 'थोड़ी देर हो गयी है'—ये कविताएँ इसलिए छू गयीं कि इनमें कवि अपनी सीमाओं और शक्तियों के प्रति पूरा भान रखता है और व्यर्थ कलाबाजी के मोह में न पड़कर अभिव्यक्ति सरल रूप में करता है।

गिरिजा कुमार की भीतरी यात्रा बाहरी यात्रा से असम्पृक्त है। इनकी आन्तरिक अनुभूतियाँ एक 'क्लोज्ड' कवि की आत्मकेन्द्रित अनुभूतियाँ हैं। 'बाहर' छनकर अन्दर नहीं आता, बाहर की मार और आघात का कोई प्रभाव आन्तरिकता पर नहीं पड़ता। कविता समृद्धि के आयाम से वंचित रह गयी है। देह गन्ध की स्मृतियों तक सीमित कवि का प्रणय गहनता और जटिलता से दूर सरल और सामान्य-सा लगता है।

मुर्दागाड़ी : रास्ते बदलने की माँग

प्रणव कुमार की दीर्घ कविता 'मुर्दागाड़ी' (प्र. : इण्डियन पब्लिशिंग हाऊस, दिल्ली, पृ. सं. 80, मूल्य 10 रुपये) सम्प्रेषण की समस्या को लेकर आती है। भाषिक हरकतों और दूर की कौड़ी लानेवाले प्रतीकों के जंगल से मूल्य अर्थवत्ता तक पहुँचने के लिए काफी परिश्रम करना पड़ता है। कवि स्थितियों को उस बिन्दु तक पहुँची महसूस करता है कि अब इन्तजार करना आत्मा के चमत्कार की प्रतीक्षा करना, बारूद की सबसे तेज कहानी लिखकर बागी जिन्दगी से कतरा जाना, तकलीफों की कहानियाँ लिखकर शहादत पाने की चाहना करना, चाँदी के बर्तनों में शराब और पानी रखकर गमगीन मुद्रा धारण करना, जिन्दगी को न समझना और उसे प्यार न करना है। कवि चेतावनी देता है कि अब गुनाहों को कबूल कर माफी के हकदार होने की सुविधा भी नहीं रही है, अतीत में कैद होकर रोमानी सपने देख नहीं सकते। वह तहखाने में बन्द बागी की आखिरी खामोशी सुनना चाहता है, वह अब खुदी मिट्टी में छिपकर सायरन का ही इन्तजार कर सकता है। कवि की भूमिका स्पष्ट है। इमारत की आग, जलता घर, बिना पुलिस के हुक्म के जलसा खत्म करने की चेतावनी, बिना सिग्नल की प्रतीक्षा किये रेलगाड़ी को रोकना, अखबारों में न छपने वाली खबरें बाँटना, हर वस्तु को बारूद बनाने का प्रयत्न करना, गुरिल्ला साँसें और दाँतों की जहरीली महक, झण्डे वाले हाथ को समूल काट लेने की हिदायत, सड़कों और बाजारों का रणक्षेत्र में बदलना तय करना, रोशनी की महफिल को तहस-नहस करना—यह रास्ता गुरिल्ला क्रान्ति का है और कवि इस सम्बन्ध में किसी बात को बचाकर नहीं कहना चाहता।

इस कविता में एक ओर सफेदपोश बुर्जुआ संस्कारों में पले व्यक्ति और वर्ग की भर्त्सना का तीखा स्वर है, अकर्मण्यता के लिए खीज और घृणा है, जिन्दगी की चुनौतियों को टालने के लिए, जिन्दगी के प्यार का कर्ज अदा न करने के लिए झिड़कियाँ हैं सफेदपोश साहित्यिक माहौल के प्रति निषेध का भाव है। इसी के साथ किसी भी कीमत पर रास्ते बदलने की माँग है, जमीन से फूटते लावे के बीच अंगुलियों को डुबाने और मोमबत्ती की रोशनी में तर्जनी रखकर अमृत की खोज में भटकने वाले 'लड़कों के नाम कुछ दर्द, कुछ तकलीफों को कबूल करने का आदेश है'—इस आदेश में तीव्रता है, आवेग है जो छू आता है। तीसरी और निषेध और कर्मण्यता की आग के बीच पीड़ित, वंचित और बेबस जिन्दगी की करुणात्मक झलकियाँ भी हैं। काली लड़की के शोषण की दर्दनाक कहानी, मासूम बच्चों की निष्प्राण, निरानन्द जिन्दगी, मनुष्य की दयनीयता और असहायता की तस्वीरें, क्रान्ति के अमृतपुत्रों और बागियों की यातनाएँ, शोषितों की करुणाभरी आहें, मिट्टी से अनाज बीनने वाले किसानों की कराहें—समूची कविता में यह सब इस तरह पिरोया गया है कि निषेध और संकल्प का, घृणा और प्रेम का,

करुणा और आग का, निष्क्रियता और कर्मण्यता का, ध्वंस और सृजन का यह सम्मिलित संसार उस अमूर्त कंटीले चित्र की तरह प्रभावित करता है, जो बुद्धि की पकड़ में न आकर भी शिराओं को झनझनाता है।

'मुर्दागाड़ी' पढ़ते समय एक विचार बार-बार मन में आता रहा। साहित्य को क्रान्ति का साधन मानने वालों के सामने कविता का कौन-सा पाठक वर्ग है? कहीं ऐसा तो नहीं है कि अन्ततोगत्वा यह क्रान्ति की आग जीवन के साक्षात्कार से कम, दिमागी ग्रहण से अधिक उत्पन्न हुई है! यह एक बुद्धिजीवी की आत्मग्लानि तो नहीं है, जो अपने जीवन में प्रत्यक्ष जो करना चाहता था वह नहीं कर सकता, इसलिए अपनी कल्पना में वह सब चाहता है? यह अन्तर्विरोध न होता तो 'मुर्दागाड़ी' प्रतीकों के जंगल में भटक कर अपने कवि-कर्म की मौलिकता पर खुश होने का आभास कराने की अपेक्ष जीवन के प्रत्यक्ष संघर्ष का ठोस रूप उभारती और अधिक प्रभविष्णु भी होती और अधिक सार्थक भी।

दूसरा राग : भारतीय बौद्धिक का अनिर्णय

'दूसरा राग' (प्र. : विवेक प्रकाशन, दिल्ली, पृ. सं., 87 मूल्य 10 रुपये) की कविताएँ अतिरिक्त बौद्धिकीकरण के कारण अनेक स्थलों पर दुरूह हो गयी हैं। डॉ. विनय की अधिकांश कविता इस अर्थ में सामाजिक है कि अपने परिवेश के प्रति एक जागरूक बौद्धिक की वे प्रतिक्रियाएँ हैं। लेकिन यह निश्चित करना मुश्किल हो जाता है कि विनय किसी खास दर्शन, जीवन-विषयक दृष्टिकोण के प्रति समर्पित हैं। उदाहरण के लिए यह निश्चिन्तता से कहना कठिन हो जाता है कि वे सामाजिक बदलाव के लिए सशस्त्र क्रान्ति को आवश्यक समझते हैं, अथवा नहीं समझते। एक स्थान पर क्रान्ति को जेबों में डालकर सोफे पर बैठने वाले छद्म क्रान्तिकारियों का वे निषेध करते हैं, तो उसी कविता में ('हर आदमी का आकाश') यह भी घोषित करते हैं, 'मैं हर एक अधनंगे आदमी को/शंकर बना दूँगा/...हर उंगली को त्रिशूल।' तब प्रस्तुत कविता के आधार पर यह समझना असम्भव हो जाता है कि वे छद्म क्रान्ति और असली क्रान्ति में भेद क्या करते हैं। अन्यथा यह कविता एक आवेशपूर्ण संकल्प भर लगती है, जिसका बल शब्द है।. एक सशक्त कविता 'अन्तिम अभिव्यक्ति के लिए' में प्रचलित राजकर्ताओं के विरोध में एक स्पष्ट भूमिका लेकर तीखे व्यंग्यात्मक तेवर के साथ युद्ध को जनता की अन्तिम अभिव्यक्ति स्वीकार करते हैं। लेकिन इस युद्ध को लेकर वे परेशान से दिखते हैं, क्योंकि उनका अनुभव है, 'हर विद्रोह दब जाता है/आत्मरक्षा में या सुविधाओं के संधान में।' वे अपने को निहत्था भी महसूस करते हैं, अनिर्णय की स्थिति में प्रश्नाकुल होते दिखते हैं—'सोचता हूँ किससे लड़ूँ/किसके लिए लड़ूँ?' फिर निर्णय पर आते हैं—'मैं सोचता हूँ—पहले उस अन्धेपन से लड़ूँ जो प्रकाश की अन्तिम किरणों को विद्रोह बनने से रोकता है जो

नहीं जलने देता मशाल।' इस सबको देखकर लगता है कवि उसी भारतीय बौद्धिक की अनिर्णय की स्थिति में आन्दोलित होता रहता है, जो करना तो बहुत चाहता है, क्रान्ति भी, बलिदान भी, लेकिन अभी प्राथमिक प्रश्नों को ही नहीं हल कर पाया है कि किसके साथ और किसके लिए लड़ना है, किस शक्ति पर लड़ना है।

कवि के लिए कोई निश्चित विचारधारा अपनाना जरूरी है, ऐसा नहीं (हाँ, विचारक कवि के लिए यह आवश्यक है) परन्तु किसी विचारधारा के प्रति समर्पित होने के पूर्व जो गहन भावात्मक आत्ममन्थन होता है, उसका भी प्रत्यय कवि दे सके तो पर्याप्त है। विनय की कविता में जुझारू योद्धा की मुद्राएँ जहाँ आती हैं, वहाँ वह भावुकता के आवेग का परिचय देता है। 'दस्तक' या 'चोट' में अजनबी अँधेरे से जूझने की मुद्रा है। यहाँ आन्तरिक द्वन्द्व को अँधेरा और प्रकाश जैसे परम्परागत प्रतीकों के माध्यम से व्यक्त किया जाता है। (विनय की अनेक कविताओं में सामान्यतः प्रतीक परम्परागत ही होते हैं)—स्थितियाँ स्पष्ट नहीं होतीं, क्योंकि जूझने की प्रत्यक्ष पहचान नहीं है, एक संकल्प मात्र व्यक्त होता है। 'मैं यह भूल गया था कि पानी की दुर्भेद्य गहराई हो/या पर्वत की दुर्गम ऊँचाई/दोनों जगह ठहर कर/उंगलियाँ गल जाती हैं/छूट जाती है/स्वप्न पर से आदमी की मजबूत पकड़/तब वह हाथों के खाली स्थानों पर/आवाजें बाँधता है।' (द्रष्टव्य है विनय आदर्श को 'स्वप्न' कह रहे हैं) के साथ 'मैं नये मोर्चे पर/इस अँधेरे से लड़ूँगा' के संकल्प का तालमेल बैठाना मुश्किल हो जाता है। हाथ में आती हैं कुछ चमत्कृतिपूर्ण उक्तियों के सहारे भावों की खण्डित इकाइयाँ। 'प्रतीक्षित सूर्योदय' में विनय अँधेरे में तीर चलाने या सूत्रधारों की हत्याओं का रास्ता अपनाने से इनकार करते हैं और 'खाइयों की सीमा से उठकर/खुले मैदान में शक्ति परीक्षण/एक आग बन जाएगी सैनिक मार्च' का रास्ता चाहते हैं। लेकिन खुले मैदान में शक्ति परीक्षण, को व्याख्यायित कहीं नहीं करते। और खाइयों को सर्वथा त्याज्य भी नहीं मानते क्योंकि 'मेरी कैद के लिए मोटी दीवारें/हत्या के लिए तेज खंजर/मैं खाइयों में छिपकर झेल लूँगा। फिर नहीं आऊँगा। किसी के हाथ...' कवि सिर्फ 'प्रतीक्षित सूर्योदय' के लिए व्याकुल है। 'जय-जयकार करते हुए' कविता भी इस सन्दर्भ में विश्लेषणीय है। यह एक बुद्धिजीवी वर्ग की अनिर्णित मानसिकता का चित्रण करती है। आश्वस्त और सुरक्षित जमीन के लिए इच्छुक बौद्धिक की यह आत्मालोचना और यह निष्कर्ष कि 'मुझे पहली लड़ाई/अपने ही खिलाफ लड़नी पड़ी' कवि आस्था से स्वीकार करता है, परन्तु इसी के साथ जब वह यह भी कहता है, 'मैं चाहे कितनी देर/दलदल में रहूँ/या सड़क पर/उनकी जबान नहीं चल पायेगी/गायों का खून' जैसी संकल्प युक्त शुभाकांक्षाएँ दृढ़ आधार के अभाव में भावुक लगती हैं।

विनय की कविताएँ मानवीय मूल्यों में एक आश्वस्त व्यक्ति की कविताएँ अवश्य हैं, परन्तु ये मानवीय मूल्य उसके जीने की सहज भंगिमा बन गये हैं, ऐसा

कविता के आधार पर नहीं कहा जा सकता, क्योंकि ये कविताएँ स्थितियों के भोक्ता व्यक्ति की उक्त अनुभूतियों का स्वाद नहीं देतीं। लगता है, दिमागी गवाह की तटस्थता में लिखी गयी हैं, जबकि विनय को पहली स्थिति अभीष्ट है। यह केवल अतिरिक्त बौद्धिक चेतना का परिणाम नहीं है, स्थितियों के बीच से गुजरते समय पर्याप्त संवेदनशील होने की कमी का परिणाम है। विनय के शब्दों में ही उनकी स्थिति को व्यक्त किया जा सकता है, 'मैं सड़क की भीड़ से आतंकित/छिद्रों को बन्द करने की जितनी कोशिश करता हूँ/चुनाव सब पर पानी फेरता हुआ/मुझे अपराधी के भूगोल में बन्द कर देता है।' इसे नाट्यात्मक मुद्रा के रूप में नहीं, आत्मालोचन के रूप में लेना चाहिए। विनय की कविता में एक अन्तर्विरोध उभरता है। कवि प्यार करना चाहता है, आम जीवन को, आस-पास के आदमी को, भीड़ को, परन्तु उसकी प्रतीक प्रचुर वाग्मिता उस जिन्दगी के सरोकार से सराबोर नहीं लगती। जीवन की स्थिति का सामना करने की इच्छुक कविता स्थितियों को पूरी तरह घूरने के स्थान पर प्रतीकात्म काल्पनिक स्थितियों का निर्माण करती दिखती है। (नींद के टूटने पर)। शब्द झुलसने की बू लेकर नहीं आते, यातना की चीत्कार शब्दों पर पहचान का चिह्न अंकित नहीं करती। नहीं लगता कि जीवन को उसके पूरे 'हारर' और 'टेरर' के साथ जिया है, उसकी प्रखर आँच को सहा है, बर्फीली सिहरन को अपनी शिराओं में महसूसा है। इधर की प्रतीकात्मक भाषा अनुभूति की कमी को ढाँकने का प्रयास-सी लगती है। इधर मैं, तुम, वह, वे की सार्वनामिक भाषा का भी प्रचुर प्रयोग होने लगा है। यह प्रयोग लोगों को वर्गों में बाँटता है, सामान्यीकरण करता है, सम्बन्धों का सरलीकरण भी करता है। चित्रों की मूर्तता एवं भाषा का स्वतन्त्र व्यक्तित्व लुप्त हो जाता है। इसकी भी आवश्यकता पड़ती है, परन्तु उसका प्रचुर उपयोग कविता के प्रभाव को क्षीण भी करता है।

विनय में कवित्व शक्ति भरपूर है। कुछ पंक्तियाँ विलक्षण प्रभावपूर्ण बन गयी हैं। 'आदमकद आईना' जैसी कविता में कोमल स्निग्ध मानवीय करुणा से ओत-प्रोत संवेदन वह व्यक्त करता है, तो 'साथ चलने के लिए' में तीखी व्यंग्यात्मक अभिव्यक्ति करता है। 'वह नगर', 'दूसरा राग' में सन्तुलन की भूमि पर कदम रखने की सफल काव्यात्म कोशिश करता है। 'बदलाव के लिए' में विलक्षण अर्थ गम्भीरता से विनय की चिन्तन क्षमता की प्रतीति मिलती है। 'तुम! जो सबसे घृणा करने की पैरवी करते हो अपने लिए क्यों चाहते प्यार? एक हल्की-सी थपकी लिखवा लेना चाहते हो वक्त से अपने नाम...' जैसी पंक्तियाँ सामयिक पीढ़ी को अन्तर्मुखी होने के लिए बाध्य करती हैं। निश्चय ही कुछ असहमति के बिन्दुओं के बावजूद यह कहना चाहिए कि विनय की कविता में नये सन्तुलन के संकेत दृष्टिगोचर होते हैं। लेकिन वैचारिक कविता लिखने वाले कवि को सन्तुलन और समझौते के बीच का अन्तर भी खबरदारी से ध्यान में रखना होगा।

तीन कविता-संग्रह : काव्यत्व की तलाश

कविता शब्दों की संरचना होती है, इसलिए कविता के स्वरूप की पहचान, उसकी सामर्थ्य एवं सीमा के बोध और मूल्यांकन का आधार शब्द ही हैं, वही वस्तुनिष्ठ कसौटी का एकमात्र आधार है—यह इधर काव्य-विश्लेषण में स्वीकृत-सा अभिमत है। भले ही उसके अनुसार विश्लेषण करने की क्षमता रखने वाले कम ही समीक्षक हों। इसका अतिरेक तब हो जाता है, जब काव्य के विश्लेषण के स्थान पर शब्दों के गणितीय फार्मूले बनाये जाते हैं और काव्य का सारत्त्व एवं रसतत्त्व दोनों तिरोहित हो जाते हैं। शब्दों पर ही सारा बल देने से कवित्व-शक्ति की परख में गड़बड़ी और भ्रम तो पैदा होते ही हैं, चतुर समीक्षक के लिए आसान रास्ता खुल जाता है—कविता के समग्र मर्म का बिना आकलन किये ही, कविता के कुछ शब्दों को छूते हुए इधर-उधर शब्दों का जाल फैलाकर एक गहन विवेचन की छद्म-मुद्रा वहन की जा सकती है। कवि भी अगर संवेदनशीलता और अनुभूति की गहनता में कुछ उन्नीस पड़ता हो और विलक्षण चतुर हो तो पल्लवग्राही समीक्षकों एवं पाठकों को भरमा सकता है।

शब्दों और उनके संयोजन के बीच ऐसे कतिपय मूक स्थल होते हैं और शब्दों की भंगिमा, उनके वजन और विन्यास में बहुत कुछ ऐसा होता है जो शब्दातीत होता है। इसीलिए भारतीय साहित्य-विमर्शकों ने ध्वनितत्त्व पर बल दिया था और उसकी पकड़ का आधार कुछ संकेतों के बावजूद सहृदय के प्रतिभा, व्युत्पत्ति और अभ्यास से सम्पृक्त व्यक्तित्व को ही माना था। किन्तु केवल शब्दों के आधार पर काव्य-स्वरूप की परख का आग्रह वैज्ञानिक शब्द के सम्मोहन का परिणाम है। जब तक कवि द्वारा प्रयुक्त शब्दों और शब्द-संयोजनों का एवं सहृदय द्वारा उनके आकलन का वैज्ञानिक समीकरण नहीं बन पाता (जो लगभग असम्भव है), तब तक केवल शब्दों के आधार से काव्य-विश्लेषण काव्य के आकलन एवं आस्वादन में गड़बड़ियाँ पैदा कर सकता है।

मानवीय जीवन की ट्रेजेडी!

काव्य-चर्चा के एक मुद्दे को आरम्भ में ही उठाने का एक कारण है। गिरिजा कुमार माथुर के काव्य-संग्रह 'साक्षी रहे वर्तमान' की कुछ कविताओं की पहचान और मूल्यांकन में इस प्रकार की गड़बड़ियाँ हो सकती हैं, हुई हैं। इसमें कोई सन्देह नहीं कि गिरिजा कुमार माथुर का शब्दकोश बृहत्काय है और यह कोश समय के प्रति उनकी बौद्धिक जागरूकता और समय के साथ रहने की उनकी तत्परता के कारण निरन्तर परिवर्धित होता रहता है। प्रस्तुत संग्रह में छायावाद से मुक्तिबोध, धूमिल तक की या उससे भी बाद की कविता का मुहावरा गिरिजा कुमार जी ने अपनाया है। लेकिन उस मुहावरे के भीतर तलाश की जाये तो कवि-व्यक्तित्व की वह प्रसरणशीलता नहीं दिखती जो अनुभूति के गहन स्तर पर घटित होती रहती हैं।

संग्रह की पहली कविता 'एक अधनंगा आदमी' में मुक्तिबोध की लयकारी और लटकों (मुक्तिबोध में ये 'लटके' नहीं थे, अनुकरण में यह अवस्था हो जाती है) का प्रभाव देखा जा सकता है। परन्तु वह हार्दिक और अनुभूति की तीव्र गहनता नहीं है जो मुक्तिबोध की 'ऑटिसिटी' का परिणाम थी। कुछ ऐसे शब्द, बिम्ब, प्रतीक-संकेत इस कविता में मिलते हैं, जो यह आशा उत्पन्न करते हैं कि कवि सामाजिक-मानवीय जीवन की ट्रेजेडी को बड़ी पीड़ा के साथ प्रस्तुत कर रहा है : 'मैं एक पहाड़ हूँ/सफेद गोबर का/मैं एक जरखेज रेगिस्तान हूँ/सूखे का,/मैं एक मातमी नदी हूँ/भूख और मौत की उल्टियाँ/करती हुई,/मैं एक डकारता जंगल हूँ/फटे पेट, जनती हुई भीड़ का,/मैं एक तिहरा समुद्र हूँ/कूड़े का...' इस तरह अपनी अवस्था का बोध कराने वाली यह लम्बी कविता चमक तो पैदा करती है, लेकिन वह दमक नहीं जो मुक्तिबोध या धूमिल में है। आज की पतनोन्मुख अवस्था का चलचित्र-सा सामने आ जाता है, लेकिन इसका सपाट यथार्थ कवि-संवेदना से छनकर आया उतना नहीं लगता जितना चतुर-संयोजन से।

वर्तमान की इस नुमाइशी शब्द-योजना को पढ़ते समय लगता है कि यह हवाई जहाज में बैठकर दूरबीन से देखा हुआ बाढ़ग्रस्त इलाके का वर्णन है—कवि का भीतरी 'इन्वाल्वमेण्ट' कम है। संवेदना की मार को भोगकर बाद में आने वाली कलाकार की वयस्क तटस्थता भी यहाँ नहीं है। कविता की सप्रयास दीर्घता, कुशलतापूर्वक जुटाये गये समकालीन जीवन के परिदृश्य, सामयिक कविता के मुहावरे का सतर्क प्रयोग, मुक्तिबोध की लयकारी का फीका-सा अनुरणन, कविता के नाट्यात्मक 'मैं' के व्यक्तित्व पर आवश्यकता से अधिक बोझ डालने वाली शब्द-संहिता प्रस्तुत कविता की असलियत को बेनकाब करती है। केवल शब्दों के विश्लेषण से यह सम्भावनाओं का कोश लग सकती है—शब्दों के कुशल उपयोजन से चित्रमयता पैदा करने की शक्ति, 'मैं' के प्रयोग से अर्थ के विभिन्न स्तर प्रदर्शित

करने का कौशल विशेषणों का अर्थ-कसाव की दृष्टि से उपयोजन, ठसकदार शब्दों के संकलन का चमत्कार, नामधातुओं का प्रयोग—यह सब एक चतुर शिल्पी का अहसास कराता है। (एक बात और, इधर कविता में काफी 'कन्फेशन्स' तथा अपनी और समाज की अवस्था के चित्रों के माध्यम से अपने अपराधबोध को व्यक्त कर, दायित्व को पूर्ण करने की आत्मतुष्टता व्यक्त हो रही है। इस आत्मतोष की असलियत को पहचानना काव्य-विवेक का महत्त्वपूर्ण कार्य है।)

आत्मिक पीड़ा की व्यंजना में असमर्थता

एक कविता का किंचित विस्तार से किया गया यह विवेचन काव्य-स्वरूप का प्रतिनिधि है। 'सड़क से देश-दर्शन' कविता में वही आत्मनिन्दा और आत्मपीड़न की मुक्तिबोधी मुद्रा है, जो इधर की कविता का एक राजरास्ता बन गयी है। फैंटेसी की नकल, आत्मालापी शैली में चीख-पुकार, निम्न-मध्य वर्ग या श्रमिक वर्ग के व्यक्तियों के नामोल्लेख से सहानुभूति की व्यापकता का प्रदर्शन, हिंस्रता और गुस्से का नाटक—ऐसा लगता है कि देश की पूरी सभ्यता और संस्कृति को देखने के प्रयास में व्यापकता तो है, लेकिन गहराई गायब है। चतुर्दिक फैले पानी की तरह इस कविता में काव्यपारखी की तृषा बुझाने की क्षमता नहीं है। पूरा देश-दर्शन उस व्यक्ति के जैसा है, जो रेलवे क्रॉसिंग में अपनी कार में बैठा हो और अटक गया हो और अपनी दुर्दशा के लिए देश की दुर्दशा को कोस रहा हो। कारण यह है कि कवि उस आत्मिक पीड़ा को व्यंजित करने में असमर्थ रहा है जो गुस्से के भीतर से छूती और घेरती रहती है, 'हाँट' करती है, परेशान करती है।

'अँधेरी दुनिया' के कतिपय स्थितियों के प्रतीकात्मक दृश्य काफी प्रभावपूर्ण बने हैं। अवचेतन मन के दबाव से उत्पन्न फैंटेसी और स्वप्न के चित्र या अन्य बिम्ब, श्रेय और प्रेय के हाथ से छूटने की छटपटाहट ('अँधेरी दुनिया'), असुरक्षा की भावना ('अस्थायी लोग'), अपने ही केन्द्र में अजनबीयत का अहसास ('परिचयहीन'), नागररात के दुःस्वप्नों से बेचैन कवि की व्याकुलता और आधार के टूटने पर निर्वासित व्यक्ति की अवस्था, शहरी जिन्दगी की मजबूरियाँ और यन्त्रणाएँ ('प्रेत आवाजें', 'बाबू-मिल' 'भीतर-नगर', 'शाम' इ.), ओछी दुनिया और 'मीडिऑकर' के बीच का द्वन्द्व, व्यवस्था विरोध, मामूली आदमी की दर्दनाक अवस्था, बड़बोले बुद्धिजीवियों और नेताओं की गाथाएँ, दरिद्र भूखे गाँव...यह सब वर्तमान का यथार्थ है, हम सबका भोगा हुआ यथार्थ है और भोगे हुए यथार्थ की जुगाली कविता में करना चाहने वालों को प्रिय लग सकता है।

लेकिन इसमें एकरसता है जिसे शिल्पसिद्ध कवि वक्रता, वाग्मिता और चित्रमयता के सधे हथियारों से एक सीमा तक प्रभावी बनाता है। लगता है, जिस तरह भक्तिकाव्य, रीतिकाव्य, छायावादी काव्य की रूढ़ियां बनी उस तरह इधर की

रूढ़ियाँ बन गई हैं, जो इस संग्रह में प्रकट हो गई हैं। जब तक यथार्थ की अधिक जटिल पर्तें न खुल जाएँ और कवि-मानस के अनुभूतिग्रहण के कोण में बदलाव पैदा न हो जाए, तब तक कविता का भाग्य नहीं बदलने वाला है।

इसमें सन्देह नहीं कि कुछ अंश बहुत शक्तिशाली लगते हैं–'अस्थायी लोग' में एक दुर्लभ मूड साकार हो गया है, 'भीतर नगर' भी एक अनोखी शक्तिशाली कविता है, नागर जीवन की दुर्दशा के चित्रण में कठिन और ठोस रेखाओं द्वारा तीव्र दृक्-प्रत्यय कवित देता है–लेकिन ये रेखाएँ दो-आयामी हैं, गहनता का परिमाण नदारद है। कुछ अंश झकझोरते भी हैं। लेकिन कहीं कवि साधारण से परिचित कथ्य को चटक पोशाक पहनाता है ('नेता/एक फूला गैस भरा गुब्बारा है/जिसे पिन भर सचाई/होती न गवारा है/') जो एक नौसिखुए कवि से ही अपेक्षित है।

'निर्णय का क्षण' जैसी कविता कविता-प्रेमी के मन में एक सवाल खड़ा करती है। मुक्तिबोध और माथुर जिन स्थितियों का बोध कराते हैं और जो प्रतिक्रियाएँ दर्ज करते हैं, वे लगभग समान हैं। फिर क्या बात है कि भाषा के खुरदरेपन के बावजूद मुक्तिबोध की कविता जो प्रभाव डालती है, वह भाषा की पालिश के बावजूद माथुर जी की कविता नहीं डाल पाती? यहीं कवि-व्यक्तित्व की जन्मजात सर्जनात्मक गहनता पर विचार करना पड़ता है। 'निर्णय का क्षण' में ज्ञान संवेदनात्मक नहीं बन पाता और यही स्थिति 'इतिहास के जर्राहों से' की भी हो गयी है। 'निर्णय का क्षण' में मामूली आदमी की ओर से (जनता को आखिरी बात कहने की आदत है) स्थापित स्वार्थ वाले वर्ग को अपने ही मन के स्तर पर सम्बोधन की शैली में चुनौती देते हैं। (इसमें मामूली आदमी के साथ नयी पीढ़ी को भी समेटा है–दोनों हाथ उलीचिये) लेकिन यह पक्षधरता कविता में विश्वसनीय स्वर का प्रभाव नहीं बढ़ाती।

'इतिहास के जर्राहों से' में जिन रोशनी के विरोधियों को कवि ललकार और फटकार रहा है, उनका चेहरा स्पष्ट करने की कलात्मक जिम्मेदारी से वह बचता है। इतिहास की ओर देखने की दृष्टि भी कुछ ऐसी नियतिवादी है ('पर इतिहास के पहिये हाँके जाते नहीं हैं किसी बाहरी गणित से वह होता है किसी और बड़ी अन्तरंग सृष्टि के बिथरने की बनती हुई भूमिका आदमी के सनातन जीवकोषों की ईप्सा उसके नियमों की आग होती है बड़ी जल्लाद, देर कुछ जरूर लगती है हर फैसले में लेकिन आखिर में सबकुछ साफ हो जाते हैं।' इत्यादि) और कवि यह भी डंके की चोट पर कहता है कि 'जो कल तक थे जज वही मुजरिम हो जाते हैं'–तब पृष्ठभूमि में दी गयी लम्बी वक्तृता का कोई खास औचित्य नजर नहीं आता। वही हालत 'क्रान्ति की भूमिका' में भी है। जब तान इस हल्की बात पर ही तोड़नी है, 'जब कुछ नहीं होता तब क्रान्ति होती है' तो आरम्भिक वक्तव्य की संगति क्या है? ऐसी स्थिति में पता लगाना मुश्किल है कि आखिर कवि की कोई खास दृढ़ भूमिका भी है।

इन सबके बीच 'पशु-परम्परा' जैसी कठोर रेखाओं से पूर्ण भय के रूप का प्रभावकारी अंकन करने वाली कविता है। राजनीतिक सत्ता के प्रतीक के रूप में गुहा को एवं राजनीतिक आश्वासनों के रूप में फूलों को न भी देखा जाये, तो भी एक स्तर पर कविता की प्रत्यक्षता का प्रभाव पड़ता है।

माथुर जी की आपातकालीन स्थिति में राजनीतिक प्रतिक्रियाएँ गीत्यात्मक रूप में प्रकट हुई हैं। कहीं मानवीय संस्कृति की विनाशक शक्तियों के सामने मनुष्य की निरुपायता का चित्रण है, काल और देश से व्यक्ति की लड़ाई का अंकन है, वक्त की अनन्तता के सामने सब खत्म होने की पीड़ा भी व्यक्त है। कुछ गीतों में गुलाबी मन की स्मृतियों को संजोया गया है। कुछ पंक्तियाँ माथुर जी की काव्य-साधना का साक्ष्य भी देती हैं। कुल मिलाकर माथुर जी का काव्य-संसार एक चतुर शब्द शिल्पी का रचा हुआ संसार है, जिसमें विस्तार है लेकिन वह गहनता नहीं, जो आघातों को सहकर उत्पन्न होती है। वे वर्तमान के केवल साक्षी हैं, भुक्तभोगी नहीं।

उज्ज्वल रस की कविताएँ

केशव कालीधर की रचनाएँ समकालीन जीवन के यथार्थ की छाप से असम्पृक्त हैं, लेकिन उन सबको अपनी कविता-विषयक मान्यताओं पर पुनर्विचार करने को विवश करती हैं जो साहित्य को समसामयिकता में कैद कर रखना चाहते हैं। वैष्णव कवियों की परम्परा का आधुनिक युग में निष्ठापूर्वक वहन केशव कालीधर कर रहे हैं और यही उनकी शक्ति भी है और सीमा भी। वे जानते हैं कि 'इस अन्धे वन को पार कर उस ओर की श्रुत-कल्पित अनजान नगरी को मानचित्र पर खींच लाने को कृत संकल्प हैं। अतः चुनौतियाँ झेल रहे हैं—काँस के समुन्दर में भटक रहे हैं—ध्वस्त पोत के पटरे के सहारे। लेकिन वे अब पीछे नहीं आ सकते, क्योंकि 'काँस के इस समुन्दर में हर झोंके के साथ तुम सरोद की वह गत सुनने लग गये हो जहाँ हर आन्दोलन एक नयी आकृति ग्रहण करता है और हर क्षण एक जलते हुए तार की तरह स्निग्ध मौन और स्थिर रहकर भी अनुभूत होते ही तराशता चला जाता'... यह प्रयास इस युग में उसी तरह है जैसाकि स्फटिक-जल को गहरे कुएँ से अधूरी डोर से खींच लाने का असफल प्रयास ('जरूरत क्या है?') लेकिन सतहों पर छलछलाते पोखर के पानी पर सन्तोष करने की स्थिति में कवि नहीं है।

केशव कालीधर की कविता एक द्वन्द्व में फंस गयी है—एक ओर सखी सम्प्रदाय का प्रभाव और दूसरी आधुनिक युग में पैदा हुए कवि-व्यक्तित्व की चेतना जो साम्प्रदायिक तल्लीनता या तादात्म्य के लिए असमर्थ बना देती है। परिणामतः कवि एक भावुक मुद्रा अपनाने को बाध्य हो जाता है। इस भावुकता में प्रश्नाकुलता कभी आन्तरिक रिक्तता को उघाड़ती है, जिसे उनकी ताजी, टटकी और अनोखी

सुन्दर बिम्ब-योजना भी ढंक नहीं पाती ('लीला का आस्वाद')। यह द्वन्द्व अनेक प्रकार से उनकी कविता में प्रकट हुआ है—कभी ढहते संकल्प को दृढ़ करने की प्रतिज्ञा में, अपनी असामर्थ्य एवं अकिंचनता की स्वीकृति में, आराध्य के प्रति शिकायत में, दीनता और दैन्य के प्रकाशन में, सन्देह और शंका में, बिना बजे हुए राग को खोखले शब्दों में भरने की कोशिश के अहसास में।

भक्तियुग में भी इस भाव-भूमि पर कवि लीला गान करते थे, परन्तु वहाँ समस्त द्वैत की भावात्मक स्थितियों के बावजूद निर्द्वन्द्व आन्तरिक लगाव की प्रतीतियाँ मिलती थीं। उस 'उज्ज्वल नील रस' से रीतेपन को भरने और पूर्ण काम होने की कवि की आकांक्षा पर यहाँ बौद्धिकता की परत है, जिसे भेदने की क्षमता कवि की अनुभूति में नहीं दिखती। परिणामतः कवि इस प्रकार के कतिपय प्रश्न पूछता है—'किसने कहा था तुम्हें मुझे अनन्यता के विग्रह में बाँधकर व्यवस्था की कालियदह की तरह मथना और हर बार बाँसुरी बजाते हुए उबर जाना?' लेकिन उसकी अनुभूति पर घायल की गति की छाप अंकित हुई नहीं दिखती। यहाँ भी द्वन्द्व है—"नहीं चाहिए मुझे वह ज्ञान जो मेरी सम्पूर्णता को खण्डित करता हुआ तुम्हारे अलगाव की इकाई को स्वीकृति देता है।" लेकिन ज्ञान से विरोध का यह रास्ता शायद कवि का नहीं है। अन्यथा कविता में बार-बार सन्देहों और प्रश्नों की झड़ी क्यों होती?

फिर भी 'उज्ज्वल नील रस' की कविता उपेक्षणीय नहीं है। कवि विलक्षण तीव्रता से अपनी अवस्था का बोध कराता है—'फेरी हुई पीठ और कतरायी आँखों के बीच में ही हूँ जो रिसते हुए जल की तरह पैबस्त हो रहा हूँ।' यह तीव्रता कभी सघनता का आयाम लेकर व्यक्त होती है ('यात्रा : आँखों के साथ-साथ') केशव कालीधर की सौन्दर्य-सम्वेदना-बोध की छोटी कविताएँ प्रस्तुतीकरण का एक अनोखा अन्दाज लेकर आती हैं ('बारिश : तीन चित्र', 'वह जो शब्द नहीं है', 'चुप की धूप', 'शामें : तीन रंग की')। उदास शान्ति और जीवन की चहल-पहल, बदलते रंगों की गतिमानता और सींखचों में कैद परिदृश्य की स्थिरता—स्थिति और गति के बीच का विरोध और तनाव कालीधर की अनेक कविताओं में पिरोया हुआ है (देखिये—'प्रीति-रस', 'मुझमें पिरोये रह कर भी', 'रास्ते का टुकड़ा', 'हम दोनों के बीच', 'आग के कुछ टुकड़े', 'जरूरत क्या है?' इत्यादि।)।

उनकी कविता के कुछ बीच के हिस्से ताजगी और विलक्षणता के सुखद चमत्कार उत्पन्न करते हैं—यह चमत्कार काव्य के अन्तर्गत ही है : 'छड़ियाँ जल-तरंग बजाती हैं और मैं डबडबायी प्यालियों को जब-जब छलकने से बचाता हूँ'; 'जल-तरंग' बजाती हुई सीढ़ियाँ' (मुरलीधर-प्रेमी कवि की कविता में संगीत के विपुल सन्दर्भ आ जाए तो यह स्वाभाविक ही है); 'गुपचुप छोटी-छोटी बातों-सी बिछी घास की मखमली कालीन'; 'बादलों में संशय की आकृतियाँ' और फिर किसी

शरारती साँवले बच्चे के होठों से लगी हुई तरबूज की फाँक की तरह के बादल नजरें बचाने के लिए पेड़ों के झुरमुट के पीछे छिपने लगेंगे, 'तेरे सेब जैसे गालों पर गलती हुई मोमबत्ती'—ऐसे सौन्दर्य के शब्द-चित्र कविता के बीच में आते हों तो पाठक की यात्रा को सफल करते हैं।

'हम दोनों के बीच' जैसी कविता में तीसरे की घुसपैठ का जो समूचा चित्र खींचा गया है, वह ध्वनि-इकाई का सुन्दर उदाहरण है। उसी तरह 'आज तुझे चुप नहीं करूँगा' भी एक नितान्त अलग किस्म की कविता है जो विरोधपूर्ण शब्द-संयोजनों, अनोखे बिम्बों और संकेतों से समृद्ध हो गयी है, और इस कविता का कथ्य भी वजनी है।

कालीधर की कविता सम्प्रेषण की समस्या भी उत्पन्न करती है और इसका एक महत्त्वपूर्ण कारण है इधर की कविताओं में आयी सम्बोधनों की विप्लवी बाढ़। इसका परिणाम यह होता है कि जिस 'तुम', 'वह', 'वे' को लेकर अपने मानसिक उद्वेलन को टांग दिया जाता है, उसको मूर्त करने का कलात्मक दायित्व कवि नहीं स्वीकारते। (यह खोज के लिए रोचक विषय होगा कि संबोध्य को अमूर्त रखना कहाँ तक कलागत होश का परिणाम है और कहाँ तक वह बचने की ढाल है।) सम्बोधन—प्रचुर कविता में कवि अनुभूति के क्षेत्र को भी सीमित करता है और आत्माविष्कार और उसके कलात्मक रूपायन के बीच का महत्त्वपूर्ण अन्तर भी भूल जाता है। इधर की कविता के इस वैशिष्ट्य का केशव कालीधर की कविता पर भी गलत प्रभाव पड़ा है। मैं उनकी आगमी काव्या-यात्रा को देखने के लिए उत्सुक हूँ, क्योंकि अब बिना नया मोड़ लिये उनकी कविता का विकास सम्भव नहीं है।

नितान्त आत्मीय संसार : कौन-सा आकाश

सुनीता जैन की 'कौन-सा आकाश' में संगृहीत कविताएँ केवल अपने तक सीमित संसार की कविताएँ हैं। यह अपने तक सीमित संसार भी स्त्री-पुरुष के प्रणय-भाव तक या परस्पर-सम्बन्धों तक सीमित है। दो प्रेमी जीवों के परस्पर सम्बन्धों की यह शोकाकुल गाथा एक स्तर पर विशिष्ट भी है और दूसरे स्तर पर सामान्य नारी-पुरुष के बीच के चिरन्तन सम्बन्धों के रूपों को भी प्रकट करती है।

इसका किंचित विस्तार से विवेचन करने के पहले दो बातें स्पष्ट करना आवश्यक है। एक बात जरा साहित्य बाह्य भी है। सुनीता जैन का वर्षों तक अमरीका में प्रवास एवं अध्ययन-अध्यापन का अंग्रेजी विषय उनके नितान्त भारतीय कवि-व्यक्तित्व को बाधित नहीं कर सका है। प्रस्तुत संग्रह की कविताएँ (उनके पहले संग्रह 'हो जाने दो मुक्त' को भी) ऐसे कवि-व्यक्तित्व की कविताएँ हैं, जिसने अपना व्यक्तित्व बाहरी प्रभावों से सुरक्षित रखा है और उसे एक नैसर्गिक रूप में फूलने-फलने दिया है। यहाँ तथाकथित आधुनिकता को ढोने की प्रवृत्ति है, न दिखावे

की ललक। सुनीता जैन का कवि व्यक्तित्व अपने सहज और नैसर्गिक 'होने' से है। अतः उनकी कविता से जो भी कुछ व्यंजित होता है, वह उनका खास अपना है, सहज और अनायास भी है (लेकिन सपाट कतई नहीं) और उनकी अनुभूति का हर कण और क्षण ईमानदारी से ओत-प्रोत है।

यह कहना अब शायद गलत होगा कि यह व्यक्तित्व पाश्चात्य रंगों से प्रभावित है अथवा नितान्त भारतीय है, क्योंकि इधर यह विभाजन संश्लेषण में परिणत हुआ है। सुनीता जैन के कवि-व्यक्तित्व में यह विशेष उत्कट रूप में परिलक्षित होता है। इस अत्यन्त सीमित परन्तु निखालिस खरे कवि व्यक्तित्व को अगर भारतीय पाठक आत्मीयता के स्तर पर देखता है तो माना जा सकता है कि यह कवि-व्यक्तित्व भी पूर्णतः भारतीय है।

सुनीता जैन ने दूसरे प्रकार से भी अपने व्यक्तित्व को बाह्य आघातों से अनछुआ रखा है। समकालीन बाह्य संसार की राजनीतिक-सामाजिक आपाधापी से उन्हें कोई मतलब नहीं है। जो कुछ बाह्य उनके कवि-व्यक्तित्व में घुल-मिलकर रच-पचकर एकाकार हुआ है, वही और उतना ही उनके काव्य में समाहित है। कम-से-कम इस संग्रह को पढ़कर तो ऐसा ही लगता है।

'कौन-सा आकाश' की कविताएँ एक ओर गजब की सीधी हैं तो दूसरी ओर विलक्षण प्रभावकारी भी। इन कविताओं में बिम्बों की चकाचौंध या प्रतीकों की चमक-दमक नहीं है, शब्द-संयोजन का सचेत प्रयास भी नहीं है (किन्तु यह सहजता कलात्मक दक्षता का परिणाम है), लेकिन इनमें वह प्राण तत्त्व है, जिसके बिना रचना कविता का गौरव नहीं पाती। वह है काव्यात्मक संवेदना।

असल में 'कौन-सा आकाश' एक प्रगल्भ परन्तु शोकाकुल प्रणय-कथा है, जिसके केन्द्रीय प्रेम-भाव को अनेक संचारी भावों की विभिन्न कविताओं द्वारा परिपुष्ट किया गया है। वस्तुतः यह प्रेम से अधिक स्त्री-पुरुष सम्बन्धों की शोकान्तगाथा है। (इन ऊपर से सरल और सीधी प्रतीत होने वाली कविताओं की प्रगल्भता कवि-व्यक्तित्व की प्रगल्भता है।) यह आधुनिक स्त्री का व्यक्तित्व है, जो अपनी अस्मिता और स्वतन्त्रता के प्रति अतिशय सचेत है। यह स्वयम्वरा-हठीला मन है। इस मन में एक द्वन्द्व चल रहा है। एक ओर नारी-सुलभ उत्कट और सघन प्रेमानुभूति और प्रेमी के प्रति समर्पित भाव है, तो दूसरी ओर अपने स्वतन्त्र व्यक्तित्व का भान है, जिसके कारण समर्पण और अस्मिता के बीच कश्मकश और तनाव है।

आधुनिक जीवन में प्रणय एक ऐसा भाव है, जो उत्पन्न होने पर विलक्षण आवेग और गति पैदा करता है, किन्तु मिलन के बिन्दु पर आकर फिर विनष्ट होने की प्रक्रिया प्रारम्भ होती है। लेकिन इसको न अस्वीकार करते बनता है, न स्वीकारने पर भूलने की सुविधा है। भूलने की इच्छा भी नहीं है, क्योंकि वह शून्य को स्वीकारना होगा, संवेदनहीनता ('मैंने चाहा'), इस अवस्था में निरन्तर एक कचोट,

एक टीस, एक दंश मन में सहना होता है, जिसके परिणामस्वरूप मन में एक-एक कविता सहज खिले फूल की तरह खिलकर आ जाती है ('मैं स्वर हूँ', 'कैसी वह कली', 'तब इच्छा थी', 'तुम्हारा मेरा रिश्ता', 'हालांकि अब कोई', 'अनायास ही', 'यह सुन', 'तुम्हें भूलने के लिए')।

यह प्रणयिनी अपने प्रेम के प्रति जितनी उत्कट, प्रामाणिक और समर्पित रही, उतनी ही अपनी अस्मिता के प्रति सचेत रही–यह सचेतनता कवि-व्यक्तित्व का एक सहज भाग है।

यहाँ प्रणय का आद्योपान्त इतिहास घनीभूत हो गया है। एक ओर स्त्री की स्वाभाविक गहन उत्कटता है, समर्पण है, जुड़ने में आवेग और त्वरा है, सम्बन्धों के टूटने में विलक्षण दुख है, जो पूरे व्यक्तित्व को बहुत समय तक व्यथित किये रहता है, लेकिन इस सारे दुख के बावजूद अपने अकेले मन को अपनी हालत पर अकेले सँभालने का दृढ़संकल्प है, प्रेमी से सदा के लिए रिश्ता तोड़ने का निश्चय है। लेकिन इसमें जो घटित हुआ है–प्रेम के रूप में–उसके प्रति अनादर फिर भी नहीं है ('प्रणाम लो'); लेकिन समझौता भी नहीं है।

इन सभी कविताओं में नारीत्व का गुण हैं। यह विशेष स्पर्श करता है–आज के युग में। समानता के इस युग में पुरुष से स्पर्धा करने के प्रयास में नारी अपनी मूलभूत प्रकृति और विशिष्टता (जो स्त्री-पुरुष के बीच आकर्षण और प्रेम का मूल कारण भी है) को लेकर पुरुष होती जा रही है। (यह पुरुष का साम्प्रदायिक आग्रह नहीं है, न सामन्तवादी धारणा का प्रभाव), जिसके कारण स्त्री-पुरुष का सनातन आकर्षण खत्म होने की सम्भावना है, जो जीने की महत्त्वपूर्ण शर्त है। सुनीता जी में नारीत्व की मूलभूतता का सहज स्वीकार है, जिसके होने से समानता पर कोई खरोंच पैदा नहीं होती। एक छोटी-सी कविता में कुछ थोड़े-से शब्दों में जिन्दगी की पूरी यात्रा को संकेतित करने की क्षमता देखिए–'क्योंकि मन/जीवन भर/खण्ड-खण्ड बिखरा रहा/तन जिधर झुका/केले के पत्ते-सा/चिरता रहा/हार गयी/हाथ की एक रेखा से जिजीविषा/'। अन्तिम दो-चार शब्दों के आघात से कविता को नया मोड़, सघन अर्थवत्ता और मौलिकता का स्पर्श देने की सुनीता जी की कलात्मक क्षमता अनेकानेक कविताओं में दृष्टिगोचर होती है।

सुनीता जी की कविताएँ यह स्पष्ट करती हैं कि आधुनिकता कोई ऊपर से ओढ़ी हुई चीज नहीं होती, आधुनिकता और परम्परा के स्वस्थ संश्लेषण में व्यक्तित्व की गरिमा और गम्भीरता है और उसके काव्यात्मक प्रकाशन से कविता का स्वर ऊँचा हो उठता है। सीमित की यह कविता अपने लिए सच्ची है और अच्छी भी। मुक्त उड़ने के आकांक्षी पक्षी को आकाश में कहाँ रोक है?

चौथा सप्तक : कवि व्यक्तित्व की खोज

'चौथा सप्तक' काव्य के इतिहास में अन्य तीन सप्तकों की तरह महत्त्वपूर्ण घटना है। कविता के गहन पारखी 'अज्ञेय' द्वारा सैकड़ों कवियों के बीच से करीब बीस वर्षों की लम्बी अवधि में सात कवियों को चुन लिया जाना संकलन के हर कवि के लिए गौरव की बात है और जैसाकि सम्पादक ने कहा है, 'उनका जोखिम अधिक है।' हिन्दी में कवियों के लिए दो तरह का सामना सामान्यतया करना पड़ता है—एक, गुटबाज समीक्षा में प्रतिपक्षियों से आघात सहना और काव्य की अच्छाई-बुराई के आधार पर नहीं महज दृष्टि और विचार के विपरीत होने के कारण या उससे भी अधिक गन्दी ईर्ष्या के कारण। दूसरे, काव्य के प्रति गहरी समर्पित प्रवृत्ति के अभाव के कारण। आश्चर्य तो नहीं लेकिन खेद उस समय होता है जब अपनी कविता के लिए सही पाठकों की तलाश में सिटपिटाने वाले कवि-समीक्षक भी विशेष गम्भीर वृत्ति और दायित्व का परिचय नहीं देते दिखते।

'चौथा सप्तक' की समीक्षा में अनेक कोणों से काम लिया जा सकता है। सम्पादक की ओर एक जिम्मेदार और काव्य पारखी सम्पादक की सम्पादन में व्यक्त दृष्टि का और संकलित कवियों की कविता का तालमेल देखना, संकलित कवियों की कविता के स्वरूप का अवलोकन करते हुए यह देखना कि कहाँ तक वे अपने समय का सही प्रतिनिधित्व करते हैं, इस बात की टोह लेना कि संकलित कवियों में से किन कवियों का प्रभाव आगामी कविता पर हो सकता है और किन दिशाओं में।

'चौथा सप्तक' की जो कुछ समीक्षाएँ देखने में आयी हैं और जो बातें सुनने को मिली हैं उनसे सम्पादक की आशंका ही सही प्रतीत होती है : "...मैं नहीं चाहता कि मेरी संस्तुतियों की प्रतिकूल प्रतिक्रिया का दण्ड इन कवियों को मिले—और मैं कटु अनुभव से जानता हूँ कि ऐसा प्रायः होता आया है।" खासकर विभिन्न समीक्षकों के द्वारा संग्रह में आने लायक कवियों का जो समर्थन मिलता

है उस पर समग्र दृष्टि डाल दी जाए तो पता चलता है कि सामान्यतः सभी कवि संकलन के लिए योग्य समझे गये हैं। उस चित्रकार का स्मरण होता है जिसने पहले दिन एक चित्र को चौराहे पर रखकर उसकी खूबियों को अंकित करने के लिए कहा और दूसरे दिन उसी चित्र को त्रुटियों की ओर संकेत करने के लिए कहा। रोचक परिणाम यह निकला कि पहले दिन तो चित्र सर्वांग सुन्दर था, वही दूसरे दिन सर्वथा विरूप समझा गया।

सम्पादक ने यह स्वीकार किया है कि 'संवेदन का अन्तर भी सम्भवतः बढ़ने लगा।' और 'आज जो लिखा जा रहा है उसका सच्चा वकील आज का लिखने वाला ही होना चाहिए।' लेकिन इसी वजह से सम्पादक 'आत्मीयता के अनुभव के साथ एक दूरी, एक तटस्थता का भी बोध' अनुभव करता है और 'सतर्कता' बढ़ जाने की बात को भी मानता है। फिर यह भी ध्यान में रखना होगा कि सम्पादक की दृष्टि समकालीन कवियों में से प्रतिनिधित्व करने वाले प्रमुख सात कवियों को चुनने की अपेक्षा ऐसे कवियों की ओर ध्यान दिलाना है जो अच्छी कविताएँ लिख चुकने के बाद भी जो अपेक्षया कम प्रसिद्ध हुए हैं। सम्पादक ने यह भी स्वीकार किया है कि "निश्चय ही जिस पीढ़ी का जिन दशकों से ये कवि चुने गये हैं उनमें और भी अच्छी रचनाएँ हुई हैं, पर उनका अथवा उनके कवियों का यहाँ न पाया जाना इस बात का द्योतक नहीं है कि मैं उनकी अवमानना करना चाहता हूँ। (अतः दो तरह के अच्छे कवि यहाँ नहीं आ पाए हैं—जो सापेक्षतः अधिक प्रसिद्ध हैं और वे भी जिन्होंने आने से इनकार कर दिया हो।)" अगर सम्पादक की भूमिका को ढंग से पढ़ा जाए और उसकी ईमानदारी पर विश्वास किया जाये तो कोई कारण नहीं दिखता कि 'अमुक को उसमें शामिल किया जाना चाहिए था', या 'सही प्रतिनिधित्व नहीं करता है' जैसी बातों को लेकर वाक्बाणों से विद्ध किया जाये—कवियों और सम्पादक को भी!

सम्पादक की इन सीमाओं का ध्यान रखते हुए संकलन का विचार होना चाहिए यह आरोप करते समय कि प्रस्तुत कवियों से इतर कवियों का होना आवश्यक था समीक्षकों को यह दिखाना चाहिए कि वे कवि कौन हो सकते हैं (लेकिन मधुमक्खी के छत्ते पर पत्थर कौन मारेगा? अपेक्षाकृत सम्पादक पर आघात करना आसान है, क्योंकि यहाँ प्रतिवाद की कोई सम्भावना ही नहीं है।) काव्य पर जिस प्रकार 'अपरीक्षित' और 'अविसर्जित मैं' छा गया है वैसा ही समीक्षा पर भी। परिणामतः समीक्षा में वैयक्तिक रुचि-अरुचि और पूर्वाग्रहों का गैर-जिम्मेदार कीच उछाला जाता है।

सम्पादक ने काव्य सम्बन्धी एक महत्त्वपूर्ण मुद्दा उठाया है, अपनी मौलिकता के लिए नहीं (सम्पादक का दावा भी नहीं है) बल्कि समकालीन काव्य की स्थिति में वह प्रासंगिक है और कवियों के लिए विशेष दृष्टिदायी है। "जब कवि स्वयं

अपनी बात कहता है तो वह हमें तभी स्वीकार होती है—मैं कह सकता हूँ कि तभी सह्य भी होती है—जब वह कथ्य अथवा वक्तव्य प्रत्यक्ष रूप से कवि का न होकर एक पर्सोना अथवा अभिनेय चरित्र के रूप में उसका हो।' यहीं पर संस्कृत आचार्यों द्वारा प्रतिपादित 'साधारणीकरण' की तथ्यता का समर्थन होता है और आज की कविता में पाठक को उबाने वाले एक दोष पर भी उंगली रखी गयी है—'कविता बहुत बोलती है, जबकि कविता का काम बोलना है ही नहीं।'

प्रस्तुत काव्य-समीक्षा में कवियों के कृतित्व के प्रति ही विशेष ध्यान रखा गया है और स्थान-स्थान पर सम्पादक द्वारा निर्दिष्ट काव्य-विषयक वैशिष्ट्य की खोज का एवं उसकी सीमाओं का भी ध्यान रखा गया है। इस बात को भी ध्यान में रखा गया है कि 'स्वातन्त्र्य का अनुभव' किस मात्रा में कवियों द्वारा सुरक्षित रखा गया है।

राजेन्द्र किशोर के वक्तव्य पर विचार करना इसलिए महत्त्वपूर्ण नहीं है कि उसमें कुछ तार्किक संगति एवं महत्त्वपूर्ण वैचारिक योगदान है, बल्कि इसलिए कि उपेक्षा से आदमी इस भ्रम में पड़ जाता है कि उसकी बातें स्वीकार की गयी हैं और उनका कोई उत्तर नहीं है। भ्रम यह भी हो जाता है कि जिस तरह कवि की अद्वितीयता के कारण किसी पाठक ने उसे समझा नहीं, उसी तरह उसके वक्तव्य की अद्वितीयता को भी समझा नहीं गया। इससे कविता का और वैचारिक वातावरण का चाहे जो नुकसान हो कवि के अहं को अनावश्यक पुष्टि मिलती है।

इसको आंशिक रूप में स्वीकार किया जा सकता है कि 'साहित्यिक सिद्धान्तों का आस्वादन, बोध या रुचि से कोई सम्बन्ध नहीं होता' लेकिन यह विश्वविद्यालयों में पढ़ाये जाने वाले दोषपूर्ण पाठ्यक्रम के सन्दर्भ में ही सही और उनके सन्दर्भ में भी सही है जो साहित्यिक सिद्धान्तों को ही मूल में ढंग से नहीं समझ पाते। अन्यथा अपनी ही कविता को समझा जाये, इस हेतु दिये गये मन्तव्यों तथा सृजनशील प्रयोगधर्मी कवियों को सिद्धान्त प्रस्थापन के प्रति विशेष ध्यान का कोई अन्य प्रयोजन देखने में नहीं आता।

राजेन्द्र किशोर के कवि, कविता, काव्यबोध काव्य प्रयोजन पाठक, सम्प्रेषणीयता इत्यादि सम्बन्ध में किये गये वक्तव्य में बहुत बड़े अन्तर्विरोध हैं और सैद्धान्तिक घपला भी। एक बुनियादी बात यह कहनी है कि राजेन्द्र किशोर एक ओर कवि की रचना के क्षण की अद्वितीयता की बात करते हैं, कविता के अद्वितीय होने का दावा करते हैं और निष्कर्षतः साधारणीकरण को अस्वीकार करते हैं, 'सम्प्रेषण का सम्बन्ध केवल कवि में' मानते हैं और कवि को ही 'एक साथ स्रष्टा और भोक्ता' मानकर यह भी दो टूक शब्दों में स्वीकार करते हैं—'कविता का सारा रूप-निर्माण इसी भोक्ता के लिए होता है।' फिलहाल उनके समस्त मन्तव्य को स्वीकार किया जाये तो बुनियादी अन्तर्विरोध उनकी मानसिकता को लेकर प्रकट

होता है। अगर कविता का भोक्ता स्वयं अद्वितीय क्षण का अनुभव करने वाला स्रष्टा है और पाठक के सन्दर्भ में साधारणीकरण का कोई प्रयोजन नहीं है तो समूची आक्रोशभरी मानसिकता का कारण समझ में नहीं आता। वस्तुतः जब तक राजेन्द्र किशोर का अपना अद्वितीय कवि (स्रष्टा भोक्ता) जीवित है तब तक पाठकों की मृत्यु की खोज करने की कोई व्याकुलता नहीं होनी चाहिए। अगर वे अपने मन्तव्य के प्रति आश्वस्त हैं और पाठक को 'दुर्लभ पदार्थ' मानकर चलते हैं तो यह निराशा कड़वाहट, असन्तोष और अतृप्ति और दर्प क्यों—'मेरी कविताओं की नकल करके कई महाकवि हो गये, मगर मैं भुला दिया गया।" असल में अपने अद्वितीय क्षण का सृजन और भोग करके ही उन्हें सन्तुष्ट रहना चाहिए था। लेकिन बात यहाँ तक सीमित नहीं है। जिन अपनी कविताओं के बल पर वे महाकवि के रूप में स्वीकार किये जाने की आकांक्षा करते हैं, उन्हीं के बारे में यह भी घोषित करते हैं : 'मुझे मेरी पिछली कविताएँ अस्वीकार हैं। उनकी निरर्थकता भी मुझे स्पष्ट है।' अगर यह बात सही है तो जिन्होंने राजेन्द्र किशोर के बारे में कुछ आशंसापूर्ण लिखा वे अपने मन्तव्यों के प्रति पुनर्विचार अवश्य करें, लेकिन वे तमाम समीक्षक कम से कम इस मुद्दे पर सही जगह हैं जिन्होंने राजेन्द्र किशोर की उपेक्षा की। क्योंकि यह दावा करना भी गलत होता कि राजेन्द्र किशोर की 'अद्वितीयता' उन तक सम्प्रेषित हुई है और 'निरर्थकता' को एक आधार देने के छद्म के भी वे भागी हो जाते। इसी सन्दर्भ में राजेन्द्र किशोर का यह दावा भी स्वीकार करने में शंका उत्पन्न होती है, 'मैं अपनी कविताओं के बारे में इतना ही कह सकता हूँ कि इस संग्रह में संकलित कविताओं में सत्य के अतिरिक्त और कुछ भी मेरा कथ्य नहीं है।" (सम्पादक अज्ञेय को कम से कम 'वक्तव्य' लिखने के अद्वितीय क्षण में राजेन्द्र किशोर ने महफूज रखा, यह अच्छा हुआ।) और कविता का आस्वादन करते समय भी संकोच पैदा होता है जब राजेन्द्र किशोर यह भी लिख मारते हैं, "जो उपलब्ध हुआ है, उसकी अद्वितीयता का मैं साक्षी हूँ और केवल मैं ही उसका पर्याय हूँ।"—इस नितान्त अद्वितीयता के क्षेत्र में घुसपैठ करना हिम्मत को पस्त कर देता है। एक प्रकार से राजेन्द्र किशोर ने एक सपाटे में उन सभी सम्पादकों को भी धराशायी कर दिया है जिन्होंने उनकी कविताओं को छापा। यह अस्वीकार केवल अपनी कविताओं का ही नहीं, अनेक सहयोगी कवियों के कृतित्व का तो है, ही साथ-साथ समस्त नयी कविता के बीस वर्षों के इतिहास का भी है : "मगर कविता शब्दों में खो गयी। शब्दों का ऐसा आडम्बर कविता की किसी दूसरी वृत्ति ने नहीं रचा। छायावादी कविता अपनी सारी रहस्यात्मक निरर्थकता के बावजूद पाठकों में आज भी एक संवेदन जगा जाती है। नयी कविता में यह क्षमता भी नहीं है। वहाँ शब्द ही शब्द हैं..." हर समय अद्वितीयता के क्षण के बोध के इलहाम में और अपनी ही कविता (जिसको स्वयं कवि अस्वीकार कर रहा है) के पाठक न मिल

पाने की वेदना में एक विचित्र कशमकश है जो सारे 'वक्तव्य' पर छा गयी है और उसका कारण वैचारिक अस्पष्टता है।

मानसिक अन्तर्विरोध के बाद राजेन्द्र किशोर की वैचारिक अस्पष्टता का भी थोड़ा परामर्श आवश्यक है। राजेन्द्र किशोर ने अपने को छोड़कर अन्य सभी कवियों के बारे में एक निरीक्षण दिया है : "नयी कविता के कवि समाज में कोई कवि किसी दूसरे की कविता नहीं पढ़ता।" फिर मनोवैज्ञानिक प्रमाण देते हुए कहा है, हर आदमी का आग्रह है कि "वह कुण्ठितों की जमात में कबूल कर लिया जाये।" और यह भीड़ में खोये हुए आदमी का मनोविज्ञान है। समूह में स्वीकार किये जाने की आकांक्षा का मनोविज्ञान। "उनकी चीख-पुकार का अर्थ है–ध्यान आकर्षित करना। अगर यह सही है तो यह अच्छा ही है कि दर्दी की चीख-पुकार पर कोई ध्यान नहीं दे रहा है। इस सन्दर्भ में राजेन्द्र किशोर के शिकवे से भरी टोन का क्या अर्थ है? कुछ मनोविज्ञान राजेन्द्र किशोर को भी समझाने की आवश्यकता है। यह मनोवैज्ञानिक कुण्ठा है अपनी अद्वितीयता का बोध जिसके आधार पर दूसरों की उपेक्षा को झेला जाता है। भीड़ में शामिल होने के लिए चीख का सम्बन्ध जितना कुण्ठा से है उससे कम गम्भीर कुण्ठा वह नहीं है जो अन्य कवियों, समालोचकों, पाठकों की लताड़ पर अपनी 'अद्वितीयता' के भ्रम का एक सुरक्षा कवच बनाती है।

सम्भवतः 'साधारणीकरण' और 'सम्प्रेषण' दोनों के बारे में राजेन्द्र किशोर के मन में कुछ भ्रान्त धारणाएँ हैं। अगर कवि के स्रष्टा और भोक्ता के बीच 'सम्प्रेषण' राजेन्द्र किशोर सम्भव मानते हैं तो बात सिर्फ उस 'भोक्ता' की परिधि के बढ़ाने की है। यहीं पर कविता को समझ पाने वाले अध्यवसायी सामाजिकों का सांस्कृतिक गुट उस परिधि में आ जाता है। 'सम्प्रेषण' सामान्य पाठकों तक हो यह दावा कोई नहीं करता और 'सम्प्रेषण' में यह दावा भी नहीं है कि स्रष्टा कवि की समस्त सृजन प्रक्रिया को पूरी तरह से समझा जाये। यह तर्क तथा युक्ति पर आधारित सम्वाद के बारे में भी अपेक्षित नहीं है। 'सम्प्रेषण' में महत्त्वपूर्ण बात यही है कि सृजनकर्ता अपनी अनुभूति की अभिव्यक्ति करते समय इस बात का सतत भान रखे किं जिन शब्दों का उपयोग करने के लिए वह विवश है, उनकी यह मूलभूत मांग है कि किसी न किसी पर उनकी सार्थकता सिद्ध हो। इस 'मांग' में ही कला-प्रक्रिया के कुछ तत्त्व सन्निहित हैं जिनकी विस्तार से चर्चा यहाँ सम्भव नहीं है। जिस काव्यानुभव को 'अद्वितीयता' कहकर राजेन्द्र किशोर उसे कवि से इतर पाठकों से दूर रखना चाहते हैं वह असल में 'अद्वितीयता' उतनी नहीं है जितनी कवि व्यक्तित्व की विशिष्टता है और यह 'विशिष्टता' सम्प्रेषण में बाधक नहीं होनी चाहिए–कवि का कलात्मक प्रयास इसी में प्रकट होता है। राजेन्द्र किशोर ने 'साधारणीकरण' के प्रश्न को जिस ढंग से उठाया है उससे लगता है कि इसको

लेकर नयी कविता के सन्दर्भ में जो विचार अज्ञेय, डॉ. जगदीश गुप्त इत्यादि चिन्तकों ने उठाये थे उनसे राजेन्द्र किशोर पच्चीस वर्षों की प्राध्यापकी के बावजूद खास परिचित नहीं हैं। सारा झमेला 'अद्वितीयता' को लेकर है। 'साधारणीकरण' का अतिरेकी आग्रह नये कवियों ने कहीं नहीं किया है। केवल पाठक से 'समझ' की अपेक्षा करते हैं। एक और वैचारिक संदिग्धता इस बात को लेकर भी राजेन्द्र किशोर के वक्तव्य में जाहिर होती है, वह बात है 'सार्वभौमिकता' को लेकर। विज्ञान की 'सार्वभौमिकता' अलग है और काव्य की 'सार्वभौमिकता' अलग है। विज्ञान की सार्वभौमिकता वैज्ञानिक सत्य की वस्तुनिष्ठता पर आधारित है तो काव्य की सार्वभौमिकता (universality) सहृदय पाठक के मर्म को स्पर्श करने की व्यापक क्षमता का आग्रह है। इसका भी विवेचन अधिक विस्तार में यहाँ सम्भव नहीं है।

फिर भी पाठकों तक पहुँचने की ललक राजेन्द्र किशोर में कम नहीं है। पता नहीं ऐसी कौन-सी विवशता राजेन्द्र किशोर को इस संकलन में सम्मिलित होने के लिए उद्यत कर सकी जबकि उनकी दृष्टि में अद्वितीय क्षण का कोई भागी और भोगी हो ही नहीं सकता है। पाठकों तक पहुँचने के लिए उनके पास एक और रास्ता है—"कविता की सम्प्रेषणीयता इस पर निर्भर करती है कि वह पाठकीय (archetypes) के कितना करीब जा सकती है।" दूसरी ओर उसी सांस में यह भी—"मुख्यतः मैं इस निष्कर्ष पर पहुँचा हूँ कि महान् कविता अपनी अद्वितीयता की अभिव्यक्ति के लिए शब्द का, रूप का, लय का अनुसन्धान नहीं करती (archetypes) का अनुसन्धान करती है।" यह अनुसन्धान रोचक होगा कि इस संग्रह में संकलित कविताओं में जिनके बारे में दावा है कि "सत्य के अतिरिक्त और कुछ भी मेरा कथ्य नहीं है।"—कितने (archetypes) हैं।

फिर भी राजेन्द्र किशोर की कविता उनके वक्तव्य से अधिक सन्तोष देती है।

राजेन्द्र किशोर की एक प्रकार की कविताएँ वे हैं जो विचारों पर आधारित हैं और किंचित दीर्घ भी हैं। दूसरे प्रकार की वे जिनमें वे अधिक अन्तरंग से एकात्म हो गये हैं। कुछ कविताओं में जीवन के चित्र हैं।

अपनी वैचारिक कविताओं में राजेन्द्र किशोर एक निश्चित बौद्धिक, भावनात्मक 'स्टेण्ड' लेते हैं और बाद में तार्किक ढंग से अपनी 'हाइपोथेसिस' को विस्तार देते चलते हैं। इस विस्तार प्रक्रिया में कथन की वक्रता का भरपूर उपयोग करते हैं। कविता के आरम्भ से लेकर अन्त तक के कुछ पहले तक सामान्यतः एक 'निगेटिव' वृत्ति से अपने 'हाइपोथेसिस' का विस्तार करते हैं और अन्त में निष्कर्षात्मक ढंग से समापन करते हैं।

'इतिहास बोध' में हाइपोथेसिस है, 'अब बेकार है भटकना इस उम्मीद में। जो गिरे होंगे बीज, उनमें से कुछ तो अंकुराये होंगे।' प्रबल अहंकार में कवि घोषणाएँ

देता चलता है कि उसने पर्वतों, नदियों, जंगलों, आकाश की छानबीन की है। इस नकार, फटकार और धिक्कार के साथ यह अन्तर्विरोधी बात भी 'यह एक फरेब था इतिहास का और इस फरेब में मैंने उन गुमशुदा लोगों की तलाश में भुला दिया अपनी उम्र का हिसाब।' परिणामतः कवि भी इस बाँझ साधना में खत्म हो गया, 'इतिहास को मुझे नकार कर एक और फरेब गढ़ने का बहाना मिल गया।' इस स्थिति में यह जानना मुश्किल हो जाता है कि बांझ लोगों की भीड़ में खड़ा कवि स्वयं नपुंसक होने पर भी चीखने-चिल्लाने का नैतिक अधिकार कहाँ से पाता है। एक बहुत बड़ी दरार है कवि-व्यक्तित्व में—उनके विचारों और अनुभूति-संसार में। दूसरे भाग में बुजुर्गों को पूर्णतः नकार दिया है। लेकिन यहाँ भी अन्तर्विरोध है : आशय और अभिव्यक्ति की भंगिमा में भी। बुजुर्गों की निर्वीर्यता, नपुंसकता और मजबूरी से खीजकर उनको फटकारने वाला यह कवि न केवल यह अनुभव करता है, 'बहुत-सी बातों की तरह मेरे परिवेश में सिद्ध हो गयी है अनुभव की निरर्थकता।' परिणामतः वह नपुंसक की तरह ही 'मैं कल्पना में महल ढाता हूँ और ठठा-ठठाकर हंसता हूँ।' उसे अपने गीत नपुंसक लगते हैं जो स्वाभाविक है। लेकिन उसी साँस में वह यह भी क्षोभ से कहता है, 'मेरे नपुंसक गीतों की बंजर स्वर-लिपि उतार रहे हैं लोग।' पूरी कविता में अपने जनखे बुजुर्गों के साथ, समकालीन परिवेश के लोगों (कवियों के साथ) को कोसते हुए कवि अपनी नपुंसकता को स्वीकार करता है। परन्तु इस समस्त आशय को व्यक्त करते समय जिस डाँट-फटकार वाली सुरावली (टोन) का उपयोजन करता है वह, उसके तर्क और भाव के बीच के खंडित रूप को ही प्रस्तुत करता है। समस्त कवियों को विचारों के धरातल पर विस्तार दिया गया है, परन्तु कथ्य आवेग से मेल नहीं खाता।

कवि दूसरों की नपुंसकता और अपनी सामर्थ्य के बीच में अन्तर को स्पष्ट करता है तो जीते-जागते ज्वलन्त जीवन के ठोस सन्दर्भों से प्राणवान जीवन चित्रों, व्यावहारिक संसार के प्रत्यक्ष बिम्बों से अपनी जीवनानुभूति व्यक्त न कर इन्द्रधनुष, आकाश, पर्वत, जंगल, नदी इत्यादि का सहारा लेता है। कवि का शायद समर्थन यह होगा कि वह (archetypes) का उपयोजन करता है, परन्तु मेरी सम्मति में यह जीवन की प्रत्यक्षता के मांसल अनुभव के भावावेगों की क्षीणता है, जिसे विचारों की आक्रामक मुद्रा के नीचे छिपाने का प्रयास किया गया है।

कवि जब जीवन के जीवनी बिम्बों से काम लेता है तब 'मजबूरी' जैसी सघन कसावट वाली छोटी परन्तु जीवनार्थ से ओत-प्रोत कविता लिख सकता है जो विलक्षण अभिभूत करती है। छोटी कविता में गजब की सामर्थ्य भरने की क्षमता 'परिणाम', 'देह' में भी देखी जा सकती है।

अनुभूति की अद्वितीयता और अनुभूति की सार्वजनीनता के सही अर्थों को न समझ पाने की परिणति होती है अपने व्यक्तिगत अहं को काव्यात्मक रूप देने

की असफलता में। फिर बहुत सुन्दर बिम्बों और विदग्ध शब्द प्रयोगों की बुवाई के बावजूद कविता अक्षम हो जाती है। 'एक इतिहास आत्मजों के लिए' इसको उदाहृत करती है। कवि के 'अहं' को काव्यात्मक अभिव्यक्ति देने का प्रयास बहुत कवियों ने किया है, परन्तु उसी समय वह काव्य के स्तर पर चढ़ती है जब (अ) कवि के सफल काव्य का सामर्थ्यवान इतिहास कविता के पीछे हो। (ब) कवि के विराट काव्य सामर्थ्य की पहचान उसकी प्रस्तुत कविता देती हो, (स) कवि अपनी पीढ़ी का सशक्त प्रतिनिधित्व सही ढंग से करता हो। ऐसा कुछ भी 'एक इतिहास' में नहीं है। पूँछ उठाये भागती गौओं के पीछे जैसा सुन्दर बिम्ब जो अपेक्षाएँ उभारता है उसे बाद की सपाट अभिव्यक्ति निःशेष करती है। अपने यदुवंशी बान्धवों को खुदकुसी करने की सलाह देने वाला यह कृष्ण स्वयं अपने आत्मजों से भिन्न नहीं है। कवि के आत्मनिवेदन में निकली भूल की स्वीकृति भी (इसमें मेरा क्या कसूर है...मेरा क्या कसूर है) 'निजी सुरक्षित कोष' से ही निकली लगती है, क्योंकि कविता में गौओं की खोज में दौड़ता जंगल जंगल का 'ह्येटारिकल' निवेदन है। उस पर फटे पिराते पांवों के लहूलुहान अंगुलियाँ के दर्दीले टीसते कराहते चिह्न नहीं हैं—है एक वैचारिक मानसिक अवस्था का ह्येटारिकल निवेदन।

यह कविता एक ऐसे कवि की कविता है जो विचारों से प्रक्षुब्ध है, परन्तु उसकी अनुभूति-इन्द्रिय उसका साथ नहीं देती। फलतः ह्येटारिकल व्हेन में अपने कथ्य को व्यक्त करने के लिए बाध्य है।

यही कवि जब अपनी समसामयिकता के बोझ से मुक्त होकर, 'अहं' से छुटकारा पाकर, किसी प्रतिक्रियात्मक मुद्रा से बचकर अपने ही अन्दर की अनुभूति की पर्तों को खोलने में लवलीन होता है तब 'प्रतीक्षा अनुग्रह की', जैसी सुन्दर कविता लिख लेता है। 'आद्योपान्त जल', 'प्रतीक्षा अनुग्रह की', 'प्रज्वलन' जैसी आत्मान्वेषक कविताओं का रिश्ता 'अज्ञेय' की कविता से जुड़ जाता है। 'आद्योपान्त जल' एक अतीन्द्रिय अनुभव की—किसी अखण्ड सत्ता में विलीन होकर तदाकार होने की अनुभूति की कविता है। देश, काव्य, अन्य ऐन्द्रिय उपाधियों को लील कर केवल तरल अनुभूति के रूप में एहसास मात्र कराने वाली अनुभूति—'रोमांचों पर तिरती हुई जल की तरलता। जल भी नहीं, मात्र तरलता।'—किसी भी व्यावहारिक जगत एवं जीवन की विशिष्टता के स्पर्श से रहित अनुभव—'खुली आँखों की सचेतन दृष्टिरहितता।' कवि किसी आध्यात्मिक रहस्यवाद में आस्था नहीं रखता, परन्तु यह अनुभूति 'अद्वितीय' क्षण की अवश्य है। आत्मिक विस्तार एवं गहनता की अनुभूति—विशिष्टाद्वैत की अनुभूति का संकेत देनेवाली—शब्दों के माध्यम से शब्दातीत अनुभूति की अद्वितीयता का केवल संकेत मात्र ही यह कविता देती है। यह एक अर्थ में कवि का सामर्थ्य भी है कि वह ऐसे अनुभवों को उपलब्ध कर सकता है और दूसरे अर्थ में यह कवि-कर्म की असमर्थता भी है कि वह सम्प्रेषण

में आंशिक रूप में ही सफल हो पाता है। ऐसी स्थिति में कविता का अभिप्राय जितनी स्पष्टता से व्यक्त होता है उतना उसमें से छनकर अनुभूति का साक्षात्कार नहीं होता। लेकिन कविता की गम्भीर सुरावली अनुभूति के आंशिक सम्प्रेषण में काफी सहायक हो गयी है। वस्तुतः इस प्रकार की अनुभूति शब्दों को द्रव में पिघलाकर फैलती है–यहाँ शब्द अधिक दक्षतापूर्वक उपयोजित हैं जो अपनी ओर अधिक खींचते हैं। फिर भी उपर्युक्त कविताएँ कवि व्यक्तित्व की प्रगल्भता का संकेत देती हैं। इसी अहं-क्षण की मात्रा में उपलब्ध 'रोज वही' भी एक अलग ढंग से सशक्त मानी जा सकती है। कवि-व्यक्तित्व की प्रौढ़ता की दृष्टि से 'आत्म-साक्षात्कार' जैसी सघन कविता का उल्लेख आवश्यक है। आक्रामक चीख-पुकार और दूर अर्थगर्भ कविता–असली आत्मिक मर्मांतक तकलीफ को सहकर उपलब्ध जीवन-विषयक वयस्क समझ की प्रतीति कराने वाली है यह कविता। तीन व्यक्तियों (प्रवृत्तियों के भी) के जीवन सन्दर्भों की सूक्ष्म सूचनाओं से आशय-समृद्ध यह कविता व्यक्तित्वों के ठहराव की गहरी व्यंजना करती है। मुक्त यातना के सशक्त पदचिह्नों से बिम्बांकित यह कविता अनुभव को ठोस धरातल पर मूर्त करती है। अन्तिम पंक्तियाँ (मगर मैं अचरज में हूँ...की अंगुलियाँ) तार्किक निष्कर्ष प्रस्तुत न कर समस्त जीवन सन्दर्भ को मूल्यवान अर्थ से आलोकित करती है–यह केवल वक्रता नहीं है, समस्त अनुभव को एक गहनता का परिणाम मिला है।

एक नितान्त अलग किस्म का आत्म-साक्षात्मकार 'मुझसे नंग-धड़ंग' में भी है जो अभिजातीय मुद्रा को पूर्णतः परे हटाकर किया गया है। एक जीवन की विद्रूप वास्तविकता का यह सशक्त और सच्चा उद्घाटन है जो किसी न किसी क्षण सामने आ जाता है।

'आपातकाल : आत्म सम्बोधन' कविता पौराणिक सन्दर्भों के माध्यम से पीढ़ियों के संघर्ष को एवं युवा पीढ़ी की वंचना को संकेतित करती हुई मानवीय सम्भावनाओं में आश्वस्ति व्यक्त करती है। कविता की दीर्घता अर्थघनता की अपेक्षा स्फीति का बोध अधिक देती है और शब्द आवश्यकता से अधिक ध्वनि करते हैं।

राजेन्द्र किशोर की कविता में वैविध्य है–अर्थगहनता कसाव और शब्द-योजना की दक्षता की ओर वे सक्रिय हैं। अनुभूति के व्यापक कैनवस को समेटकर प्रभावकारी बनाने की कला भी उनमें है, परन्तु बहुत बार वैचारिकता की अमूर्तता कथ्य को काव्यत्व से वंचित करती है। ऐसी भावभूमि पर भी कभी वे कविता को ले चलते हैं जो सामान्यतः दुर्लभ होती है। काश, वे 'अहं' और 'अद्वितीयता' के अन्तर को समझ पाते। फिर भी मुझे यह चौथे सप्तक का सशक्त कवि लगता है। समकालीन अच्छे कवियों में उनको स्थानांकित करने में सम्पादक अज्ञेय ने सम्पादकीय दायित्व पूरी तरह से निभाया है।

श्रीराम वर्मा के वक्तव्य में नयी कविता के वैचारिक आन्दोलन के दौरान हुए शब्द-विषयक चिन्तन को सुन्दर ढंग से संकलित किया गया है। वे शब्दों से उत्कट प्रेम करने वाले कवि हैं। सामान्यतः शब्द-विषयक उनका विवेचन मान्य हुआ है। 'वक्तव्य' में श्रीराम वर्मा ने अपनी कविता के तीन रूपों का संकेत किया है, उससे समीक्षा का कार्य आसान हो गया है। रही बात श्रीराम वर्मा के काव्य-सामर्थ्य पर दृष्टिपात करने की। श्रीराम वर्मा चेतन मन के कवि अधिक हैं और संवेदनों, विचारानुभूतियों को स्पष्टतः देखकर शब्दांकित कर सकने की कुशलता उनके पास है। 'चक्रव्यूह' जैसी कविता में उनके संवेग पर उनका चेतन तार्किक मन बहुत हावी होता है जो काव्य का रास्ता नहीं है।

श्रीराम वर्मा की सामाजिक, राजनीतिक, आलोचनात्मक विचार-कविताएँ वर्णनात्मक विवरणात्मक अधिक लगती हैं, चित्रात्मक व्यंजन-गर्भी कम। शब्दों का अद्‍भुत संग्रह उनके पास है और नये सामाजिक शब्दों के संयोजन की क्षमता भी। परन्तु उनकी कविताएँ व्यंग्य का तीखा एहसास कम कराती हैं। लगता है उनकी शब्द शक्ति के प्रयोगों के बावजूद हम अखबारी सतह पर हैं, कहीं गहरे मर्मवेध ये कविताएँ नहीं करतीं, कहीं जीवन का अनजाना, अनपहचाना, अनछुआ पक्ष उघाड़कर सामने नहीं लातीं, न कवि मन की तीखी, तिलमिलाती सम्वेदना के विदारक स्पर्श से अनुभूति करती हैं ('चेहरे का चौराहा', 'बाढ़ के बाद')। कहीं शब्दों का चमकदार संयोजन और टटके बिम्बों की छितरावट से अलग से ध्यान अवश्य आकर्षित करता है : 'हाथी के कान की तरह बजते हैं दरवाजे ग्रहों तक।' या 'घास पर बिछी ओस आती है चुप-चुप नन्हें सूर्य बिम्ब'। 'रसोई घर : तीन बार' की यान्त्रिक गठन कविता के मर्म को भोथरा बना देती है। कई बार श्रीराम वर्मा शब्दों के संयोजन में भी कुछ लापरवाही से काम लेते हैं। 'बाढ़ के बाद' जैसी कविता में प्रयुक्त यौन-संकेत साहसिकता की अपेक्षा सन्दर्भच्युति के परिणामस्वरूप कलात्मक अप्रयोजकता का एहसास कराते हैं, यथा—'नीले दलदल चमकते खुदरा धूप में गीली योनि-से फैसे', 'चुपचाप नगर पूरा कर रहा है। एक बेनहाई पसरी काली औरत की बलात्कार भरी फफुंदियाई कहानियाँ।', 'खुले हुए नाड़े की तरह ठहरी नहीं' इत्यादि। ये 'बाढ़ के बाद' की कवि मानसिकता की ईमानदारी पर शंका उपस्थित करने वाले संकेत हैं। ये असंगत लगते हैं। यह कविता भी सपाट दृश्यात्मक अधिक हो गयी है।

श्रीराम वर्मा की वे कविताएँ जिनका वर्णन उन्होंने किया : संवेदनाओं के प्रभाव में लयात्मक अनुभूतियाँ, अधिक अच्छी हैं। उनकी सही सामर्थ्य का परिचय भी यही कविताएँ देती हैं। श्रीराम वर्मा सौन्दर्यप्रेमी, संस्कार सम्पन्न, प्रभाववादी कवि हैं। 'देह का गीत' और 'चुम्बनान्त' के शब्द संयोजन एवं लय पर अज्ञेय का प्रभाव स्पष्ट है। 'कुहरे का दशक' के क्षणचित्र भी पर्याप्त दृश्यात्मक हैं और

वैविध्यपूर्ण भी, कवि के आन्तरिक प्रभाव को यथोचित भाषा में सम्प्रेषित करने में सफल भी होते हैं। यही 'शुक्र' के बारे में कहा जा सकता है। श्रीराम वर्मा के समस्त 'इम्प्रशनिष्ट' कवि के 'वैशिष्ट्य' 'चांदनी की लय' जैसी नितान्त सुन्दर कविता में स्पष्टतः परिलक्षित होते हैं।

श्रीराम वर्मा की कविता में सौन्दर्य है, परन्तु अधिक व्यापक एवं सर्वस्पर्शी बनने का गुण, विराटता और गहराई को छूने वाली सामर्थ्य बहुत सीमित है। जीवन के उग्र यथार्थ का सामना करते हुए भी वैयक्तिक जीवन के भाव-संसार को, सौन्दर्यधर्म को जीवित रखा जा सकता है, इसका प्रमाण श्रीराम वर्मा देते हैं और यह आज के सन्दर्भ में महत्त्वपूर्ण है।

सुमन राजे का वक्तव्य खासकर उनकी कविता सम्बन्धी धारणाएँ सुचिन्तित, सन्तुलित और स्पष्ट हैं, न कहीं अहं का कांटा, न मौलिकता की छद्म मुद्रा। कोई मानसिक गाँठ नहीं है, इसीलिए चीख-पुकार और आक्रोश के बीच भी उन्होंने अपनी सामर्थ्य एवं सीमा का यथोचित भान रखा है—"मेरी तलाश कविता की तलाश है, मैं भाषा की तलाश को पृथक् से कोई समस्या नहीं मानती। कविता अपनी भाषा में स्वयं प्रकट होती है, उसे न तो गुब्बारे की तरह फुलाना होता है, न खपच्चियाँ लगाकर सीधा करना होता है और न ही रीढ़ तोड़कर मुलायम करने की प्रक्रिया आवश्यक है। जब जीवन की पकड़ सीधी-सच्ची है तो भाषा की पकड़ उल्टी नहीं हो सकती। पेड़ पूरा का पूरा उगता है, उसमें कहीं की पत्तियाँ और कहीं के फूल लाकर चिपकाने की जरूरत नहीं।"

सुमन राजे ने अपनी कविताओं के महत्त्वपूर्ण वैशिष्ट्य उसकी बिम्बधर्मिता को सुरक्षित ही नहीं रखा है, बल्कि नये, ताजे, व्यावहारिक जिन्दगी से सहज रूप में विपुल मात्रा में उठाये गये बिम्बों के फलस्वरूप उनकी कविता काव्य-धर्म के प्रति निष्ठावान है। उनकी अनेक विचार कविताएँ इस गुण के कारण काव्य-स्तर से प्रायः नीचे नहीं उतरतीं। 'होने की प्रक्रिया' जैसी अन्य विचारात्मक कविताएँ भी ठोस और मूर्त रूप से सम्प्रेषित हुई हैं। खासकर सुमन राजे की कविता में नारी-मन द्वारा गृहीत बिम्ब विशेष प्रभाव पैदा करते हैं। 'समय मुसकानों की सजीली/किनारी/फाड़ देता है और माथे पर चोटों के थीगड़े टाँक देता है। आँखों में जहाँ-तहाँ ठोक कर कीलें—उन पर सुखाने के लिए सपने। उलटे कर टाँग देता है।' —या 'डोरी में बँधे लाल मिर्चों से/सूखे जाते हैं/नैनों के आकर्षण।' सुमन राजे की वैचारिक कविता पढ़ते समय एक ओर उनकी सहज बिम्बधर्मी भास्वरता यह बोध शिथिल होने नहीं देती कि हम कविता ही पढ़ रहे हैं—सपाट वक्तव्य नहीं। हाँ, उनकी वैचारिक मूल्यवत्ता के बारे में मतभेद के लिए गुंजाइश है।

'न समाप्त होने वाली उलटबाँसी' में हर टुकड़ा चौंकानेवाली वक्रता धारण किये हुए है लेकिन ऐसा लगता है कि वैचारिक गहनता से या चिन्तन की

काव्यात्मक प्रक्रिया से कविता हमें अभिभूत नहीं कर रही है, उसकी लम्बाई एकरसता का बोध कराती है ही, लेकिन 'सान्ध्य भाषा' की (विवशता की) प्रयोजकता का खास अनिवार्य एहसास नहीं जगाती। 'पुतले' की संकल्पना रोचक है और उसकी शिल्पन प्रक्रिया में काफी तराश है, परन्तु मूल काव्यवस्तु तीव्र अनुभव की आँच में पकी नहीं लगती—कच्चे घड़े की भाँति आकर्षक परन्तु प्रयोजन सिद्धि में कुछ उन्नीस लगती है। फ़ैंटेसी के स्तर पर प्रयुक्त प्रतीक अभिप्राय को गहन अर्थवत्ता में सम्पृक्त बनाने के बजाय अपनी ही चमक में रसिक-दृष्टि को बाँध लेते हैं। 'उगे हुए हाथों के जंगल' और 'पीछे आने वाले भविष्य से' के माध्यम से प्रतीकित मानवीय अवस्थिति का बोध बहुत ही प्रभावपूर्ण ढंग से व्यक्त किया गया है। 'उगे हुए हाथों के जंगल' की प्रतीकात्मक अभिव्यक्ति 'कटी उंगलियों की पीड़ा' से तिलमिलाता बोध पैदा करती है, 'पीछे आने वाले भविष्य से' के प्रतीक भी दृक्-प्रत्यय से जीवंतता का बोध कराते हैं। फिर भी दोनों कविताओं में अभिव्यक्त 'आत्मालोचन' पीड़ा की गहरी कराहती टीस उत्पन्न करने में सफल नहीं होते—कहीं ऐसा तो नहीं है कि 'स्टाक रेस्पांसिज' उत्पन्न करने में कविता की मूल पकड़ शबल हो गयी है? 'पीछे आने वाले भविष्य से' का आशावादी स्वर कविता के भीतर से अनिवार्य रूप में उभरकर नहीं आता, न वहाँ कवि मन की गहन अनुभूति सहज-ज्ञान (Intution) से उद्भूत स्वर का एहसास कराती है। 'तुम हमें खोज लेना' में संवेदना की उचित कीमत चुकाने में कवि मन की असमर्थता का बोध अधिक मुखर होता है। परिणामतः 'आशावादी' स्वर भावुकता के स्वर पर उतर जाता है। 'अनिवार्य' कविता के बारे में भी यही कहा जा सकता है।

कवयित्री के वैयक्तिक आत्मान्वेषण और सौन्दर्यबोध के क्षण अधिक काव्यात्मक लगते हैं। 'सूरज की दुलहिन', 'भोर' जैसी कविताओं पर छायावादी या वैसा ही कुछ 'प्रभाव' देखना कवयित्री पर अन्याय होगा। किसी भी कवि के सौन्दर्य से अभिभूत होने की सहज प्रवृत्ति पर किसी युगविशेष का या विचारधारा विशेष का अधिकार नहीं चलने देना चाहिए। अन्यथा समस्त काव्यबोध की प्रयोजनीयता पर ही प्रश्नचिह्न लग जायेगा। संगत सवाल यही होगा कि सौन्दर्यबोध के क्षण अपनी ताजगी, अपनी नूतनता और पृथगात्मक व्यक्तित्व से अभिभूत करने वाले हैं या नहीं। इस कसौटी पर सुमन राजे की कविताएँ खरी उतरती हैं। न केवल सौन्दर्यबोध की कविताएँ, आत्मान्वेषण की कविताएँ भी। 'सुरमई परिधि', 'एक मनःस्थिति', 'एक क्षण दो अनुभूतियाँ', 'चेतना', 'दर्पण', 'हथेली पर थूकी हुई जिन्दगी', 'ओ अपरिचित हाथ' मुझे संकलन की अच्छी कविताएँ लगीं। 'दर्पण', 'हथेली पर थूकी हुई जिन्दगी' तो आँखों में किरकिरी उत्पन्न करने वाली सशक्त कविताएँ हैं।

'जवाबदेही' मुझे कुल मिलाकर अच्छी ही लगी। इस प्रकार की कविताओं

में कुछ (Rhetoric) कुछ गद्यात्मकता आ ही जाती है। लेकिन पूरी कविता के समग्र प्रभाव में यह सब रचपच गया है। कवयित्री ने अनेक सवालों को उठाया है और वे आज के काव्य समीक्षा के माहौल में चर्चित भी हैं। कवयित्री को अपनी शक्ति एवं सीमा के बारे में कोई मुगालता नहीं है। एक सवाल सामयिक सन्दर्भ में यह कविता उठाती है और एक संवेदनशील, संस्कार सम्पन्न कवयित्री के द्वारा उठाये गये इस प्रश्न का साहित्य के सांस्कृतिक वातावरण में अपना खास महत्त्व है और लेखनी का हर किसी को कूटने के लिए प्रयोग करने वाले तथाकथित 'व्यंग्य'—कवियों को या लेखकों को इसका गम्भीरतापूर्वक विचार करना चाहिए। शायद सामन्तवादी व्यवस्था और मूल्यों के प्रति विद्रोही भूमिका लेने वाले को भी पता चलेगा कि नारी के सम्बन्ध में आज भी वे सामन्तवादी मानसिकता को नहीं छोड़ पाये हैं। ये पंक्तियाँ इस प्रकार हैं—

अदालत अगर इजाजत दे तो कुछ अपनी बात भी कहूँ
आखिर नारी होकर, नारी होने को कब तक सहूँ
आप ही न्याय करें हुजूर
जब समय का सारा आक्रोश
धारदार चाकू की नोंक की तरह औरत के जिस्म में
उतारा जाता हो,
गालियों का गोलियों से नजदीकी नाता हो,
अपने को पीड़त समझ युवा औरत के चीथड़े को अपनी ढाल
बनाता हो
बिना यह जाने कि उसमें एक अदद चेहरा भी है—
आक्रोश का दमामा बजान को
उसे चमड़ी-सा
खींच-खींच चढ़ाता हो,
भाषा से काट दे चाहें
जीवन में सम्बन्धवाचक शब्द अभी बाकी है,
और फिर मेरे कहने का मतलब क्या है
अगर ये बातें आधुनिकता की हैं।

सुमर राजे ने अपने मन्तव्य में ही लिखा है—'जीवन की पकड़ सीधी, सच्ची है'—और यह सही है। इस सीधी पकड़ के परिणामस्वरूप बहुत अच्छी या श्रेष्ठ कविताएँ उन्होंने न दी हों, जो दी हैं वे पहले सच्ची कविताएँ हैं और अच्छी भी हैं।

नन्दकिशोर आचार्य के वक्तव्य में स्पष्टता और ईमानदारी है और कोई छद्म मुद्रा नहीं है। हाँ, कुछ नूतन दृष्टि या नई भंगिमा है, ऐसा भी नहीं है। नयी कविता की काल चर्चा में जो समृद्ध चिन्तन हुआ उसी में नन्दकिशोर के कवि व्यक्तित्व

ने आकार पाया है। उनके वक्तव्य से अधिक महत्त्वपूर्ण उनकी कविताएँ हैं—एक ओर सीमित व्यक्तित्ववान कवि की ये कविताएँ हैं तो दूसरी ओर अपनी सीमा में विलक्षण कसावपूर्ण और ठोस आकार से भरी-पूरी।

नन्दकिशोर आचार्य की कविता एक दृष्टि से आत्मकेन्द्रित है, क्योंकि वह आत्मान्वेषण की प्रक्रिया में सर्जित कविता है—इसीलिए वह केवल अपने ही पास रहती है। उनके चिन्तनपरक लेखन पर अज्ञेय का प्रभाव है ही। कविता पर भी अज्ञेय की मुद्रा और भंगिमा का इतना बड़ा प्रभाव परिलक्षित होता है कि कहीं यह शंका भी होने लगती है कि इस कवि को अपनी विशिष्ट पहचान मिलेगी भी या नहीं। फिर यह प्रभाव अज्ञेय के समग्र कवि-व्यक्तित्व का नहीं है, आंशिक है। आत्मान्वेषणपरक रहस्यमय गम्भीर कवि-मुद्रा ने नन्दकिशोर जी के कवि-व्यक्तित्व को फैलने नहीं दिया है। उन्हीं के शब्दों में उनकी कविता का रूप है : 'बल्कि जल होना ही बहना है। और वह भी सदा बहना है। खुद की ही ओर।' परिणामतः इस प्रकार की अन्तर्मुखी कविता यह माँग करती है : 'इसलिए जल है जहाँ। सागर भी वहीं है। तो तुम्हारी आँख क्यों सागर नहीं है।' इस आग्रह का परिणाम होता है आत्मकेन्द्रित होने में (भले ही इसका 'आत्म' तत्त्वतः विराट हो) और 'बाह्य' से अपनी दृष्टि को मूँद लेने में। वह स्वाभाविक ही है कि नन्दकिशोर के काव्य में जीवन के वैविध्यपूर्ण क्रिया-व्यापारों का वैविध्य नहीं है, ऐन्द्रिय बिम्बों की मांसलता नहीं है, जीवन के प्रति जिज्ञासा नहीं है। उनकी आन्तरिकता सागर, नदी, पेड़, पर्वत, आकाश, पत्थर, मूर्ति इत्यादि सामान्य उपकरणों के प्रतीकात्मक प्रयोग में ही परितुष्ट होती है। एक बार कवि यह आस्था के रूप में स्वीकार कर लेता है कि 'आकाश का ही है'—एक विशिष्ट मानसिक अवस्था के क्षण के रूप में नहीं बल्कि जीवन दृष्टि के रूप में तो जो आत्मलीनता पैदा होती है वह कवि के आरम्भिक कवि-व्यक्तित्व में गतिहीनता और निष्क्रियता उत्पन्न करती है। (अपवाद हैं—ज्ञानेश्वर, परन्तु वह एक अलग चर्चा का मुद्दा है) और सृजन की क्षमता को क्षीण करती है (स्वयं नन्दकिशोर की कतिपय कविताओं में इसकी कसमसाती चुभन है—इसकी चर्चा थोड़ी बाद में)। बाह्य के व्यापक प्रसार में घात-प्रतिघात के फलस्वरूप धीरे-धीरे एक प्रगल्भता के रूप में अन्दर जाना एक बात है और पहले से ही एक 'सिद्ध' मुद्रा प्राप्त करना दूसरी बात है—यह मैं व्यंग्य से नहीं, दुःख से लिख रहा हूँ, क्योंकि नन्दकिशोर की कविता में मुझे सम्भावनाएँ भी दिखीं और उनके निकट गतिरोध की स्थितियाँ भी। 'गमला ही सही' वाला भाव आत्मतुष्टता का भाव है। जिन्दगी का उग्र यथार्थ जब तक आक्रमण नहीं करता (यह अब सम्भव नहीं रहा) तब तक शायद यह ठीक भी है, परन्तु यह कवि का रास्ता नहीं है—हो सकता है कवि से अधिक महत्त्वपूर्ण व्यक्तित्व का रास्ता वह हो।

इन सीमाओं और सम्भावित खतरों को अनदेखा करने पर नन्दकिशोर की कविताओं का आस्वादन किया जाये तो निश्चय ही कुछ कविताओं में बाँधे रखने की, अर्थ की अनुगूँजों में मुग्ध करने की शक्ति है—'उपकरण', 'आकाश ही तो है', 'गमला ही सही', 'नाच का नाता' इ. कविताएँ अपनी अनोखी अदा से अनुभूति को सुगठित आकार देने में समर्थ हैं। नन्दकिशोर की कतिपय कविताओं में उपलब्धि का चरम क्षण और उसके खिसक जाने की स्थिति की सीमा रेखा पर स्थित मानसिक अवस्था की सुन्दर व्यंजना है। नाच की चरम तन्मयता और छिटके घुँघरू के दाने की चिन्ता। 'मैं गुफा में हूँ'—में शिल्पाकृति के सौन्दर्य को ही नहीं सभी प्रकार के उत्कट सौन्दर्य को भोगने के क्षण की—'सपने' की स्थिति का बोध अनेक कविताओं में व्यक्त हुआ है।

नन्दकिशोर आचार्य की कविता आध्यात्मिकता से प्रभावित (और अन्ततोगत्वा उनका भी दार्शनिक रिश्ता विशिष्टाद्वैत से जुड़ना है।) आस्था के तहत आत्मपरिष्कार का प्रयास उनकी कविता में निरन्तर चलता है। ईश्वर के प्रति विद्रोह भाव है वह भक्तों की आराध्य के प्रति शिकायत के स्वर-सा है (यदि मान भी लूँ, मैं नहीं चाहता, आखिर क्या हो जायेगा इ.) असल में उनके रिश्तों का तिरछापन व्यक्त होता है सुन्दर ढंग से—'बाँसुरी मोरपंख' में। अपनी विशिष्टता या पृथगात्मता के प्रति ललक अनेक कविताओं मे व्यक्त हुई है और इस विशिष्टता को सुरक्षित रखने के लिए लघुता को भी वे स्वीकार करते हैं (पाँवों की छाप)। विशिष्ट व्यक्तित्व और विराट तत्त्व के बीच के तनावपूर्ण सम्बन्ध—(अन्ततोगत्वा समर्पण में लय होने की जिनकी नियति है)। उत्कट रूप में उनकी कविता में व्यक्त हुए हैं—'तुम्हीं तो नहीं हो', 'नहीं दूँगा नाम', 'क्या करूँ' 'जब तुम बोलते हो' इ.। चूँकि अनेक कविताओं में 'तुम' ऊपरी तह पर नारी का रूप लेकर आता है एक अलग किस्म का अनुभव भी लिया जा सकता है। कवि के लिए यह 'तुम' का नारी रूप स्वरूप से सम्बद्ध है।

ऊपर काव्य के स्रोतों के सूखने की बात कही गयी है—इस क्रमशः बंजर पड़ती सृजनशक्ति की व्यथा प्रकट होती है—'तुम्हारे और मेरे बीच', 'अब कोई रचना', 'अब यदि चलने भी लगे', 'पानी लौट जाता है', 'वह चोगा' इ. कविताओं में यह प्रभावपूर्ण ढंग से व्यक्त किया गया है।

असल में 'नदी हो तुम' कवि की साधना की आकांक्षा को व्यक्त करती ही है—वही कविता कवि के जाने-अनजाने यह भी बता देती है कि आखिर 'जीवन नदी' को पार करने के लिए आरम्भ से ही आध्यात्मिक 'पुल' का प्रयोजन नहीं है, क्योंकि 'तीर्थ तक वही पहुँचता है/जो नदी को भुजाओं में भींच लेता है।' क्या कवि इस संघर्ष और साहस का परिचय देगा? नन्दकिशोर जी में सम्भावनाओं की कमी नहीं है।

उनकी कविता में शब्दों के परिमित उपयोग पर, शब्दों की क्रीड़ा पर प्रश्नात्मक बनाकर पंक्तियों से गहरी अर्थ व्यंजना करवाने की विधि, प्रार्थनापरक स्वर, कृतज्ञता की मुद्रा, आत्मिक उल्लास इत्यादि पर 'अज्ञेय' की छाप स्पष्ट है—शब्द के चुनाव पर भी। बड़े कवि का अनुकरण उचित है, परन्तु एक सीमा के बाद उसको अतिक्रान्त करने की भी आवश्यकता है।

स्वदेश भारती सही अर्थ में कवि-हृदय के कवि हैं और इस भावनाशील कवि ने भावुकता के स्तर पर न उतरकर अधिकतर कविताएँ लिखी हैं। यह कवि सपाट बयानी के खिलाफ आवाज उठाता है और उसकी कविता अपनी बिम्बधर्मी प्रकृति से उसके इस अधिकार को समर्थन देती है। स्वदेश भारती की कविता बिम्बों और प्रतीकों के माध्यम से ही बोलती है। ये बिम्ब विलक्षणता, वक्रता या नूतनता से चौंकाने वाले नहीं होते, परन्तु अनुभूति को सही रूप में काव्यात्मक स्तर पर व्यक्त करने में समर्थ होते हैं। वे दर्प को आक्रोश के रूप में व्यक्त नहीं करते, न तेज-तर्रार भाषा में सीधे उगलते हैं। उनकी अभिव्यक्ति पर भोगे गये, सहे गये दर्द की छाप है और इसीलिए उनकी कविता ईमानदार अनुभूति की कविता है और उसका निकट रास्ता नयी कविता से स्पष्ट हो जाता है। उनकी कविता का केन्द्रीय स्वर है—

एक कतरा अच्छे से जी लेने की प्रतीक्षा
सचमुच बड़ी मर्मान्तक होती है।
सपनों के 'कैनवस' पर। मन्त्रणा के काले रंगों से।
समय एक अस्पष्ट चित्र आँकता है।
जहाँ कहीं भी होता हूँ। 'मैं नहीं मेरा होना भर होता है।'

जब वे लिखते हैं 'मैं दराजों वाले नगर की/एक दराज में बन्द/पत्रों फाइलों/फोन की घण्टियों के बीच/समय के पहिये के नीचे पिस रहा हूँ/मैं थर्मस में गर्म चाय हूँ/जिसकी गर्म भाप/खुली हवा को स्पर्श करने के लिए/शून्य दीवारों से/अपना सिर धुनती है/पर बाहर नहीं निकल पाती/मैं बीते हुए समय के पदचिह्नों में अपना नाम खोजता हूँ/और खिड़की के पार/पूरे नगर को आकाश की ओर हाथ उठाये देखता हूँ।' तब उनकी समूची कविता की भावभूमि ही स्पष्ट नहीं होती, उनका नयी कविता की परम्परा से अति निकट सम्बन्ध भी स्पष्ट हो जाता है। उनकी सीमाएँ भी स्पष्ट हो जाती हैं। स्वदेश भारती की कविता में दुःख, दर्द, उदासी, विवशता, त्रास, घुटन, अकेलापन, असमर्थता, खालीपन या रिक्तता के भाव स्पष्टता से व्यंजित होते हैं। उनकी कविता में 'समयविद्ध पौरुष की व्यथा' व्यक्त होती है और वह सीमा इसलिए बन जाती है कि यह ठहरे हुए व्यक्तित्व के बीते दुःख की कथाएँ हैं—वर्तमान में जीते जाने की जीवन्त अनुभूति और सक्रियता का बोध ये कविताएँ नहीं देतीं। आज की दुनिया के यथार्थ, जिसने व्यक्ति को पराजित

और चरम निराश कर दिया है, को वे वैयक्तिक ढंग से व्यक्त करते हैं, परन्तु यथार्थ के चक्षुग्राही तथ्यों का काव्यात्मक प्रयोग कर एवं अपने संवेग को सशक्त और सघन रूप में मूर्त करने की दृष्टि से आधार का उपकरण बनाकर प्रस्तुत नहीं करते। परिणामतः उनकी कविता में अनेक सीमाएँ उत्पन्न होती हैं।

सामान्यतः स्वेदश भारती के बिम्ब प्रकृति के उपकरणों एवं प्राकृतिक घटनाओं से लिए गये हैं। इससे अभिव्यंजना में स्पष्टता आयी है, अधिक प्रभविष्णुता भी आयी है, परन्तु व्यावहारिक जीवन की आपाधापी और व्यापारों से यह कविता दूर गयी है। (यादों का आश्विन, नयी सुबह, अहसास इ.) स्वदेश भारती वक्तव्य में लिखते हैं, "हम चौबीस घण्टे तनाव, सन्त्रास और क्रान्तिमूलक प्रगतिशील लपेट में जीते हैं?..." यह सही है और हर कवि को अपने जीने का, सुख-दुःख व्यक्त करने का अधिकार है। परन्तु जब चौबीस घण्टों में एक-दो घण्टे भी कवि वर्तमान से जूझने में, आस-पास के यथार्थ की वस्तुस्थिति देखने और दूसरों की अवस्था में नहीं बिताता और उसके चिह्न उसकी कविता पर अंकित नहीं होते तब वह भी एक सीमित दायरे में ही बन्द है, यह मानना होगा। स्वदेश भारती की इस प्रकार की कविता कुछ अशक्त लगती है—'आत्म-निरीक्षण'।

एक अलग तरह की कविता 'ओ कलकत्ता' एक सफल कविता है और कलकत्ता महानगर की सही पहचान कराने में यह कविता समर्थ हो जाती है। इस प्रकार से ऐसी कविताएँ कुछ आसान मानी जा सकती हैं, परन्तु असल में पूरे महानगर को उसका खास चेहरा देना बड़ा मुश्किल काम है।

मुझे स्वदेश भारती की कविताओं ने उनकी सीमाओं के बावजूद अभिभूत किया, क्योंकि वे कवि-कर्म के प्रति सचेत और सच्चे कवि लगते हैं। अपना वर्णन करते हुए उन्होंने लिखा है—'भूखे भेड़ियों द्वारा घायल, इस शरीर का लबादा पहन रखा है।' —उन भेड़ियों के सर्वग्रासी स्वरूप को जानना और समझना तथा उसके विरुद्ध जूझना भी उतना ही महत्त्वपूर्ण है। यह कविता की आगामी दिशा होनी चाहिए अन्यथा उनकी कविताएँ एक सम्भावनाशील कवि की थिराये व्यक्तित्व की कविताएँ साबित होंगी।

राजकुमार कुम्भज का वक्तव्य बहुत ही रोचक लगा। वैचारिक संगति एवं युक्तियुक्तता की अपेक्षा तर्जेबयाँ के लिए वह अधिक पढ़ा जायेगा। कविता के प्रति अपनी मान्यताओं को जिस गद्य शैली में उन्होंने प्रस्तुत किया है वह अपनी सीमित वक्रता के कारण कविता का-सा आनन्द देती है। उनका यह उद्देश्य कि 'कविता चाहती है कि इस आवाज में दुनिया के अधिकतम इन्सान शरीक हों, ताकि जेब की जबान बन्द की जा सके और किसी गरीब की जबान कभी किसी जेब में बन्द न हो।' —बहुत ही मौजूं है। लेकिन उनकी ही कविता अपनी अत्यधिक वक्रता के कारण बहुसंख्य पाठकों को अपनी दुनिया में शरीक करने से इन्कार करती है।

वैसे कुम्भज जी अपने विचारों में काफी सुलझे हुए हैं और किसी वैचारिक शिकंजे में कैद होने से अपने को बचाते ही नहीं हैं, बल्कि वैचारिक कठमुल्लेपन का विरोध भी करते हैं। परन्तु प्रत्यक्ष कविता में वे वक्रता के मोहफाँस में इस प्रकार जकड़े हुए लगते हैं कि उनकी कविता अर्थ के लिए और सम्प्रेषण के लिए छटपटाती है। उनकी कविता उनके ही इस मन्तव्य को काटती है—'अर्थ को व्यर्थ के भाषा-संकट में फँसाना महत्त्वपूर्ण व्यवहार नहीं है।' हम कुम्भज की इस बात को स्वीकार करते हैं कि 'कुछ अर्थ सीधे-सीधे जाहिर नहीं होते, वे और-और भीतर जाने पर ही हाथ आ पाते हैं, किन्तु यह सब कविता की गुणात्मकता पर निर्भर करता है।' परन्तु भीतर जाना दो प्रकार से होता है—एक, कविता के जटिल आशय की मांग होती है कि कवि सूक्ष्मता, अमूर्तता, सूचन शक्ति संकेत, ध्वनन या गूढ़ व्यंजना इत्यादि की सहायता से ही अपनी बात सम्प्रेषित कर सकता है। यह भीतर अवगाहन रसिक को अर्थ की अनेकानेक अनुगूँजों से प्रभावित और अभिभूत करता है। दूसरा प्रकार वह है कि कवि कथ्य की मांग के फलस्वरूप नहीं कथ्य की सामान्यता और सपाटता को ढँकने के लिए जाने-अनजाने वक्रता का सहरा लेता है और उस वक्रता को ही काव्यात्मकता मान बैठता है। इस वक्रता में प्रवेश करने के लिए भी पाठक को भीतर जाने का प्रयास करना पड़ता है। मुझे दुख है कि श्री कुम्भज जी की कविता दूसरे प्रकार की कोशिश बहुत बार पाठक से चाहती है। इससे एक और घाटा यह भी होता है कि आवेग भी बिखर जाता है। असल में दुख इसलिए कि बोझिलता के बावजूद कुम्भज के पास कहने को कुछ है। ('अंगारों की लय पर', 'पानी नहीं मिलेगा', 'कहीं दर्द रोते हम' इ.)

असल में जिन्दगी की जमीन पर कविता तभी असरकारी भी हो सकती है जब वह सीधे बात करती हो (—गद्य नहीं, सपाट नहीं फिर भी सीधे)। ऐसा लगता है कि राजकुमार कुम्भज ने धूमिल से वक्रता ली, परन्तु उनकी आग और तड़प नहीं ली। कुम्भज में कारक वक्रता का बड़ा मोह है जो बहुत बार किंचित-सी चौंक उत्पन्न करके कथ्य को भोथरा ही बना देती है।

'कोई नदी खुलती है' कविता यद्यपि बीच-बीच में अनावश्यक वक्रता के कारण अभिव्यक्ति को बोझिल बना देती है, फिर भी एक अलग ढंग की प्रेम-कविता है। कानून, बेशुमार दुःख, अत्याचार, तूफान, आवारागर्द कुत्तों का वातावरण इत्यादि सामयिक जीवन के तकलीफदेह सन्दर्भों के बीच भी 'संगीत की अन्तहीन ऊँचाई' पर आने की आकांक्षा, 'फूल के अनुवाद' में सिसकने की ललक कविता की विरोधपूर्ण लय को उभारती हुई आज के जटिल प्रेम-मार्ग को सफलतापूर्वक व्यक्त करती है। पूरी कविता में यह भान 'हमारे अन्दरूनी आईने में सिलवट आती है' काव्यानुभव को रोमांटिक बनाने से बचाकर प्रगल्भता देता है। 'पशु-विद्रोह' में भी समकालीन हिंस्र सन्दर्भ का भान कविता को सामान्य प्रणय कविता से अलग

पहचान देता है। कवि यह नहीं भूलता कि 'सपनों में ठहर गये जख्मों पर जमाने ने रख दिया नमक।' 'सन्ताप का एक पक्ष' के मानसिक चित्र इसीलिए प्रगल्भ लगते हैं। 'इस हिमायत में' शीर्षक कविता में कुछ संकेतों के साथ स्थितियों की भयावह हिंस्रता को व्यक्त करते हुए (यहाँ तक कि घर से बाहर होता हूँ/तो कोई दृश्यहीन/लोहे का आदमी/मेरी आत्मा का आमलेट बनाकर/खा लेना चाहता है। और जब घबराहट भरे मौसम के साथ लौटता हूँ घर के भीतर/तो पाता हूँ कि संकट। मेरा ही इन्तजार कर रहा था।'—) कविता के बेमतलब होने पर सोचते हैं तो लगता है—निश्चित ही लगता है कि कवि कविता को बचाने के लिए ही चिंतित नहीं है, कविता के जरिये आदमी को बचाने की भी आशा करता है और यह आशा किशोरोचित नहीं—वयस्क है। लेकिन जब कुम्भज जी 'पिता ने जो कुछ कहा' कविता में आवेग और प्रवाह की लय को अनावश्यक वक्रता से खण्डित करते हैं (उदा. आईने के इल्म में गुस्ताखी छीन लेने से लेकर इ.) तब पूरी कविता का 'जोश' उतर जाता है। इसी तरह 'अस्वीकृत अवसर' की अतिशय प्रभावपूर्ण शुरुआत बाद में अर्थाभिव्यक्ति और परिणामतः प्रभावकारिता में उन्नीस होती जाती है।

क्रान्तिकारी चरित्र की अहमियत स्वीकार करते हुए भी कवि ने उसके अकेलेपन की पीड़ा को और सम्भावित अनिश्चितता को भली-भाँति देखा है ('भीड़ भरे चौराहे पर', 'वह आदमी')। कुम्भज की मानसिकता में विभाजन नहीं है। और वे क्रान्ति और प्रीति की भावनाओं को अलग-अलग कठघरे में रखकर नहीं देखते—यह बहुत महत्त्वपूर्ण बात है। यह अपेक्षा गलत नहीं है कि इस पीढ़ी का यह कवि सम्भावनापूर्ण है।

'चौथा सप्तक' के एक सशक्त और सम्भावनाओं से पूर्ण कवि हैं **अवधेश कुमार**। एक चित्रकार की रंग-प्रीति और आकार का आकर्षण अवधेश कुमार की कविता में आद्योपान्त मिलता ही है, परन्तु आधुनिकता के संस्कारों के फलस्वरूप गहन प्रतीकात्मकता, अमूर्तता और जटिलता ने उनकी कविता को वयस्कता दी है और आज की दुनिया की मूल लय—दुःख की लय उनकी कविता में अन्तर्भूत है—फिर वे परिवेश के प्रति प्रतिक्रिया करने वाली कविता हो या नितान्त व्यक्तिगत प्रणय की कविता हो या प्रकृति के लय-नर्तन को पकड़ने वाली हो। कारण साफ है—अवधेश की कविता में रचनारत कवि व्यक्तित्व समग्र व्यक्तित्व है, खण्डित नहीं और इस समग्र व्यक्तित्व का बुनियादी तत्त्व है वेदना।

अवधेश कुमार की काव्य-संरचना और सृजन-प्रक्रिया सम्बन्धी चिन्तन पर अज्ञेय का प्रभाव स्पष्ट है, परन्तु यह प्रभाव इसलिए स्वाभाविक लगता है कि एक अच्छे कवि-व्यक्तित्व का स्वस्थ प्रभाव है और सुख की बात यह भी है कि अवधेश कुमार इस प्रभाव में दब नहीं गये हैं, निखर गये हैं और उनकी अपनी पृथगात्म पहचान भी कविता से उभरती है जो बहुत ही सशक्त है। इस पृथगात्म पहचान

का महत्त्व इसलिए भी है कि सामयिक यान्त्रिक कविता के बहाव में कवि ने अपने को महफूज रखा है।

अवधेश कुमार ने अनेक कविताएँ काव्य की सृजन-प्रक्रिया, सृजन-प्रक्रिया के पहले की मनःस्थिति, रचते जाते समय की मानसिकता, रचना के बाद की कलाकार मुक्ति की अनुभूति, जीवनानुभव और काव्यानुभव के बीच का सम्बन्ध, कलाकार का लौकिक जीवन और रचनारत व्यक्तित्व का अलौकिकत्व इत्यादि बातों को लेकर लिखी हैं और ये प्रायः समस्त कविताएँ काव्यात्मक बन गयी हैं–'विचाराधीन है कोई सपना, अज्ञात।'

'एक चौरस निर्मिति' में सृष्टि और कलाकार की दृष्टि के परस्पर संघर्ष और सम्वादपूर्ण सम्बन्धों का अभिव्यंजना है। एक चित्रकार की दृष्टि से समस्त कलाकारों का सृष्टि के प्रति रिश्ता प्रस्तुत किया है। 'कच्चा-पक्का दुःख' रचना-प्रक्रिया की आभ्यन्तरिक अवस्था का सम्प्रेषण करती है। कच्चे-पक्के दुःख से (जीवनानुभव से) 'फल' (कविता : कलाकृति) के रूप में टपक पड़ना एक अवचेतन प्रक्रिया है, न चिड़िया (चेतन मन) पूरी तरह से उससे अवगत है न वनखण्डी (आभ्यन्तरिक मनःप्रवाह) मूल जीवनानुभूति से काव्य की अनुभूति की गति-ताल-लय विपरीत हो जाती है। कविता के प्रत्यक्ष निर्माण की रहस्यमय प्रक्रिया को संकेतित करने में कवि सफल हुआ है–काव्यानुभव के माध्यम से। 'दुःख कोई एक रूप धरे' में सृजनोन्मुख क्षण की पूर्वावस्था का चित्रांकन है–कवि सृजन के मूल में दुःख की स्थिति ही मानता है और तनाव भी। परन्तु इस दुःख के भोग के बाद रूपाकार का क्षण कवि के हाथ का नहीं–किसी अपर शक्ति के हाथ होता है। कवि इतना ही कह सकता है, 'दुःख कोई रूप धरे'। सृजन की प्रक्रिया में निहित कलाकार की समर्पित तन्मयता एवं अन्तःस्फूर्तता को विलक्षण सहज रूप में कवि ने व्यक्त किया है–'चाहता हूँ दुःख अब मुझे जने। अपना कोई एक रूप धरे।'

कवि जानता है कि आन्तरिक आवेगों एवं अनुभूतियों के काव्यरूप लेने में जो सहजता कभी थी, वह अब खत्म होती जा रही है। कवि-कर्म अब गौरय्यों की चिंचियाहट के समान सरल नहीं, हर मोड़ पर अधिक टेढ़ा होता जा रहा है। ('हर मोड़ पर') लेकिन उसकी 'महाभिलाषा' है : 'मुझे विस्तार को एक ही साँस में पीना है। सैकड़ों हृदयबन्ध एक ही आँख से भरने हैं, क्योंकि इच्छाओं के उद्‌बोधन की महावेला में/उद्वेलित प्राणों का शिखराग्र/उत्सवी आभा में डालता है।' इस सृजन को वह कलाकार की मुक्ति मानता है–राहत नहीं, अभय का द्वार खुलता है कहीं भीतर। और सम्मोहन की पंखुड़ियाँ खुल जाती हैं। विचाराधीन है कोई सपना, अज्ञात। जीवनतट पर उभरती मूक संध्या के धूमिल प्रकाश में/अन्धकार के भीतर मर्म की पकड़ के आस-पास।' –कवि व्यक्तित्व को समृद्ध करने वाला यह अनुभव होता है। सृजनेच्छा से उद्वेलित होकर, पर खोलकर ऊँचे आसमान में व्यापक उड़ान

करने की 'महाभिलाषा' रखने की कवि की यह आकांक्षा उतनी ही उदात्त और अभिजातीय स्वर में व्यक्त हो गयी है।

कवि के मूलभूत दुःख का छन्द प्रणय कविता में भी बजता है। 'हर बार वसन्त में' प्रणयानुभूति की वेदनामय स्मृति की तकलीफदेह उत्कट व्यंजना है—भावुकता से दूर परन्तु फिर भी तीव्र। 'दो इन्द्रधनुष' भी केवल प्रकृति कविता नहीं है, दो विभक्त प्रणयी जीवों के सुन्दरतम साझे अनुभवों की ओर सद्यःस्थिति के विराट विषाद की सशक्त अभिव्यंजना है। आधुनिक मनुष्य के एकान्त मानस की तरल अनुभूतियों में भी 'डर' घुस गया। प्रकृति के सौन्दर्य संवेदन से विद्ध होते हुए भी कवि मूलतः 'आघात' का ही अनुभव करता है। 'आघात' बाह्यतः विभोर करने वाली तरल लयात्मक अनुभव प्रदान करने वाली कविता है। कवि सौन्दर्यानुभूति से विद्ध होता है, उस विद्धता को शब्दाकार देने की क्षमता भी उसमें है, परन्तु इसमें भावुकता कहीं नहीं है—'अनुभव के जाल में लिपटकर जो रह गया एक योगी-सा नाता है।' वह नदी के प्रवाह में नहीं उसके 'भँवर' में 'नदी का रूप देखने का इच्छुक है, क्योंकि भीतर जाना चाहता है और फिर बहना चाहता है। अनेक स्थानों पर कवि 'शब्दों से दूर मौन' जो रागिनी है उसे शब्दों में बाँधने का प्रयास करता है—यह महत्त्वपूर्ण प्रयास है। कवि इस आधुनिक जीवनानुभव की कठिनाइयाँ जानता है जो एक कलाकार के लिए चुनौतियाँ हैं—'पिकासो के लिए अधूरी कविता।'

कवि का बाह्य से नाता भी बड़ा उलझा हुआ और दुःखद है—'लड़ाई' परिणामतः सौन्दर्य-प्रेमी, सम्वेदनशील, कवि-व्यक्तित्व की दर्दनाक परिणति 'झुकी हुई कमरवाला इन्द्रधनुष' में होती है। 'अपनी कमर' और 'अपनी कमर सीधी करने के बारे में' सोची सारी आकांक्षाएँ विफल हो जाती हैं। व्यवस्था और मनुष्य के बीच के रिश्ते को व्यक्त करने वाली 'खिलौनों में घटित' कुछ सपाट हो गयी है, परन्तु बीच-बीच में कविता के कुछ अंश प्रभावपूर्ण लगते हैं—'अब तो आदमी उन खिलौनों से भी डर जायेगा/जो किसी भयानक आकृति की अनुकृतियाँ होंगे।' 'रात-बिरात को' भी सामयिक वातावरण का अंकन करने वाली एक सामान्य कविता है। कुल मिलाकर अवधेश कुमार अपने से बाहर जब जाते हैं तब कुछ कम शक्तिशाली लगते हैं, परन्तु बाहर की मार से कराहते उनके अपने स्वर बड़े प्रखर हैं। अवधेश कुमार निश्चय ही युवा कवियों में एक पृथगात्म व्यक्तित्व वाले कवि हैं।

''चौथा सप्तक' के कवि प्रथम कवि हैं और अच्छे कवि होने की सम्भावनाओं से परिपूर्ण हैं, इसमें सन्देह नहीं है। यह अवश्य है कि साठोत्तरी कविता की तीखी, तेज-तर्रार और विद्रोही मुद्रा को अपनाने वाली अच्छी कविता का सही प्रतिनिधित्व इस संग्रह में नहीं हो पाया है, लेकिन सम्पादक का दावा 'प्रतिनिधित्व' का शायद नहीं है। यह अवश्य है कि 'चौथा सप्तक' के कारण संग्रहीत कवियों की कविता

उपेक्षित नहीं रह जायेगी। भले ही समानधर्मा समीक्षक की अनुपस्थिति में विभिन्न कवियों की क्षमताओं का पूरा मूल्यांकन न हो, काव्येतिहास को 'चौथा सप्तक' की दखल लेनी ही पड़ेगी। इसमें सन्देह नहीं कि अज्ञेय की काव्य-विषयक दृष्टि को—"मुखौटे केवल धोखा देने के लिए नहीं बल्कि सच्चाई को प्रस्तुत करने के लिए भी लगाये जाते हैं।"—ये कविताएँ सामान्यतः उदाहृत करती हैं। समीक्षा में इस बात का भी ध्यान रखना होगा कि इस संग्रह में अच्छी कविताएँ लिखने वाले अच्छे कवि ही लिये गये हैं—श्रेष्ठ रचनाएँ करने वाले महान कवि नहीं। सम्पादन का यह उद्देश्य भी नहीं है—परन्तु कवि कर्म के प्रति निष्ठा, स्वानुभूति के प्रति ईमानदारी, अनुभूति के दायरे को निरन्तर बढ़ाते जाने की आकांक्षा और उसका सफल-असफल काव्यात्म उपयोजन, समग्र कवि-व्यक्तित्व से अनुभूति ग्रहण करने की कोशिश, काव्य के साधन—भाषा के प्रति विलक्षण सचेतता, स्फीति और छद्म कवि-मुद्रा इत्यादि से बचने की वृत्ति, कसाव और अल्पाक्षरत्व, अपनी पृथगात्म पहचान का व्याकुल अन्वेषण, बाह्य आभ्यन्तर के प्रति समान दृष्टि रखने की इच्छा, एक प्रकार के गहरे अध्यवसाय की काव्य-रूप पर छाप इत्यादि बातों को ध्यान में रखते हुए मुझे यह निस्सन्दिग्ध शब्दों में कहने में संकोच नहीं है कि अज्ञेय ने अच्छे कवियों को चुना है। हिन्दी कविता पर उनकी छाप का अन्दाज करना कठिन है, क्योंकि प्रतिभा बड़ी विलक्षण सनकी शक्ति होती है।

दिखती नहीं अपनी ही छाँह
(एक अहिन्दी-भाषी कवि का रचना-संसार[1])

वसन्त रामकृष्ण देव की कविता आज सामान्यतः लिखी जा रही ढेरों कविताओं से अपने अलग वैशिष्ट्य की, अपने पृथक व्यक्तित्व की, अपनी ताजगी और सप्राणता की ठोस पहचान देती है और इसीलिए मूल्यांकन के सम्बन्ध में शंकाएँ भी उपस्थित करती है। वसन्त देव के कवि के पास सामयिकता और तात्कालिकता का इधर दस-पन्द्रह वर्षों में पिटा-पिटाया मुहावरा नहीं है, क्योंकि वह सम्भवतः कविता को परिवेश की लगावहीन अथवा आक्रोशमयी आक्रामक प्रतिक्रिया नहीं मानता। जो साहित्यकार आज भी साहित्य के चिरकालिक आयाम को स्वीकार करते हैं और साहित्य के निर्माण के लिए व्यक्तित्व, भावना जगत, चिन्तन, भाषा आदि को लेकर साधना का महत्त्व स्वीकार करते हैं, उन थोड़े से साहित्यकारों में वसन्त देव एक हैं। अतः अत्याधुनिक कवियों के भड़कीले गुस्सैल तेवर तथा इस्टैब्लिशमैण्ट के विरोध में बड़बोला आक्रामक भाव या मात्र जीवन के विद्रूप को देखकर उत्तेजित होते रहने की प्रवृत्ति वसन्त देव में नहीं है।

फिर भी वसन्त देव सामयिक स्थितियों की भयानकता से अपरिचित नहीं हैं और सम्वेदनशील कवि के रूप में वे उससे असम्पृक्त भी नहीं रह सके हैं। यह बात दूसरी है कि उसके प्रति प्रतिकृत होने का उनका ढंग सीधा, सरल नहीं है; बल्कि व्यंग्य और विडम्बना का स्तर अति सूक्ष्म है और उसे पकड़ने के लिए पाठक को भी उनकी कविता को ध्यान से पढ़ना पड़ता है। सामाजिक विषमताओं तथा आध्यात्मिक पीड़ाओं का अहसास उनकी कविता : 'लगन गन्धार' में देखा जा सकता है, जिसमें कवि बनने के लिए सचमुच में विवश व्यक्ति की वेदना,

1. दिखती नहीं अपनी ही छाँह, ले. वसन्त रामकृष्ण देव, प्र. कृष्णा ब्रदर्स, कचहरी रोड, अजमेर, प्र.सं. 1972, आकार डिमाई, पृ. सं. 77, पेपर बैक, मूल्य 4.00

चुनौती एवं कठिन नियति का बड़ा कलात्मक अंकन किया गया है। इसी सन्दर्भ में यह भी ध्यान में रखना होगा कि वसन्त देव 'मृत्युगन्ध' शीर्षक के अन्तर्गत, तीन कविताओं में से दो में, उन दो महाकवियों के प्रति अपनी गहन सम्वेदना व्यक्त करते हैं जो एक तरह से वसन्त देव के कवि-व्यक्तित्व के विपरीत दिखायी पड़ते हैं। वे हैं : मर्ढेकर और मुक्तिबोध। 'अक्षयवट की वर्ण-रेखाएँ' कविता में मुक्तिबोध के अनेक काव्य वैशिष्ट्यों को बारीकी से पकड़कर, मुक्तिबोध के काव्य की शब्दावली का प्रचुर उपयोग कर मुक्तिबोध के कृतित्व का लेखा-जोखा दिया गया है और कविता अक्षयवट की वर्ण रेखाओं की भाँति ही गृहीता के मन पर अंकित होती है। मैं समझता हूँ कि किसी महान व्यक्तित्व की मृत्यु पर लिखी हुई अनगिनत कविताओं में इतनी कलापूर्ण कविता शायद ही पढ़ने को मिलेगी।

वसन्त देव मुख्यतः सौन्दर्यप्रिय कवि हैं और सौन्दर्य से प्रभावित होकर उनका शब्दशिल्पी कलाकार अपनी विशुद्ध सौन्दर्यात्मक सम्वेदना को चित्रात्मक रूप में व्यक्त करता है। वैसे तो यह विशेषता संग्रह की अनेक कविताओं में परिलक्षित होती है, परन्तु 'माथेरान : एक पिकनिक' विभाग में विशेष रूप में दिखती है। देव की इन सौन्दर्यधर्मी कविताओं की एक और विशेषता यह है कि यहाँ प्रायः सौन्दर्य की विभोरता के साथ सामान्यतः विपरीत लगने वाला हास्य का सूक्ष्म भाव संगत बनकर प्रवाहित है—यह मेल कठिन और दुष्प्राप्य है। कवि की सौन्दर्याकर्षी इन्द्रियाँ इतनी तरल और तीक्ष्ण हैं कि प्रकृति के विभिन्न रूपाकार और उसके रंग-गन्ध का ऐश्वर्य कवि में अनेक मूड उत्पन्न करता है। मादकता, हास्य, प्रसन्नता, इत्यादि विविध अनुभूतियों को माथेरान के विभिन्न स्थानों में कवि भोगता है और अतिशय कुशल शब्द-योजना के माध्यम से पाठक तक सम्प्रेषित करता है। ये प्राकृतिक वर्णन जो अपने रूपाकार में कभी नाजुक, हल्के और कभी भव्य और भयानक जीवन्तता लेकर भी प्रस्तुत होते हैं—जैसे पंनोरामा पॉइण्ट—सम्वेदनशील पाठक के मन में प्रतीकात्मक रूप धारण कर अर्थों के अनेक स्तर उद्घाटित करते हैं।

वसन्त देव भारतीय श्रेयमूलक परम्पराओं को यत्नपूर्वक सहेजते हुए भी आधुनिकता की प्रक्रिया से दूर नहीं रह सके हैं : एक प्रकार का एडजस्टमेण्ट उनके मन में चलता है। बम्बई नगरी से सम्बन्धित कविताओं में यह बात विशेष रूप से प्रतीत होती है। आधुनिक जीवन के ऊष्मा-स्पर्श से मन की द्रवणशील सम्वेदना और कल्पना की तरल आर्द्रता के सूखते जाने का खतरा है। इधर भव्य और उज्ज्वल, उच्च और उदात्त के प्रति समर्पित होने की प्रवृत्ति अनाधुनिक मानी जाने लगी है। 'हरि व्यास : एक अरसे बाद' में वसन्तदेव इसी अनाधुनिकता का विलक्षण काव्यात्मक चित्रांकन करते हैं। आज पाठक अस्मिता-मणि को सिर पर धारण कर काव्य के सागर की गहराइयाँ मापने जाता है, और अपनी ही मानसिक कुण्ठाओं के परिणामस्वरूप 'कर्कटिक गतियाँ' देखता रहता है—ये काव्यास्वाद की शत्रु होती हैं। परन्तु अगर पाठक काव्य का सच्चा

रसिक है तो यह स्थिति समाप्त हो जाती है और यह साक्षात्कार होता है : 'इतने में कैसे तो आ पहुँची परम गुह्य बैंजनी सुनहरी शफरियाँ/निर्निमेष सूँघ गयी' मालकण्ठी मोहिनी स्वरालियाँ/छाँह गयी, छूट गयी; टूट गयी बाँहों की कर्केटिक गतियाँ/अनचीन्ही धरती पर आन रहा, शिथिल-मति इन्द्रियाँ/दिखा सिर्फ मरण का लौह-द्वार और वहाँ व्यस्त नारायण गायत्री छन्द-बीज बोता।' इस (तथा अन्य अनेक) कविता को पढ़ते समय मिथिकल सन्दर्भ, अर्थों का अनेक आयामी रूप और प्रभावपूर्ण बिम्बों का कुछ ऐसा सुखकर प्रभाव पड़ता है कि पाठक को भी यह अनुभव होने लगता है : 'आहत मैं क्षण-क्षण : अर्थवान होता।'

एडजस्टमेण्ट का एक ढंग है गम्भीर समस्याओं को हास्य में परिणत कर उनको झेलने का। वैसे वसन्त देव अनुभव करते हैं कि 'इस कागद की पुड़िया-सी दुनिया में सभी जगह फ्रस्टेशन्स हैं।' ये फ्रस्टेशन्स कभी वासना के हैं (किसी चूहा-बिल्ली), कभी पूरी जिन्दगी का बड़ा ब्लफ है (ब्लफिंग : ताश का एक खेल), कभी महानगर के 'अरजनसिंग' (अर्जुन) को 'मा फलेषु कदाचन' का बोध देने वाली भयानक भीड़ से भरी हुई रेलगाड़ी के कारण है—मतलब, यान्त्रिकता की चरम सीमा पर आदमी के फालतू होने के कारण हैं ('मामेवैष्यत्संशय')। कुल मिलाकर वसन्त देव अनुभव करते हैं कि 'चौरासी लाख की वार्ता' भयानक है। उपाय क्या है? वसन्त देव में दम्भ नहीं है कि इसका उत्तर उनके पास है। परन्तु आज की स्थितियों को देखकर कवि भीतर से व्यथित है और व्यंग्य का पुट देकर अपनी मर्मांतक वेदना को व्यक्त करता है : 'तब से प्यारे एक सिरद्धा एक आसथा : /कटी पूँछ लहराये जाओ/दया धरम कस्तूरी डिबिया/नाभिचक्र सहलाये जाओ/संग गच्छम महामन्त्र-बीड़ी का सुड़का मारे जाओ/यही जिन्दगी यही धरम है/लख चौरासी तारे जाओ।' बाह्य स्थितियों से आत्मा में आने वाली सिनिसिज्म की जड़ता से, ठण्डी बर्फीली पकड़ से छूटने के लिए मजाक और हास्य का मुखौटा पहन लेते हैं वसन्त देव। उनका यह अन्दाज उन्हीं की एक सुन्दर कविता किस्सा चूहा-बिल्ली में प्रकट हुआ है : 'जाँघ पर बिच्छू चढ़े और आप मुस्कुराएँ'। यही अन्दाज 'ब्लफिंग : ताश का एक खेल' में प्रभावपूर्ण ढंग से व्यक्त हुआ है। बम्बई के जीवन की अनेक विशेषताओं को वसन्त देव ने अत्यन्त मर्मग्राही शब्दों में रेखांकित किया और यहाँ भी उनका यही प्रयास है कि समस्त विषमताओं, गन्दगियों और यान्त्रिकाओं के बावजूद एडजस्ट कर लें। असल में, आज एक टाइप बनती हुई, साँचे में ढलती हुई महानगर-सम्बन्धी कविताओं के बीच वसन्त देव की ये कविताएँ उनके स्वतन्त्र व्यक्तित्ववान होने का बोध कराती हैं, जिसका मूल स्रोत है गहरी ईमानदारी। अपने प्रकृतिबोध और सौन्दर्यशोध को जीवित रखने की आकांक्षा रखने वाला यह 'बम्बइया' कवि 'पौरुष' में कहता है : 'पके धान की बाला चुपके/मेरी बाँह परसकर जिस दिन/अपनी गोल-गुटैया, छोटे-बड़े

मुँहासों-भरी/जरा-सी मुइयाँ/बड़ी अदा से मटका करके/पास बुलाएगी। सतरंगी फरिये ओढ़े 'ह्य-ह्य' कलियाँ/लम्बी, सुतवाँ (गन्धान्वेषी!) मेरी नाक पकड़कर मुझको हरी दूब की गद्दी पर बिठला के दम लेगीः/सच कहता हूँः/उस दिन यह 'बंबइया पौरुष' शेयर-मारकिट-सा अर्राकर गिर जाएगा।'

'एक बौने की पदयात्रा' इस संग्रह की सबसे दीर्घ और सम्भवतः सबसे अधिक प्राणवान, समृद्ध कविता है। कवि अपने विदेशस्थ मित्र को, जो विदेश में एक विदेशी प्रिया से विवाह करना चाहता है, अपनी शुभकामनाएँ दे रहा है। इस कविता में कवि ने भारत के उन मेधावी युवकों का विस्तृत चित्र प्रस्तुत किया है, जो अपने को विदेश में जाने के लिए विवश पाते हैं, परन्तु जीवन के सन्ध्याकाल में अपने देश लौटते भी हैं। इस यात्रा के बीच जो कुछ महान घटित होता है, उसका चित्रमय, भावोद्वेलित और विलक्षण प्रभावपूर्ण चित्रण कवि करता है। इसमें जो भाव स्थितियाँ हैं, बिम्बों और प्रतीकों ने कविता के ताने-बाने को जो समृद्धि दी है, शब्दों के प्रयोग में जो विलक्षण दक्षता परिलक्षित होती है, उसके कारण मुझे यह कहने में जरा भी हिचक नहीं है कि हिन्दी की इनीगिनी श्रेष्ठ दीर्घ कविताओं में वसन्त देव की यह कविता सम्मान के साथ प्रतिष्ठित हो सकती हैं। एक भारतीय युवक की बचपन से लेकर प्रौढ़ावस्था तक की यात्रा का यह सम्वेदनात्मक चित्र भारतीय संस्कृति की उदार, उज्ज्वल, उदात्त और सहिष्णु परम्पराओं के सशक्त संकेतों की पृष्ठभूमि पर एक उत्कट प्रभाव छोड़ जाता है।

वसन्त देव की कविता बिम्बधर्मी और सन्दर्भसमृद्ध कविता है, और सहज शब्द-शिल्पी कवि होने के कारण उनके लिए शब्द अपनी ध्वनियों के समस्त आयाम खोले रहते हैं—वजन, आकार, स्वर, गूँज, नागर-अनागर परिवेश, प्रभाव, सूचनात्मक क्षमता, ध्वनिमैत्री आदि। फिर भी शब्दों की ध्वनियों का पूरा उपयोग करते समय वसन्त देव अर्थ के भीतरी देवता का अपमान नहीं करते, बल्कि उस अर्थ-देवता के बहुरूपियापन के अनुसार शब्द की ध्वनि का साज चढ़ाते हैं। 'लगन-गन्धार' और 'एक बौने की पदयात्रा' के शब्द-सम्भार को 'किस्सा चूहा-बिल्ली' या 'ब्लफिंग : ताश का एक खेल' की शब्द-संहति के साथ रखकर देखा जाये तो वसन्त देव के शब्द-सामर्थ्य की झलक मिल सकती है। अधिकांश कविताएँ लय का अर्थानुसारी प्रयोग लेकर चलती हैं और प्रायः हर स्थान पर लय के "कलात्मक उपयोग से भाव-संसार को एक अतिरिक्त दीप्त आवेग मिला है।" जैसे 'आज बही फगुनौटी, मन नाहीं बस में।' 'अनुप्रास के अर्थवाही और प्रवाहपूर्ण उपयोग से कविता सभी जगह सुखद प्रतीत देती है। विशिष्ट शब्दों के संयोजन से वक्रता, विदग्धता और एक विचित्र नाट्यपूर्णता उत्पन्न होती है—उसका अपना एक अलग सौन्दर्य है। इसमें कोई सन्देह नहीं कि ये कविताएँ पढ़ते समय यदि पाठक के पास सूक्ष्म सौन्दर्यबोध और शब्दों से संकेत ग्रहण करने की पर्याप्त क्षमता न हो तो उसे दुर्बोधता

का सामना करना होगा। इसके अनेक कारणों में से एक है वसन्त देव की प्रतिज्ञा कि एक भी अनावश्यक शब्द कविता में नहीं आयेगा।

वसन्त देव की कविता अपने व्यक्तित्व के प्रति सजग और अपने खास भाव-विश्व के प्रति ईमानदार कवि की कविता है। इसमें जीवन और जगत् का वैविध्यपूर्ण, व्यापक और ठोस चित्रांकन नहीं है, परिवेश के विविध स्तरों एवं आयामों को समेटने की प्रवृत्ति नहीं है। यह बाह्य प्रसार की अपेक्षा अन्तर की ओर उन्मुख कवि की कविता है। इसका कुल कैनवस निश्चय ही विस्तृत नहीं है, परन्तु यह कहना गलत होगा कि वसन्त देव में सामाजिकता नहीं है और परिवेश का अहसास नहीं है। इन कविताओं का कवि कोई जुझारू व्यक्तित्व लेकर नहीं आता। समाज को बदल देने की आकांक्षा से प्रेरित होकर कविता नहीं लिखता। यही इन कविताओं का सबसे बड़ा मूल्य है। आज जब शब्द के प्रति और परिणामतः भाषा के प्रति खतरनाक असन्तोष का रुख अपनाया जा रहा है, कलात्मक संचेतना से घृणा भी प्रकट की जा रही है, परिवेश के प्रतिक्रियात्मक ढंग से गुस्सा उगला जा रहा है, तब वसन्त देव की कविता एक आस्था जगाती है। इस कवि में एक अच्छे और सृजनशील कवि की क्षमता है और पहले ही काव्य संग्रह में कविताओं को चुनकर रखने में जो विवेक और अपने ढंग का निर्मोह प्रकट हुआ है, वह उसकी सम्भावनाओं के प्रति विश्वास और प्रतीक्षा जगाता है। अपनी सम्भावनाओं के प्रति उत्पन्न आश्वासनों को पूर्ण कर श्रेष्ठ कवि श्रेणी में बैठना वसन्त देव के अध्यवसाय और बृहत जीवन के प्रति समर्पण पर निर्भर है, परन्तु यह तो भविष्यवेत्ता का ही क्षेत्र है। एक काव्य-प्रेमी सहृदय की मनःस्थिति वसन्त देव के अन्य सन्दर्भ में लिखे शब्दों के सहारे व्यक्त की जा सकती है।

"वे दूर से/जो आ रहे हैं श्याम-सियरे बाँसुरी के सुर/ः रुको! इस एक क्षण तो मैं अमर हूँ।"

ट्रैजिक स्थितियों में भी आस्था का कवि
(हरि व्यास की कविता का विश्लेषण)

श्री हरि नारायण व्यास की कविता पढ़ते समय लगता है कि हम एक परिपक्व, संयत, मेधावी और विलक्षण स्वाभिमान कवि की उपस्थिति में हैं। सप्तकों में कवि के रूप में अन्तर्भाव कवि की आरम्भिक पहचान थी और एक महान कवि और श्रेष्ठ सम्पादक की विवेकपूर्ण छलनी में से निकलकर प्रविष्ट होना सौभाग्य की बात थी। परन्तु इस आरम्भिक पहचान के बाद अपने काव्य के प्रति समर्पित स्वभाव को बनाए रखना और एक कवि के रूप में शक्ति अर्जित करते हुए निरन्तर काव्य-यज्ञ में समिधाएँ डालते रहना न केवल असली कवि होने का प्रमाण है बल्कि वह विलक्षण जीवट का भी काम है। हरि व्यास के संघर्ष का रूप अनेक कारणों से अधिक उग्र रहा है। वे अपने गत्यात्मक कवि-जीवन में प्रायः अपनी भाषा, अपनी भूमि, अपने मित्र और कवि प्रेमी समाज से दूर रहने को बाध्य थे। निश्चय ही कवि प्रेमी समाज से दूर रहकर कविता निरन्तर लिखते रहना कठिन कर्म है। यद्यपि भारतीय भाषाओं का आपसी रिश्ता सगी बहनों का है और साहित्यों में एक ही भारतीय हृदय बोलता है फिर भी साहित्यकार के लिए अपनी भाषा से कुछ दूर रहकर काव्य-सृजन करना कठिन होता है। अन्य विधाओं की तुलना में काव्य-भाषा काव्यानुभव से अत्यधिक अन्तरंग रूप में जुड़ी हुई होती है और जब तक भाषा लिखित रूप में और वाचिक रूप में कवि-मानस को घेरे नहीं रहती, तब तक उसके संचित भाषा संस्कार में वह गति और स्पन्दन नहीं पैदा होता, जो कवि वाणी के लिए आवश्यक है। कवि लिखित कविता को ग्रन्थों और पत्रिकाओं के माध्यम से भले ही अपनाता रहा हो (अ-हिन्दी भाषी परिवेश में इसकी सीमाएँ होती हैं) लेकिन वाचिक संस्कार के लिए तरसता रहेगा ही। हरि व्यास निश्चय ही ऐसे तरसते हैं। कभी यह छटपटाहट मित्र को सम्बोधित कविता में प्रकट होती है, कभी

अन्य प्रकार से। प्रासंगिक सवाल यह है कि हरि व्यास की कविता ने प्रवाह के बीच न होने से कौन-सा रूप धारण किया? मुझे लगता है हरि व्यास की कविता का संस्कृत प्रचुर भाषा के प्रति अधिक झुकाव रहा है। वैसे उर्दू के प्रचलित शब्दों का प्रयोग हरि व्यास की कविता में सटीक ढंग से हुआ है, कहीं लोकभाषा का प्रयोग भी मिलता है। परन्तु बहुत बार ऐसा भी लगता है कि हरि व्यास अगर अपनी भाषिक जमीन में रहते तो लोकभाषा के प्रयोग से उनकी कविता अधिक प्रभावपूर्ण बनती। दूसरी बात यह कि हरि व्यास विचारों, सरोकारों और भावनात्मक कोण से जनजीवन के कवि रहे परन्तु उनकी वाणी में आभिजात्य बरकरार रहा। जिस मराठी समाज में वे रहे, उससे आन्तरिक संवेदना के बल पर एकात्मता प्राप्त करना कठिन था। इसमें हरि व्यास की अपेक्षा उस समाज का कुछ अभेद्य कवच भी कारण बना हो। परन्तु वास्तविकता यह है कि कहीं जनजीवन के ठोस संदर्भों से कुछ संवेदनात्मक भीतरी दूरी हरि व्यास की कविता में दिखती है। ऐसा लगता है कि हरि व्यास ने अपनी एक कविता की दुनिया कुछ बाह्य ठोस घटनाओं, प्रसंगों, व्यक्तियों की हलचल से अलग रखी। कहीं एक स्वाभिमान की कड़ियल रेखा ने उन्हें अपनी स्वायत्त दुनिया की रक्षा करने के लिए बाध्य बनाया। "आप मेरी चिन्ता नहीं करते तो मैं भी आपकी फिक्र नहीं करता"- - कुछ ऐसा भाव है जिससे उनकी कविता को मांसल लोकस्पर्श से अलग रहना पड़ा। द्रष्टव्य है कि हरि व्यास की समग्र कविता में आसपास की हलचलों का जीवन्त सन्दर्भ विरल है। हरि व्यास ने अपना काव्य-संसार स्वायत्त रखा और कठिन अस्मिता से उसकी स्वायत्तता को सुरक्षित किया।

कविता में इससे एक सख्ती, एक कठिनता, एक अभेद्यता आती है। हरि व्यास की कविता सीधी और सरलतापूर्वक समझ में आनेवाली नहीं है और पाठक से एक विशिष्ट स्तर और परिश्रम की अपेक्षा करती है। एक तो अभिजातीय मिजाज के कारण वह बोलती कम है, फिर वह दूसरों से सम्वाद करने की अपेक्षा अपनी आत्मा से ही सम्वाद करना अधिक पसन्द करती है। हरि व्यास की कविता आत्मस्थ (आत्म केन्द्रित जरा भी नहीं) अधिक है।

हरि व्यास का अभिजातीय कवि-स्वभाव उन्हें रोमांटिक नहीं होने देता। प्रकृति के कुछ सुन्दर सौन्दर्यसंकेत मार्मिकता से उनकी कविता में आते हैं और वहाँ कल्पनाशक्ति की क्रीड़ा से पाठक का मन भावित भी होता है। 'मृग और तृष्णा' की पहली ही कविता 'दक्ष का सन्देश' द्रष्टव्य है। बादल, सूरज, धूप, चाँद, अँधेरा, वृक्ष, लहरें, नदियाँ, फूल, फल, घाटियाँ, अल्हड़ हवाएँ, पंछी, कवि के साथ जीवन्त रूप में जुडे हैं क्योंकि अपनी अनगिनती कल्पना–क्रीड़ा से कवि इन्हें जीवन्त कर सन्दर्भित करता है। परन्तु हरि व्यास के मन की प्रवृत्ति रोमैण्टिक कवि की तरह इनके विविध चित्रमय आकारों में मोहलीन होने की नहीं है, इनको अपनी संवेदना

में पिघलाकर विभोर होने की नहीं है, अभिजात कवि की भाँति ऐन्द्रिय संवेदना की उत्कटता के क्षणों में भी कवि कुछ दूरी रखता है, तटस्थता की दीवार खड़ी कर देता है। अनेक बार प्राकृतिक दृश्यों को प्रतीकात्मक रूप प्रदान कर हरि व्यास जीवन के अभिप्राय को अधिक विशद पृष्ठभूमि भी देते हैं, परन्तु प्रकृति से उनका उस प्रकार गहरा लगाव नहीं है।

हरि व्यास परिस्थितियों से विवश होकर समाज के जीवन्त सम्पर्क से कुछ-कुछ कटे-से रहे। परिणामतः वे अपने अनुभवों के संगठन में भावुक कहीं नहीं रहे, भावनात्मक भी कम रहे। ध्यातव्य है, प्रायः हर कवि ने प्रणय और प्रेम को अपने काव्य-संसार का प्रमुख उपजीव्य बनाया है जबकि हरि व्यास ने प्रणय कविता बहुत की कम लिखी। अपने को प्रेम या प्रणय से काटकर रखना बड़ा कठिन होता है। हरि व्यास की कविता में आश्चर्यजनक रूप में प्रणय भाव क्षीण रूप में दिखता है। हरि व्यास की एक नितान्त सुन्दर और शक्तिशाली कविता है 'एक अदृश्य आवाज से'। यहाँ कवि वैयक्तिक अनुभव को भी तटस्थ भाव से व्यक्त करता है–

'उस दिन तुम किसी दूसरे का काष्ट सुनकर रो दी थीं/और तब/सृष्टि का सारा रंग,/फूलों की पंखुरियों पर/आकर छलक पड़ा था/प्रत्येक अणु में/सचेत हो जगमगा उठा था/दिए की बाती में/गीतों की रंगीन लौ,/थरथरा उठी थी/आलोक के वलय/रंगीन किरनों से आ गुँथे थे/उस समय किसी की पीड़ा/तुम्हारे आँसू बनकर कृतार्थ हो गयी थी।'

कविता में किसी की पीड़ा का उल्लेख है—यह दूरस्थ भाव है। फिर दृश्यान्तर है—

'आज तुम अपने दुःख से रोती हो/हमारे बीच की दूरी एक बहुत बड़ा सच है।'

इसके बाद कवि निर्मम भाव से रिश्ते के सूखते जाने की प्रक्रिया का चित्रण करता है। परिणामतः 'जब मनुष्य था/तब मुहबत भी थी/अब तो मिट्टी के माथे पर/जिन्दगी एक बोझ है। इसे दुर्वह मत बनाओ।'

ऐसा लगता है कवि ने अपनी वैयिक्तिकता को, निजी संसार को कविता में आने से भी जानबूझकर रोक दिया। उनकी पुत्र को सम्बोधित कर लिखी कविता 'तुम्हें देने के लिए' (बरगद के चिकने पत्ते) देखी जाए। कविता बहुत ही सशक्त है :

'और अब तुम/अपना बस्ता बगल में दबाए/सड़कों पर फैली असंख्य/पदचापों में आँखें गड़ा/अपने स्कूल का रास्ता खोजते हो/मैं और तुम्हारी माँ/अपनी-अपनी तलाश में/और तुम रास्ते की खोज में। हमने ना तो एक-दूसरे को खोजा/और न अपने आपको ही/खोज पाए/हमारे पास तुम्हें देने के लिए/सीधा और साफ रास्ता भी नहीं है।'

लगता है बाहर मार के परिणामस्वरूप और कुछ अपनी आन्तरिक प्रवृत्ति के फलस्वरूप कवि अपने को ऐसा निर्मम और तटस्थ बनाता गया कि गृहस्थ का

समूचा रस ही सूखता चला गया। इसका परिणाम समूची संवेदना पर पड़ा।

क्या था यह परिणाम? मुझे लगता है किसी भी कवि के भाषात्मक संसार में गृहस्थ जीवन का भावनात्मक संसार बहुत प्रभाव उत्पन्न करता है। कवि उससे तटस्थ होता जाए तो यह संसार सूखने सिकुड़ने लगता है। हरि व्यास की कविता पर इसका दो रूपों में प्रभाव पड़ा है। एक, मनुष्य और मनुष्य के बीच के अनगिनती सम्बन्धों के रूप कविता में आने से रह जाते हैं और दूसरे, कविता बौद्धिक होती जा रही है। हरि व्यास की कविता में एक विचित्र विरोधाभास मिलता है–एक ओर समाज और समय की असंख्य विषमताओं और असंगतियों का आकलन होने के बावजूद कवि उन्हें बौद्धिक स्तर पर ही रखकर प्रतिक्रिया करता है। हरि व्यास की कविता में बुद्धि का कठिन कवच उनकी कविता को प्राप्त है। कभी ऐसा भी लगता है कि कवि अपने स्वाभिमान के बल पर जीने की जिद में कुछ तटस्थ भाव से जीने की आदत अपने को डाल रहा है।

हरि व्यास की कविता है 'कला'। सन्दर्भ कुछ भवभूति के समानधर्मा की अपेक्षा का है। परन्तु कुछ पंक्तियाँ हरि व्यास की कविता पर ही भाष्य करती हैं :

'मैंने तुम्हें रचना में बन्द कर दिया है/शब्द अर्थ और आकार से बाँध दिया है/जड़ता पहना दी है तुम्हें/अभिशप्त अहल्या/अब इस अकेलेपन का बोझ उठाते हुए/पड़ी रहो/किसी राम की प्रतीक्षा करो/सहती रहो अमर जड़ता का/पथराया एहसास/राम के लौटने तक/ज्योतिहीन आँखों से पंथ निहारो।'

हरि व्यास के सरोकार व्यापक हैं–वे समकालीन चेतना से सम्पृक्त कवि हैं, राजनैतिक छद्म और छल से वाकिफ हैं, सामान्य शोषित व्यक्ति के प्रति सहानुभूतिशील हैं। ('पहरेदार'–बरगद$_0$ 'जन्म'–बरगद$_0$) नारी की स्थिति के प्रति दुखित हैं ('इला'–बरगद$_0$), बच्चों के प्रति विशेष सम्वेदनशील हैं ('सोए हुए बच्चे से' एक खूबसूरत कविता), उपभोक्तावादी संस्कृति से उन्हें घृणा है ('डर'– बरगद..., टीवी के पर्दे पर–त्रिकोण...) वे नागर सभ्यता से बेहद आतंकित हैं ('अकेला शहर : रात में' बरगद...) 'रातपाली'–मृग और तृष्णा, 'शहरवालों से'–त्रिकोण..., 'जीवनमुक्त' मृग... ('शहर में'–मृग और तृष्णा)।

हरि व्यास मनुष्य की स्थिति और नियति को अनेकानेक दृष्टियों और प्रसंगों से चित्रमय रूप में प्रस्तुत करते हैं और संयत दर्द के साथ अभिव्यक्त उनकी इस प्रकार की कविताएँ उनकी कविता की शक्ति है। एक छोटी-सी कविता में उन्होंने मानवीय स्थिति और नियति को व्यक्त किया है–

'मकड़ी अपना जाला बुन रही है/धीरे-धीरे गिरफ्त में उसके/आता जा रहा है/दुबका हुआ वह नन्हा कीड़ा/अभी वह छटपटाएगा/और पेट में समा जाएगा।'–'मरण' त्रिकोण पर सूर्योदय।

'फैलता हुआ ब्रह्माण्ड', 'इन्द्रजाल', 'पराया मौसम' (त्रिकोण...) 'नए वर्ष की

तीन कविताएँ, 'भूत बंगला', 'मेरी छाया', 'कर्ण', 'तनहाई', 'मृग और तृष्णा', 'बच्चा', 'मोमबत्ती जल रही है', 'हम लोग', 'आत्मोपलब्धि', 'मील का पत्थर' (मृग और तृष्णा), 'मछलियाँ', 'प्रज्ञा की टहनी से टूटकर' (बरगद...) इ. कविताओं में मनुष्य की स्थिति और उसकी ट्रैजिक नियति का बोध कराया गया है। इनमें 'कर्ण', 'तनहाई', 'बच्चा', 'मछलियाँ' बहुत ही सशक्त कविताएँ हैं, 'मोमबत्ती जल रही है' का लिरिकल तत्त्व सम्वेदना को गम्भीर स्पर्श से गहरे धरातल पर स्पन्दित करता है। हरि व्यास मध्यवर्गीय जीवन का चित्रण करते हैं जो उनका देखा और भोगा हुआ है। हरि व्यास का एक महत्त्वपूर्ण वैशिष्ट्य यहाँ रेखांकित करना जरूरी है। वे मनुष्य की सर्वनाशा नियति से रू-ब-रू होते हैं। परन्तु उनकी कविता में कहीं भी अपनी व्यथा का दयनीय और लिजलिजा प्रदर्शन नहीं है। वे साठोत्तरी उन तमाम भीड़ के औसत कवियों से मनःपूर्वक घृणा करते हैं, जो अपनी तकलीफों का प्रदर्शन करते हैं। इन कवियों की शब्दबहुल आक्रोशी कविता से हरि व्यास की कविता अलग क्यों है? क्योंकि आक्रोशी कविता के शब्दों से उनका शब्द छद्म प्रकट होता है। जीवन के दुःख को भीतर से भोगने के बाद जीवन विषयक चिन्तन के सन्दर्भ में जब कविता रची जाती है तब शब्दों की प्रस्तुति में ही दर्द का एहसास होता है। हरि व्यास की कविता में यह संयत दर्द है और उसके पीछे चिन्तन है। दूसरी बात यह भी है कि व्यास के जीवन विषयक चिन्तन में दर्शन की नींव उसे मूल्य देती है। इसीलिए दुख और दर्द को भी वे एक अनिवार्य जीवनरूप में स्वीकार करते हैं और उसका सृजनात्मक स्तर पर सामना करना चाहते हैं। उनके अनुभव की अभिव्यक्ति में त्वरित प्रतिक्रिया का छिछलापन नहीं है। जीवन को भोगते हुए दर्द को सहते हुए, चिन्तन में पचाते हुए उसे कलात्मक रचाव में ढालने की लम्बी प्रक्रिया से उनकी कविता प्रायः गुजरती है, इसीलिए वक्रता, व्यंग्य, विडम्बना, अलंकरण इत्यादि का बहुत अधिक आधार न लेते हुए भी गम्भीर पाठक इनकी कविता को स्वीकार करता है। उनकी 'कविता' शीर्षक कविता (बरगद...) द्रष्टव्य है। कुछ पंक्तियाँ :

'मेरी चटाई को किरनों ने चौकों से पूर दिया/मैं उन चौकोन चित्रों की जालियों से/आने वाली किरनों की बौछारो की सीमाओं को/अपने ज्ञान-पिपासु अन्तरचक्षु से नापने लगा। उनकी लम्बाई और चौड़ाई का लेखा/अंकित करता हुआ, मैं किरनों के/अन्तर में पैठ गया। किन्तु वह किरनों का नन्हा-सा अन्तर/अनन्त या/अन्तराल भी उसमें अन्तर्निहित था। चाँद, सूर्य, पृथ्वी, ग्रह, नक्षत्र/ज्ञान-विज्ञान, प्रगति और परम्परा/सत्य-झूठ, प्रेम-घृणा/सुन्दर-असुन्दर सबके सब" उस/सीमित के अन्तराल की सीमा को/प्राप्त करने के लिए/दिशा-दिशा में दिशाहीन होकर/भटक रहे थे।...सारी दुनिया किरन की आन्तरिक गहनता में तैरती/नजर आ रही थी।'

'हीरे की खोज में' कविता में कवि ने इसी स्थिति को व्यक्त किया है : 'मैं

काले पहाड़ों पर हथियार चलाता हूँ/अँधेरी इच्छाओं में/रंगीन उजाले के/टुकड़े की खोज में।''

कवि और चेतना विरोधी शक्तियों का यह द्वन्द्व 'हवा से' कविता में व्यक्त हुआ है। अन्तिम पंक्तियाँ :—'मेरे हाथ-पैर किसी ने/बाँध रखे हैं। लेकिन मन/तेरे आने की/प्रतीक्षा/कर रहा है।'' (बरगद के चिकने पत्ते)

यही वह आत्मिक कश्मकश और छटपटाहट है जो हरि व्यास की कविता को मूल्यवत्ता प्रदान करती है। हरि व्यास वस्तुओं, घटनाओं और स्थितियों को ऐसी काव्यात्म अवस्था में पकड़ते हैं जहाँ उनमें एक छटपटाहट, बेचैनी और व्यथा पैदा हुई है। उनकी 'मछलियाँ, कविता ऐसे काव्यात्मक क्षणों को उदाहृत करती है :

'हम/सूखती नदी के पात्र में/फँसी हैं/तैरने की सारी इच्छा/अपने दिल में दबा/पाँखों की सारी ताकत/तड़पने में खर्च करने के लिए/मजबूर/कचोटती है/नदी में पानी और बहाव/बने रहने की तमन्ना की लाचारी/हमारी इस नियति के लिए जरूरी है/मौसम का बदलना/आनेवाले वक्त की प्रतीक्षा में झुलसते इन एकाकी वृक्षों के साथ/हम ही नहीं/जर्रा-जर्रा है।''

अन्तिम पंक्तियों में संकेतित सामूहिक नियति का अनुभव है जो कवि की सन्तुलित जीवन-दृष्टि का परिचायक है। अकेलेपन की व्यथा हरि व्यास की कविता में खूब व्यक्त है परन्तु वे यह जानते हैं कि वे अकेले ही उस पीड़ा से दंशित नहीं हैं। समाज में बहुत सारे लोग हैं जो अकेलेपन के द्वीप बनकर व्यथा-भोग रहे हैं। इस भावना ने उनकी कविता को अधिक महत्त्वपूर्ण बनाया है।

एक और बात है। कहीं गहरे में हरि व्यास सही अर्थ में धार्मिक सम्वेदना के कवि हैं जो अपनी दुखद स्थिति-गति का नियति द्वारा दिया गया जहर घूँट-घूँट पीते हुए भी एक आस्था का अनुभव करते हैं। इसलिए 'उम्मीदें' में वे अजगर के पेट में जाते हुए भी लिखते हैं :

'आदमी अपने/रोने-गाने/हँसी-खुशी/बरसते बादलों में/बो देगा/नस्लें तामीर करेंगी जिन्दगी/वक्त के इस खामोश अँधेरे में/आँखों की चमक/काफी है/जरूरी उजाले के लिए/उम्मीदें ही/आँखों में चमक लाती हैं/(बरगद के चिकने पत्ते)

'पुल' कविता इसी सन्दर्भ में उल्लेखनीय हैं।

इस धार्मिक सम्वेदना के आस्तिक्य भाव और आस्था का बौद्धिक और तार्किक कारण नहीं दिया जा सकता लेकिन उसका अस्तित्व अस्वीकार नहीं किया जा सकता/-- यह भारतीय मानसिकता है।

हरि व्यास की कविता इसी कारण से ट्रैजिक स्थितियों से अवगत कराते हुए भी जीवन में आस्था को समाप्त करने की दिशा में नहीं ले जाती। यह आन्तरिक ऊर्जा उनकी कविता को सामयिक और समकालीन कवियों में अलग पहचान देती है।

वैभवशाली दैन्य : लोग भूल गये हैं
(रघुवीर सहाय की कविता)

रघुवीर सहाय के नवीन काव्य संग्रह 'लोग भूल गये हैं' को पढ़ने और सुनने के बाद यह मानना पड़ा कि 'सीढ़ियों पर धूप में' के बाद 'आत्महत्या के विरुद्ध' और 'हँसो-हँसो, जल्दी हँसो' कवि-व्यक्तित्व के बिखराव की नहीं, अन्दर और बहार के विकास की मंजिलें थीं और इस विलक्षण सम्वेदनशील और चिन्तनशील कवि को नूतन दृष्टियों से अपने को संगठित करने के लिए बीच के दो संग्रहों में सप्रयास अपने को तोड़ना पड़ा। 'सीढ़ियों पर धूप में' में बैठे कवि का सीढ़ियों से उतरकर जीवन के विस्तृत मैदान में आना और आकर जगत गति की विद्रूपता को पैनी आँखों से देखना पड़ा। 'आत्महत्या के विरुद्ध' में यह भय पैदा हो गया था कि कहीं विद्रूपता को पैनी आँखों से देखने और व्यंग्य और विडम्बना के माध्यम से उसे व्यक्त करने में कवि की मूलभूत करुणा, जो उनके समस्त काव्यानुभव की महत्त्वपूर्ण धुरी है, जमकर भोथरी न हो जाय। 'हँसो, हँसो, जल्दी हँसो' में स्थितियों को अतिशयोक्तिपूर्ण अन्ततोगत्वा रूप प्रदान कर देने की प्रवृत्ति ने इस भय का आधार दिया था, लेकिन 'लोग भूल गये हैं' ने यह निस्सन्देह प्रमाणित किया है कि पहले दो संग्रहों की कुछ अतिशय बहिर्मुखता अन्ततोगत्वा कवि को अन्दर और बाहर के नये सन्तुलन और संश्लेषण की ऊँची सीढ़ियों पर ले गयी है। कवि अपनी तमाम शक्तियों को समेटकर विलक्षण काव्यात्मक इण्टिग्रिटी का सुखद परिचय दे रहा है, यद्यपि जिस विश्व की परिक्रमा वह करा रहा है वह भयावह है, दुखमय है, त्रासद है। इस समय शायद ही कोई दूसरा कवि इतनी शक्तिमत्ता के साथ गहनता और व्यापकता का परिचय दे रहा हो।

यद्यपि रघुवीर सहाय जीवन से दूर गयी कला को नफरत करते दिखाई देते हैं और जीवन और कला का पार्थक्य मिटाने पर तुले हुए हैं, फिर भी यह सुखद

बात है कि उनका कलाकार इसमें न केवल टूटता नहीं है, बल्कि जीवन को पचाकर अपनी कलात्मक अस्मिता असामान्यता को भी सुरक्षित रखता है और कलात्मक प्रखरता का परिचय देता है। सामान्यतः कला और जीवन को अलग संसार मानकर चलने वाले लोग दोनों के बीच को अनुभूति के पुल को इतना सँकरा बना देते हैं कि कला में जीवन मुश्किल से आ पाता है और कला कारीगरी रह जाती है। उधर कला और जीवन को एकमेक माननेवाले कवि जीवन को समेटने के क्रम में कला या कविता को तो तोड़ ही देते हैं, उनकी समूची शक्ति ही असंगत ढंग से वाक्-बाणों से बौछार करने में बिखर जाती है—न जीवन निबद्ध होता है, न कला बच पाती है। हाथ आता है एक आत्मरति का आवेग जो इसी में परितृप्त है कि कैसी महान लड़ाई लड़ रहे हैं। रघुवीर सहाय की कविता ने इन दोनों खतरों को न केवल टाला है बल्कि दोनों की सूक्ष्म चरम रेखा तक पहुँचकर अपनी कवित्व शक्ति का पूरा सार्थक उपयोग किया है। इसका कारण यह है कि रघुवीर सहाय कवि व्यक्तित्व की आवश्यक शर्तों को सामान्यतः नजरअन्दाज नहीं करते।

वे शर्तें क्या है? यह मानने की भूल न करना कि कविता शब्दों के माध्यम से रची जाने पर भी शब्द ही सब कुछ है। शब्दों के चुनाव और संयोजन के पीछे जो कवि व्यक्तित्व कार्यरत रहता है और जो ध्वनि की तरह ही शब्दों में न अँटते हुए भी शब्दों के ही माध्यम से पकड़ा जाता है, उस कवि व्यक्तित्व की समृद्धि ही वह प्रथम शर्त है जो काव्य का स्रोत है। इस कवि व्यक्तित्व का सम्बन्ध सीधा उन बातों से नहीं होता है जो वह सामान्यतः अपने जीवन में करता है। मसलन यार दोस्तों के साथ हँसी-मजाक, पेट पालने के लिए नौकरी, परिवारवालों से निभाव, तफरीह के लिए कभी शराब की चुस्कियाँ, इत्यादि। एक सशक्त कवि तमाम छोटी बड़ी घटनाओं में अपने सम्वेदन यन्त्र को इतना दुरुस्त रखता है कि हर क्षण एक कातरता, एक बेचैनी, एक छपपटाहट, एक अपराध बोध की पीड़ा, अपने को अन्वेषित करते रहने की स्वभावगत मजबूरी, उसमें आयी कसमसाहट, अन्तर्मुखी व्यक्तित्व को मिलनेवाली मार और उद्यत चौकस भाव से वह विचलित रहता है। करुणा से रो उठता है—'चीत्कार पानी में डूबा हुआ गूँज बनकर कातर कर जाता है।' रघुवीर सहाय के कवि व्यक्तित्व की पहचान उनकी 'एक घिसी-पिटी शैली में भीगती हुई गद्य पंक्तियाँ' दे सकती हैं। यह एक सोलहों आने खरी और सशक्त कविता है—'धूप में इतिहास', 'चिड़ियों की अतुकान्त चहक' कवि व्यक्तित्व को पूरी तरह उभारती है। अपने वक्त की तरफ जिम्मेदारी निबाहनेवाला कवि व्यक्तित्व आज की दुनिया की वास्तविकता की एक भयावह प्रक्रिया को अपनी सधी शैली में चिन्तन से सन्तुलित संवेदना के साथ प्रस्तुत करता है। 'यह एक क्षण को मेरा जानना कि एक बड़ी कीमत चुकाने को बाकी है, एक अन्धकार की गुफा के मुहाने

पर बच्चों से बिदाई लेने जैसा लगता है।' पूरी कविता की नाट्यात्मक हरकतों की नींव में एक बड़ा नाटक है। अपने बीवी-बच्चों के साथ पिकनिक पर आना और उन्हें बेहद प्यार करते हुए भी उनसे नितान्त अलग 'धूप में अपने इतिहास को अनुभव करना-कराना' यह एक सृजनधर्मी बेचैनी का तीव्र क्षण है जो इतिहास की निरर्थकता और निष्प्रयोजनता के बोझ को लेकर भी भविष्य में उठकर उड़ने के लिए पंख तौल रहा है। यह कवि व्यक्तित्व लौकिक जीवन में भले ही कुर्सी पर बैठे कलम घिसता रहे, जब तक दुनिया की हालत को देखकर कबीर की तरह रो सकता है तब तक अपना फर्ज पूरा कर रहा है।

सम्वेदना की तीव्रता और गहराई एवं उसका उतनी ही जीवन्तता के साथ जीवन के फैलाव में प्रसार रघुवीर सहाय की कविता का ऐसा वैशिष्ट्य है जो उन्हें हिन्दी के समर्थ कवियों के बीच खड़ा कर देता है।

कवि व्यक्तित्व के रूप में रघुवीर सहाय की पहली लड़ाई उन शिलीभूत करनेवाली स्थितियों, परम्पराओं, मान्यताओं से है जो कला और व्यक्तित्व की अद्वितीयता को गलत रूप में प्रस्तुत करती है। पीड़ा के रसभीने अवलेह में लपेटकर परसी जानेवाली रचनाओं से या अपने कुएँ में झाँककर अपनी अद्वितीयता को औरों से सुरक्षित रखनेवाले कवि-व्यक्तित्व से उनकी लड़ाई है। पर लड़ाई महज शब्दों के सहारे कोई लड़ नहीं सकता। समाज के दर्द को अपनी नसों में अनुभव करके ही वह सम्भव है। अपनी दुःख सोखनेवाली सम्वेदना को सतत जिन्दा रखना आवश्यक है। 'सहना परायी पीड़ाओं को बार-बार/जीते रहने का अकेला उपाय है सही/फिर उसी समय/दूर खड़े हो अपने को देखो/...साथी के दुःख में/वह एक अजब बीज है कि जो यह नहीं किया तो जाने जड़ हुए।'

रघुवीर सहाय की संवेदनात्मक ईमानदारी खासकर उन छोटे-छोटे प्रसंगों, फालतू व्यक्तियों एवं चित्रों के माध्यम से व्यक्त होती है जो एक गलत ढंग की जीवन-व्यवस्था का बोझ कवि के मन पर डालते हैं। असल में हर क्षण आँखें खोलकर जीवन के विद्रूप और असंगति को देखनेवाले कवि का मन ऐसा तनाव भरा रहता है कि मुस्कराहट भी एक अलग विद्रूप प्रकट कर जाती है। 'तुम हँसते हो कभी बिना जाने हुए/कभी मुस्कराते दीख पड़ते हो/पर वह मुस्कराहट नहीं/वह है एक दुःख भरे जीवन में एक क्षण/कोई चीज के खुलने से मांस में आया हुआ ढीलापन/अक्सर याद करो तो देखोगे कि तुम तब खुश नहीं थे कि जब मुस्कराये थे।'...जिन्दगी का हर क्षण और हर घटना कवि को सोच में डालती है और उस घटना के भीतर धँसकर वह मनोवैज्ञानिक सूक्ष्म सत्य लेकर बाहर आता है। हर दिन की छोटी-सी घटना के माध्यम से पीढ़ियों के गैप और तनाव की एक परस्पर सम्बन्धों की सूखती अनुर्वरा जमीन को दिखाता हुआ कवि लिखता है : 'मैंने लड़के से कहा कि मेरा चश्मा लाओ/और वह सुनकर चला गया/उससे कुछ कहने पर

उसमें एक अपनी दुनिया बनने लगती है/और वह वहाँ से बहुत देर में आता है तो मैं ठहरा रहा इस चश्मे के लिए/वह आया लिये हुए/आपने मँगाया था/ओह मैंने माँगा था? अब जरूरत नहीं/उतनी देर नहीं पढ़ा/सोचता रह गया/एकाएक याद आया, कौन कह रहा था कि हम लोग/इन्तजार किया करते हैं कि कोई आये हमारे यहाँ।' सम्वेदना जब तीव्र हो और चिन्तन सूक्ष्म, तब हर घटना की तहों में जाने के अभ्यासी कवि का हर क्षण दुःख से ही साक्षात्कार होता है। कला और जीवन के पारस्परिक सम्बन्धों से कवि का मन लगातार काँटों की बाड़ में उलझे वस्त्र की तरह छटपटाता रहता है। बात को खास अपने ढंग से रखने की रघुवीरी अदा में रची कविता 'रंगों का हमला' एक विलक्षण जीवन्त रचना है। कवि जीवन की असलियत को व्यक्त करना चाहता है, खरे-खरे वाजिब रंगों में, परन्तु कला के नाम चढ़ा वह रंगों का हमला उसे सख्त नापसन्द है। यहीं पर कवि की अपनी समस्या है कि वह जीवन से जूझता हुआ भी कला की असलियत, एक अपनेपन को, बरकरार रखना चाहता है। अन्त में कवि दो टूक कहता है—'यदि तुम रंगों का हमला रोक सको तो रोको वरना! मत आँको तस्वीरें कम से कम विरोध में। और अगर चेहरे गढ़ने हों तो अत्याचारी के नहीं/इसको हम जानते बहुत हैं, वह अब भी छिपता फिरता है।' कभी रोमैण्टिक कवि ने कहा था—'द वर्ल्ड इज टू मच विद अस' रघुवीर सहाय कहना चाहते हैं 'द आर्ट इज टू मच विद अस'। इसी को उन्होंने 'बहुत-सी कला' कहा है। इसका अर्थ यह समझना कि कला से वे साधन का काम लेना चाहते हैं गलत होगा। स्वयं सहाय की कला में भी यह देखा जा सकता है। सामाजिकता के अकाव्यात्मक आक्रमण से कविता का जो विघटन हुआ था वह प्रस्तुत संग्रह में पुनः काव्यात्मक स्तर पर संश्लेषित हुआ है। यही उनका प्रीतिकर विकास है। यह संश्लेषण इसलिए सम्भव हो सका कि कविता की एक बहुत बड़ी अस्तित्व की शर्त से रघुवीर सहाय परिचित हैं—तमाम संघर्षों के बीच 'कविता अकेला करती है' और 'कविता अकेले ही काम करने का तकाजा करती है।'

रघुवीर सहाय की कविता की ताकत को जानने के लिए इन सम्बन्धों को देखना जरूरी है जो कवि एवं अन्यों के बीच हैं, क्योंकि ये सम्बन्ध उनकी कविता की एक और प्रमुख धुरी हैं,—उनकी मानवीय सम्वेदना का प्रमाण है।

ईश्वर के अस्तित्व के सम्बन्ध में रघुवीर सहाय की क्या धारणा है यह कविताओं के आधार पर समझना मुश्किल है। कुछ कविताओं में उन्होंने परमात्मा, ईश्वर का उल्लेख किया है, फिर भी मनुष्य मात्र में व्याप्त प्रेम के अमूर्त सूत्र में ही वे मनुष्य को ऐहिक स्थितियों के परे ले जाने की ताकत का अहसास करते हैं। मानवीय जीवन में व्यापक प्रेम और करुणा के सम्बन्धों में ही ईश्वर की अभिव्यक्ति रघुवीर सहाय देखते हैं। इसलिए जहाँ उन्हें मनुष्य का प्रेममय निष्कलुष

रूप दिखता है, वहाँ उनका कवि अत्युत्कट विभोरता का अनुभव करता है,—बच्चे, पीड़ा भोगनेवाली परन्तु मुस्कराहट सहनेवाली गर्भवती नारी, सिरफिरा घोषाल जिसकी संयत परन्तु भीतरी आवेग से भरी पूरी अभिव्यक्ति वे करते हैं। (देखिए 'प्रेम' शीर्षक कविता) इसलिए रघुवीर सहाय की कविता में बच्चों का स्थान महत्त्वपूर्ण है। बच्चे, उनकी प्रसन्नता, उनकी हँसी, उनकी तल्लीनता, भविष्य—चिन्ता से कटी हुई उनकी तत्कालीन जीवन्तता, वर्तमान क्षण की आजादी को भरपूर भोगने की उद्यतता को देखकर उसी में जीवन की वांछित परिपूर्णता देखते हैं। यही कारण है कि वे कुँवारे रंगों की तरह निष्पाप बचपन की ओर बार-बार लौटना चाहते हैं और अतीत, वर्तमान और भविष्य पर कैमरे की आँख की तरह घूमनेवाली उनकी चिन्तनपरक प्रतिभा बच्चों के भविष्य से, अर्थात मानव-जीवन की भवितव्यता से, व्याकुल होती है, वेदनासिक्त होती है। एक नितान्त सुन्दर छोटी कविता में बच्ची की तन्मयता उन्हें जीवन में विशिष्ट दिशा में संकल्पशील बनाती है—

हम अपनी तन्मयता किस तरह जिया रक्खें
जिससे वह उसके कन्धों की गोलाई में
खिलकर आ जाये एक दिन एक ना एक दिन,
हम रोटी और गुड़ बचाएँगे
यह उसके सीने में एक दिन उदय होगा।

जीवन में परिवर्तनकामी लोग शायद इन छोटी घटनाओं का महत्व न मानें परन्तु काव्य के माध्यम से जो क्रान्ति आती है वह इसी तरह—दबे पाँव, सूक्ष्म धरातल पर। सवाल सम्वेदना की उत्कटता को जीवित रखने का है जिसके अभाव में न केवल जीवन भोंथरा होता है, सारी क्रान्तिकारी कार्यवाही भी तानाशाही में तब्दील हो जाती है। इस सन्दर्भ में दूसरी सशक्त कविता 'आनेवाला कल' द्रष्टव्य है।

करुणार्द्रता से दूसरे के दुःख को देखना, अनुभव करना, उससे तदाकार होकर स्वयं पीड़ित होना कवि-स्वभाव है और कहीं सम्बन्धों में इससे कम नजर आता है तो कवि को वह 'बलात्कार' लगता है—:'कोई शरीर नहीं जिसके भीतर उसका दुःख न हो। तुम उसमें जब प्रवेश करते हो और वह नहीं मिलता, वह है बलात्कार। बाकी है प्रेम और दोनों के बीच कोई स्थिति नहीं है।' कवि के सम्बन्धों का आधार प्रेम और करुणा है। इसीलिए बार-बार वह जिन्दगी के उन्हीं क्षणों की ओर लौट जाना चाहता है जिनमें उसने छोटे-छोटे सुखों की दुनिया देखी थी। कुछ लोग इसे पलायन भी कह सकते हैं लेकिन असल में यह है अपनी जिजीविषा को बचाए रखने की, अपनी कोमलता की हरियाली को जल देकर सुरक्षित रखने की उत्कटाकांक्षा। 'बचपन' तुम अब भी इस दुनिया में उस बच्चे जैसे हो जो अपनी बहन के जीवन में खुशी देखता है। पीड़ाएँ नहीं जानता। मराठी के युग प्रवर्तक कवि केशवसुत ने कहा था, 'प्रौढात्वीं निज शैशवास जपणे बाणा कवीचा असे।'

वयस्कता में भी बचपन को सुरक्षित रखने का कवि का प्रयास तभी सम्भव हो सकता है जब वह यथार्थ के जहर को पीता हुआ भी अपनी चूड़ा पर चन्द्रमा की सुन्दर प्रतिमा को धारण करने का सौन्दर्यबोध जीवित रख सके। रघुवीर सहाय का यह सौन्दर्यबोध इतना जागरूक है कि वह लिखने या रचने के लिए किसी घटना के घटित होने का इन्तजार नहीं करता। हर क्षण घटित होनेवाली घटनाएँ कवि के पास आकर काव्य में तब्दील हो जाती हैं–

> 'मुझे याद नहीं रहता वह क्षण
> जब सहसा एक नयी ताकत मिल जाती है
> कोई एक छोटा-सा सच पकड़ जाने से
> वह क्षण एक और बड़े सच में खो जाता है
> मुझे एक अधिक बड़े अनुभव की खोज में छोड़कर।'

इस प्रक्रिया के दौरान मिलनेवाली थकान को वह कीमती समझते हैं :

> 'हर वक्त चेहरा तुम गौर से देखना
> इसमें वह छिपा कहीं होगा गया कल
> और आने वाला कल भी वहीं कहीं होगा।'

शायद कविता का कर्मक्षेत्र यही है–इससे अधिक की अपेक्षा करना सूई से तलवार का काम लेना होगा।

बड़े सोच की खोज में थकान के साथ पीड़ा भी मिलती है। सम्वेदनशील कवि-व्यक्तित्व में और व्यावहारिक आदमी में यही फर्क होता है। 'यहाँ मैं एक छोटी सी चीज का अपने समाज में अर्थ देख रहा हूँ। वहाँ कह रहे हो तुम यह तो होता ही है।...सामान्य जन, जिसकी सम्वेदना पर अन्याय भी विशेष आघात नहीं करता, और कवि के बीच यही अन्तर है। ऐसे असंख्य प्रसंग जो सामान्य जिन्दगी में घटित होते रहते हैं और जिनके हम आदी होते जाते हैं, कवि को निरन्तर कचोटते रहते हैं। पर आँखों की यह किरकिरी पाठक को नयी नजर से चीजों को देखने की दृष्टि प्रदान करती है। 'एक दिन रेल में', 'नन्हीं लड़की', 'उम्र', 'नींद', 'खिलवाड़', 'औरत का सीना', 'कार्रवाई', 'दयाशंकर', 'चेहरा', 'संघर्ष', 'बैंक में लड़कियाँ' ऐसी कविताएँ हैं जो छोटी चीज का बड़ा अर्थ देखने की स्वाभाविक प्रक्रिया से उपजी हैं और छोटे अनुभव के बड़े अनुभव में तब्दील होने की क्रिया में कवि को प्राप्त होती हैं। इसमें कवि एक सृजनशील थकान का अनुभव करता है। रघुवीर सहाय की खासियत यही है कि एक गजब की आसानी का परिचय वे देते हैं जबकि यह आसानी बड़ी कृच्छ्र–साधना के परिणाम में उपलब्ध होती है। इस कृच्छ्र साधना के कलात्मक संघर्ष का पहलू अपनी जगह पर महत्त्वपूर्ण है ही, उसका दूसरा आयाम अपनी माननीय करुणा को आज की जिन्दगी की तमाम जड़ता और यान्त्रिकता के बावजूद बचाये रखने में प्रकट होता है।

दूसरे शब्दों में इस करुणा को कर्म से बाँधने की सजग कोशिश में कवि निरन्तर छटपटा रहा है। यह कर्म केवल किसी बड़े संग्राम से सम्बद्ध नहीं है, जो सही वक्त के इन्तजार में स्थगित रखा जाता है बल्कि जीवन के छोटे-छोटे क्षणों के दायित्व में भी निहित है। इस दायित्व का एक पहलू रघुवीर सहाय की कविता में निर्मल आत्मालोचन में व्यक्त होता है। 'मुआवजा' इसी अभिव्यक्ति को शक्तिपूर्ण ढंग से प्रतिष्ठित करती है।

कवि का कर्म करुणा के अव्याहत स्रोत को बहते रखने में है। इसका पूरा असर उन कविताओं में देखा जा सकता है जो स्त्री के सम्बन्ध में लिखी हुई हैं। मसलन 'नींद'। करुणा का ऐसा उत्कट स्रोत, उत्कटता की ऐसी संयमित चित्रमयी अभिव्यंजना, संयम का ऐसा अनुभूति की एकाग्रता से बना—वजनदार रूप, इधर कम ही पढ़ने को मिला। विलक्षण आन्तरिक सम्बन्धों का गहन सम्वेद्य क्षण, जिसे पकड़ना मुश्किल, कवि ने उसे केवल कुछ ही शब्दों में व्यंजित किया है। रघुवीर सहाय के सामने नारी दर्द का पूरा इतिहास और शोषण के कांटेदार तारों का बाड़ा लेकर खड़ी हो जाती है। उनकी करुणार्द्रता इस सीमा तक पहुँच जाती है कि सेक्स के समूचे सम्बन्ध शोषण के प्रतिरूप प्रतीत होने लगते हैं। यहाँ तक कि स्त्री-पुरुष में नार्मल सम्बन्ध होना भी मुश्किल लगता है। आश्चर्य नहीं कि ऐसे सहज सुखमय सम्बन्धों पर आधारित कोई कविता इस संग्रह में नहीं है—

'हर स्त्री के गर्भ में रहते हैं उसके आने वाले क्लेश
जब वह घुटने मोड़ कर करवट लेती हो
तब देखोगे कि तुम देख रहे हो कि उस पर अन्याय होंगे ही'—'स्त्री'

स्त्री के किसी भी रूप को देखकर खुशी के साथ दर्द उभरता है। देखिए—'औरत का सीना।'

जब कवि को विशुद्ध सुख का कोई चित्र मिल जाता है तो वह उसको अपने से दूर रखकर उसका क्षणिक परन्तु उत्कट आनन्द लेना चाहता है। एक विलक्षण अर्थगौरव से लदी कविता 'प्रेमीजन' मानवीय प्रेम की अर्थवत्ता, क्षमता, सौन्दर्य की सामर्थ्यशाली अभिव्यक्ति करती हुई 'कन्ट्रास्ट' के द्वारा तनाव पैदा करती है। कन्ट्रास्ट का आधार है कवि का अपना पीड़ा-बोध। उनकी कविता में जिन्दगी के छोटे टुकड़े बिम्ब का समृद्ध रूप लेकर अवतरित होते हैं। निगूढ़ताओं से उत्पन्न हरकतों से इनकी कविता नाट्यमय परन्तु—सम्वादी अनुभव सम्प्रेषित करती है। द्रष्टव्य—'संघर्ष, प्रेमीजन, बैंक में लड़कियाँ, औरत का सीना, नींद, अभिनेत्री, भेंट' आदि में।

व्यावहारिक दुनिया की कतिपय कड़वी सच्चाइयाँ, जो हरदम देखते रहने से पाठक के लिए अपना नुकीलापन खो चुकी हैं, कविता में आकर सूई की नोक की तरह चुभने लगती हैं। गजब की वक्रता से 'कैमरे में बन्द अपाहिज' कविता आज की तरुण संस्कृति की तमाम इन्सिसिऍरिटी पर कठोर आघात करती है। सामाजिक

राजनीतिक जीवन में गरीबी और भुखमरी भी प्रदर्शन की वस्तु बनाकर प्रस्तुत की जाती है—खोखली सहानुभूति का यह विलक्षण पर्दाफाश है। दूरदर्शन के वातावरण का नाट्यात्मक आयोजन करके लिखी हुई यह कविता पूरी उच्चवर्गीय संस्कृति पर तमाचा जड़ देती है। लेकिन उसका सामर्थ्य इसके करारे वार में नहीं, क्योंकि कवि बात बनाकर आनन्द लेनेवाला स्वयंतुष्ट कवि नहीं है। पाठक को कहीं गहरे में आत्मालोचन के लिए बाध्य करता है—यही कविता की क्रन्तिकारिता है।

जो कविता व्यंग्य के माध्यम से रची जाती है, बहुत बार वह बड़बोलेपन का शिकार होती है या शाब्दिक आक्रोश का। लेकिन इस व्यंग्य का कारण दुनिया की सही पहचान हो और आधार भीतरी खरी उद्विग्नता, तो कविता में अजब दमखम पैदा होती है। 'सस्ते दाम की दुकान', 'शोषण', 'अन्याय', 'धोखाधड़ी', सामाजिक नैतिक विद्रूप का वक्रतापूर्ण ढंग से परिचय कराती हुई कवि व्यक्तित्व के मूल स्रोत से स्पर्श कराती है जहाँ से सारा अनुभव संगठित हुआ है। यह मूल स्रोत रूप का है, आत्मसन्तुष्टि का नहीं जो प्रखर शाब्दिक बड़बोलेपन में व्यक्त होता है। समस्त व्यंग्य का स्रोत करुणा है इसलिए भरपूर वक्रता भी न केवल सपाटपन से बचाती है बल्कि पाठक में कुछ अधिक ठोस चीजें भर देती है। वैसे कवि ने स्पष्ट शब्दों में लिखा—'नफरत करते हुए मैं कोई सृष्टि कर नहीं सकता।'—(मुआवजा) इसके पहले वाले दो संग्रहों की कविताएँ इसका पूरा आश्वासन नहीं जगातीं।—देखिये—'बड़ा आदमी, दुर्भिक्ष, स्वच्छन्द, लेखक, आजादी, खुशामद।' आजादी में लेखक गहरी वेदना से उत्पन्न होनेवाली मानसिकता से गहरे धरातल पर व्यथित है : 'हर हत्या हम से कुछ दूर हुई दिखती है, जब कि वह हमारे बहुत पास में हुई है।' इस मानसिकता का भयावह पहलू है : 'हत्याएँ याद रह जाती हैं लोगों के चेहरे नहीं याद रहते।' गजब की यह ऊपरी सादगी और गजब की अर्थवत्ता एक विलक्षण प्रभाव की सृष्टि तो करती ही है, प्रभाव को भी अधिक गहरे आयाम से जोड़ देती है। असल में कवि की सम्वेदना जीवन्त बनी रहती है तो इसी सम्वेदना के सहारे।

रघुवीर सहाय की समस्त कविताओं में आधुनिकता मनुष्य के मन की टटोल है और गहरी टटोल है। खासकर सांस्कृतिक ह्रास और विनाश के रूप को दिखाते समय उनका कवि पीड़ाबोध से कराहता हुआ उसके अनेक रूपों को आँखें खोलकर देखता है : 'लोग भूल गये हैं' कविता की प्रारम्भिक आठ-दस पंक्तियाँ ही सम्वेदनशील पाठक पर गहरी मार करती हैं। आज का सर्वतोन्मुखी पतनशीलता का यह ट्रेजिक भविष्य : 'समय ही करेगा दुःख दूर तो कहते हो/आनेवाला समय कितने अन्यायों के बोझ से लदा हुआ इस दुःख को काटेगा/अन्याय के शिकार के लिए मन में समाज के जगह नहीं होगी तो।' और,

'एक घनी नफरत और साधारण लोगों से बदले की भावना
इन तमाम बूचे उटगे मकानों को बनाती चली जाती है

यह संस्कृति इस तरह के शहर गढ़ेगी
हम उपन्यास में बात मानव की करेंगे
और कभी बता नहीं पायेंगे
सूखी टाँग घसीटकर खम्भे के पास में आकर बैठे हुए लड़के के सामने
पड़े हुए तसले का अर्थ।'

आज के सामान्य मनुष्य का दुःख और उसको वाणी देने की प्रतिबद्धता से अपने को अभिशप्त (?) माननेवाला—साहित्यकारों के बीच यह फासला—'यह तो हम लिखते हैं पर उस व्यक्ति में जो शब्द वे हम जानते नहीं। जो शब्द हम जानते हैं उसकी अभिव्यक्ति नहीं विज्ञापन हमारा है।'—अगर सर्वाधिक सम्वेदनशील वर्ग का यह भोथरापन है तो और लोग भूल जायें तो क्या आश्चर्य। भोथरी होती जानेवाली सामाजिक सम्वेदना कवि का महत्त्वपूर्ण 'कन्सर्न' है—समूची कविता में इस वेदना से कवि कातर हो उठता है। आज के भारतीय जन-मानस के विराट चित्र में सारे अन्याय, दुःख, शोषण, नपुंसक क्रोध के सांस्कृतिक पतनशील माहौल को इस तरह व्यक्त किया गया है कि हर पाठक अपने को अपराध-बोध से पीड़ित महसूस करता है। सामाजिकता की वास्तविक परन्तु अनदेखी स्थितियों की पर्तें कवि उघाड़ता चलता है। इस प्रकार से कवि के ही शब्दों को उधार लेकर कहना होगा कि एक मीठे पानी में लौट जाने की अदम्य इच्छा से तड़पनेवाली मछली का यह हाँफना है जिसे आज की अमानवीकरण वाली सभ्यता खारे समुद्र में छोड़ गयी है। इन कविताओं में कवि की एक आँख आज की व्यवस्था की तमाम गलीच बातों को रू-ब-रू देखती है तो दूसरी आँख कहीं गहरे में वर्तमान आश्विस्ति के भाव से मानवीय मूल्यों की गहन आस्था में पैर रोपकर टिके रहने के मानवीय संकल्प का आलोक विकीर्ण करती है। रघुवीर सहाय की भाषा खास रघुवीरी है। जीवन के छोटे टुकड़ों को संयत शब्दों में इस तरह सँजोकर कवि प्रस्तुत करता है कि वे चित्र भाव, बिम्ब, प्रतीक, नाट्यात्मक हरकत सबकी प्रतीति दे जाते हैं। शब्दों की इतनी तनावपूर्ण उपयोजना। 'ऊपर से निपट सादी परन्तु भीतर से भरपूर समृद्धि' में शायद अन्य किसी कवि को इतनी महारत आज हासिल नहीं।

वैविध्यपूर्ण, समृद्ध और व्यापक अनुभवों से समन्वित लयदार संघटनायुक्त कविता को पढ़ते समय और काव्यात्मक सूक्तियों के भण्डार को खुलता देखते समय,—जो कवि के अनुभव के 'स्फटिक पत्थर' हैं,—स्वर्गीय मर्ढेकर के शब्द बार-बार स्मृति में कौंधते हैं—'वैभवशाली दैन्य'—और यह 'वैभवशाली दैन्य' अन्य सभी को चाहे आसानी से मिलता हो, कवि को अर्जित करना पड़ता है। और यही अच्छे कलाकार का श्रेय है।

❑❑❑